Délinquance sérielle et police judiciaire

Collection Sécurité et Société
dirigée par François Dieu

Cette collection publie les travaux de chercheurs de toutes disciplines intéressées par les problèmes de sécurité. Elle se propose d'aborder ces questions en toute liberté de problématique et de méthodologie, en étudiant notamment le développement des fonctions et institutions policières, les politiques publiques de sécurité, les manifestations de violence et formes de délinquance qui menacent les sociétés contemporaines, les risques techniques et les systèmes de protection qu'ils suscitent.

Dernières parutions

Jean-Stéphane VIALLEFONT, *Terrorisme, islamisme et sacrifice. La mort en transfiguration*, 2016.
Pierre THYS, *Les armes « à létalité réduite »*, 2010
Chikao URANAKA, *Police et contrôle social au Japon*, 2010
François DIEU et Pascal SUHARD, *Justice et femme battue. Enquête sur le traitement judiciaire des violences conjugales*, 2008
Laurent MUCCHIELLI (sous la dir.), *Gendarmes et voleurs*, 2007
Jean-Hugues MATELLY, *Une police judiciaire... militaire ? La gendarmerie en question*, 2006
François DIEU (sous la dir.), *Questions de sécurité*, 2006
François DIEU, *Police de la route et gendarmerie*, 2005
Alain PINEL, *Une police de Vichy. Les groupes mobiles de réserve (1941-1944)*, 2004
François DIEU, *Policer la proximité. Les expériences françaises, britanniques et new yorkaises*, 2003
Christian CHOCQUET, *Terrorisme et criminalité organisée*, 2003
Benoît DUPONT, *Construction et réformes d'une police : le cas australien*, 2003
François DIEU et Paul Mignon, *Sécurité et proximité. La mission de surveillance générale de la gendarmerie*, 2002
Catherine DENYS, *Sécurité et police au XVIIIe siècle dans les villes de la frontière franco-belge*, 2002
Magali SABATIER, *La coopération policière européenne*, 2001
Maurice CHALOM et Luce LÉONARD, *Insécurité, police de proximité et gouvernance locale*, 2001
Damian MOORE, *Ethnicité et politique de la ville en France et en Grande-Bretagne*, 2001
Georges CARROT, *La Garde nationale. Une force publique ambiguë*, 2000
Jean-Hugues MATELLY, *Gendarmerie et crimes de sang*, 2000
François DIEU, *Politiques publiques de sécurité*, 1999
Olivier PHILIPPE, *La représentation de la police dans le cinéma français*, 1999
François DIEU et Paul MIGNON, *La force publique au travail. Deux études sur les conditions de travail des policiers et des gendarmes*, 1999
Michel BERGÈS, *Le syndicalisme policier en France*, 1995

Jean-François Impini

Délinquance sérielle et police judiciaire

L'Harmattan

Du même auteur

Un mensonge d'État : L'Imposture sécuritaire, Michalon, 2013.

5-7, rue de l'Ecole-Polytechnique, 75005 Paris

http://www.editions-harmattan.fr

ISBN : 978-2-343-11147-6
EAN : 9782343111476

Á Aurélie Banck, Fabrice Bouillié et tous les personnels du STRJD qui ont alimenté, par leur richesse et leur travail, la réflexion dont est né ce livre.

Sommaire

Note de l'auteur

Bien qu'ayant tenté de penser et rédiger ce livre de la façon la plus rigoureuse, je n'oserais en aucune façon affirmer qu'il s'agit d'un ouvrage scientifique : simple praticien essentiellement nourri d'expérience concrète et de connaissances autodidactes, je n'ai en effet ni la formation, ni la maîtrise des méthodologies qui autoriseraient une telle prétention. A ce titre, si les domaines qu'il aborde relèvent clairement des sciences criminelles, je ne revendique aucunement qu'il rende exhaustivement compte de toutes les questions périphériques à son objet relevant de ces sciences. Ces questions sont naturellement traitées de façon autrement avisée par des chercheurs et scientifiques, dont certains cités en bibliographie, pour qui elles sont un pain quotidien. J'invite donc mes lecteurs à se retourner vers ceux-ci s'ils souhaitent épuiser tel ou tel sujet.

Par ailleurs, tout au long du cheminement conduisant aux concepts de délinquance puis d'analyse sérielles, j'ai éprouvé bien des indignations que j'expose franchement, ce qui est l'un des prix de l'idéalisme. Je les exprime en outre sur un mode critique, notamment quand elles concernent des responsables négligeant d'y mettre fin – par paresse, par esprit de troupeau, par calcul ou par ambition – alors qu'il leur serait possible de le faire. Ces remarques ne sont pas pour autant celles d'un donneur de leçons car en ce domaine je suis bien convaincu qu'on a toujours plus à recevoir qu'à distribuer. Simplement la critique, c'est-à-dire la remise en question de l'existant pour en déceler les failles et en corriger les insuffisances, est indispensable au progrès, et c'est là sans doute la seule qualité scientifique de mon travail : ne pas tenir pour acquises des évidences au prétexte qu'elles servent l'ordre établi, même s'il s'agit surtout ici d'un ordre intellectuel, professionnel et politique. Persuadé qu'un savoir n'est jamais plus fécond que lorsqu'on entreprend de le dépasser, je n'ai donc eu pour ambition ni de livrer de quelconques recettes, ni d'avoir raison sur tous les points soulevés, mais seulement d'animer le plus vivement possible le débat – conceptuel, technique, juridique – dont devrait se nourrir toute politique de sécurité.

Il me serait enfin difficile de ne pas évoquer une dernière dimension de mon travail, assurément la plus importante, qui est d'avoir tenté d'y laisser l'homme et sa protection au centre de tout, même dans une approche aussi essentiellement technique que celle qui était la mienne. Policiers, gendarmes, juges, victimes, délinquants et au final citoyens, tous sont en effet des hommes, et il faut se garder de l'oublier en cette époque où l'on tend à confiner l'humanité dans des fonctions de production et de consommation alors que ceux dont je parle agissent justement en dehors de ces fonctions. Gratuitement en quelque sorte. En outre, tous sont des hommes souvent meilleurs que ce que les circonstances leur permettent de montrer, même quand ils auraient pu se dresser contre ces circonstances (car chacun a toujours de réelles et très prégnantes raisons de ne pas se dresser). Juger que ces raisons sont bonnes ou mauvaises est un exercice délicat, toujours guetté par l'excès et qui ne peut être limité à une vision technique. C'est en tout cas ce que m'a appris mon ancien métier : que police et justice ne peuvent valoir qu'en conservant leur humanité sans laquelle elles sombreraient infailliblement et dangereusement dans un véritable « oubli de l'être » selon la formule d'Heidegger. Infailliblement, car le jour où l'enquêteur et le juge ne regarderont plus la chair et l'esprit derrière le voleur et sa victime, alors on pourra les remplacer sans perte par des machines, c'est-à-dire par des ordinateurs ; dangereusement car un monde où les investigations et les jugements seraient ainsi réglés de façon mécanique et automatisée ne serait évidemment qu'une nouvelle autre forme de barbarie.

Introduction

« Ce sont toujours les mêmes ! »

Ce livre n'a pas eu de fées autour de son berceau. Plutôt la bande des Rapetou. Il est né du mariage ancien d'une intuition et d'une frustration. Intuition que policiers et gendarmes ne mettent généralement en cause les délinquants que pour une petite partie de leur délinquance. Frustration de savoir que la part cachée de ces agissements criminels n'est pour ainsi dire jamais atteinte par les investigations de la police judiciaire, puis par les cours et tribunaux, et qu'elle enrichit ainsi la masse vertigineuse des crimes et délits jamais élucidés, jamais sanctionnés.

Pourtant, la conviction est générale, dans la police comme dans la population, que le multi-récidivisme est la règle plutôt que l'exception. Que, finalement, « ce sont toujours les mêmes ». En témoignent en vrac les confidences des voyous et indics, le pedigree des clients de la garde-à-vue, le nombre de récidivistes et réitérants dans les audiences. Et puis aussi les discussions de comptoir, les dîners en ville, le témoignage des enquêteurs désabusés, ou même certaines études scientifiques ainsi que les arguments du discours politique et jusqu'à quelques idéologies qui font de cette affirmation le socle unique et improbable à quoi pourrait se réduire la totalité d'une pensée sécuritaire.

« Toujours les mêmes ! ». La partialité de l'expression peut choquer par son caractère lapidaire. Elle ne doit cependant pas être prise au pied de la lettre, mais pas non plus faire forcément prendre ceux qui l'emploient pour des dogmatiques à la vue trop courte : comme tout le monde, ils savent bien que ce ne sont pas *toujours* les mêmes, mais plutôt *souvent* les mêmes, et c'est d'abord cela qu'ils veulent dire. Mais il est vrai que l'estimation de ce « *souvent* » n'est pas une sinécure.

En effet, bien qu'ayant affaire à une population criminelle restreinte et souvent spécialisée, la police judiciaire peine à prendre en compte les malfaiteurs pour la totalité de leurs actes, ou au moins pour une partie significative de ceux-ci. Dans certains cas, elle trouve en face d'elle des individus ayant choisi la transgression pénale comme mode habituel de vie, ou au moins comme mode habituel de satisfaction de certains de leurs besoins et désirs. Des professionnels du crime, rompus à la dénégation et que l'idée de l'aveu n'effleure même pas. Dans d'autres cas, les délinquants seront seulement des amateurs (mal) éclairés, trop faibles ou souvent trop démunis pour résister à la séduction des chemins de traverse de l'illégalité, mais tout de même pas assez stupides pour avouer ce que le policier en face d'eux ne sait pas prouver matériellement. Il n'est en effet pas nécessaire d'être un malfaiteur endurci pour résister à un interrogatoire en garde-à-vue quand les enquêteurs n'ont pas de preuve tangible à présenter à leur suspect. Ainsi tous, ou en tout cas une majorité écrasante des délinquants, ne sont jamais sanctionnés que pour leurs faits les plus rapidement et facilement établis, et tant pis pour le reste. La machine judiciaire, qui peine déjà à traiter le contentieux qui s'impose à elle, trouve d'ailleurs peut-être son compte à ne pas atteindre d'objectif plus ambitieux.

Il y a pourtant là un paradoxe qui a toutes les chances d'être un déni d'efficience, car renvoyer les auteurs d'infractions devant un tribunal pour la totalité de leur délinquance serait non seulement satisfaire une question de principe mais aussi permettre de traiter ces auteurs d'une façon plus conforme à leur réalité déviante, aussi bien en termes de sanction que, surtout et pour autant qu'on s'en donne les moyens, de réinsertion. Et puis, pour en revenir à la question de l'investigation, cette impunité massive est tout de même une déplaisante faille intellectuelle dans le raisonnement policier traditionnel : la prolixité des délinquants et la sérialité de leurs agissements seraient deux caractéristiques essentielles de l'activité criminelle, et elles ne seraient pourtant presque jamais prises en compte en tant que telles par l'investigation ?

Situation intenable et qui pourtant tient, essentiellement parce que la population n'a pas conscience de la médiocrité effective du système policier auquel elle confie à la fois sa protection et l'équilibre de son modèle social. En la matière, les rodomontades du ministère de l'Intérieur sont donc un cache-misère finalement plutôt efficace, et quand la guenille communicante n'y suffit plus le ministère de la Justice est toujours là, bouc émissaire tout désigné pour être livré à la vindicte de l'opinion. Pourtant, la réalité est bien différente, bibliquement simple : même en occultant ou falsifiant les statistiques avec impudence – et elle ne s'en prive pas – la police judiciaire n'élucide au mieux qu'un très (très) petit tiers de la délinquance qu'elle enregistre, et cette part de délinquance enregistrée ne représente elle-même qu'une très faible partie de la délinquance réelle, ainsi qu'en attestent les enquêtes de délinquance ou de victimation auto-reportées.

Pour y remédier, les promesses péremptoires et les coups de menton bravaches, même s'ils constituent trop souvent l'essentiel des adaptations de la politique de sécurité, ne sont d'aucun effet, non plus d'ailleurs que la contraction sans cesse plus étroite de l'espace de vie privée des citoyens ou que le recours accru à l'idéologie du tout répressif, ces emplâtres sur une jambe de bois. Inutile de se prendre à rêver en écoutant le simplisme des décideurs, il n'y a ni recette secrète, ni martingale. Seulement de possibles aménagements de la doctrine d'emploi de la police judiciaire, des pistes vierges sur lesquelles s'engager. Et parmi celles-ci, donc, la prise en compte de la délinquance dans sa dimension sérielle. L'idée n'en est d'ailleurs pas tout à fait nouvelle et le terrain en a même été brièvement défriché par la gendarmerie dans les années 2000 au prix d'une réflexion-exploration-expérimentation aux conclusions favorables qui accoucha d'un projet technique abouti – un inventif traitement automatisé de police judiciaire – et d'un projet juridique, celui-ci hélas comme tout exprès réécrit pour empêcher la mise en œuvre du précédent. Stupéfiante maladresse du ministère de l'Intérieur se tirant une balle dans le pied ? Ou épisode édifiant qui serait l'occasion de comprendre que les pauvres résultats obtenus contre la délinquance ne doivent pas toujours au hasard, loin de là, et qu'ils ne dérangent peut-être en réalité que les victimes des infractions ? C'est que l'approche sérielle de la délinquance, et derrière elle toute démarche tendant à améliorer l'efficacité policière autrement que par des mots et de vaines déclarations d'intention, pourraient heurter des habitudes, des rentes et des intérêts particulièrement puissants.

Ceux de la Direction générale de la police nationale, par exemple, et en son sein ceux surtout de la direction centrale de la police judiciaire (DCPJ[1]), cette faiseuse de rois du ministère de l'Intérieur dont le standing serait affecté si d'autres services – pire encore, des gendarmes – se mettaient à obtenir des résultats significatifs tandis qu'elle continuerait de s'accrocher comme elle le fait à son modèle d'investigation passéiste et à des résultats étiques livrés à la presse seulement après avoir été maquillés mieux que des voitures volées.

Ceux de la Justice également, pourquoi pas, corsetée qu'elle est par son budget de misère, frileuse et atteinte de paralysie face aux bouleversements du monde et qui mesure avec effroi la révolution à conduire s'il lui fallait tout à coup décliner dans les cours et tribunaux les conséquences d'une nouvelle technique d'investigation qui pourrait bien provoquer un engorgement irrémédiable – à moyens humains, matériels et procéduraux constants – des juridictions.

Et puis, la question sécuritaire est malheureusement devenue en France l'un des piliers de toute politique de conquête et de conservation du pouvoir. Depuis longtemps maintenant, les discours en haut lieu ne sont plus sous-

[1] Les principaux sigles et acronymes figurent au glossaire en fin d'ouvrage.

tendus – s'ils l'ont jamais été – par des arguments scientifiques ou raisonnés, ni non plus par l'étude pragmatique des modes d'action policiers et des moyens de les améliorer, mais par des idées préconçues, des visées de basse police et des calculs électoraux. La controverse autour du projet de réforme pénale de Christiane Taubira a montré en 2014 toute la crispation sur le sujet, comme en avait déjà témoigné un an plus tôt la conférence de consensus « prévention de la récidive[2] » organisée à son initiative pour servir de base de réflexion à son projet. Pire encore, la problématique terroriste devenue cruellement actuelle depuis 2015 a servi de voile bien opportun pour occulter la nécessité d'un débat pragmatique en matière de délinquance générale, mais les gouvernements de gauche ne paraissaient de toutes façons pas plus enclins que leurs prédécesseurs de droite à tenir un langage de transparence et de vérité sur le sujet.

Aussi caricatural que cela puisse paraître, le dialogue de sourds est ainsi bien devenu le schéma le plus représentatif de la tournure invariablement stérile et polémique que prend dans notre pays toute discussion sur la réitération criminelle. D'un bord à l'autre de l'échiquier idéologique, on s'invective copieusement en restant soigneusement étanche aux arguments adverses et en s'accusant mutuellement d'instrumentaliser le sujet : pour les uns, il ne serait que le prétexte servant à stigmatiser de façon injuste et nauséabonde une partie de la population ; pour les autres, il symboliserait l'angélisme par lequel on dédouanerait des canailles en oubliant leurs victimes. Les échanges n'ont alors plus rien de rationnel et les rares voix à essayer d'y apporter un peu de rigueur sont au mieux suspectées d'esprit partisan, au pire récupérées à leur corps défendant. Sans compter que, forcément, nage dans les deux camps toute une coterie d'opportunistes, « experts » autoproclamés qui ont fait de la question un très juteux fonds de commerce.

Le tableau semble noir ? Il est pourtant encore incomplet, car tous ces obstacles en dissimulent vraisemblablement d'autres. En effet, querelles de boutiques et divergences politiques servent surtout aujourd'hui de paravent à une réalité autrement inquiétante, et tellement actuelle : sous le couvert des discours va-t'en-guerre et des affirmations à l'emporte-pièce d'une frange de « criminologues » de pacotille – au sein de laquelle les amitiés politiques tiennent lieu de diplômes – les fonctions de police et de justice cèdent une part toujours plus large de leur terrain régalien à un processus de marchandisation qui les réduit au rang de simples sources de profit pour des intérêts privés. Il est en effet impossible de ne pas prendre en compte la façon dont la politique pénale de notre pays est infusée, depuis maintenant des années, par le discours

---

[2] Conférence de consensus sur la prévention de la récidive, organisée sous la présidence de Mme Nicole Maestracci, dont les travaux ont été restitués les 14 et 15 février 2013 et le rapport du jury remis au premier ministre le 20 février suivant. http://conference-consensus.justice.gouv.fr/ (accédé le 26/11/16).

intéressé de lobbyistes au service d'une véritable industrie de la sécurité. Pour cette industrie, n'en doutons pas, la puissance publique est une cliente comme une autre – plus riche et moins regardante qu'une autre, même – la consommatrice toute désignée de techniques et de matériels pas forcément efficaces et cependant vendus très au-dessus du prix que justifierait leur performance médiocre. Pire encore, du point de vue de ces épiciers de la sécurité, que peuvent être les défaillances de l'Etat dans la lutte contre la délinquance sinon la promesse d'autant de juteux marchés auprès des victimes de cette délinquance ? Collectivités territoriales, entreprises, commerces, personnes privées, citoyens au sens critique anesthésié par l'inquiétude se retrouveraient alors otages d'une démarche où les arguments de marketing se nourrissent des carences de la police judiciaire puis de la Justice. Ouvrant ainsi des marchés dont l'addition se chiffre en milliards d'euros et pour l'accroissement desquels l'insuffisance étatique doit être encouragée, perpétuée voire aggravée par tous les moyens et pour le plus grand bonheur des actionnaires.

Naturellement, le crime et la réitération criminelle mériteraient mieux que d'être ainsi réduits aux bénéfices sonnants et trébuchants qu'ils peuvent générer. Mieux, aussi, que les raccourcis argumentaires qu'on leur fait emprunter au nom de l'expansion continue d'un marché d'autant plus florissant qu'il surfe sur l'angoisse, le repli et la stigmatisation. Malheureusement, la faillite policière sur le terrain de la prolixité délinquante trouve sans doute là l'une de ses causes premières, mais pour le prouver, encore faut-il en passer par les étapes obligées d'une démonstration aussi rigoureuse que possible : dévoiler la réalité de la délinquance sérielle ; démontrer la capacité du raisonnement policier et des informations dont il dispose pour investiguer avec succès ce caractère sériel ; dégager une technique opérante d'analyse sérielle ; faire le point sur le droit applicable ainsi que sur les évolutions juridiques souhaitables pour contenir les dangers de cette analyse sérielle en termes de libertés publiques ; découvrir enfin comment elle a pu être délibérément écartée non pas pour cause d'inefficacité mais au contraire en raison de ses promesses à mieux combattre la délinquance… donc à réduire les bénéfices de ceux que l'on a pu appeler à juste raison « les marchands de peur ».

Face à ces marchands, les techniques d'analyse sérielle et, plus largement, toutes les innovations porteuses d'efficacité, ont en réalité bien peu de chances de voir le jour. Aussi prometteuse qu'elle soit, une amélioration simple et point trop coûteuse sera souvent écartée au bénéfice de technologies ronflantes dont l'esthétisme télévisuel et le rendement médiatique feraient oublier qu'elles sont coûteuses et ne produisent que très peu d'élucidation. Et ainsi s'ouvrent bel et bien des perspectives rien moins que rieuses, à l'aulne desquelles la torpeur volontaire des dirigeants devrait en effet être regardée pour ce qu'elle est : non pas un manque d'imagination ou un autisme qui paralyserait l'action publique mais au contraire le moyen délibéré de maintenir l'insécurité à un niveau perpétuant la place centrale qu'on lui a donnée dans le discours politique et qu'elle a prise dans le quotidien des français ; le levier garantissant une rente et des jours florissants au vecteur électoral et commercial qu'est devenue la délinquance, et tant pis si cette stratégie se paie sur le terrain et au quotidien par une incurie où la tricherie statistique est en charge de travestir en réussite les échecs les plus cinglants. Tant pis, également, si ces échecs cependant bien perceptibles par la population grossissent continuellement une lame de fond qui pourrait bien un jour engloutir nos valeurs les plus précieuses, et avec elles l'idée d'une Justice à hauteur des exigences d'un État de droit. La déroute de la police judiciaire serait alors totale, et se paierait d'une fragilisation bien réelle de la démocratie dont on ne pourrait même pas être certain, tant on connaît la puissance et les accointances du marché, qu'elle serait combattue avec volontarisme par nos dirigeants.

A leur modeste mesure, les lignes qui suivent n'ont ainsi pas d'autre vocation que d'examiner ce qu'il en est non seulement de la sérialité de la délinquance et de la possibilité de l'enquêter policièrement en tant que telle, mais également d'identifier les causes qui maintiennent obstinément fermée cette voie offerte aux institutions de police, et enfin de participer très modestement au nécessaire réveil policier et judiciaire qu'attend notre modèle politique et social. Car, n'en doutons pas : à faire primer des intérêts privés sur l'intérêt public, à instrumentaliser la fonction régalienne de sécurité pour s'en approprier les fruits les plus juteux, à jouer enfin sur les fantasmes plutôt que sur la réalité pour mieux faire mûrir et grossir ces fruits, c'est finalement notre liberté et notre avenir qu'aliènent chaque jour un peu plus ces marchands de peur et leurs complices haut placés, leurs discours anxiogènes, leurs promesses illusoires et leurs remèdes de charlatans.

1ère Partie

Sérialité et information judiciaire

Postuler que la criminalité et la délinquance seraient en partie sérielles n'est évidemment qu'un point de départ qui, par lui-même, ne livre rien sur l'objet postulé. Pour espérer élaborer un processus policièrement exploitable à partir de ce postulat, il est donc indispensable de s'interroger d'abord sur l'idée même de sérialité dans le domaine des transgressions pénales.

De prime abord, cette interrogation résonnera toutefois plutôt dans le vide : comme on va le découvrir, il n'existe pas de théorie générale de la sérialité criminelle. Une réflexion sur cette notion oblige ainsi celui qui souhaite s'y engager à une démarche préalable plutôt inhabituelle : non pas préciser le champ de son étude mais l'objet même étudié, voire l'inventer ! Une telle situation est pour le moins étonnante face à une question touchant au cœur de la vie dans la cité et sur un sujet, l'insécurité, si souvent porté à la une de l'actualité. Mais cette situation est pourtant bien réelle. Les techniques appropriées pour détecter les différentes formes de sérialité criminelle ? Les procédés d'investigation les mieux adaptés pour confirmer ou infirmer cette détection ? Les actions policières envisageables pour contrer chacune de ces formes de sérialité ? Autant de pistes abandonnées à une déshérence qui laisse bien démuni face à une question pourtant élémentaire : qu'est-ce que la délinquance sérielle, et qu'est-ce que la sérialité de la délinquance ?

Non que manquent les éléments pour explorer cette question : données statistiques judiciaires et pénales, contenu des enquêtes de police, comptes-rendus des audiences de jugement, témoignages et enquêtes victimologiques, etc. sont autant de sources concrètes à partir desquelles cartographier les différentes formes de délinquance, puis leurs principales caractéristiques. Et parmi celles-ci, à coup sûr, la variété des modes opératoires, la typologie des auteurs et de l'objet des infractions, la diversité des éléments se prêtant à l'investigation policière, les axes ou points communs qui en organisent la cohérence, tous éléments qui seraient autant de particules élémentaires à partir desquelles opérer les recoupements nécessaires pour identifier les faits relevant d'une sérialité. Hélas, une telle démarche de synthèse, sur la base d'une approche à la fois précise et exhaustive, attend toujours une volonté et des moyens pour la conduire, les efforts tout à fait méritoires de quelques chercheurs isolés ne pouvant s'y substituer.

Pour pallier cette carence – et sans la moindre prétention de la combler mais au contraire avec la conviction de ne pouvoir faire mieux que l'effleurer afin qu'elle satisfasse aux nécessités étroites de la réflexion que nous souhaitons conduire – nous nous trouvons ainsi en demeure de délimiter tout d'abord par nous-même, du mieux possible, la notion de sérialité. C'est en effet seulement à partir de ce travail définitionnel qu'il nous sera possible d'identifier ensuite d'éventuels « marqueurs » de sérialité, c'est-à-dire les différents éléments par lesquels elle peut se matérialiser, éléments en l'absence desquels il serait illusoire d'espérer élaborer une démarche d'investigation exploitant le caractère sériel de la délinquance.

Chapitre 1

Le concept de sérialité de la délinquance

A peine s'attache-t-on à étudier la notion de sérialité que l'on se retrouve aussitôt à affronter ce paradoxe qu'elle relève à la fois de l'évidence et de l'impénétrabilité. De l'évidence pour ce qui concerne sa définition, parce qu'il suffit finalement de dire que la sérialité est la réitération d'un comportement criminel par un même auteur pour avoir alors effectivement tout dit ou presque. De l'impénétrabilité pour ce qui concerne son périmètre, car au-delà de ce « tout dit », aucun critère ne s'impose avec évidence, face à une infraction, pour déterminer d'entrée si elle relève ou ne relève pas d'une série criminelle. Pire encore, l'idée même de réitération est tout à fait floue lorsqu'il s'agit de l'appliquer à des infractions qui ne sont pas radicalement différentes, mais pas non plus exactement identiques. Ainsi la sérialité apparaît-elle de prime abord comme un concept aussi facile à définir que difficile à délimiter.

Nous retrouverons d'ailleurs cette ambiguïté en travers de notre route pour chacun des angles de vue choisis ici pour aborder la sérialité. Approche empirique tout d'abord, regard non scientifique mais restituant une vision bien réelle au carrefour du monde judiciaire et de la perception de l'opinion publique. Approche plus théorique, ensuite, explorant les acquis du droit et des sciences criminelles. Approche pragmatique, enfin, pour constater d'une part une certaine prise en compte de la sérialité par la démarche policière, concrète quoique lacunaire, et d'autre part l'instrumentalisation de l'idée de délinquance sérielle par le discours politique. Au terme de ce parcours hétérogène, nous serons naturellement encore très loin d'une théorisation scientifique du concept de sérialité. Mais sans autre ambition que de défricher le terrain sur lequel se situe notre propos, nous en aurons alors une vision suffisamment claire pour au moins en proposer une définition et une délimitation adaptées pour la suite de notre étude.

1/ Approche empirique : les figures emblématiques de la sérialité

L'approche empirique, tout d'abord : face à une notion dont nous ne trouvons aucune trace « sur étagère », autant s'en remettre pour commencer à ce que semble nous en dire le quotidien judiciaire que nous connaissons.

Essentiellement fondée sur des expériences personnelles, cette approche empirique revient donc somme toute à une spéculation née de la confrontation à des cas particuliers auxquels on pourrait cependant tout aussi bien opposer d'autres cas particuliers pour nourrir une spéculation contraire. Accordons toutefois à l'empirisme la capacité d'illustrer, même de façon imparfaite, la notion que nous tentons de débusquer, voire d'en présumer l'étendue. Nous concèderons d'autant mieux ensuite que cette vision illustrative restera inopérante pour une délimitation robuste, c'est à dire à la fois rationnelle, méthodique et répétable, du concept mais au moins nous serons-nous fait une première idée des modèles sériels à l'œuvre dans notre paysage criminel.

Empirisme, donc, et de ce point de vue la sérialité a sa figure emblématique, au moins dans l'idée collective que s'en fait le public : le tueur en série. Toutefois, les infractions sexuelles sont souvent citées immédiatement après cette figure emblématique, car également et spontanément considérées (pas forcément à juste titre) comme plus sérielles que d'autres en raison de leur nature qui « commanderait » leur répétition. Enfin, c'est pratiquement par définition que certaines formes de délinquance, regroupées sous l'appellation de criminalité ou délinquance organisées, relèvent de comportements criminels répétitifs.

A/ La figure du tueur en série

A tout seigneur tout honneur, le tueur en série ne peut se voir contesté le titre de figure emblématique que nous venons de lui décerner. Parler aujourd'hui de série criminelle, c'est d'abord parler de meurtres en séries. Bien que la notoriété du tueur sériel soit finalement assez récente, ainsi que nous allons le voir, il occupe en effet dans l'esprit du public une place exactement inversement proportionnelle à celle, insignifiante, que lui accordent les statistiques officielles. Statistiques sur lesquelles se fonde bien entendu le discours officiel pour minorer l'importance du phénomène, voire pour contester son existence réelle.

a/ Historique

L'idée de sérialité meurtrière n'est en réalité pas neuve. A vrai dire, on peut même facilement imaginer qu'elle ait émergé, au moins en tant qu'évidence empirique, dès le début de l'histoire des investigations policières. Au fil des âges, les affaires n'ont d'ailleurs pas manqué qui attestent de l'ancienneté du phénomène et de sa visibilité suffisante pour qu'il soit perçu par les hommes en charge de rendre la justice. Dans certains cas, le caractère sériel des crimes commis pouvait même être parfaitement connu, ainsi que l'identité de leur auteur, bien avant que ce dernier soit traduit en justice et sanctionné. Par exemple, quand Gilles de Rais, maréchal de France et compagnon d'armes de Jeanne d'Arc, est condamné et exécuté en 1440 pour cent-quarante meurtres « ou plus » (*sic*), ce n'est pas à la suite d'une quelconque enquête « sérielle » mais pour des agissements qui étaient de notoriété publique dans tout son fief. Dans d'autres cas, c'est l'élucidation d'une affaire qui amène fortuitement les enquêteurs sur d'autres forfaits. Ainsi par exemple des homicides multiples qui valurent en 1862 la peine capitale à Martin Dumollard pour le meurtre d'au moins trois victimes (un bien plus grand nombre étant suspecté). De telles illustrations pourraient naturellement être multipliées mais ces cas de figure qui illustrent l'ancienneté du concept de tueur en série ne correspondent toutefois pas tout à fait à l'idée moderne que l'on peut se faire de l'investigation sérielle.

Les actes criminels répétés de Gilles de Rais n'ont par exemple pas été sanctionnés à la suite d'une investigation criminelle : ils étaient notoirement connus comme on vient de le dire. C'est simplement quand son rang élevé n'a plus suffi à lui assurer l'impunité et que d'autres intérêts dans le royaume ont commandé son élimination que l'intéressé a été appelé à rendre des comptes. De la même manière, les crimes de Dumollard sont découverts d'un coup, quand une perquisition à son domicile, à la suite d'une agression échouée, permet la découverte des effets personnels ou vestimentaires d'un grand nombre de femmes antérieurement disparues. En réalité, au fil de notre histoire, la plupart des bandits de grand chemin, tueurs de masse ou criminels en série avérés semblent plutôt s'inscrire dans le schéma d'une notoriété assumée de leurs actes, voire d'une notoriété recherchée, que ce soit par provocation, par désinvolture ou pour la franche terreur qu'elle pouvait inspirer. Dans les autres cas de figure, plus classiques, l'élucidation d'une affaire permet brutalement celle d'autres crimes antérieurs qui n'avaient pas été reliés entre eux. En revanche, la notion d'une sérialité *discrète*, c'est-à-dire d'une activité criminelle dont la mise en évidence du caractère répétitif nécessiterait des techniques d'investigation spécifiques, n'a émergé en France qu'assez récemment.

Ce n'est ainsi qu'en 1897, donc à l'aube du XXème siècle, une affaire instruite dans l'Ain par le juge d'instruction Emile Fourquet l'amènera à mettre en œuvre une démarche de rapprochements méthodiques qui permet sans doute de la désigner dans notre pays comme première enquête sérielle moderne. Au terme de cette entreprise innovante consistant à recouper entre elles des affaires judiciairement bien distinctes mais présentant des traits de similitude, Joseph Vacher, « le tueur de bergers », pourra être valablement suspecté, peut-être pas de la cinquantaine de cadavres qu'on lui impute parfois mais au moins, plus vraisemblablement, des onze homicides et de la tentative de viol qu'il a avoués, même s'il n'a été finalement condamné et exécuté que pour un unique fait. De toutes façons, l'affaire défraie alors la chronique et l'émotion est considérable, d'autant qu'elle s'ajoute à celle encore très vivace suscitée par la série des meurtres commis quelques années plus tôt outre-Manche par Jack L'Eventreur.

En toute logique, nous avons donc là des ingrédients très suffisants pour justifier l'émergence de procédés d'investigation sérielle : leur nécessité en termes de maintien de l'ordre public est avérée et leur pertinence technique est démontrée. Sans aller jusqu'à espérer une révolution complète de la façon dont l'enquête judiciaire envisage la délinquance, on pouvait au moins penser que les institutions judiciaire et policière allaient amorcer la réflexion permettant une prise en compte plus systématique et plus adaptée d'une catégorie spécifique d'activités criminelles : celles commises par un même auteur agissant de façon répétée mais sans que la répétitivité de ses actes soit évidente ou même visible de prime abord. Hélas, il n'en sera rien et les techniques habituelles d'enquête, tout inadaptées qu'elles soient dans ce cas de figure, continueront d'occuper seules le terrain de l'investigation policière pratiquement jusqu'à nos jours.

Ainsi, tout au long du siècle après l'affaire Vacher, ce ne sera souvent que par le fait du hasard ou de leur excès d'assurance que seront laborieusement démasqués les grands criminels formant la morbide kyrielle dont les noms sont aujourd'hui familiers : Martin Dumollard, dit « l'assassin des bonnes » (6 à 12 victimes), Hélène Jégado (au moins 36 victimes), Henri Landru (au moins 11 victimes), Marcel Petiot (26 à 63 victimes), Eugène Weidmann, dernier condamné à mort à avoir été guillotiné en place publique à Versailles en 1939 (au moins 6 victimes), etc.

Pourtant, d'autres affaires ne manquent pas qui montrent que hasard et excès d'assurance des auteurs ne sont pas les seuls facteurs permettant de mettre à jour la criminalité sérielle. Dans quelques cas, des enquêteurs font ainsi preuve d'une belle lucidité mais c'est alors l'isolement et les difficultés auxquelles ils sont confrontés qui en disent long sur l'autisme institutionnel face à la criminalité sérielle. Dans les années 1980, Christian Jambert, maréchal-des-logis chef de gendarmerie surnommé « le matou » par ses pairs, détecte sans l'aide de personne la relation entre une série de disparitions de jeunes filles handicapées dans l'Yonne et l'implication probable d'Emile Louis comme auteur vraisemblablement unique de ces disparitions. Sans soutien de sa hiérarchie, et même contre celle-ci autant que contre la Justice : non seulement ses investigations n'auront aucune suite (le procès-verbal établi par l'OPJ sera « égaré » avant d'être retrouvé, portant en marge la mention manuscrite « Non ») mais l'insistance du « matou » pour faire sortir son dossier lui vaudra l'animosité de ses chefs et une promotion/mutation ressemblant fort à une sanction. L'affaire Emile Louis ne sera ainsi mise à jour, bien des années plus tard, que par les efforts conjugués d'une association de victimes, d'un cabinet d'avocats et d'un journaliste, tous aussi tenaces que Police et Justice auront été inefficaces avant eux. Quelques années plus tard, Jean-François Abgrall, également enquêteur de gendarmerie, opère de façon tout aussi solitaire pour mettre en évidence les agissements de Francis Heaulmes, pour se convaincre de leur caractère sériel et pour effectuer ses actes d'enquête. Lui aussi sera parfois amené à se dresser contre sa hiérarchie ou alors ne recevra aucun soutien d'elle. Techniquement, Jean-François Abgrall sera même contraint d'avoir recours, pour reconstituer l'itinéraire criminel de son suspect, à l'interrogation de certains fichiers selon des modalités non autorisées, ce qui est très significatif de l'inadéquation des moyens alors à la disposition des enquêteurs et de l'absence d'un dispositif spécifique permettant de détecter la sérialité. La situation ne s'est en réalité guère améliorée aujourd'hui. Jambert, Abgrall : deux officiers de police judiciaire marginalisés d'avoir eu raison contre tous et emblématiques d'un modèle de police judiciaire sclérosé.

Après Vacher en 1897, la première étape de modernisation technique à être réellement significative attendra en fait... près d'un siècle. Ce n'est en effet qu'au milieu des années 1990 que l'affaire Guy Georges viendra ébranler les habitudes et la routine policières en révélant à la fois l'existence d'un violeur et tueur sériel – mais il n'est donc qu'un de plus sur une longue liste – et surtout toute l'inefficacité du modèle d'investigation qui est alors à l'œuvre dans tout le pays. A elle seule, l'affaire Guy Georges est un concentré de toutes les lacunes et de tous les retards que cumule l'appareil policier français. La France est d'ailleurs à cette époque l'un des rares pays qui continue de repousser la création d'un fichier d'empreintes génétiques et le juge Gilbert Thiel devra user d'un subterfuge[3], à son initiative personnelle, pour faire pratiquer les comparaisons d'ADN qui permettront l'identification du meurtrier. Toutefois quand Guy Georges est interpellé en 1998 – la presse l'a alors baptisé « tueur de l'est parisien » depuis déjà trois ans – l'affaire a un tel retentissement, elle souligne d'une façon si éclatante le fiasco de l'enquête qu'elle met directement au pied du mur le gouvernement et la hiérarchie policière : la décision est enfin prise par la France de créer un fichier national automatisé des empreintes génétiques, le FNAEG, tel qu'il existe déjà dans presque tous les pays européens.

L'affaire Guy Georges et la leçon qui en a été tirée ne doivent toutefois pas faire oublier la cruelle réalité. Dans notre pays, l'histoire judiciaire est jalonnée d'un nombre impressionnant d'affaires criminelles, qui, presque toutes, objectivement, sont d'abord des échecs judiciaires de la part des institutions, ces dernières n'ayant pourtant presque jamais tiré aucun enseignement des faillites qu'elles avaient sous les yeux[4]. Et l'on peut bien

---

[3] Faute de disposer d'un fichier national d'ADN, le juge Thiel demandera aux laboratoires privés et à ceux de la police scientifique de comparer les ADN qu'ils détiennent dans leurs archives avec la trace d'ADN recueillie sur plusieurs scènes de crime de Guy Georges. Contournant l'esprit de la loi en vigueur, cette demande sera d'abord déclinée par les laboratoires de police qui ne s'y plieront qu'après que le juge Thiel leur ait demandé de consigner leur refus dans un écrit destiné à être versé à la procédure, et donc à être porté à la connaissance des familles des victimes.

[4] Le temps passant, l'affaire Guy Georges est même présentée comme un succès d'investigation policière.

parler de faillites, car même si les auteurs sont finalement identifiés, cela ne doit grand-chose au bon fonctionnement de la machine judiciaire, et notamment pas au bon fonctionnement de la machine policière, et cela ne doit rien non plus à une détection précoce d'une série meurtrière. Dans presque tous les cas, les affaires « sortent » soit à la suite d'un concours de circonstances, soit grâce à la volonté d'isolés luttant contre l'inertie institutionnelle pour faire valoir leur point de vue et n'y parvenant alors qu'au prix des pires difficultés – comme on l'a vu avec Jambert ou Abgrall – là où au contraire ils auraient dû recevoir un soutien total.

Louis, Heaulmes, Fourniret, Chanal, Paulin et Mathurin, Recco, Poirson, Rezala, Keller, Ben Salah, Alègre, etc. aucune de ces affaires n'a provoqué la mise en place de protocoles, de modes d'action, d'outils adaptés pour la détection précoce des criminels sériels (hors, donc, l'incroyable fiasco des recoupements, ou plutôt de leur absence, dans l'affaire Guy Georges ayant provoqué la création du FNAEG). Et encore sommes- nous là dans le domaine d'affaires à la fois particulièrement graves, et « connues » en ce sens qu'elles ont fait la une des journaux. Mais la situation est évidemment encore pire pour les délits sériels, qui font rarement cette une et pour lesquels la réaction des institutions est encore plus inexistante.

Présent dans la cité et dans les campagnes aussi loin que remonte notre mémoire – de premières figures sont décelables dès l'Antiquité – le tueur en série n'a donc été qu'assez récemment identifié comme phénomène particulier et comme sujet d'étude, sans doute parce que ses actes ont été plus visibles au fur et à mesure que décroissait le niveau de violence affectant nos sociétés mais certainement aussi en raison de la diffusion toujours plus large et plus rapide des faits divers : à alimenter presque quotidiennement et presque en temps réel notre vision du monde d'actes criminels commis à des centaines ou des milliers de kilomètres, et parfois à des années ou décennies de distance, les médias modernes donnent mécaniquement l'impression de leur multiplication.

L'apparition chronique dans l'actualité d'individus ayant fait du meurtre une habitude est donc aujourd'hui une sorte de fatalité dont personne ne croit sérieusement qu'elle puisse être vaincue. Si la découverte d'un nouveau tueur en série secoue à chaque fois l'opinion publique d'un même sentiment d'horreur, elle n'est pourtant jamais une véritable surprise : en réalité, l'apparition en une des journaux d'une nouvelle affaire enclenche d'ailleurs mécaniquement le compte à rebours jusqu'à l'affaire suivante et chacun le sait bien au fond de soi, sauf semble-t-il à la police judiciaire[5]. Cette prévisibilité

---

[5] Cette prévisibilité qui prend même le visage d'une véritable fatalité quand est découvert un nouveau tueur sériel est également alimentée par le retentissement d'affaires commises à l'étranger, et notamment aux Etats Unis ou le phénomène semble connaître une réelle prévalence (75% des tueurs en série seraient américains, pourcentage cité par ZAGURY Daniel, *Le tueur en série*, in GARAPON Antoine et SALAS Denis (dir.), *La Justice et le mal*, Paris, O.

n'enlève cependant rien à l'authenticité et à la spontanéité des réactions individuelles que suscitent les agissements monstrueux dont il est question, et nous allons d'ailleurs voir que ces réactions du public sont finalement assez univoques, que ce soit du point de vue de leur variété ou de leur intensité. Assez univoques également mais beaucoup moins spontanés, les positionnements collectifs adoptés avec des arrière-pensées commerciales ou idéologiques par des acteurs institutionnels ou non : aussi peu ragoûtant que cela puisse paraître, le tueur en série est également un juteux fonds de commerce pour quelques intérêts privés et surtout pour certains calculs politiques. Ce n'est donc finalement qu'en acquérant vis-à-vis d'elle une certaine distance, celle que donne la réflexion scientifique et ses tentatives de rationalisation, que la figure du tueur en série nous apparaîtra aussi énigmatique que le laisse soupçonner sa façon de transgresser toutes les normes.

b/ Auprès du grand public, une figure quasi mythique

Auprès du public, donc, quel succès depuis un siècle ! Un succès d'ailleurs sans commune mesure avec les agissements imputables avec certitude à des tueurs en série. En effet, si l'on regarde les chiffres, le nombre d'homicides relevant dans la réalité de ces meurtriers est extrêmement marginal au regard du total des homicides commis, et plus encore si on le rapporte à celui de l'ensemble des crimes et délits enregistrés annuellement par la police judiciaire[6]. Prenons par exemple l'année 2008, qui n'a pourtant pas été chiche en horreur avec la découverte des agissements de Fourniret et de Patrick Salameh : en additionnant les huit affaires imputées au premier (auxquelles pourraient s'en ajouter trois autres présumées) et les quatre imputées au second, on arrive à douze homicides relevant cette année-là de tueurs en série, ce qui est évidemment un chiffre monstrueux en horreur mais qui ne représente qu'une fraction des 1899 homicides enregistrés par la police et la gendarmerie, eux-mêmes noyés parmi 3.558.329 crimes et délits (ne représentant eux-mêmes que la part d'affaires correspondant aux plaintes déposées). Si on l'isole des réactions émotionnelles légitimes qu'elle suscite, l'activité criminelle de Fourniret et Salameh en 2008 occupe donc une place objectivement marginale dans les chiffres officiels.

Jacob, 1997, p. 25). L'ampleur de cette prévalence reste cependant difficilement mesurable : apparemment incontestable, elle peut en effet résulter, au moins en partie, d'un différentiel d'efficacité entre le modèle de détection américain et son inexistence en France, voire d'une différence de nature entre *serial killer* américain et tueur en série français (sur ce point, *cf.* DYJAK Aurélien, *Tueurs en série, l'invention d'une catégorie criminelle*, Rennes, Presses universitaires de Rennes, 2016).

[6] Le chiffre officiel de la délinquance délivré par le ministère de l'Intérieur étant lui-même très nettement inférieur (dans une proportion d'au moins 2,5 à 3 environ) à celui de la délinquance rapporté par les enquêtes de victimation.

La situation est en revanche exactement inverse dans la production littéraire ou cinématographique depuis qu'elles ont découvert, il y a à peine quelques décennies, l'incroyable potentiel du tueur en série en terme d'audience. Auparavant absent des œuvres de fiction policière, il y est alors très vite devenu omniprésent, jusqu'à y occuper en fait presque toute la place. De rien, il est devenu tout, conquérant immanquablement les rôles de tête d'affiche. Ses concurrents ? Bousculés ! Ses détracteurs ? Enterrés ! La vogue à son égard est telle qu'il a déclassé comme antiquités les criminels surannés de Simenon ou d'Agatha Christie qui incarnaient pourtant, il n'y pas si longtemps, l'archétype incontournable du meurtrier de papier. Dans la plupart des cas, il a même éclipsé la figure de son ennemi naturel, le flic, ravalé au rang de faire-valoir souvent alcoolique et pitoyable. L'intelligence – machiavélique – est de son côté et également la capacité – démoniaque – à deviner les mouvements de son adversaire. Il a toujours un temps d'avance et ses poursuivants ne finissent d'ailleurs par le mettre hors d'état de nuire qu'après de nombreux échecs incarnés en cadavres successifs qui sont aussi autant de moyens de soutenir un suspense quelque peu artificiel (mais la fiction ne prétend pas non plus prendre les mouches avec du vinaigre). Seul sous le feu des projecteurs et seul sur la scène criminelle où l'isole son pouvoir vénéneux, le tueur en série est l'acteur désormais incontournable du genre policier, ressort obligé de toute intrigue et personnage souverain sans lequel aucun film, livre ou... série (justement !) ne semble aujourd'hui capable de capter son public.

Rien que de logique à cette situation, le genre romanesque a besoin de figures fortes pour s'imposer. Mais le sujet n'est pas épuisé une fois cette évidence proférée. Ce n'est en effet certainement pas un effet du hasard si l'hégémonie fictionnelle du tueur en série a été concomitante avec la révélation de ses actes bien concrets dans les journaux et dans notre quotidien. On peut même se demander si ce modèle du tueur en série aurait conquis pareille prééminence sans les résonnances qu'il entretient avec la vie réelle. Il suffit à cet égard de penser à toutes les affaires sordides qui monopolisent régulièrement la une d'une actualité portée au sensationnalisme : parce qu'elles dépassent totalement l'entendement d'un public évidemment incapable de s'identifier aux monstruosités qu'on lui rapporte, ces affaires donnent en réalité une bonne partie de son crédit à la figure fantaisiste et archétypale inventée par les romanciers et scénaristes qui exploitent ainsi habilement l'attirance trouble et l'intensité des réactions suscitées par les faits divers les plus atroces. Il y a là une convergence qui nous rappelle que c'est donc tout de même bien grâce aux liens qu'elles tissent avec la vie, grâce à cette réalité dont elles nourrissent en partie leurs mondes imaginaires, que les œuvres de fiction tirent la plus grande partie de leur force. Pour démesurés qu'ils soient, la réaction et l'engouement du public ne puisent donc pas leur intensité de nulle part.

La confusion ainsi entretenue entre le modèle réel et son double fictionnel n'est pourtant pas aussi légitime qu'il y paraît : le second se distingue en réalité du premier sur presque tous les points et la vérité du tueur n'est pas celle de son homologue fictif dont il n'a d'ailleurs dans l'immense majorité des cas ni le machiavélisme, ni la sophistication des modes opératoires, ni la propension à (se) jouer de la police. De ce point de vue, l'imaginaire a depuis longtemps supplanté la réalité, jusqu'à s'assurer une suprématie telle que le public se fait certainement du tueur en série une vision plus proche de celui qu'il voit dans les livres et séries que de celui qu'il découvre dans l'actualité réelle. La distorsion sur ce point est d'ailleurs renforcée par des médias auxquels la recherche de l'audience dicte de jouer la surexposition de faits extrêmes ou caricaturaux plutôt que la fidélité d'ensemble : quand un tueur en série est interpellé, c'est sur les aspects les plus monstrueux de ses actes que l'accent est mis, quitte à forcer le trait, plutôt que sur la dimension souvent assez frustre et artisanale de sa démarche.

Pour autant, cette prééminence d'une copie machiavélique et sophistiquée sur un original qui l'est nettement moins ne ravale pas ce dernier à un rang anecdotique. Entre les deux figures, la différence n'est pas de degré mais de nature : elles ne sont pas plus ou moins monstrueuses, mais seulement différemment monstrueuses. Le tueur en série fictionnel met généralement en œuvre une intelligence satanique et méthodique pour exécuter des scénarios difficilement, ou au moins rarement, observables dans le réel : victime repérée et choisie avec soin, sophistication des supplices, éparpillement délibéré d'indices morbides, jeu pervers avec les enquêteurs, etc. Le véritable tueur en série s'en tient quant à lui le plus souvent à des modes opératoires beaucoup plus élémentaires : il jette son dévolu sur une proie de rencontre quand les circonstances la mettent sur son chemin, satisfait sur elle les pulsions qui l'animent et s'en débarrasse ensuite rapidement, le tout sur un mode souvent grossier, ce qui n'est pas synonyme d'inefficacité. Ainsi le tueur en série occupe-t-il dans le paysage criminel réel une place non moins barbare mais beaucoup plus ambiguë que celle de sa réplique dans des univers inventés.

Certes, nous ne disposons pas d'un recul très important pour mieux éclairer notre connaissance du phénomène : ainsi que nous l'avons vu, les siècles précédents ne nous ont transmis que peu d'exemples, en tout cas d'exemples attestés de tueurs en série, et encore moins de détails sur les modalités de leur activité. Mais cette place marginale qu'il occupe dans l'histoire, et *de facto* dans notre mémoire communautaire, doit assurément bien moins à l'absence de meurtriers sériels qu'à celle d'une technique policière propre à les déceler. En toute vraisemblance, loin d'avoir été les précurseurs d'un comportement criminel inédit, les Landru, Petiot et autres Vacher ont sans doute plutôt été, bien contre leur gré, les premiers tueurs en série à se faire prendre dans un contexte plus favorable qu'auparavant à la connaissance de leurs forfaits. L'émergence mollasse des services et des méthodes modernes d'investigation coïncide d'ailleurs assez nettement avec celle de ces figures effarantes dont la liste ne cesse de s'allonger depuis, et même à vitesse exponentielle si l'on en croit la litanie moderne des Keller, Paulin, Georges, Heaulmes et autres Fourniret.

Il y a donc assurément, dans notre inconscient collectif, la certitude empirique que le tueur en série sévit dans la cité de toute éternité et c'est peut-être ce qui explique en partie la place mythique qu'il a conquise auprès du public, dès les conditions réunies pour sa mise au jour policière et son exposition médiatique. Ce serait pourtant une erreur de croire que cette perception commune – même récente et décalée par rapport à la réalité – ne devrait qu'à la surexposition médiatique qui accompagne la découverte de chaque nouvelle affaire et l'horreur des actes commis. Même s'il n'a pas le moindre impact sur la vie matérielle et quotidienne des millions de personnes qu'il affecte, voire fascine dans les cas le plus malsains, le tueur en série incarne une anormalité touchant au plus intime et au plus complexe de nous-mêmes : rapport au mal, rapport au sexe, rapport à la mort. Il n'y a donc pas de paradoxe dans l'attention qu'il retient, en réalité proportionnée aux sentiments qu'il fait frémir au fond de nous, aux bousculements qu'il y provoque et aux failles par lesquelles il s'insinue jusqu'à notre moi le plus sombre et le plus équivoque. En ce sens, ce tueur peut être considéré, au-delà de ses actes, comme support d'un fantasme collectif qui le dépasse et auquel il doit sans doute l'engouement qu'il suscite.

c/ Pour la Police et la Justice, la tentation de l'épiphénomène

Personne ne songerait donc à nier aujourd'hui la réalité d'un phénomène criminel aussi unanimement admis, ayant de telles répercussions et dont l'actualité vient de toute façon régulièrement nous rappeler l'existence. Quel policier, quel magistrat interrogé sur le sujet s'essaierait d'ailleurs à prétendre le contraire ? Aucun. Ou plutôt, aucun à le prétendre tout de go. Mais rares seraient ceux qui ne tiendraient pas à aussitôt préciser que le meurtre en série reste cependant, en France, un épiphénomène pénal justifiant d'être largement relativisé en raison de la place quantitativement négligeable qu'il tient dans le paysage criminel. Et de fait, le discours du ministère de l'Intérieur et celui du ministère de la Justice sont assez unanimes : l'homicide volontaire s'y affiche comme une infraction peu fréquente dont l'auteur, en général un primo-criminel[7], est en outre quasi systématiquement identifié. Manière d'imposer

---

[7] Bien que cela puisse sembler paradoxal, l'expression de primo-criminalité peut s'appliquer à des tueurs en série puisque son acception la plus courante recouvre des auteurs pouvant avoir commis plusieurs faits mais n'ayant jamais été condamnés, ou à tout le moins jamais signalisés et qui sont donc absents du casier judiciaire comme des fichiers de police. Pour la commission d'un premier fait, on parle plutôt d'auteur primaire. L'absence de définition claire et unanimement reconnue de ces termes illustre l'observation faite dans le prologue sur la déshérence des sciences criminelles en France.

sans sembler y toucher, mais sans l'explorer au fond, l'idée que le tueur en série est finalement tout de même plus proche du mythe que de la réalité.

Ainsi instillé, le doute ne peut que prospérer : que pèse en effet un concept de criminalité ou de délinquance sérielles dont la figure emblématique serait pratiquement une invention ? Comment défendre l'idée d'une approche d'investigation sérielle de la délinquance si le seul criminel sériel vraiment connu de tous n'est qu'une fiction ? Car c'est bien ce que les statistiques policières semblent nous dire quand elles affichent un taux d'élucidation des homicides proche de 90% : une telle performance laisse en réalité peu de place à l'activité de tueurs sériels sur notre territoire. Quand 10% seulement d'un nombre pourtant déjà modeste d'homicides[8] ne sont pas élucidés, il y a en vérité bien peu d'espace pour des bataillons de Heaulmes ou de Fourniret battant les villes et campagnes et y assassinant à tout va. La réalité, est-elle pourtant aussi rose ? Hélas, certainement pas !

Dans un précédent ouvrage, nous avons en effet eu l'occasion de montrer que la réalité homicide en France est assurément très loin de celle, ô combien rassurante, qui est présentée par la communication officielle et relayée par les médias. Le nombre de facteurs qui se conjuguent pour aboutir à une forte sous-estimation de cette réalité est même particulièrement éloquent. Ainsi, passent à travers les mailles du filet statistique tous les homicides jamais enregistrés au titre des carences suivantes.

- Celles de la médecine légale au moment de la constatation du décès, tout d'abord. Il est évidemment impossible d'évaluer le nombre de meurtres que des médecins généralistes confondent, en toute bonne foi, avec des morts naturelles. Yvan Keller, tueur en série qui sévissait en Alsace et probablement dans les pays immédiatement limitrophes, a avoué avant de se suicider avoir étouffé dans leur sommeil environ 150 personnes sans qu'aucun de ces décès n'ait attiré l'attention des médecins les ayant constatés. Le fait est, tout simplement, que nombre de façons de donner la mort ne laissent pas de traces évidentes sans un examen orienté et conduit par un praticien formé en médecine légale. Or, la presque totalité des médecins appelés à délivrer des certificats de décès n'ont dans ce domaine de la médecine légale qu'une formation expéditive et aucune expérience réelle ; les légistes qui pourraient y

[8] 1812 homicides élucidés sur 1946 homicides constatés en 2011. Malheureusement, les données relatives aux homicides élucidés ne sont plus publiées par l'ONDRP, depuis 2011 au prétexte plus général de difficultés techniques et méthodologiques qui pourraient pourtant être facilement surmontées, au moins pour les infractions les plus graves ; en la matière, l'Observatoire ne fait toutefois que perpétuer l'entreprise de dissimulation statistique à laquelle il se livre depuis sa création (sur les errements statistiques de l'ONDRP et la falsification des chiffres de la délinquance, cf. MATELLY Jean-Hugues et MOUHANNA Christian, *Police : des chiffres et des doutes*, Paris, Michalon, 2007 et IMPINI Jean-François, *Un Mensonge d'Etat, l'imposture sécuritaire*, Paris, Michalon, 2013. Les chiffres des infractions élucidées ne figurent pas non plus dans les indicateurs d'Interstat ou sur le site data.gouv.fr.

suppléer font quant à eux cruellement défaut tant la discipline est confidentielle en France. Ainsi, hors le cas où le caractère violent d'un décès s'impose au premier regard, il y a toutes les chances pour qu'il soit classé en mort naturelle, y compris s'il s'agit en réalité d'un homicide. La même remarque vaut d'ailleurs pour certains meurtres (trop) hâtivement classés en accidents ou suicides et ce ne sont pas les compétences des médecins généralistes qui sont là en cause mais bien celles des médecins légistes, des techniciens de scène de crime et des enquêteurs. Un cas emblématique de ce type d'erreurs grossières est par exemple fourni par l'affaire Benyoucef. Jeune femme de 26 ans, Hadja Benyoucef est découverte sans vie à son domicile, en 1987, à Toulouse, une couche-culotte enfoncée au fond de la bouche et une corde à rideaux nouée autour de la gorge ; son cou est en outre traversé par un couteau et sa carotide tranchée, mais l'autopsie conclura le plus sérieusement du monde à un raptus suicidaire, c'est-à-dire à un suicide survenant à la suite d'une impulsion particulièrement brutale. Ni les policiers, ni le parquet ne douteront de cette conclusion, aucune enquête approfondie ne sera conduite et le dossier sera rapidement bouclé. Ce n'est qu'en 2004, près de vingt ans plus tard, après exhumation du corps dans le cadre des investigations conduites sur le tueur en série Patrice Allègre, que plusieurs contre-expertises viendront unanimement exclure le raptus suicidaire et valider l'hypothèse du meurtre. A nouveau, il serait évidemment vain de vouloir évaluer le nombre de ces accidents et suicides qui sont en réalité des meurtres échappant à la Justice, mais dire qu'ils n'existent pas confinerait à la plus pure mauvaise foi.

- Viennent ensuite les défaillances pour la constatation des néo-naticides et des homicides ou coups et blessures ayant entraîné la mort sans intention de la donner sur des enfants en bas âge, catégorie dans laquelle entrent notamment les nourrissons victimes du syndrome du bébé secoué (ou SBS). Quelques chercheurs se sont d'ailleurs intéressés à cette question spécifique de la mort suspecte des enfants dans les premiers temps de leur vie, pour arriver à un constat finalement guère différent de celui que nous venons de faire pour les morts adultes : faute d'une formation ou même d'une sensibilisation suffisante, la médecine d'urgence, y compris pédiatrique, se montrerait défaillante dans un nombre significatif de cas. Le docteur Anne Tursz, directeur de recherche à l'Inserm, qui fait autorité sur cette question, a ainsi pu déclarer « qu'un tiers des morts accidentelles et un quart des morts pour cause inconnue » enregistrés par des médecins sur des enfants de moins de un an, y compris en milieu hospitalier, étaient en fait des homicides[9].

[9] TURSZ Anne, *La Maltraitance envers les enfants*, in. Bulletin trimestriel *Questions de santé publique*, n°14, Institut de recherche en santé publique, septembre 2011.

Corroboré par les recherches menées dans d'autres pays, ce constat inquiétant l'est aussi par l'étonnant différentiel que l'on peut constater entre l'ampleur du phénomène de la maltraitance infantile et le très faible nombre de cas d'homicides infantiles et SBS enregistrés officiellement chaque année. Ce différentiel tiendrait selon Anne Tursz à « un déficit certain en investigations médicales, [...] un probable sous-diagnostic du syndrome du bébé secoué [... et] un gros déficit d'expertise médico-légale chez le petit enfant[10] », et encore n'évoque-t-elle à ce sujet que le cas des nourrissons décédés immédiatement après les violences subies sans pouvoir évaluer le nombre de décès très postérieurs à ces violences, ni non plus les cas d'invalidité permanente qui peut résulter des mauvais traitements subis.

- Une autre catégorie suspecte en matière de sous-estimation du nombre d'homicides est à trouver à la rubrique des disparus dans des circonstances non inquiétantes, systématiquement considérés comme des personnes bien vivantes quand bien même on ne les retrouve jamais, quels que soient les efforts déployés par leurs familles dans leurs propres recherches ou pour mettre en route la machine judiciaire. On ne se trouve pas ici dans le cas épineux où une personne a disparu mais dans des conditions laissant à penser qu'elle est vraisemblablement en danger : personne suicidaire ou dépressive, traces de violence sur le lieu de la disparition, personne rapportant un enlèvement dont elle a été témoin, etc. Face à de telles situations, la disparition de la personne donne généralement lieu à un minimum de recherches policières. Mais dans tous les autres cas, sauf présence d'indices formels indiquant que la disparition cache un homicide, et *a fortiori* en l'absence de cadavre, les investigations se résument à... pas grand-chose, notamment pour les disparus majeurs. La situation est d'ailleurs à ce point dramatique que les services du ministère de l'Intérieur sont incapables de mesurer de façon chiffrée ce phénomène des disparitions inquiétantes de personnes, et n'ont sans doute aucun désir qu'il soit correctement estimé. Même quand un office central aujourd'hui disparu[11] était chargé à temps complet de ce phénomène, il était incapable de fournir des statistiques crédibles. Sur la période 2005-2009, la communication officielle fait par exemple état, sans s'étonner de l'incohérence des statistiques qu'elle produit, de la disparition de 47.552 personnes

---

[10] TURSZ Anne *(entretien avec), Infanticides : l'expertise médicale et médico-légale en questions*, http://www.inserm.fr/actualites/rubriques/actualites-societe/infanticides-l-expertise-medicale-et-medico-legale-en-questions - Inserm, 24 mai 2011 (accédé le 27/11/16).

[11] Créé en 2002 l'office central des disparitions inquiétantes de personnes (OCDIP) a été dissous en 2006 pour que ses effectifs aident à la création de l'office central de répression des violences aux personnes (OCRVP) qui n'a cependant pas assumé concrètement la reprise de toutes les actions de l'OCDIP.

majeures et de la découverte de 48.675 d'entre elles, soit 1123 personnes retrouvées de plus qu'il n'en avait disparu ? Concernant les mineurs, les chiffres semblaient plus crédibles, mais autrement inquiétants : sur la même période 2005-2009, 2960 mineurs disparus dans des circonstances inquiétantes et 2454 retrouvées, soit 506 enfants non retrouvés. Une centaine chaque année de la période, une centaine dont les pouvoirs publics ne s'étaient pourtant pas plus émus que cela ! Retour en Absurdie, enfin, avec les fugues de mineurs sans circonstances inquiétantes, et le plus souvent sans investigations particulières, en tout cas pour les fugueurs âgés de quinze à seize ans et plus : dans ce cas de figure, mentionnons simplement qu'en 2009 les services de police ont retrouvé... 4190 enfants de plus qu'il n'en avait disparu. Une situation d'autant plus déplorable que la fugue est facilement invoquée par les enquêteurs dès lors qu'il n'y a pas de signe d'enlèvement. Dans tous ces cas, hors la minorité de ceux où la famille du disparu parvient à mettre en route l'administration à force d'opiniâtreté, on peut considérer que si la personne a été assassinée et son corps correctement dissimulé, son meurtre ne fera presque jamais l'objet d'investigations et l'assassin ne courra donc pratiquement aucun risque d'être démasqué. Or, même si l'office central de répression des violences aux personnes est censé s'occuper de ce phénomène des disparitions et a reçu des effectifs à cette fin, il n'y consacre même pas assez d'attention pour alimenter les statistiques qui ne sont donc plus tenues à jour, ou en tout cas plus rendues publiques, depuis 2010. Sur ce point, la messe est vite dite : plus de statistique = plus de problématique des disparitions. Tout meurtrier capable de faire disparaître habilement le corps de sa victime peut donc dormir sur ses deux oreilles : l'Etat l'assure pratiquement de l'absence complète d'investigations. Une situation qui fait frémir dans un pays moderne et qui ne semble pourtant émouvoir personne.

- Encore a-t-on parlé jusque-là de disparitions signalées. Mais quid des disparus non signalés ? Prostitués des deux sexes, toxicomanes, SDF, immigrés sans papiers, etc. nos paysages urbains et ruraux sont riches de ces personnes sans grande existence légale et qui ne retiennent l'attention que de quelques associations d'aide aux démunis. Des spectres dans nos rues, à l'existence irréelle, survivant tant bien que mal dans un espace comme entre parenthèses, et pour nombre d'entre elles soudain disparues du paysage sans que personne ne s'en soucie, fantômes dans la mort très probablement comme ils l'étaient dans la vie. Or, dans cette masse d'indigents dont la disparition n'est même pas signalée, trop transparents dans leur vie de misère, combien de victimes potentielles d'homicides à jamais dissimulés ? On sait pourtant que la violence est d'autant plus grande que les milieux sont défavorisés, et qu'elle frappe d'abord les plus faibles, mais dans ce cas du milieu le plus défavorisé, celui de la rue et de l'errance, la disparition brutale des plus faibles ne provoque aucune réaction de services officiels trop heureux de n'avoir pas à s'occuper de ces cas et surtout de ne pas avoir à les comptabiliser.

Douillettement abrités derrière leurs réconfortantes statistiques invisiblement tachées du sang d'innocents, les services officiels se gardent donc bien d'aller fouiller dans toutes ces eaux nauséabondes qui troubleraient le lénifiant discours officiel. Mais qui, d'ailleurs, aurait intérêt à soulever ce voile ? Pas le politique, qui trouve dans le taux d'élucidation surévalué des homicides matière à l'une de ces rodomontades dont il est d'autant plus friand qu'elle lui permet de faire oublier l'échec global de la politique de sécurité française depuis des décennies. Pas le policier, trop heureux d'afficher l'excellence de ses prestations. Pas le criminaliste (le technicien – TIC ou COCRIM[12] – ou l'expert de police scientifique) qui a fait de l'homicide son principal fonds de commerce et qui s'en sert comme d'un étendard pour affirmer son infaillibilité. Pas l'enquêteur de base, déjà submergé de travail et qui n'ira en chercher de supplémentaire que le jour où sa hiérarchie y prêtera un minimum d'attention. Pas le magistrat qui a depuis longtemps abandonné son devoir d'initiative entre les mains de l'urgence des innombrables actes procéduraux qui lui échoient ou entre celles des services de police qui lui dictent le rythme, et parfois la nature, de son travail. En un mot, personne. Personne qui ait intérêt à dénicher les cadavres pourtant garantis au fond de certains placards ou de certaines forêts.

Ainsi, l'homicide cumule toutes les chances de rester le crime qu'il est dans le discours officiel : peu fréquent, commis par un auteur généralement primo-criminel, lequel est presque invariablement identifié. Mensonge ? Oui, mais mensonge tellement confortable alors que ce sont assurément, chaque année, des dizaines de meurtres qui restent impunis car inconnus, le plus souvent faute de découverte du cadavre. Et parmi ceux-ci, forcément, mécaniquement, certains commis par de mêmes personnes, des tueurs en série bien réels discrètement fondus dans le paysage et protégés par l'immobilisme de l'Etat encore mieux que par leur habileté meurtrière : le premier et meilleur complice de ce criminel sériel que nous venons d'esquisser reste finalement la volonté farouche des policiers à ne pas mettre son activité en évidence.

Le portrait du tueur en série se révèle donc bien, de prime abord, aussi ambigu que nous l'avions présumé. Dans la réalité moins complexe et moins machiavélique – mais pas moins dangereux – que finiraient par nous le faire croire ses omniprésents doubles fictionnels, mais occupant en revanche dans le monde réel un espace dont les dimensions incertaines sont assurément beaucoup plus larges que voudrait nous le faire croire le discours lénifiant des

---

[12] Technicien d'investigations criminelles et Coordinateur des opérations criminalistiques.

services officiels, notamment en provenance du ministère de l'Intérieur. Combien sont-ils ? Personne ne saurait le dire, faute déjà que l'on puisse faire le compte de leurs victimes. Mais ils sont. Bien abrités par les statistiques partiales et les fanfaronnades policières, éparpillés au sein de la population parmi laquelle ils se fondent sous une apparence et un mode de vie ordinaires, les tueurs en série tuent, tout à leur besoin de mort et à leurs démons, enchaînant meurtre après meurtre comme autant de brefs jalons sur le fil de leur existence, exactement semblables sur ce point au plus banal escroc ou au plus ordinaire cambrioleur. D'ailleurs, bien avant qu'ils soient découverts presque toujours par le fait du hasard, les George et autres Fourniret ne relevaient-ils pas déjà de cette catégorie des tueurs en série dont le discours gouvernemental nous dit qu'elle n'existe pas ?

B/ La figure du violeur, et derrière elle celle du délinquant sexuel, en série

Violeur en série : couramment entendue dans les prétoires ou reprise par la presse, l'expression a contribué à installer dans l'inconscient collectif l'idée que les viols, et derrière eux toute la délinquance sexuelle, sont nécessairement sériels.

Délinquance sexuelle, car nous regrouperons sous ce nom toutes les infractions sexuelles sans considération de leur nature délictuelle ou criminelle. Ce choix nous semble en effet pertinent, plutôt que celui de criminalité sexuelle, dans la mesure où l'immense majorité des infractions sexuelles est jugée en correctionnelle, soit en qualité de délits, soit en qualité de crimes correctionnalisés[13].

a/ Tableau général de la délinquance sexuelle

S'interroger seulement sur le viol pour en mesurer la sérialité semblerait en réalité un non-sens dans la mesure où le viol s'inscrit dans un continuum plus large d'infractions ayant toutes pour points communs leur nature sexuelle et d'être souvent commises soit en concurrence d'autres infractions (par exemple, un homme s'introduit de nuit, pour voler, dans la chambre de sa victime, la regarde, la caresse puis, quand elle se réveille, lui impose un rapport sexuel), soit dans le cadre d'une gradation plus étalée dans le temps (par exemple un homme se livre d'abord à une ou plusieurs agressions où il se limite à des attouchements puis, plus tard, commet un viol puis d'autres à

[13] La correctionnalisation est un tour de passe-passe judiciaire constituant à occulter un ou plusieurs éléments constitutifs d'un crime pour qu'il se trouve abaissé au niveau de délit. Destiné à éviter l'encombrement des cours d'assises, cette correctionnalisation ne rime toutefois pas nécessairement avec une peine plus légère que celle que l'auteur aurait pu se voir infliger en cours d'assises. Enfin, une même opération existe, sous le nom de contraventionnalisation, pour que certains délits mineurs soient abaissés en contraventions de 5ème classe relevant du tribunal de police, l'objectif étant dans ce cas d'alléger le rôle des tribunaux correctionnels.

intervalles variables). A l'intérieur du continuum évoqué, on peut d'ailleurs distinguer, comme le fait le Code pénal, les infractions qui sont des agressions physiques (viol et autres agressions sexuelles[14]) de celles qui n'ont pas ce caractère d'agression physique (exhibitionnisme, harcèlement[15]). Ainsi, toutes les agressions sexuelles ne sont pas des viols, ni même des agressions physiques, et le viol ne constitue finalement que la forme la plus grave des infractions sexuelles[16], ce qui ne nous semble pas un critère suffisant pour l'isoler totalement dans le cadre de notre étude.

Naturellement, le regroupement des infractions à connotation sexuelle a les limites qu'il doit à son caractère artificiel : si nombre de violeurs sont fréquemment coupables également d'attouchements ou d'exhibitions, il existe un nombre non moins élevé de délinquants sexuels à ne commettre qu'une même nature de délit, par exemple l'exhibition. Par ailleurs, la frontière est souvent mince entre les attouchements sexuels et la tentative de viol – dans les faits, c'est la décision judiciaire qui arbitre entre eux de façon passablement subjective – et l'incertitude qui en résulte quant à la qualification de certains faits fausserait l'interprétation si le regard se limitait aux viols retenus comme tels. Ainsi, faute de traiter de chacune des infractions sexuelles isolément, ce qui n'est pas l'objet de cet ouvrage, les inconvénients de leur regroupement en une même catégorie semblent moindres que ceux qu'il y aurait à ne vouloir parler que des viols avérés, ces derniers ne pouvant épuiser à eux seuls la problématique de la délinquance sexuelle et de sa possible sérialité.

Enfin, pour se faire une idée du phénomène de la délinquance sexuelle, on dispose de deux sources majeures et non d'une seule comme c'était le cas en matière d'homicides. Ces deux sources sont d'une part la statistique du ministère de l'Intérieur, publiée par l'Observatoire national de la délinquance et des réponses pénales (ONDRP), d'autre part l'enquête nationale « Cadre de vie et sécurité » conduite par l'INSEE, institut à la fiabilité incontestable même si les données qu'il recueille sont également publiées par l'ONDRP, organisme autrement moins crédible et qui censure d'ailleurs une importante partie des enseignements de l'enquête.

Concernant les chiffres du ministère de l'Intérieur, tout d'abord, ils tiennent à peu de chose, la statistique produite se limitant à deux rubriques, viols d'une part, harcèlements et autre agressions d'autre part – donc avec un niveau de détail moindre que celui du Code pénal – pour lesquelles sont distingués les faits commis sur des majeurs et ceux commis sur des mineurs.

---

[14] Art. 222-23 et ss. et 222-27 et ss. du Code pénal.

[15] Art. 222-32 et 222-33 du Code pénal.

[16] Hors le cas spécifique du meurtre sexuel dont la composante sexuelle n'est pas forcément directement apparente (par exemple dans le cas où l'on constate un simple et léger désordre du vestiaire sur le corps sans vie d'une promeneuse isolée, sans trace d'activité sexuelle sur le cadavre ou sur les lieux).

Pour les années 2010 et 2011[17], Police et Gendarmerie nationales confondues, les données sont les suivantes :

	2010	2011	Total
Viols de majeurs	4720	4983	9703
Viols de mineurs	5388	5423	10811
Sous-total	*10108*	*10406*	*20514*
Harcèlements et autres agressions de majeurs	4735	5418	10153
Harcèlements et autres agressions de mineurs	8120	8047	16167
Sous-total	*12855*	*13465*	*26320*
TOTAL	**22963**	**23871**	**46834**

Figure 1 : Infractions sexuelles enregistrées par le ministère de l'Intérieur, années 2010 et 2011 (Source : Bulletin annuel 2011 ONDRP).

Ces chiffres, qui ne sont pas atypiques par rapport à ceux des années antérieures et postérieures, témoigneraient donc d'une activité délinquante plutôt restreinte en matière sexuelle : à peine plus de 10.000 viols par an, et environ 23.000 infractions sexuelles tous faits confondus. Hélas, comme on va le voir, ces chiffres sont totalement déconnectés de la réalité.

L'enquête de victimation auto-reportée « Cadre de vie et sécurité » conduite par l'INSEE est en effet riche d'enseignements d'une toute autre portée que celle des statistiques policières. Portant sur des périodes biannuelles – nous retiendrons quant à nous la dernière à avoir fait l'objet d'une publication, soit 2010-2011 – les résultats de cette enquête sont pourtant lacunaires, en tout cas dans la version très expurgée qu'en donne l'ONDRP. Ainsi, n'a-t-on pas accès, en matière de violences sexuelles et sans que soient clairement indiquées les raisons de cette rétention, aux données concernant les mineurs, ce qui est évidemment d'autant plus regrettable que même les chiffres policiers montrent que ces agressions contre les mineurs sont les plus nombreuses. Pour bien comprendre l'ampleur de la sous-évaluation que produit l'absence de données relative aux mineurs, il convient de savoir qu'une méta-analyse rassemblant en 1997 les données de vingt-deux pays a montré que 20% des femmes et 8% des hommes rapportaient avoir été

[17] Les années 2010 et 2011 sont retenues pour permettre ensuite la comparaison avec les données de l'enquête INSEE 2010-11, dernière disponible à la date de rédaction du présent ouvrage.

victimes d'au moins une agression sexuelle avec contact physique au cours de leur enfance[18].

Malheureusement, ce sont donc seulement les personnes de 18 à 75 ans qui sont retenues dans la publication de l'ONDRP, ce qui n'empêche pas plusieurs séries de données de retenir l'attention.

- Actes de violence sexuelle extra-familiaux : 0,7% des personnes interrogées se sont déclarées victimes d'un acte de violence sexuelle hors ménage au cours de la période considérée. Rapporté à la part des 18/75 ans dans la population, ce pourcentage qui est en outre proche de celui relevé pour les périodes antérieures permet de conclure que ce sont 286.000 personnes majeures qui ont fait l'objet d'une agression sexuelle en 2010-11 en France, se répartissant en 0,4% d'hommes, soit 80.000 et 0,9% de femmes, soit 210.000. Le taux de plainte, c'est-à-dire la proportion de personnes ayant porté plainte pour l'atteinte subie, s'établit à 8,1%, soit moins d'une personne sur dix (2,5% pour les hommes, 10% pour les femmes).

- Agressions physiques et sexuelles intrafamiliales : bizarrerie de l'ONDRP (une de plus), les chiffres concernant les agressions intrafamiliales ne distinguent pas entre violences physiques et sexuelles, ce qui relativise évidemment leur portée et exclut toute interprétation dans le domaine de la délinquance sexuelle. On apprend cependant que 1,9% des personnes interrogées déclarent des violences intrafamiliales, dont 1,2% par leur conjoint ou ex-conjoint, soit en extrapolation à la population française respectivement 841.000 (274.000 hommes et 567.000 femmes) et 541.000 personnes (137.000 hommes et 404.000 femmes). Le taux de plainte est là de 7,5% (3,5% pour les hommes et 9,3% pour les femmes).

- Actes constitutifs de viol : plus exploitables, les résultats relatifs aux viols indiquent une proportion de 0,4% de personnes majeures dénonçant un viol au moins au cours de la période considérée. Rapporté à la population, ce pourcentage aboutit à un total de 193.000 personnes, se répartissant en 34.000 hommes et 154.000 femmes[19]. Malheureusement, le taux de plainte n'est pas communiqué par l'ONDRP.

L'énormité de ces chiffres, pour les seules personnes majeures, souligne à nouveau combien déplorable est l'absence des données relatives aux mineurs

---

[18] GOREY Kevin et LESLIE Donald, *The prevalence of child sexual abuse: Integrative review adjustment for potential response and measurement biases*, in *Child Abuse & Neglect*, volume 21 (4), 1997, pp. 391-398.

[19] Le total « hommes + femmes » ne correspond pas au chiffre global en raison des marges d'erreurs affectant les calculs statistiques s'agissant d'une enquête auto-reportée.

alors qu'on les sait victimes d'une très forte proportion d'agressions sexuelles, qu'elles soient extra ou intrafamiliales. Notons simplement que là où la police enregistre 9703 viols de majeurs pour la période 2010-11, la population majeure en subirait en réalité 193.000, soit près de vingt fois plus. Là où le ministère de l'Intérieur rapporte 10.153 autres infractions sexuelles contre des personnes majeures, la population majeure en rapporte 286.000, soit 28 fois plus, et tout ceci *sans compter les infractions intrafamiliales et celles contre les mineurs*.

De tels différentiels obligent évidemment par avance à relativiser toutes les conclusions qui pourront être tirées des chiffres officiels en matière de sérialité. La vérité dans ce domaine est en effet que la mesure de la délinquance sexuelle est pour l'essentiel un gigantesque trou noir qui engloutit une majorité écrasante des faits commis. Ainsi, non seulement ceux-ci échappent-ils à la sanction pénale mais aussi à toute approche scientifique, ne laissant aux chercheurs que la voie d'enquêtes sur des échantillons fatalement restreints dont la portée significative s'assortit *de facto* d'une inévitable et importante marge d'erreur.

b/ Des certitudes incertaines de l'intuition...

Parmi le grand public, de façon intuitive, les personnes interrogées sur le caractère sériel ou non sériel de la délinquance sexuelle ont souvent tendance à désigner la première option. *A priori*, les infractions sexuelles semblent en effet perçues par le public comme répétitives par nature, ce qui est d'ailleurs peut-être simplement la conséquence que la sexualité humaine « naturelle » est elle-même répétitive. L'acte sexuel étant régulièrement réitéré dans le cadre d'une sexualité non transgressive dont il constitue l'acmé, on peut sans doute imaginer que les personnes interrogées soient naturellement portées, par analogie, à penser qu'il en est de même dans le cadre d'une sexualité pénalement transgressive. Par ailleurs, les faits divers qui sont le plus facilement portés à la connaissance du public dans ce domaine sont évidemment les plus graves. Or, si la gravité découle parfois de l'horreur intrinsèque de l'agissement, elle résulte le plus souvent de sa répétition ou de la situation récidivante de l'auteur qui sont alors largement soulignées par les chroniqueurs, alimentant l'idée que la délinquance sexuelle serait naturellement sérielle. On est pourtant là en présence d'une perception intuitive et non d'un constat scientifiquement établi.

Chez les enquêteurs eux-mêmes, les infractions sexuelles qui se répètent attirent beaucoup plus facilement l'attention, en tant que faits sériels, que d'autres infractions. Un premier élément qui participe de cette caractéristique est évidemment le fait que l'infraction sexuelle oblige l'auteur à se rapprocher physiquement et assez longuement de la victime – *a contrario* du cambriolage, du vol à la roulotte, etc. – laissant le temps à celle-ci de recueillir des éléments d'identification que les enquêteurs pourront ensuite recouper. Ainsi, un même exhibitionniste ou un même violeur, jusqu'à une échelle correspondant à peu près à un département, attirera presque immanquablement le regard de l'unité en charge de la police judiciaire dans ce département. Or, quand ils répètent leurs actes, ces auteurs ont justement tendance à le faire dans un périmètre généralement étroit autour de leur lieu de résidence, quelques dizaines de kilomètres tout au plus dans de nombreux cas. Sauf en présence d'un auteur itinérant, la répétition de l'agression a donc toutes les chances d'être détectée par l'unité de police judiciaire couvrant le périmètre en question et la découverte de sérialité qui en résulte presque mécaniquement n'est pas sans conforter l'idée d'une délinquance sexuelle naturellement sérielle. Cette idée sera en outre rapidement relayée par la presse qui discerne souvent les agissements répétés d'un même délinquant sexuel en même temps que la police, ou même avant elle dans certains cas. Mais à nouveau, cette impression que la délinquance sexuelle est sérielle par nature ne ressortit effectivement que de l'impression. L'attention des enquêteurs est en effet d'autant plus facilement attirée que la prévalence des infractions sexuelles est évidemment beaucoup plus faible que celles de nombreuses autres infractions, comme le cambriolage ou les infractions aux stupéfiants. Ainsi, autant ou même plus que l'intuition, c'est la fréquence officiellement modeste des infractions sexuelles, toutes choses égales par ailleurs, qui pourra contribuer, au moins dans certains cas, à la perception de leur sérialité.

L'intuition se trouve enfin apparemment confirmée également par le positionnement judiciaire qui fait de l'accompagnement médical une question centrale en matière d'atteintes aux mœurs. L'obligation de soins que l'on trouve au cœur du dispositif répressif de la délinquance sexuelle est en effet significative de l'idée que ces auteurs seraient potentiellement des récidivistes par nature. A l'inverse, on imagine mal une obligation de soin en matière de vol à main armée ou d'escroquerie. Ce sont donc là les décisions de justice elles-mêmes qui viennent accréditer, en matière sexuelle, la théorie d'actes transgressifs que l'auteur aurait toutes les chances de réitérer après l'exécution de sa peine si on n'était pas attentif à le guérir des causes qui l'ont amené à la transgression. Ainsi la figure du délinquant sériel s'inscrit d'entrée comme un mode évident de perpétration des infractions sexuelles, non pas amendables comme les autres infractions mais nécessitant une prise en compte thérapeutique pour accompagner l'amendement, et ceci afin d'éviter que la même pulsion ne reproduise les mêmes effets.

A ce stade de simple observation où nous n'avons encore abordé aucune étude scientifique ni aucune donnée statistique sur la réitération, l'image semble donc bien se dessiner de délinquants sexuels naturellement portés à répéter leurs actes, traçant le contour d'une catégorie criminelle où la sérialité serait une caractéristique dominante de la transgression. La réalité, on s'en doute, est un peu plus complexe.

c/ ... aux complexités de l'observation

Tout d'abord, comme nous l'avons précédemment indiqué, l'appellation générique « infractions sexuelles » voit cohabiter en son sein plusieurs types de comportements transgressifs – le viol, le viol non abouti (poursuivi comme tentative), les attouchements sexuels (pouvant recouvrir des tentatives de viol non reconnues comme telles), l'exhibitionnisme, etc. – dont on voit difficilement comment ils pourraient connaître exactement le même taux de réitération. A défaut de contredire le caractère sériel de la délinquance sexuelle, cette observation permet au moins de conclure que certaines infractions sexuelles seront plus ou moins sérielles que d'autres. Une disparité rien moins que logique mais qui n'est encore que l'esquisse d'une véritable confusion.

Il convient en effet de souligner ensuite que les études scientifiques en matière de réitération d'agressions sexuelles ne peuvent travailler qu'à partir des chiffres disponibles en matière de récidive ou de réitération au sens du Code pénal[20]. Or, dès lors que ces deux faits juridiques ont pour conséquence d'augmenter la peine, ils sont soumis à des conditions strictes et naturellement beaucoup plus étroites que celles de la réitération réelle. D'entrée de jeu, les chercheurs – et ils sont les premiers à le souligner – raisonnent donc sur des données lacunaires, ou plutôt parcellaires.

Envisagée scientifiquement dans le cadre de la prédiction – et donc de la prévention – de la récidive, la délinquance sexuelle apparaît ensuite comme un objet d'étude particulièrement rétif avec des taux de « fausses prédictions de dangerosité [variant] entre 54 et 99%[21] », ce qui est immanquablement conclu par de nombreuses études conduites dans les décennies passées, et ceci quelle que soit la nature des méthodes prédictives utilisées (psychologiques, psychiatriques, multivariées, etc.). Une approche de grande ampleur conduite en Europe par le professeur Christian Mormont[22] a même souligné le caractère hasardeux des prédictions de récidives avec une représentation importante de faux positifs (individus classés comme récidivistes potentiels mais qui ne récidivent pourtant pas) aussi bien que de faux négatifs (individus considérés à faible risque mais qui récidivent pourtant dès la fin de leur incarcération).

Les limites de l'exercice ayant ainsi été posées, qu'en est-il de la récidive chez les délinquants sexuels ? Cités dans une recherche dirigée par le docteur Philippe Bessoles[23], on découvre, selon des sources variées, des chiffres de

---

[20] Respectivement art. 132-8 et ss. et art. 132-16-7 du Code pénal.

[21] MONTANDON Cléopâtre, *La dangerosité, revue de la littérature anglo-saxonne*, rapport des travaux de MONAHAN John, in revue *Déviance et société*, vol. 3, n° 1, 1979, pp. 89-104.

[22] MORMONT Christian et al., *Étude comparative dans les 15 pays de l'Union Européenne : les méthodes d'évaluation de la dangerosité et du risque de récidive des personnes présumées ou avérées délinquants sexuels*, Liège, Université de Liège, 2000.

[23] BESSOLES Philippe, *La récidive criminelle au carrefour des épistémologies cliniques, juridiques et médico-légales*, in *Criminalité et récidive : évaluation, clinique, thérapeutique,*

récidive ou réitération légales – indicateurs d'une sérialité au moins ébauchée – aussi variés que de 19% à 41% pour les exhibitionnistes, de 3,7% ou 0% à 11% pour les parents incestueux, de 10% à 20,4% pour les attentats à la pudeur et de 2,5% à 8% pour les viols. Grande disparité des chiffres selon les études, donc, y compris pour une même infraction, et cette disparité doit en outre être complétée par la réserve que les chercheurs ne prennent évidemment en compte que les données qui leur sont accessibles. *De facto*, ce sont les taux de la récidive/réitération mises à jour par la force publique et validés par un jugement de deux juridictions successives qui sont retenus, et ils sont forcément inférieurs à un taux réel dont l'évaluation reste impossible.

Mêmes réserves et résultats comparables en ordre de grandeur si l'on franchit l'Atlantique pour se rendre au Canada où une méta-analyse portant respectivement sur 72 et 36 études (pays nord-américains, européens et asiatiques) rapporte un taux de récidive de 12,4 % pour la récidive sexuelle et de 17,5 % pour la récidive violente (sexuelle et non sexuelle)[24]. Une autre méta-analyse un peu plus ancienne indiquait un taux global de récidive des délinquants sexuels de 13,4 %, avec des taux toutefois plus élevés pour les violeurs (18,9 %) et les pédophiles (12,7 %)[25].

Ainsi s'établissent les données disponibles, qui ne disent donc pas à elles seules si la délinquance sexuelle est plus ou moins sérielle que le reste de la délinquance et si la silhouette du violeur en série doit effectivement s'imposer comme figure représentative de cette forme de criminalité. Toutefois, il ne semble pas incongru de ce point de vue, malgré toutes les réserves qui ont été précédemment énoncées, de rapprocher les taux de récidive des infractions sexuelles qui viennent d'être évoquées du taux de récidive générale, portant donc sur la totalité des infractions. Egalement cité par le docteur Bessoles[26], ce taux de récidive générale s'établit à 34,3% et peut être reçu avec les mêmes précautions et les mêmes restrictions que ceux des infractions sexuelles. Il constitue de ce fait un étalon de mesure globalement satisfaisant – donc en réalité insatisfaisant, mais de manière égale – et permet de constater que les infractions sexuelles seraient globalement plutôt moins sérielles que la moyenne des infractions, un seul des pourcentages cités pour la délinquance sexuelle – 41% pour l'exhibitionnisme selon une seule source – dépassant ce taux de récidive de la délinquance générale. Pour en résumer l'esprit de façon

---

interculturel Hors collection Psychologie, Grenoble, Presses universitaires de Grenoble, 2007, p.16.

[24] HANSON R.Karl et MORTON-BOURGON Kelly, *L'exactitude de l'évaluation du risque : une méta-analyse,* Rapport pour spécialistes (N° de cat. : PS4-36/2007F), Sécurité publique Canada, Ottawa, 2007.

[25] HANSON R.Karl et BUSSIERE Monique. *Predicting relapse : a meta-analysis of sexual offender recidivism studies* in *Journal of Consulting and Clinical Psychology,* vol. 66, n° 2, 1998, pp. 348-362.

[26] BESSOLES Philippe, *La récidive criminelle au carrefour des épistémologies cliniques, juridiques et médico-légales, op. cit.*

très lapidaire, la plupart des recherches sur le sujet tendent de même à conclure à un taux de récidive inférieur chez les délinquants sexuels à ce qu'il est en délinquance générale

Ainsi se trouverait mise à mal la figure de violeurs qui ne séviraient qu'en série ? Pas forcément ! Les mêmes études soulignent en effet à tout coup la fragilité de leurs conclusions en pressentant que le taux de récidive réel serait beaucoup plus élevé que celui de la récidive officielle, ne serait-ce qu'en raison d'un taux très élevé de non-signalement de la part des victimes d'abus sexuels. Par ailleurs, un agresseur sexuel condamné l'est le plus souvent pour plusieurs agressions, notamment dans le cadre des agressions sexuelles intrafamiliales, mais il n'est alors compté qu'un seul fait statistique, ce qui fausse évidemment les données de base du problème. Enfin, une recherche conduite en 2008 par mesdames Véronique Le Goaziou et Maryse Jaspard sous la direction de Laurent Mucchielli, l'une des rares recherches à large spectre conduite en France sur la question du viol (échantillon de 425 affaires dans les juridictions de Paris, Versailles et Nîmes), a mis en évidence la prévalence de la figure du « violeur en série de proximité », notamment dans le cadre des agressions intrafamiliales incestueuses[27], ce qui souligne encore la question que soulève l'absence de statistiques exhaustives et consolidées sur les agressions sexuelles contre les mineurs.

C/ La criminalité organisée et la délinquance répétitive

Criminalité organisée : l'expression renvoie invariablement soit à l'image de bandes bien soudées pratiquant un grand banditisme violent du type des vols à main armée d'établissements bancaires ou du proxénétisme, soit carrément à celle de mafias étendant leur influence sur un ou plusieurs pays avec des activités criminelles hétéroclites où prédomineraient les trafics de femmes ou de mineurs, de stupéfiants, d'armes ou de voitures. Une vision juste mais cependant restrictive. Par le jeu des circonstances aggravantes et de l'incrimination d'association de malfaiteurs, bien des délits commis par des auteurs en réunion revêtent un caractère organisé et « montent » ainsi automatiquement du niveau délictuel au niveau criminel. En réalité, quand elle est répétitive et commises par plusieurs individus, la délinquance revêt dans la plupart des cas tous les attributs de la criminalité organisée telle qu'on vient de la décrire, même si elle peut pourtant s'en distinguer, notamment par la modicité des objectifs poursuivis. Ainsi que nous allons le voir, le distinguo n'est de toute façon pas de grande importance sous l'angle de la sérialité des agissements.

---

[27] LE GOAZIOU Véronique, *Le viol, aspects sociologiques d'un crime*, Paris, La documentation Française, 2011.

a/ Une criminalité organisée sérielle par nature

Organisée, c'est par nature même que la criminalité revêt un caractère sériel, le but d'une organisation étant justement d'ajuster les rôles et les moyens de manière à maximiser les profits par la répétition si possible indéfinie des infractions tout en minorant les risques de se faire prendre. Le cas d'un groupe se rassemblant pour réunir le panel de compétences nécessaire à la réalisation d'un « grand coup » unique peut exceptionnellement se rencontrer, mais il est tout de même beaucoup plus fréquent dans les fictions que dans la réalité. Toute bande ou toute organisation qui se structure dans un objectif illégal, avec tout ce que cela suppose de tâtonnements, d'essais et d'investissement, ne rentabilise cette structuration que par la réitération régulière de ses agissements. Dans tout gang, bande, clan, organisation maffieuse, réseau, c'est donc le processus d'organisation de l'agissement criminel lui-même qui est conçu pour non seulement permettre sa réitération, mais pour même la favoriser le plus grand nombre possible de fois avant que la police puisse y mettre un terme, quand elle le peut. L'objectif n'est finalement ni plus ni moins que de constituer l'activité criminelle en rente régulière et le caractère sériel de l'activité en est alors un élément constitutif à part entière.

Par ailleurs, on aurait tort de limiter le champ d'activité de la criminalité organisée aux quatre exemples qui en ont été donnés précédemment : stupéfiants, prostitution, armes et véhicules[28]. Les cambriolages d'objets d'art ou de mobilier de valeur dans les châteaux et maisons de maître, les vols à main armée dans les bijouteries, les braquages de marchandises directement dans les entrepôts de fret ou dans les camions lors des transports, les vols de technologie ou d'informations confidentielles dans les entreprises, les rackets, la mise en place de jeux d'argents illégaux dans les débits de boisson, etc. sont autant d'agissements criminels qui relèvent objectivement de la criminalité organisée dès lors qu'ils ont généralement recours à la violence ou à des techniques d'intimidation ou d'extorsion pour parvenir à leurs fins. Dans tous ces cas, la sérialité est l'essence même de l'activité criminelle et elle y est donc avérée bien plus que dans les exemples précédents de l'homicide ou de l'agression sexuelle.

b/ La délinquance répétitive, sérialité quotidienne

Telle que nous en avons esquissé le portrait, la délinquance répétitive se distingue de la criminalité organisée par la plus grande modicité de ses objectifs, ou par l'absence de toute forme de violence, ou encore par l'unicité d'auteur. Différence subtile car pour le reste elle vise bien, comme sa grande sœur, le même objectif d'ériger un comportement transgressif en mode de vie de manière à s'assurer un revenu plus ou moins régulier en marge de la loi.

---

[28] Voitures, mais également engins de chantier ou de travaux publics qui sont eux-aussi l'objet de juteux trafics.

Dans le vocabulaire des sciences criminelles on évoque d'ailleurs cette professionnalisation en parlant de carrière criminelle et on aurait tort de minorer l'impact de la délinquance répétitive ainsi définie : pour être parfois moins violente ou pour produire des butins plus modestes ou plus discrets (on pense par exemple aux multiples escroqueries dont peuvent être victimes, à leur domicile, des personnes âgées ou vulnérables qui n'oseront jamais déposer plainte et n'en ont d'ailleurs parfois même pas l'idée), elle concourt souvent beaucoup plus que la criminalité organisée à l'insécurité réelle dans les zones où elle s'exerce et au sentiment d'insécurité ressenti de ce fait par la population. Pour faire longuement la une de l'actualité et pour justifier l'engagement d'importants moyens policiers, le braquage d'une bijouterie de luxe de la place Vendôme à Paris ou dans un palace de la Croisette à Cannes n'a guère de conséquence sur la vie quotidienne des français. En revanche, la revente de stupéfiants dans une cité de banlieue où les dealers tiennent le quartier sous leur coupe a autrement d'effet sur un voisinage condamné à vivre pour l'essentiel dans une zone de non-droit.

Ainsi la moindre gravité intrinsèque des délits les plus fréquents ne doit certainement pas conduire à les déconsidérer et à négliger leur prise en compte. Et c'est pourtant bien ce qui semble se produire, la petite et moyenne délinquance ne faisant guère l'actualité qu'en période électorale ou au mieux lors de la publication des statistiques trafiquées que relaie depuis des années, pour le compte du ministère de l'Intérieur puis du premier ministre, le très déconsidéré Observatoire national des délinquances et de la réponse pénale[29]. Le reste du temps, on choisira de plutôt parler d'incivilités. Situation évidemment déplorable dans une vision de l'information citoyenne au sein d'une démocratie, mais situation également très dommageable pour la prise en compte de cette petite et moyenne délinquance en proportion de ce qu'elle représente réellement en termes d'insécurité. Principal vecteur de l'inquiétude qui étreint la population sur ce terrain, cette délinquance de masse justifierait d'être combattue d'une façon autrement déterminée qu'actuellement et ce combat, pour être efficace, pourrait sans doute utilement retenir le potentiel sériel des délits en cause. Qu'on en juge ! Parmi les infractions privilégiées de la moyenne délinquance et sans être exhaustif, on trouve des infractions telles que les vols à la tire, les cambriolages de châteaux et de maisons de maître, les car-jacking, le phishing sur Internet[30], les filières d'aide au blanchiment, les utilisations frauduleuses de cartes bancaires etc. et bien sûr les vols violents sans arme, les vols sans violence contre des personnes, les coups et blessures volontaires, les cambriolages de logement, les vols de véhicules, à l'intérieur

[29] Cf. MATELLY Jean-Hugues et MOUHANNA Christian, *Police : des chiffres et des doutes*, *op. cit.* et IMPINI Jean-François, *Un Mensonge d'Etat, l'imposture sécuritaire*, *op. cit.*

[30] Phishing ou hameçonnage : technique utilisée sur Internet par des fraudeurs se faisant passer pour un tiers de confiance (administration, banque, société d'assurance, etc.) afin d'obtenir de leurs victimes la communication de données confidentielles (mots de passe, numéro de carte de crédit, etc.).

de ceux-ci ou d'accessoires. Ces sept dernières catégories ne sont d'ailleurs pas citées au hasard mais parce qu'elles font partie des indicateurs publiés par le site Interstat du ministère de l'Intérieur (cf. *infra* Ch. 1, § 3, A, b). Or, quels sont les chiffres indiqués pour le nombre d'infractions commises sur une période de 12 mois, de novembre 2015 à octobre 2016 inclus ?

Infractions	**Nombre sur 12 mois**
Vols violents sans armes	91 343
Vols sans violence contre des personnes	697 750
Coups et blessures volontaires	216 682
Cambriolages de logement	239 030
Vols de véhicules	165 199
Vols dans les véhicules	262 910
Vols d'accessoires sur véhicules	105 907
Total	**1 778 821**

Figure 2 - Total de faits commis d'octobre 2015 à novembre 2016 inclus (Source : Interstat ministère de l'Intérieur)

Près de 1,8 million d'infractions sur une période d'une année. On se doute bien que des faits d'une telle qualification, qui plus est commis dans un tel volume, ne sont pas l'œuvre de 1,8 million de primo-délinquants ayant perpétré un unique forfait pour aussitôt s'amender par enchantement et ne jamais recommencer. Commis par des individus aguerris, et souvent au sein de bandes presque aussi bien organisées que celles de la grande criminalité, ces faits sont eux aussi sériels par nature et justifieraient à ce titre de constituer un axe d'approche dans la lutte qu'il y a à mener contre eux. A dire vrai, ce serait même un terrain de chasse privilégié pour une analyse sérielle : de très nombreuses infractions commises par un grand nombre d'auteurs offrent en effet des possibilités accrues de recoupement d'information. Nous tenterons en tout cas d'y regarder de plus près en ce sens.

Au-delà de la figure emblématique du tueur en série, dont nous avons vu qu'elle n'est pas une création fictionnelle mais au contraire une réalité, et même une réalité assurément sous-estimée en France, au-delà également de la catégorie des infractions sexuelles qui attire souvent l'attention médiatique et dont tout porte à croire qu'elle recèle également un potentiel non négligeable de sérialité, notamment pour les infractions commises en milieu intrafamilial, la criminalité organisée et la délinquance répétitive qui constituent les gros bataillons statistiques de l'insécurité affirment donc empiriquement un potentiel sériel extrêmement important. Encore s'agit-il de vérifier si cette approche empirique est confirmée par une vision plus scientifique de la délinquance, au moins du côté des disciplines ayant à en connaître pour la théoriser : le droit et les sciences criminelles.

2/ Approche théorique : au carrefour des sciences criminelles et du droit

Interroger l'idée qu'au moins une part de la délinquance puisse être sérielle, c'est buter d'entrée sur un problème apparemment insoluble. Intuitivement comme nous venons de le faire – et toute approche, même lapidaire, du contentieux pénal porté devant les tribunaux confirme cette intuition – il est évident que les auteurs d'infractions sont en nombre non négligeable récidivistes, voire multirécidivistes, et qu'ils sont souvent réitérants voire multi-réitérants, et ceci même quand les règles de la récidive et de la réitération légales[31] ne trouvent pas à s'appliquer. Soit autant d'éléments qui vont bien dans le sens de l'existence d'une délinquance sérielle. Le phénomène émerge d'ailleurs suffisamment par lui-même pour que la conscience qu'en ont le monde de la recherche et la politique publique, ainsi que l'importance qu'ils y attachent, soient attestées par l'abondante littérature et l'intensité des débats sur le traitement et la réduction de la récidive. Ainsi, même si le concept de sérialité de la délinquance ne saurait se confondre avec cette récidive ou avec la réitération, il trouve dans l'existence bien quantifiée de celles-ci une sorte d'attestation de son existence qui justifierait à elle seule de le transformer en objet d'étude indépendant. Pourtant, en France mais même à l'étranger, ce terrain semble en état d'abandon presque total. On se trouve par exemple fort désemparé dès lors que l'on souhaite connaître une donnée aussi élémentaire qu'une estimation de la délinquance sérielle : les études ayant tenté de la délimiter, ou même seulement de la définir, sont pour ainsi dire inexistantes, sans parler de la démarche qui aurait pu entreprendre d'en mesurer le volume. Mais à ce sujet, n'est-il pas d'abord intéressant de s'interroger sur la discipline à laquelle reviendrait de conduire de telles études ?

A/ L'étude de la sérialité

a/ Généralités

Curieusement, on reste très vite dépourvu, et singulièrement en France malgré que l'étude du crime y ait acquis bien des lettres de noblesse, dès que l'on se demande par quelle voie aborder la sérialité. En se tournant vers les différentes disciplines ou les différents professionnels qui pourraient avoir à

[31] Récidive et réitération légales : celles dont les règles d'application sont fixées par le Code de procédure pénale.

connaître d'elle, on ne trouve en effet guère de réponses. Aucun d'entre eux ne semble en effet considérer de son ressort de lui porter un regard attentif ou d'au moins réduire l'obstacle initial de son ambiguïté.

- Les approches policières sont empiriques et décousues mais, après tout, ce n'est pas la vocation des organes d'enquête de théoriser de telles questions.
- L'approche judiciaire, d'une part dépassée par l'absorption qu'on exige d'elle d'une production législative toujours plus délirante, d'autre part tétanisée par la gestion du contentieux, s'y enferre jusqu'à l'aveuglement, ne menant guère de réflexion que sur les questions de récidive et de réitération légales et pas nécessairement avec autant de moyens qu'il y faudrait, négligeant ainsi de prendre la hauteur qui seule peut pourtant éclairer une saine justice.
- Le monde de la recherche tombe souvent dans le même travers en bornant le plus souvent son territoire sur cette question à celui que délimitent les données fournies par l'étude de la récidive/réitération légales, un territoire n'incluant donc que des affaires judiciarisées, ce qui est une part très minoritaire de la délinquance. Ce jugement doit cependant être atténué car l'absence de données disponibles est un obstacle sérieux pour une recherche à qui ses ressources financières ouvrent bien trop rarement les portes des enquêtes de terrain de grande envergure qui permettraient de l'abolir.
- Enfin, quand les chercheurs portent leur regard au-delà de ces données, c'est généralement sur des familles d'infractions n'offrant pas le niveau de détail adéquat pour l'étude de leur sérialité, ou alors au sujet d'infractions graves (homicides, viols, etc.) qui représentent, en volume, une part tout de même très réduite des agissements criminels et presque inexistante des agissements délictueux.

Ainsi le terrain qui s'offre au regard est-il passablement désertique pour qui entreprend une visite de la sérialité. Faute de réponse évidente, il devient donc nécessaire d'approfondir cette exploration, et vers quelles autres matières se tourner pour cela que vers les deux qui s'intéressent prioritairement au crime depuis un siècle et demi : le droit pénal et la criminologie. Le droit pénal tout simplement parce qu'il a à connaître très concrètement de chaque cas d'espèce criminel porté à sa connaissance, et parce que c'est à lui que revient la charge délicate de superviser et d'encadrer la lutte contre le crime, c'est-à-dire très concrètement de réaliser la bonne adéquation entre le maintien d'un ordre public nécessaire à la cohésion sociale et les atteintes portées à la liberté au nom de cet ordre ; la criminologie parce qu'il y a une véritable évidence à l'interroger du seul fait de son intitulé, source à laquelle devraient puiser les pouvoirs législatif, exécutif et judiciaire dans leur réflexion sur la lutte contre l'insécurité, discipline de recherche pure qui semble toute désignée pour conceptualiser cette idée de sérialité de la délinquance. Mais encore faut-il se demander alors de quelle criminologie il est question ! Regardons-y de plus près.

b/ Criminologie, une situation française plutôt complexe

A la question de dire ce qu'est la criminologie, et son objet, il n'est en effet pas possible de répondre de façon simple, à la fois parce que l'intitulé lui-même est revendiqué par des approches, voire des intérêts, très variés mais aussi parce qu'elle recouvre au moins deux savoirs aux antipodes l'un de l'autre. Après tout, un criminologue aussi incontestable que peut l'être Alvaro Pires, professeur éminent au département de criminologie de la Faculté des sciences sociales de l'université d'Ottawa, ne dit-il pas que l'étude des activités criminelles pose déjà problème par sa seule appellation puisque « le nom même de "criminologie", qui a été inventé dans le dernier quart du XIXème siècle, n'a pas été la seule appellation, ni probablement la première, par laquelle on a désigné ce savoir[32] ». Et, depuis cette citation datée de 1995, la situation ne s'est certes pas éclaircie en France, bien au contraire. Occasion donc incontournable de se demander, avant de prétendre faire appel à elle, de quoi la criminologie est le nom.

De façon un peu lapidaire, on peut dire que c'est au carrefour des XIXème et XXème siècles que la discipline criminologique émerge en France (à travers notamment les travaux de Lacassagne, Tardé, Durkheim) mais de façon encore trop périphérique pour que les sciences sociales, elles-mêmes naissantes dans leur forme moderne, s'emparent vraiment du sujet, à l'inverse de ce qui se passe dans le monde anglo-saxon, notamment avec l'école naissante de Chicago. De fait, dans de nombreux pays hors d'Europe, la criminologie devient à cette époque une branche à part entière de la sociologie et ne cessera pas de l'être. Tout au contraire, dans notre pays ce sont les facultés de droit qui vont investir le plus franchement la matière, généralement sous le nom de « science(s) criminelle(s) » mais parfois aussi sous celui de « science pénitentiaire » ou même de « criminologie ». Un intérêt de la science juridique qui trouve deux véritables consécrations dans la naissance de l'Institut de criminologie de Paris, en 1922, et de la *Revue de Science criminelle et Droit criminel comparé*, en 1936.

Ce n'est qu'après la seconde guerre mondiale que cette criminologie fortement teintée par son ascendance anthropologique et juridique se voit concurrencée par une démarche progressive mais constante des sciences sociales, notamment de la sociologie, pour se réapproprier la matière qu'elles avaient insuffisamment revendiquée à l'aube du XXème siècle. Mais la question que pose cette réappropriation n'est pas seulement patrimoniale : la

---

32 PIRES Alvaro, *La criminologie d'hier et d'aujourd'hui*, in *Histoire des savoirs sur le crime et la peine, T.1. Des savoirs diffus à la notion de criminel-né*, DEBUYST Christian, DIGNEFFE Françoise, LABADIE Jean-Marie, PIRES Alvaro, Bruxelles, Ottawa, Montréal, DeBoeck-Université, PUO, PUM, p. 16.

"criminologie-juridique" privilégie en effet plutôt une approche communément désignée sous l'intitulé de paradigme du passage à l'acte (ou paradigme du fait social brut), tandis que la "criminologie-sociologie" se situera plutôt au sein d'un paradigme que l'on dira de la réaction sociale (ou du contrôle social). La première s'intéressera prioritairement, et parfois exclusivement, à la personne qui commet la transgression pénale et qui serait porteuse d'une spécificité faisant d'elle un criminel, avec cet inconvénient qu'une telle approche soulève des objections pourtant simples mais irréductibles (par ex., pourquoi un même acte d'un même individu, s'il ne tient qu'à des caractéristiques propres à cet individu, peut-il être un délit dans un certain contexte et pas dans un autre, comme le fait de consommer du cannabis en France puis de passer la frontière pour en consommer aux Pays-Bas ?) ; la seconde approche, en revanche, s'interrogera directement sur les processus primaire et secondaire de la criminalisation (édiction d'une norme pénale, facteurs influençant l'application plus ou moins effective de cette norme) et sur le crime en tant que phénomène social, avec quant à elle cet autre inconvénient qu'elle tend à marginaliser dans son étude la part de comportement individuel présente dans toute transgression.

Bien entendu, une présentation aussi manichéenne est elle-même une simplification presque caricaturale, chacune des deux tendances étant traversée ou ensemencée par des courants introduisant telle ou telle nuance, éventuellement en provenance du paradigme "concurrent", sans compter que d'autres sciences au premier rang desquelles psychologie et psychiatrie interviennent dans la réflexion des chercheurs (mais plus, concernant ces dernières, dans l'étude de l'individu criminel que dans celle de la criminalité comme phénomène) [33].

Mais une telle situation pourrait n'être, en France comme ailleurs, qu'une matérialisation des difficultés épistémologiques bien réelles que soulèvent la définition de la criminologie, son objet, son champ d'études, etc. Toutefois, cette situation est devenue encore beaucoup moins lisible dans notre pays depuis que le terme de criminologie y a été récupéré comme caution par un courant de pensée n'ayant rien de scientifique mais voulant farouchement s'en donner l'apparence, y compris en captant en son sein quelques universitaires peut-être un peu trop crédules. Un lobby qu'on retrouvera notamment au cœur de la démarche consistant à instrumentaliser la question sécuritaire à des fins électoralistes et commerciales, puisque cela semble finalement ses deux seuls

---

[33] Sur ces sujets on peut notamment se référer à ROBERT Philippe, *La sociologie entre une criminologie du passage à l'acte et une criminologie de la réaction sociale* in revue L'Année Sociologique, 1973, pp. 441-504 ; MUCCHIELLI Laurent (dir.), *Histoire de la criminologie française,* Paris, L'Harmattan, 1994 ; PIRES Alvaro *La criminologie et ses objets paradoxaux: réflexions épistémologiques sur un nouveau paradigme,* in revue Déviance et société, 1993, volume 17, n° 2 pp. 129-161 ; CARTUYVELS Yves, *La criminologie et ses objets paradoxaux : retour sur un débat plus actuel que jamais,* in revue Déviance et Société, Vol. 31, n° 4, 2007, pp. 445-464.

objets (cf. *infra* Ch. 8, § 2, C), mais qu'on ne peut cependant créditer d'aucune recherche scientifique même approximative à laquelle elle préfère les affirmations péremptoires, la compilation de préjugés et de réflexions simplistes plus habituelles dans les discussions de comptoir que dans les cours d'université. Surfant habilement sur l'empathie naturelle suscitée par le sort des victimes et fort de ses appuis politiques (son chef de file le plus public, Alain Bauer, a conseillé le ministre puis le président Sarkozy et il est également un ami très proche de Manuel Valls dont il est le parrain de l'un des enfants), ce lobby a su faire progresser ses idées pendant la première décennie de notre siècle et il n'est pas douteux qu'il reviendra sur le devant de la scène à la première occasion électorale. Mais pour ce qui nous intéresse à ce stade, il a donc surtout réalisé une OPA sur l'appellation « criminologie », obtenant même la création par Nicolas Sarkozy d'une chaire de criminologie au CNAM aussitôt attribuée à... Alain Bauer dont on attend pourtant toujours qu'il produise un travail justifiant de la hauteur de vue habituelle dans un tel cénacle[34]. Ainsi se trouve-t-on aujourd'hui en France en présence, non pas de deux, mais de trois criminologies :

- celle, assez traditionnelle et aux savoirs un peu surannés, enseignée dans les facultés de droit et autres instituts de criminologie, qui peinent à produire, faute d'outils méthodologiques appropriés, des modèles convaincants d'explication du crime ;
- celle, moins connue du public et combattue par la précédente mais plus vivace car mieux outillée scientifiquement pour son objet, que l'on décrira un peu sommairement en disant qu'elle se situe à la convergence des apports de la sociologie criminelle et de la psychologie criminelle ;
- celle, enfin, qui se trouvera le mieux désignée par l'expression de « criminologie d'opportunisme », n'ayant d'autres soucis principaux que mercantiles et politiciens, mais à laquelle ses réseaux et son discours démagogique assurent une incontestable résonnance dans l'opinion.

La situation, on le mesure, n'a donc rien de simple bien que l'on soit pourtant encore loin d'en avoir explicité toute la complexité, ce qui dépasserait toutefois l'objet poursuivi ici. Mais dans de telles conditions, vers laquelle de ces trois démarches se tourner pour disposer des concepts de base et des données empiriques pouvant servir de fondation à une réflexion sur la sérialité criminelle ? Pas vers la troisième, en tout cas, évidemment condamnée qu'elle est par ses peu reluisantes arrière-pensées et par son inconsistance scientifique. Vers les deux premières, donc ? Forcément, mais alors sans perdre en chemin son sens critique pour ne retenir en chacune que ce qui semble raisonnablement pertinent et en englobant toutes les données ainsi

---

[34] Sur l'évolution de la criminologie en France jusqu'à l'entrisme décrit, cf. MUCCHIELLI Laurent, *Criminologie et lobby sécuritaire. Une controverse française*, Paris, La Dispute, 2014.

exploitées dans l'expression « sciences criminelles » plutôt que dans celle de « criminologie », cette dernière décidément trop facilement attribuée à des apports n'ayant de criminologique que le nom. A l'usage, on se rendra d'ailleurs compte que ce sont bien plutôt la psychologie et la sociologie criminelles, autrement appelées socio-psychologie et socio-criminologie, qui disposent des outils méthodologiques et d'analyse les plus propres à rendre compte du crime en tant que l'acte individuel et le phénomène social qu'il est à la fois. Et le terrain sur lequel pourrait se nicher l'étude de la sérialité ainsi dégagé, il devient possible de partir à sa recherche.

B/ Sciences criminelles : l'étude des causes et des effets mais pas celle des faits

Nous venons de le dire, le monde de la recherche, et singulièrement celui de la recherche en sciences criminelles, tout en s'intéressant naturellement à la récidive et à la réitération légales, passe globalement à côté de la question de la sérialité délinquante qui est pourtant bien plus large que les précédentes. Quand ils travaillent sur les phénomènes de délinquance et de criminalité, sociologues, juristes et statisticiens disposent de trop peu de données, sans moyens suffisants pour acquérir toutes celles qui leur font défaut. Produisant cependant des travaux de qualité au regard de cette insuffisance de ressources, ils opèrent pourtant dans un contexte d'isolement tel que la rigueur de leurs résultats n'a souvent d'égale que l'obscurité dans laquelle ceux-ci sont tenus en dehors du cénacle des spécialistes : trop friands de sensations fortes, les médias grand-public ne se battent en effet pas au portillon de ces études scientifiques austères et dont les conclusions battent trop souvent en brèches les idées reçues sur la question de la délinquance[35]. Nous ne pouvons évidemment ici que déplorer cette situation avec la crainte que le lobbying institutionnel et celui des professionnels du commerce de la sécurité ne fassent durablement obstacle à tout changement en la matière.

a/ En amont de l'infraction, l'étude de ses causes sociales ou individuelles

En manque de résultats de recherche sur les questions les plus fondamentales, en manque même de données statistiques fiables pour asseoir leurs propres réflexions[36], les sciences criminelles françaises semblent bien en peine de pouvoir conduire aujourd'hui une étude scientifique sur la sérialité de la délinquance en tant qu'axe d'effort de l'investigation policière. A vrai

---

[35] Cette portion congrue réservée par les médias aux travaux qui n'alimentent pas les vues d'une politique judiciaire répressive est à elle seule une franche interpellation tant on y retrouve des mécanismes de propagande tels, par exemple, que décrits dans CHOMSKY Noam et HERMAN Edward S. *La Fabrique de l'opinion publique*, Paris, Le Serpent à plumes, 2003.

[36] Cf. MATELLY Jean-Hugues et MOUHANNA Christian, *Police : des chiffres et des doutes*, *op. cit.* et IMPINI Jean-François, *Un Mensonge d'Etat, l'imposture sécuritaire*, *op. cit.*

dire, la pratique policière n'entre guère dans leurs préoccupations[37] et il est vrai que dans le quasi-désert des moyens qui lui sont alloués, il semble difficile de leur adresser le moindre reproche tant d'autres sujets ne manquent pas, tout aussi fondamentaux, notamment dans le domaine des causes de la délinquance.

L'infraction reste pourtant bien au cœur des travaux qui sont conduits par les sciences criminelles, moins d'ailleurs en tant qu'infraction par elle-même qu'en la resituant plus largement en tant qu'élément caractérisant un passage à l'acte, un mode de vie ou un environnement transgressifs. Mais ce sont alors moins les modalités d'action elles-mêmes qui retiennent l'attention que, en amont, les causes ayant amenés les auteurs à agir de façon transgressive. Cette approche restrictive, qui ne fait pas nos affaires, a toutefois son explication, la recherche des causes sociales, économiques ou culturelles de la délinquance étant d'abord poussée en avant en raison du manque de moyens qui vient d'être évoqué et qui ne permet guère aux chercheurs de ne s'intéresser qu'à la marge à d'autres aspects du crime. Il est d'ailleurs évident que l'étude des causes de la délinquance est la première piste de réduction de celle-ci et qu'il est donc légitime qu'elle ait la priorité des scientifiques.

Par ailleurs, toutes les recherches et toutes les théories n'ont pas le sérieux scientifique que l'on pourrait espérer. On peut par exemple s'amuser, mais aussi s'inquiéter, de voir la théorie du criminel-né si chère à Lombroso connaître une surprenante et moderne résurgence – plus idéologique que scientifique cependant – avec une approche qui viserait à trouver un marqueur génétique de la délinquance, précieuse découverte qui permettrait de déclarer le crime héréditaire, ou en tout cas inné, et l'on devine quelles catégories de population seraient alors prioritairement suspectées d'être porteuses d'un tel gène. Sans crainte du ridicule, les tenants de cette thèse l'ont même si bruyamment diffusée qu'elle a pu retenir, brièvement, l'attention de responsables politiques de haut niveau qui y ont ainsi brûlé un peu plus de leur crédibilité pourtant bien anémique sur le terrain de la sécurité. Pour notre part, le gène de la délinquance sérielle nous semblant hors de portée sauf comme indice de la médiocrité de ceux qui en diffusent l'idée, nous ne retiendrons pas comme sérieuse la piste ainsi ouverte.

Plus dignes d'intérêt, on pourra s'intéresser aux multiples approches « sociaux-économiques » qui induisent d'ailleurs elles aussi une sorte de

---

[37] Comme exemple d'études récentes sur la police et la fonction policière, on peut par exemple s'orienter vers JOBARD Fabien et DE MAILLARD Jacques, *Sociologie de la police. Politiques, organisations, réformes*, Paris, Armand Colin, 2015, ou MOUHANNA Christian, *La Police contre les citoyens ?* Nîmes, Éditions Champ Social, Collection "Questions de Société", 2011, et d'une manière plus générale sur les travaux du Centre d'études sur le droit et les institutions pénales (CESDIP), mais l'objet étudié y est plus souvent celui des relations police/justice, voire police/population que celui des pratiques policières ou d'investigation policière en elles-mêmes.

prédestination, au moins sociale, économique, culturelle et même normative, vers la délinquance[38]. Leurs conclusions sont en effet assises sur des études autrement sérieuses. Dans une perspective proche, de fort intéressants travaux tentent de mettre à jour les liens possibles entre les comportements psychotiques et le passage à l'acte. Enfin, dans une approche encore plus psycho-criminologique, on se gardera d'écarter la notion de répétition d'une stratégie opérante – c'est-à-dire couronnée de succès – dans le cadre plus général de l'acte délictuel vu comme une stratégie d'adaptation par des individus estimant le rapport risque/bénéfice plus favorable dans la transgression que dans le respect de la norme. Dans une vue encore plus extrême, le passage à l'acte pourra même être considéré comme une émergence socio-maniaque chez des individus qui ne transgressent pas au nom de la transgression elle-même et de ses facilités mais pour se conformer à la doxa consumériste, c'est à dire pour « consommer le produit indiqué à la quantité proposée, sous peine d'être considéré comme déviant[39] », cas dans lequel le respect de la norme par « l'individu-consommateur » l'emporterait sur celui de la norme édictée en direction de « l'individu-sujet de droit », le message publicitaire ayant ainsi supplanté le message civique chez les personnes concernées. Une approche, donc, où l'individu transgresserait la norme pénale dans le but d'entrer dans le cadre d'une norme sociale pour lui plus prégnante, la transgression pénale lui semblant finalement moins problématique que la non-conformité à cette norme sociale de consommation. Ce que l'on pourrait énoncer ainsi, de façon réductrice : « je vole un smartphone car l'agent social que je suis estime le vol moins problématique que le fait de ne pas posséder de smartphone », ce qui marquerait d'ailleurs d'une certaine manière à la fois le triomphe et l'échec du matérialisme consumériste dont a accouché la doctrine de néo-libéralisme mondialisé sous l'empire duquel nous vivons.

Bien sûr, rares parmi les pistes de recherche qui viennent d'être citées sont celles à envisager la question de formes de délinquance sérielle, et encore moins celle de la délinquance générale sérielle en tant que telle, et la conclusion que nous allons en tirer ne sera jamais directement étayée par des études ou sondages. Mais toutes ces pistes sous-tendent cependant l'idée qu'à conditions constantes d'un premier passage à l'acte, il y en aura certainement un deuxième, puis un troisième, etc. En d'autres termes, sur le fondement que les mêmes causes produisent chez le même individu les mêmes effets aussi longtemps qu'il n'est pas mis un terme à son activité par une action extérieure, les facteurs sociaux-économiques, psychiatriques ou psycho-criminologiques semblent bien corroborer l'idée que la délinquance aurait une propension

---

[38] Pour une vue d'ensemble, voir par exemple MUCCHIELLI Laurent, *Sociologie de la délinquance*, Paris, Armand Colin, 2014.

[39] DIEU Erwan et SOREL Olivier, *La Délinquance sérielle : une recherche inadaptée de lien social*, in Revue internationale de sciences sociales Esprit Critique, vol. 18, 2014, pp. 100-106.

naturelle à être réitérée, donc à être sérielle, au moins chez un certain nombre de délinquants.

Quant à la criminologie étrangère qui se penche peut-être, non pas plus sérieusement mais avec plus de moyens qu'en France sur la question de la délinquance sérielle, elle le fait d'une manière certes plus déterminée mais qui ne manque pas non plus d'ambiguïté. Par exemple, un doctorant de l'université de Lausanne – établissement plutôt à la pointe sur les questions de sérialité – peut y publier une thèse intitulée « Analyse systématique et permanente de la délinquance sérielle[40] », sans jamais faire la moindre mention définitionnelle de la délinquance sérielle, concept qui figure pourtant dans le titre de sa thèse mais est donc considérée comme surgi *ex nihilo* et ne réclamant aucune justification. Le cas est assez significatif de chercheurs qui admettent *a priori*, mais sans vraiment mentionner cet apriori, le caractère sériel de la délinquance. Faussées par ce biais originel, les recherches n'ont alors pas à porter sur l'existence et la mise en évidence des sérialités mais glissent insensiblement de l'idée de « délinquance sérielle » à celle de « délinquance de masse » ou délinquance à gros volume. Pirouette inconsciente qui évacue toute les problématiques spécifiques de la sérialité et conduit les scientifiques à privilégier sans vraiment l'avouer des axes de recherche sur les techniques appropriées à la lutte contre la délinquance de masse (concepts de police communautaire, de police de proximité ou de police par « résolution de problèmes », modèle Compstat New-Yorkais, *Intelligence-led policing* d'outre-Manche, etc.) mais sans dégager – et même sans seulement envisager de le faire – les composantes de cette délinquance à caractère sériel.

Cette dernière approche d'*Intelligence-led policing*, mise de longue date à l'épreuve du réel au Royaume-Uni, est d'ailleurs assez significative de la place décalée que finit ainsi par prendre la sérialité dans la perception policière. De l'*Intelligence-led policing*, Jerry Ratcliffe donne une définition fidèle au modèle qu'elle décrit : L' *Intelligence-led policing* « [...] est un *business model* et une philosophie de management dans lesquels l'analyse de données et le renseignement criminel[41] alimentent un système objectif d'allocation de ressources qui contribue à une diminution, une prévention et une perturbation des activités de délinquance par la combinaison de stratégies de management et de stratégies opérationnelles efficaces qui ciblent les auteurs réitérants [*prolific*] et dangereux[42] ». Ainsi l'analyse de la délinquance est-elle avant tout

---

[40] BIRRER Stéphane, *Analyse systématique et permanente de la délinquance sérielle : places statistiques criminelles ; apport des approches situationnelles pour un système de classification ; perspectives en matière de coopération*, Institut de police scientifique, Université de Lausanne, Série criminalistique XLIX, mai 2010.

[41] "Renseignement criminel" pour l'expression anglaise difficilement traduisible de "crime intelligence".

[42] RATCLIFFE Jerry, *Intelligence-Led Policing*, Willan Publishing, Cullompton, Devon, UK, 2008, p.6.

un outil managérial permettant une allocation rationnelle des ressources. Et si l'*Intelligence-led policing* « cible les auteurs réitérants », on chercherait en vain par quel moyen cette technique détecte les sérialités, « auteurs réitérants » semblant plutôt devoir être compris comme « infractions à fort taux de répétition » ou « lieux et temps propices à la commission d'infractions », la sérialité de ces infractions étant postulée selon le glissement réciproque de celui que l'on a évoqué précédemment : après être passé du stade conceptuel de la délinquance sérielle à la délinquance de masse, on opère au niveau opérationnel le glissement inverse pour passer de la délinquance de masse à la délinquance sérielle. La boucle est ainsi bouclée et sérialité et détection sérielle peuvent scientifiquement et criminologiquement rester dans le placard où l'on n'a de cesse de les repousser.

Dans le même ordre d'idées, il est également possible de citer un dispositif de prédiction policière, organisé autour du logiciel PredPol™ mis en œuvre par des polices locales, parmi lesquelles celles de Los Angeles et d'Atlanta ou du comté du Kent au Royaume-Uni. PredPol™ élabore ses prédictions à partir d'une étude statistique des faits de délinquance passés pour prédire le lieu et le moment de la commission de nouveaux faits. Les utilisateurs de ce système sont cependant très discrets sur les résultats obtenus. Pour la seule ville ayant publié ses données, Chicago, un chercheur grenoblois membre du Collectif de recherche transdisciplinaire esprit critique & sciences (CorteX), Ismaïl Benslimane, a d'ailleurs démontré que des algorithmes très naïfs exploitant la loi de Pareto du 80-20[43] font aussi bien, voire mieux, que PredPol™ sur le simple fondement que la délinquance se réitère le plus souvent là où elle a déjà été commise. Ainsi, selon Ismaïl Benslimane, les prédictions PredPol™ du type « les crimes auront lieu majoritairement dans les zones prédites par notre algorithme complexe[44] » ne sont en fait pas plus performantes que la prédiction : « les crimes auront lieu majoritairement dans les zones historiquement les plus criminogènes de la ville[45] ». En outre, l'évaluation de l'efficacité du logiciel est également problématique ainsi que l'illustre la savoureuse explication imaginée par l'auteur, que nous reproduisons ci-dessous.

> *« Imaginons un policier, en pause, en train de manger un donut gras et collant dans sa voiture, l'ordinateur signale une zone à risque :*
>
> *1. il va sur les lieux, il remet le donut à plus tard :*

---

[43] Utilisé par exemple dans le domaine du contrôle-qualité, la loi (ou principe) de Pareto est une singularité constatée empiriquement dans certains domaines à l'intérieur desquels 20% de causes identifiées produiraient à elles seules 80% d'effets constatés.

[44] BENSLIMANE Ismaël, *Predpol : prédire des crimes ou des banalités ?*, CorteX, https://cortecs.org/mathematiques/predpol-predire-des-crimes-ou-des-banalites/ 10 décembre 2014 (accédé le 28/11/16).

[45] *Ibid.*

A. il y a un délit qui se produit ; le policier valide donc la prédiction du logiciel.

B. il n'y a pas de délit ; le policier valide aussi la prédiction du logiciel, car il a empêché tout incident.

2. il ne va pas sur les lieux, il finit son donut :

A. Il y a eu un délit ; le policier apprend la nouvelle, il valide la prédiction du logiciel, car il aurait dû finir son donut et se déplacer.

B. Il n'y a pas eu de délit ; le policier finira son énième donut et oubliera l'événement, car personne ne lui rappellera qu'il n'y a pas eu de délit. [46] »

Ainsi qu'on le voit, le logiciel PredPol™ est en réalité gagnant à tous les coups, y compris quand il n'a servi à rien, ce qui n'est certes pas une évaluation très critique de sa performance. La démonstration d'Ismaïl Benslimane a d'ailleurs été corroborée par un article encore plus critique, signé de Bilel Benbouzid, maître de conférences à l'Université Paris Est Marne la Vallée, au Laboratoire Interdisciplinaire Science Innovation Société (LISIS), qui décortique à la fois les faibles performances de PredPol™ et les (très mauvaises) raisons de l'engouement qu'il suscite malgré celles-ci, soulignant de surcroît sa dangereuse capacité « d'exclusion d'une partie de la population à l'offre de sécurité publique[47] ». Une pierre dans le jardin de PredPol™ , donc, mais c'est en réalité toute la démarche actuelle de police prédictive qui mériterait de voir ses résultats analysés à l'aune de telles critiques.

Enfin, n'est pas d'un apport significatif pour le raisonnement policier la démarche psycho-criminologique, par exemple quand elle postule qu'en matière de répétition sérielle, « ce n'est pas du comportement qui se répète ou se reproduit mais une situation traumatique qui se rappelle et insiste[48] ». Non que cette définition soit écartée par principe, bien au contraire : de façon très légitime dans le cadre qui leur est propre, les auteurs placent le sujet psychique au centre de leur vision, misant sur une compréhension « intérieure » du recours à l'acte, ce qui pourra être d'un certain apport sur le plan curatif ou sur celui de prédiction de la récidive, voire dans le cadre d'une analyse comportementale cherchant à dessiner le profil d'un auteur. Mais dans le quotidien policier où l'on est en recherche d'éléments ou d'indices

---

[46] *Ibid.*

[47] BENBOUZID Bilel, *À qui profite le crime ? Le marché de la prédiction du crime aux États-Unis*, La Vie des idées, 13 septembre 2016, http://www.laviedesidees.fr/A-qui-profite-le-crime.html (accédé le 26/11/16).

[48] HARRATI Sonia, VAVASSORI David, VILLERBU Loïck, *Délinquance et violence : clinique, psychopathologie et psycho-criminologie, Paris,* Armand Colin, 2009.

extériorisés, cette approche psychique ou psychologique n'est évidemment pas d'un grand secours dans l'identification d'agissements commis en série.

A toutes ces réserves près, on constate cependant que l'idée de délinquance sérielle flotte au-dessus de tous les travaux qui viennent d'être cités à défaut de les infuser. En amont de l'infraction, c'est donc bien une sorte de confirmation de notre hypothèse de délinquance sérielle que nous trouvons, de façon hélas seulement elliptique et indirecte, ce qui n'est toutefois déjà pas si mal.

b/ En aval de l'infraction, l'étude de ses conséquences

En aval de l'infraction, l'état de la science n'est guère plus favorable. De façon schématique, les études portent soit à nouveau sur l'auteur de l'infraction et sur les modalités de la réponse sociale à la transgression commise, soit elles adoptent une approche plus typologique qui visera par exemple à mesurer sur la durée l'évolution de certaines catégories d'infractions et les enseignements qui peuvent être tirés de cette évolution, soit enfin elles tentent de mesurer les conséquences de l'acte à l'égard de la société ou des victimes. Dans ce dernier cas de figure, les enseignements à retirer en matière de sérialité imputable à un même auteur sont évidemment inexistants, la mesure de la réitération n'étant pas un facteur contributif pour l'approche considérée. Quant aux visions typologiques, à vocation comparative, elles portent sur des données statistiques importantes en volume, regroupent parfois plusieurs infractions au sein d'une même famille t elles étendent leur regard sur des durées suffisantes pour que des évolutions significatives y soient décelables mais ce regard embrasse alors de façon trop large pour qu'on puisse distinguer le cas des infractions réitérées de celui des infractions commises par un primo-délinquant, donnée statistique qui n'est d'ailleurs pas disponible dans les états des ministères de l'Intérieur ou de la Justice.

Plus intéressant est en revanche l'axe de recherche qui s'intéresse au destin de l'auteur après son identification et sa prise en compte par la justice, les chercheurs s'appuyant parfois dans ce cas sur les données disponibles en matière de récidive pour s'intéresser de façon différenciée aux non-récidivistes par opposition aux récidivistes. Enrichissantes pour mesurer les effets, ou l'absence d'effet, de la réponse pénale, cette vision nous renseigne à nouveau sur l'existence d'une population qui réitère les infractions, mesurant parfois même cette réitération sur les deux axes syntagmatique et paradigmatique (une infraction en récidive, deux infractions en récidive, etc. ou récidive par la même infraction, par une infraction différente mais de la même famille, etc.), attestant ainsi qu'une approche sérielle de la délinquance trouverait forcément du grain à moudre pour alimenter son raisonnement. Pour être indirecte, cette attestation d'existence de la sérialité criminelle n'en est pas moins précieuse, d'une part parce qu'elle confirme la conclusion à laquelle nous étions arrivés au sujet des approches en amont de l'infraction, d'autre part parce que si la sérialité recouvre comme nous le pensons, et comme cela semble logique, un champ plus large que celui de la récidive/réitération légales, ces conclusions puisent dans un champ forcément en-deçà de la réalité sérielle, ce qui est plutôt encourageant pour notre étude.

c/ Un exemple étranger d'approche criminologique relatif à la phase de police judiciaire

Enfin, venant comme un témoignage que notre étude n'est pas isolée et certainement pas vaine *a priori*, on trouve tout de même ici ou là, dans un espace criminologique peu exploré, quelques recherches s'intéressant au concept de sérialité. Sans prétendre à lister exhaustivement ces travaux souvent assez confidentiels, nous en donnerons un exemple repéré en Suisse où la question de la gestion des liens potentiellement existant entre les infractions soulève depuis de nombreuses années l'intérêt de plusieurs chercheurs.

Dans un ouvrage publié en 2008, Mrs Girod, Champod et Ribaux se sont ainsi intéressés à l'exploitation criminalistique des traces de souliers qui peuvent être relevées sur les scènes d'infractions et déclarent à ce sujet que « la recherche de relations entre évènements criminels est l'une des formes d'exploitation les plus utiles dans l'analyse de la délinquance sérielle[49] ». Essentiellement orientés sur les aspects techniques de la comparaison et de l'identification des traces de souliers, les auteurs n'en négligent donc pas pour autant le potentiel dans l'établissement de sérialités, la série étant lapidairement définie par eux comme « un ensemble d'infractions commis par le même individu ou le même groupe d'individus[50] ». Malheureusement, la définition de la sérialité n'est pas précisée plus avant, et le seul témoignage de son existence ne réside que dans une unique source, un audit d'une commission en 1993 ayant constaté en Suisse que « pour les délits dits de ''haut volume'', comme les vols, certains auteurs ont une activité particulièrement prolifique[51] ». Dans le même ordre d'idées de raisonnements conduits selon un schéma où la réflexion démarre sur la base d'une sérialité dont l'existence est admise *ex nihilo*, nous avons d'ailleurs déjà cité la thèse de M. Stéphane Birrer, *Analyse systématique et permanente de la délinquance sérielle*[52]. Pour autant, ce serait un bien mauvais procès que de reprocher ce laconisme aux chercheurs, leur ouvrage ne portant pas sur la sérialité criminelle qu'ils se contentent donc d'accepter comme une élément suffisamment évident pour qu'il n'y ait pas lieu de s'attarder sur la

---

49 GIROD Alexandre, CHAMPOD Christophe, RIBAUX Olivier, *Traces de souliers*, Lausanne, PPUR Presses Polytechniques, 2008, p. 162.
50 *Ibid.*
51 *Ibid.*
52 BIRRER Stéphane, *Analyse systématique et permanente de la délinquance sérielle, op. cit.*

démonstration de son existence ou sur ses caractéristiques propres. Par ailleurs, force est de constater que le même laconisme se retrouve dans toutes les études de criminalistique s'intéressant à la gestion de liens entre infractions : la sérialité y est acceptée comme un axiome qui ne justifie donc d'aucun développement, l'effort de réflexion se portant sur les aspects de technique criminalistique permettant d'établir des relations entre les traces du type envisagé par le chercheur : trace de soulier, trace papillaire, trace génétique, trace d'oreille, etc.

Ainsi, le moment étant maintenant venu de le quitter, le terrain des sciences criminelles nous livre au moins un sujet de satisfaction, mais hélas également un regret. Satisfaction, puisque nous avons trouvé le minimum de ce que nous cherchions : des indices concordants que la sérialité de la délinquance n'est pas un concept imaginaire mais qu'il recouvre bien une réalité telle que celle vers laquelle nous avait précédemment guidé la réflexion simplement empirique. Regret toutefois car ce concept de sérialité nous semble si riche de possibilités pour mieux comprendre – donc mieux endiguer – la délinquance qu'il n'y aurait que du gain à l'étudier scientifiquement mais qu'hélas cette étude n'a pas encore été conduite, ni même envisagée, par des sciences criminelles françaises trop malades de n'exister depuis des années qu'à travers quelques rares esseulés. Sans doute est-ce d'ailleurs là l'occasion d'un hommage à ces chercheurs capables de plier leurs convictions pour qu'elles se soumettent aux rigueurs de la démonstration scientifique, démarche exigeante et malheureusement moins fréquente que celle, inverse et si facile, consistant à présenter des vérités que rien ne vient démontrer sinon l'émotion sur laquelle elles surfent et la conviction incantatoire de ceux qui les vendent d'autant mieux qu'ils y ont idéologiquement ou financièrement intérêt. Force est de dire qu'en la matière, Dieu reconnaîtra peut-être les siens mais qu'en attendant l'opinion peine nécessairement à s'y retrouver, et parfois s'y égare.

En tout état de cause, satisfaction et frustration se mêlent donc quant à l'apport de la recherche scientifique à l'objet de notre étude. Bien sûr notre suspicion que le concept de sérialité est porteur, au moins policièrement, se voit confirmée. En revanche, nous n'avons pas trouvé dans le discours des sciences criminelles la preuve scientifique qu'on espérait d'elles, comme si ce concept restait otage d'une démarche qui s'efforce d'atteindre une compréhension « générique » du phénomène criminel – notamment par des explorations paradigmatiques du type « cause/effet » ou « action délictuelle/réaction sociale » – sans trop de considération pour l'acte criminel envisagé comme objet particulier d'une investigation policière. Voyons donc maintenant ce que le droit, sur ce terrain, peut nous apporter.

C/ Droit : l'aliénation à la notion de récidive/réitération

Nous l'avons déjà évoqué, les notions même de récidive et de réitération légales sont la prise en compte, dans le champ pénal, de l'idée qu'un comportement criminel peut être répété. En cela au moins, elles partagent avec la sérialité un incontestable territoire commun, la différence entre elles se situant dans les conditions nécessaires à la reconnaissance de leur existence. Pour la sérialité et dans une approche policière, notre vision est simple même si nous aurons nécessairement à la justifier et à l'affiner : constitue de prime abord une série toute répétition de crimes ou délits, y compris de nature différente, dont certaines caractéristiques permettent de suspecter qu'ils ont été commis par un même auteur. Pour la récidive, on le sait, le Code pénal est beaucoup plus explicite, mais aussi plus restrictif. La mise en œuvre de la récidive se trouve en effet soumise à un ensemble de critères cumulatifs qui en limite le champ d'une façon autrement drastique : existence d'un premier jugement définitif, délai entre ce jugement et le fait nouveau (en matière délictuelle et contraventionnelle), nature des infractions concernées (en matière contraventionnelle et dans certains cas en matière délictuelle), délai écoulé entre leur commission (en matière délictuelle et contraventionnelle). Quant à la réitération, elle ne trouve elle aussi à s'appliquer que dans le cas où une personne a été antérieurement condamnée, définitivement, pour un crime ou un délit.

On le voit, là où la sérialité peut être constituée dès la phase de commission de l'infraction et ceci indépendamment de toute identification de son auteur, la récidive et la réitération requièrent quant à elles que soit nominativement connu cet auteur pour savoir si oui ou non il relève éventuellement de l'aggravation prévue pour les infractions commises en récidive/réitération. La différence n'est évidemment pas de pure forme puisque dans le premier cas, la sérialité œuvre sur toute l'étendue de la délinquance constatée là où la récidive/réitération ne connaît que la part qui en est judiciarisée : en 2013, par exemple, les cours et tribunaux n'ont eu à connaître que de 640.519 crimes et délits, soit 17,76% des 3.605.635 faits enregistrés par la police et la gendarmerie. Ainsi, soumis à l'impérieuse nécessité qu'un premier jugement soit intervenu avant que puisse être envisagée l'application de la récidive ou de la réitération au cours d'un second procès, le droit pénal reste sempiternellement prisonnier de ces concepts comme si la peine, objet final de la procédure, devait résumer toute l'attention à porter à la répétition de l'infraction. Une situation qui demande au moins à ce qu'on s'interroge sur les raisons de sa survenance, à savoir la combinaison du principe d'individualisation du droit pénal et la primauté à l'unicité du fait qui en résulte.

a/ Le principe d'individualisation du droit pénal

Ce n'est évidemment pas par un choix arbitraire que la règle pénale s'est voulue aussi exigeante en matière de récidive ou même de réitération. En droit tout procède, comme il se doit, de principes généraux et de leurs conséquences qui se déclinent en cascade à travers toutes les normes. En l'occurrence, l'imputabilité pénale ne peut se lire qu'à travers le prisme des principes d'individualité de la responsabilité pénale[53] et d'individualisation des peines[54] qui commandent de trouver l'auteur de chaque acte pris isolément, et en cas de pluralité d'auteurs de déterminer la part de responsabilité attribuable à chacun. C'est donc dans cette logique d'étanchéité de l'infraction par rapport aux infractions voisines que s'inscrivent *a priori* l'action policière et judiciaire, sans grande marge de manœuvre dès lors que la loi elle-même commande l'individualisation. Ce point est extrêmement important puisqu'il a cristallisé dans le droit ce qui était déjà, de façon concrète, la réponse la plus naturelle en cas de commission d'une infraction : lorsqu'UN délit est commis, UN officier ou agent de police judiciaire le constate, qui établit ensuite UN procès-verbal de son enquête et l'adresse à UN parquet qui saisit UN juge d'instruction afin que l'affaire soit ensuite jugée par LE tribunal compétent qui prononcera UNE peine propre à CHAQUE auteur, co-auteur ou complice de l'infraction initiale. De ce point de vue, l'exigence légale d'individualisation s'inscrit donc dans une logique méthodologique très cartésienne – à une question, une réponse, à un problème, une solution – qui s'applique à tous les actes de procédure à l'égard d'un fait considéré. Ainsi, la préservation de l'unicité de ce fait tout au long de la chaîne pénale s'est inscrite comme une règle intangible du fonctionnement de cette chaîne, ce qu'on ne saurait intrinsèquement déplorer. Qu'ensuite, la réitération d'un comportement criminel par une même personne puisse conduire à la condamner plus sévèrement n'est que logique, étant entendu que certaines restrictions à cette aggravation doivent nécessairement être apportées : on comprendrait mal que l'auteur d'un vol soit ensuite jugé comme récidiviste pour un délit routier, ou que la récidive contraventionnelle s'applique cinquante ans après le premier fait, etc. Notons enfin que l'application de la récidive ne fait pas obstacle au principe d'individualisation de la peine puisque l'aggravation qu'elle prévoit n'est dans la plupart des cas pas automatique mais soumise à l'appréciation du juge. Enfin, l'unicité du fait est préservée puisque le fait en récidive est jugé en tant que tel, s'inscrivant simplement dans un environnement où prend place un fait antérieur qui justifie la possibilité d'une peine plus lourde.

b/ Faute d'alternative, le culte de l'unicité du fait

Sur un plan pratique, ce schéma de l'unicité du fait pénal a en outre été le seul vraiment disponible pendant des siècles, avant l'avènement des moyens modernes de transport et de communication, et surtout de traitement automatisé de données. Nous verrons d'ailleurs ultérieurement comment c'est ce même mécanisme qui, dans un premier temps et de façon très naturelle, a

[53] « Nul n'est responsable pénalement que de son propre fait », Code pénal, art. 121-1.
[54] « Dans les limites fixées par la loi, la juridiction prononce les peines et fixe leur régime en fonction des circonstances de l'infraction et de la personnalité de son auteur », Code pénal, art. 132-4.

été le principe directeur des premières tentatives d'automatisation du traitement de l'information judiciaire. Pour des raisons historiques, pratiques et juridiques, dès la phase policière et jusqu'au prononcé du jugement[55], la préservation de l'unicité du fait au cours de son traitement pénal est donc au cœur d'une pratique qu'elle conditionne à tant d'égards qu'on peut la dire constitutive d'une véritable culture judiciaire.

2007. A Rosny-sous-Bois, entre les murs du service technique de recherches judiciaires et de documentation (STRJD) où opèrent pour la gendarmerie des analystes criminels compétents à l'échelon national, a été créé le département des sciences du comportement (DSC) dont la mission consiste à établir un profil de l'auteur sur la base de données psycho-criminologiques recueillies et interprétées selon des protocoles propres au département (cf. infra ch. 7, § 2, G).

L'analyse comparative de cas est la moins fréquente des missions confiées au DSC, et la plus gourmande en temps. C'est donc le département tout entier, cinq OPJ à l'époque, qui est engagé au milieu des années 2000 sur sa première véritable analyse comparative, un peu moins d'une dizaine de viols dont il s'agit de dire lesquels pourraient être comportementalement imputés à un même auteur. Les faits ont été commis sur la circonscription de plusieurs brigades et d'un commissariat, répartis sur le ressort de trois TGI. Trois juges d'instruction, donc, qu'il s'agit de convaincre un à un pour qu'ils autorisent la comparaison des dossiers dont ils sont saisis avec ceux de leurs homologues. Trois commissions rogatoires différentes, inévitablement, chacune tentant d'encadrer par des impératifs peu compatibles entre eux ce procédé nouveau dont les magistrats craignent qu'il fragilise leur instruction. Trois procès-verbaux, enfin, évidemment distincts et présentant les mêmes conclusions – tout de même – mais envisagées à partir des affaires propres à chacun des magistrats dans un exercice de synthèse « aménagée » rendant la lecture de l'ensemble corsée et, pour tout dire, presque inexploitable.

De façon criante, pourtant, plusieurs des faits ont effectivement été sans doute commis par le même auteur, ce que l'on appellera en jargon une série validée. Ni avant, ni pendant, ni après l'analyse, les trois magistrats ne se réuniront ni même ne communiqueront directement. Au vu des conclusions, tous trois seront disposés à se dessaisir au profit de l'un des deux autres, mais aucun n'acceptera en revanche d'être le « bénéficiaire » d'un tel regroupement de procédures : avec la charge de travail déjà conséquente qui est la leur, les juges d'instruction sont rarement enclins à accepter d'instruire des faits commis en dehors de

---

55 Et même naturellement au-delà, pour l'exécution du jugement et l'exercice du droit de recours, mais ces étapes dépassent le propos du présent ouvrage.

leur ressort[56]*. La situation n'est guère plus glorieuse avec les enquêteurs mais le mouvement y est radicalement inverse : chaque unité est disposée à être celle d'un regroupement des procédures mais toutes s'accrochent avec une véhémente ardeur à leur dossier, excluant leur dessaisissement de la façon la plus irrévocable. Le risque que la piste sérielle soit une impasse est pourtant réel mais ce risque ne les émeut pas : l'échec, ils l'ont déjà, de toutes façons, et la perspective de l'identification de leur violeur, qui plus est un violeur en série, ne peut donc être qu'un bonus qui l'emporte largement sur toute autre considération*[57]*.*

Chez les magistrats, donc, force des habitudes, et chez les enquêteurs, logique de propriété individuelle. Partout, en tout cas, la même culture de l'isolement du dossier. Au final, malgré les conclusions positives produites par les analystes, ni les affaires ni les investigations ne seront regroupées.

Cet exemple bien réel est hélas assez significatif des réticences des institutions policière et judiciaire à dépasser l'unicité du fait pénal même si le mouvement a été amorcé depuis un certain nombre d'années pour faire tomber des barrières. Du côté du ministère de la Justice, c'est par exemple la création déjà ancienne de la section anti-terroriste du TGI de Paris ou la compétence nationale de ce même TGI en matière de corruption, de fraude fiscale, de blanchiment. Ce sont également les juridictions régionales spécialisées (JRS) en matière de grande délinquance financière, crées en 1975, puis les juridictions interrégionales spécialisées (JIRS) crées en 2004. Par ailleurs, en 2002, interrogée par la direction de la gendarmerie sur l'intégration en procédure des procédés d'analyse criminelle et comportementale, le ministère de la Justice a initié la réunion d'un groupe de réflexion interministériel sur le positionnement procédural de ces techniques d'enquête. Les conclusions du groupe, rendues en 2003, s'en tiennent à des considérations juridiques – ministère de la Justice oblige – mais le potentiel de ces outils face à des crimes commis en série y est effleuré[58]. Quelques années plus tard, un autre groupe

---

[56] Qu'on imagine le type de cas assez fréquent où, par exemple, un juge saisi de la revente frauduleuse de quatre voitures, d'ailleurs volées en dehors de son ressort, voit débarquer un directeur d'enquête parfois enthousiaste, parfois désabusé, qui lui propose de regrouper dans son cabinet une quinzaine d'autres instructions disséminées dans toute la France pour des faits identiques imputés à la même bande.

[57] En outre, les autres faits commis ont déjà été comptabilisés par les unités qui les ont constatés et l'unité de regroupement ne souffrira donc pas, statistiquement, de cette jonction de procédure. Au contraire, même, puisque en cas d'élucidation de la série, elle sera seule à en empocher le bénéfice.

[58] Rapport *Analyse criminelle et analyse comportementale* du groupe de travail interministériel du même nom, Direction des affaires criminelles et des grâces, juin 2003. http://www.ladocumentationfrancaise.fr/rapports-publics/034000501/index.shtml (accédé le 28/11/16)

de travail se réunira sur la thématique spécifique des crimes en série, pour une approche plus exhaustive. Malheureusement, le groupe s'en tiendra essentiellement à la sérialité en matière de crimes de sang ou d'atteintes sexuelles, ne réservant qu'une portion congrue aux autres types de sérialité[59]. En outre, les conclusions de ces deux groupes de réflexion n'ont naturellement pas de valeur normative qui s'imposerait aux institutions policières et ne valent qu'à titre de recommandations. De toute façon, toutes ces tentatives dans le sens du décloisonnement sont loin d'être encore devenues la règle et, paradoxalement, elles n'aboutissent pas toujours au résultat attendu. Ainsi, bien qu'insistant par ailleurs sur la valeur ajoutée qu'apporte le regroupement des affaires sérielles, notamment lors de la phase de police judiciaire, le rapport sur le traitement des crimes en série fait preuve d'une très grande frilosité sur le regroupement des affaires sérielles au niveau des juridictions d'instruction, ce regroupement étant même clairement découragé : « En dehors du fait qu'il n'est pas toujours gérable, le regroupement n'est pas nécessairement souhaitable. En effet, joindre toutes les procédures peut conduire à retarder inutilement la clôture de l'instruction car certains faits exigeront des investigations supplémentaires alors même que d'autres seraient en mesure d'être jugés[60] ».

Dans une telle culture de l'autonomie du fait criminel, qui reste la pratique privilégiée de la majorité des juridictions, la répétition des agissements délictueux n'est donc envisagée que sous le seul angle où le Code pénal y oblige expressément : celui de la récidive et de la réitération. Or, comme on l'a souligné il y a quelques lignes, les règles de la récidive sont extrêmement restrictives et laissent nécessairement de côté la plus grande partie de la délinquance enregistrée lors de la phase policière : même inscrits dans une sérialité identifiée en tant que telle, sont ainsi exclus sans appel du champ de la récidive les faits dont l'auteur n'est pas identifié – puisque la récidive ne peut s'appliquer qu'à une personne nominativement identifiée – ainsi que tous les faits ne répondant pas aux conditions relatives à la nature des infractions, à la durée séparant le jugement initial du fait pour lequel la récidive est envisagée, etc. La réitération est quant à elle également soumise à la même obligation de disposer d'un auteur identifié. Sur cette base, on peut se tourner vers les chiffres officiels de la récidive et de la réitération. Ainsi, en 2010, 11% des personnes condamnées en France l'ont été en état de récidive légale et 31% en état de réitération légale, soit un total de 42% des affaires jugées[61]. En 2004, en ne prenant que les faits initiaux commis au plus huit ans

[59] Rapport *Le traitement des crimes en série* du groupe de travail interministériel du même nom, Direction des affaires criminelles et des grâces, juillet 2007, http://www.ladocumentationfrancaise.fr/rapports-publics/074000471/ (accédé le 28/11/16).
[60] *Ibid*, p. 57.
[61] JOSNIN Rémi, *Une approche statistique de la récidive des personnes condamnées*, Bulletin d'information statistique Infostat Justice, n° 127, avril 2014.

auparavant, le taux était assez proche : 38% des affaires jugées[62]. En 2007, en ne prenant que les faits initiaux commis au plus cinq ans auparavant, le taux était de 34,7% des affaires jugées, décomposé en 8% de récidive légale et 26,7% de réitération légale[63]. Que les taux diminuent quand on restreint la période de prise en compte du jugement initial n'a évidemment rien que de logique et on peut estimer que le taux de 34,1% précédemment cité par le docteur Philippe Bessoles[64] conforte l'idée d'un taux de récidive/réitération jamais inférieur à 34% et vraisemblablement proche, chaque année, des 42% atteints par l'étude de 2010.

Par ailleurs, au carrefour de la recherche et d'une démarche institutionnelle, on trouve d'intéressantes indications dans les travaux de Mme Annie Kensey, chercheure associée au CESDIP et également cheffe du bureau des études et de la prospective à la direction de l'administration pénitentiaire. Conduisant notamment des recherches sur l'exécution des peines et ses suites, Mme Kensey a évidemment souvent recours aux données disponibles sur la récidive légale, mais elle a également été amenée, pour certaines de ses études, à étendre la base statistique de sa réflexion en y faisant entrer, au-delà donc des limites de cette récidive légale, le cas de personnes condamnées après avoir été libérées de prison et ceci sans considération relative au motif de cette nouvelle condamnation ni de la nature de la peine prononcée. A critères de calculs plus larges correspondent évidemment des résultats plus élevés que ceux obtenus pour la récidive légale : le taux de re-condamnation calculé par Mme Kensey s'établit ainsi à 59 % (46 % de re-condamnés à une peine de prison ferme) pour la période de cinq ans suivant la libération, en 2002, d'une cohorte de 7536 ex-détenus[65]. Un taux de 59 % à rapprocher, donc, du taux de 42 % de récidive/réitération légales mentionné précédemment. Une étude antérieure de l'administration pénitentiaire portant sur une cohorte de personnes libérées entre le 1er mai 1996 et le 30 avril 1997 parvenait déjà à un taux de re-condamnation de 52 % dans les cinq ans (41 % de retour en prison)[66]. Des chiffres à considérer, bien entendu, comme une base de départ pour Mme Kensey qui, dans la première étude, œuvrait par exemple à mesurer l'efficacité des mesures d'aménagement de peines (démontrant, de fait, l'existence d'un moindre taux de re-condamnation, et *a fortiori* de récidive,

---

[62] *Ibid.*

[63] CARRASCO Valérie, TIMBART Odile, *Les condamnés de 2007 en état de récidive ou de réitération*, Bulletin d'information statistique Infostat Justice, n° 108, septembre 2010.

[64] BESSOLES Philippe, *La récidive criminelle au carrefour des épistémologies cliniques, juridiques et médico-légales*, *op. cit.*

[65] KENSEY Annie, *Aménagements de peine et moindre récidive*, in *L'aménagement des peines privatives de liberté : l'exécution de la peine autrement*, Direction de l'Administration Pénitentiaire, Collection "Travaux et Documents" n° 79, 2013, pp.57-66.

[66] KENSEY Annie, TOURNIER Pierre-Victor, *Prisonniers du passé ? Cohorte des personnes condamnées, libérées en 1996-1997 : examen de leur casier judiciaire 5 ans après la levée d'écrou*, Paris, ministère de la Justice, DAP, coll. Travaux & Documents, n° 68, 2005.

chez les libérés ayant bénéficié d'un tel aménagement) mais ces chiffres sont pour nous une ressource brute précieuse en ce qu'ils confirment évidemment l'hypothèse sérielle par la mise en évidence d'un taux élevé de réitération chez des personnes déjà condamnées. Et encore les données exploitées par Mme Kensey ne portent à nouveau que sur des personnes connues des services de la Justice.

Ayant montré précédemment comment les taux de récidive et de réitération légales ne pouvaient être que très inférieurs au taux de réitération réel, ayant confirmé ce point de vue par les travaux d'Annie Kensey révélant un taux de re-condamnation nettement plus élevé que le taux de récidive/réitération légales et pourtant lui aussi nécessairement inférieur au taux de réel (à moins de croire que tous les auteurs réitérants seraient identifiés, jugés et condamnés, ce qui relèverait toutefois d'une certaine utopie), on mesure mieux que la part de cette réitération réelle, pour inconnue qu'elle soit, ne peut être qu'écrasante. Sans doute ferait-elle d'ailleurs l'objet de plus de recherches si la récidive ne souffrait pas d'être un sujet particulièrement sensible.

En effet et malheureusement pour elle autant que pour la sérénité du débat démocratique, la récidive n'est pas cantonnée au champ de la technique juridique ou de la recherche scientifique. Applicable par définition à des délinquants déjà connus des tribunaux, elle est depuis de nombreuses années instrumentalisée par les tenants d'une sévérité accrue de la répression de la délinquance, notamment par la voie de l'incarcération, et qui voient là le cheval de bataille idéal pour proclamer le laxisme de la Justice. Sans considération du fait que pour prévenir toute récidive la seule solution, radicale mais totalement saugrenue, serait de condamner à perpétuité réelle le moindre auteur y compris du délit le moins grave, une idéologie primaire a pris habitude de s'emparer régulièrement d'actes commis en récidive, réelle ou supposée, pour mieux faire passer dans les idées sa politique répressive… et les juteuses retombées électorales ou commerciales qui vont avec. Crispée en position défensive autour des règles de droit (et de bon sens) qui encadrent et limitent les effets de la récidive et de la réitération, les magistrats et le ministère de la Justice en sont par réaction venus à faire de celle-ci le dernier carré à défendre contre les excès sécuritaires, sacralisant au passage l'unicité du fait pénal et faisant du même coup obstacle à toute vision plus regroupée de la délinquance d'un même individu. De norme juridique aux limites indispensables, la récidive est ainsi devenue, contre son gré et contre tout courant de modernisation, la garante d'un véritable immobilisme dans la prise en compte de la délinquance. Salutaire pour éviter les excès du « tout répressif » ou de « l'ultra répressif », cet immobilisme est en revanche un véritable handicap lorsqu'on veut avancer sur le chemin de la sérialité.

D'un côté, donc, une réflexion scientifique dont le regard en matière de réitération criminelle ne dépasse guère les bornes de la récidive/réitération légales, de l'autre une Justice sur la défensive qui reste enfermée dans sa culture de l'unicité du fait pénal pour mieux protéger les règles d'application de cette même récidive : sur les deux terrains où l'on attendrait beaucoup d'eux pour théoriser la question de la réitération criminelle et de la sérialité, droit et sciences criminelles sont donc splendidement absents, pour le plus grand malheur des praticiens de la police judiciaire dont les règles d'engagement subissent cet immobilisme qu'ils sont bien en peine de combattre eux-mêmes. Et nous restons donc à ce stade frustrés de l'approche qui confirmerait scientifiquement qu'au-delà des actes commis en récidive et réitération légales, d'autres infractions constituent des séries de faits commis par de mêmes individus. La perception de ces séries en est-elle pour autant condamnée à ressortir du seul champ de l'intuition ? Probablement pas, car sous plus d'un angle, la sérialité qui nous intéresse est déjà sous nos yeux.

3/ Approche pragmatique : la sérialité sous nos yeux

Sans pouvoir vraiment mesurer le volume d'infractions qui relèveraient d'elle, la sérialité s'est donc déjà révélée à nos yeux sur le terrain des crimes les plus graves et des faits commis de façon organisée puis à travers la vision, même incomplète, du droit et des sciences criminelles. Un tel panorama resterait toutefois fort parcellaire si l'on n'interrogeait pas également la délinquance dans ce qu'elle a de plus quotidien et de plus ordinaire, avec naturellement l'idée avouée d'y déceler des signes de sérialité. Après tout, les crimes et délits spécifiques que nous avons envisagés jusque-là ne représentent qu'une partie des millions d'infractions qui se commettent chaque année en France. Cette lecture sous lentille macroscopique aura en outre l'intérêt de livrer d'intéressantes clés pour comprendre pourquoi la délinquance répétitive, à forte connotation sérielle, est un sujet de choix pour le discours politique et pourquoi il est si prompt à s'en emparer et à la porter au cœur du débat public.

A/ Une réalité quotidienne

C'est pratiquement enfoncer une porte ouverte mais l'infraction, cette brique élémentaire de la délinquance, renvoie de celle-ci des visions très différentes selon le prisme à travers lequel on la considère. Ainsi peut-on s'attendre à ce que le point de vue des praticiens de la police judiciaire, directement en charge de la lutte contre la délinquance, soit teinté d'une certaine subjectivité et d'un inévitable manque d'exhaustivité. Pour autant, qui se risquerait à nier l'intérêt des témoignages venus des brigades ou des commissariats qui sont quotidiennement confrontés à la réception des plaintes ? L'autre extrémité du spectre de perception livre quant à lui des chiffres moins incomplets et parfois plus objectifs au travers de statistiques nationales qui, toutes désincarnées qu'elles soient, ne manquent pas non plus d'intérêt par leur capacité à rendre compte des phénomènes de délinquance de masse. Deux focales opposées, donc deux photographies différentes mais, comme nous allons le voir, deux témoignages indirects supplémentaires qu'une part non négligeable de la délinquance présenterait un caractère sériel. A tel point qu'on en vient à se demander si la police judiciaire a su tirer les conséquences d'un constat qui s'étale ouvertement sous ses yeux ou si elle n'en est réellement encore qu'à ânonner l'ébauche d'une méthode pour appréhender la sérialité de façon organisée et constructive.

a/ La sérialité décelable par la simple observation

On connaît bien l'antienne que ressassent tant d'OPJ et d'APJ de France, telle que nous l'avons déjà évoquée dans notre introduction : « Les délinquants ? Toujours les mêmes ! ». L'affirmation est évidemment jetée à l'emporte-pièce, et on ne saurait la gratifier tout de go d'une portée générale à laquelle elle ne saurait d'ailleurs prétendre, mais nul n'est non plus en droit de l'écarter *a priori* dès lors qu'elle résulte du vécu journalier et récurrent d'acteurs placés en première ligne face à la délinquance. La vérité, bien sûr, est que ce ne sont pas *toujours* les mêmes : la population délinquante ne peut se perpétuer que par l'entrée régulière en son sein de nouveaux individus, primo-délinquants par définition. Mais, à quelque niveau de la criminalité ou de la délinquance qu'ils travaillent, les policiers et gendarmes que l'on interroge attestent uniformément qu'ils retrouvent fréquemment face à eux des « clients » déjà connus. Et cette réalité du discours trouve dans la simple logique un élément qui la corrobore immédiatement : combien de dealers ne dealeraient qu'une seule fois et arrêteraient aussitôt leur commerce ? Combien de cambrioleurs ne cambrioleraient qu'une fois ? Combien de braqueurs se contenteraient d'un seul braquage ? Combien de contrefacteurs ? Combien d'escrocs ? Combien de voleurs de voitures ou à la roulotte ?

En réalité, cette messe-ci est dite, et bien dite, jusque dans les audiences des tribunaux correctionnels où les juges retrouvent régulièrement face à eux de véritables habitués et où se dévident d'interminables casiers judiciaires : ce sont effectivement souvent « les mêmes ». Et la caractéristique certainement la plus partagée par tous les actes de délinquance – en dehors d'être des infractions pénales – est sans doute celle-ci qui fait pourtant l'objet de bien peu d'études : leur caractère sériel. Moins que d'acte criminel, on devrait en ce sens parler d'agissements criminels, voire de véritables modes de vie où la transgression pénale est envisagée et vécue comme une technique naturelle et habituelle pour satisfaire certains besoins, sans considération de l'interdit moral et légal qui la frappe. Indépendamment de toute recherche qui nous en donnerait la mesure exacte, nier l'existence de cette population délinquante – délinquante à des niveaux évidemment variables quant à la fréquence des réitérations et à la nature des actes – reviendrait à nier l'évidence et il suffit en fait de partager la routine de la moindre brigade, du moindre commissariat ou du moindre tribunal pour s'en convaincre. Mode d'appréhension subjectif et non chiffré, certes, ce qui lui confère certaines limites que nous ne cherchons pas à dissimuler, mais mode d'appréhension à part entière à l'intérieur de ces limites. Sans qu'il quantifie ni n'éclaire la problématique à laquelle nous nous attachons, nous avons bien là un nouvel indice venant attester de l'existence de sérialités criminelles.

b/ La sérialité décelable dans les statistiques

La vision de détail que l'on peut acquérir au contact de l'activité de terrain n'est d'ailleurs pas la seule qui puisse nous renseigner sur cette problématique. Tout en continuant de déplorer la désaffection dont elle est l'objet de la part de la recherche scientifique ou de l'Observatoire national de la délinquance et des réponses pénales (ONDRP), la sérialité se laisse également deviner, en creux, à travers les statistiques officielles. Bien sûr, on sait combien sont sujets à caution les chiffres du ministère de l'Intérieur, même si ce sont ceux que l'ONDRP privilégie année après année pour des « études » entre lesquelles on peine d'ailleurs souvent à trouver le moindre fil conducteur. La tendance de cet organe à se mettre au service des maîtres qui le gouvernent est toutefois suffisamment connue, et elle le discrédite vraiment trop, pour que l'on retienne sérieusement les analyses de circonstance qu'il livre dans la plus grande confusion.

C'est d'ailleurs, sans l'ombre d'un doute, ce discrédit de l'ONDRP qui a conduit entre autres à la création en octobre 2014 du service statistique ministériel de la sécurité intérieure (SSMSI)[67]. Placé au ministère de l'Intérieur mais bien plus indépendant que l'ONDRP car protégé par le statut de 1951 régissant les services statistiques ministériels, il est en outre dirigé par un inspecteur général de l'INSEE que l'on peut sans peine imaginer plus rompu à la science statistique que les trop politiques directeurs successifs de l'Observatoire. Bien sûr, on pourra s'étonner du doublon que constitue la création de ce service, mais il s'agit là d'une très coûteuse[68] et très française habitude sur laquelle on ne s'attardera pas si elle est le prix à payer pour disposer de statistiques plus transparentes que celles que l'on connaît depuis des années. Sur ce point, et même s'il serait toujours possible d'inventer de ces réserves coutumières des esprits chagrins, l'optimisme semble d'ailleurs plutôt de mise. Sans rien cacher de ses limites, ni mêmes à demi-mot des errements antérieurs, les pages Interstats du site du ministère de l'Intérieur[69] publient en effet, depuis octobre 2015, des chiffres certes resserrés (les données complètes étant quant à elles publiées sans analyse sur le site

---

[67] Décret n° 2014-1161 du 8 octobre 2014 modifiant le décret n° 2013-728 du 12 août 2013 portant organisation de l'administration centrale du ministère de l'intérieur et du ministère des outre-mer.

[68] Le budget de l'ONDRP en 2014 était légèrement supérieur à 2 millions d'euros, ce qui est tout de même cher payé pour un organe dont la médiocrité a coûté d'en créer un second. Cf. *Délinquance : Les statistiques nouvelles sont arrivées*, Laurent Borredon, blog Vu de l'intérieur sur LeMonde.fr, http://delinquance.blog.lemonde.fr/2015/10/05/delinquance-les-statistiques-nouvelles-sont-arrivees/ (accédé le 27/11/2016).

[69] http://www.interieur.gouv.fr/Interstats/Actualites (accédé le 27/11/2016).

data.gouv) mais qui semblent promettre une réelle continuité statistique en matière de mesure de la délinquance enregistrée par la police et la gendarmerie. Rien n'est en outre caché des limites d'une telle mesure qui ne porte que sur des faits portés à la connaissance de la police judiciaire, et tout cela semble donc de bon augure. Bien sûr, il faudra des années, et même une ou deux décennies, pour disposer d'un recul suffisant à une interprétation pertinente de ces chiffres, mais au moins un outil est-il là auquel on pourra accorder une certaine confiance. De saines perspectives, donc, mais hélas toujours pas de données susceptibles d'éclairer notre recherche.

En revanche, l'enquête de victimation élaborée par l'INSEE – institution au sérieux reconnu et qui satisfait comme le SSMSI aux critères d'un organe statistique, ce qui n'est pas le cas de l'ONDRP – est une source d'information autrement fiable, même si on doit bien entendu lui affecter les limites de toute statistique auto-reportée et déplorer de ne pas disposer des résultats bruts de l'enquête (l'ONDRP, qui en a le monopole de la publication, ne rendant pas publics ces résultats bruts).

Cette enquête de victimation nous indique par exemple que ce sont 4,7 millions de vols et tentatives qui auraient été commis en 2009 en France (avec un taux de plainte d'environ un tiers seulement)[70]. Sauf à considérer que la France compterait 4,7 millions d'auteurs distincts de vols, on est donc parfaitement légitime à nuancer l'idée d'individualité de chacun de ces vols par le fait qu'un même auteur peut évidemment en avoir commis plusieurs. Ni panoramique, ni détaillée, une autre vue de la délinquance s'offre ainsi à nous, celle où des infractions sont regroupées, au-delà de leurs différences de nature, de lieu ou de temps, parce qu'elles présentent un critère commun : leur même auteur. Un critère dont la mise en œuvre concrète peut en outre fonctionner avec une part écrasante des faits enregistrés. La même approche que pour les vols est en effet répétable pour toutes les infractions de masse dont le volume suffit à exclure qu'il ne s'agisse que d'infractions isolées, toutes commises par des primo-délinquants. A côté de la vision étroite et subjective des enquêteurs et magistrats, c'en est donc une bien plus large et objective qui s'offre au regard : le nombre colossal de faits de délinquance de toute nature exclue qu'ils aient été commis par un nombre égal d'individus.

c/ Une prise en compte lacunaire dans la phase de police judiciaire

Que ce soit avec le grand-angle panoramique de l'enquête de victimation ou avec le macro-objectif du ressenti des acteurs de terrain, on décèle donc bien des indices d'une délinquance sérielle qui représenterait un volume significatif de la délinquance enregistrée en France. Ainsi éclairés, magistrats, policiers et gendarmes ont donc toutes les raisons de s'intéresser à cette part sérielle de la délinquance lors de la phase de police judiciaire, c'est à dire

[70] *La criminalité en France, rapport de l'Observatoire national de la délinquance et des réponses pénales 2010,* Paris, CNRS Editions, novembre 2010, p. 18.

toutes les raisons de se doter d'une focale intermédiaire qui leur permette d'appréhender le phénomène au plus près de sa commission, une sorte d'instrument « optique » permettant de détecter entre certaines infractions des facteurs communs autorisant de les regrouper en vue de leur traitement collectif par la chaîne pénale.

S'agissant des magistrats, nous avons déjà vu que nous ne pouvions retenir comme prétendantes à cette fonction de focale intermédiaire les règles en matière de récidive ou de réitération légales puisqu'elles ne s'appliquent qu'au terme du procès pénal, dans la phase de jugement, ce qui exclut de l'observation un trop grand nombre d'infractions. En amont du jugement, pendant la phase de police judiciaire, la connexité peut en revanche entrer en jeu dès le début du processus pénal, mais elle s'y impose littéralement par la coïncidence des infractions et ne doit rien à une recherche orientée. Elle relève en outre, comme son nom l'indique, de la simultanéité autant que de la sérialité. Enfin, pour rester sur le volet relevant exclusivement des magistrats, nous ne retiendrons pas non plus comme indice de sérialité les règles de jonction de procédures. Si ces règles consistent effectivement à regrouper plusieurs infractions dans un dossier unique, elles n'interviennent cependant qu'après qu'ait été mis en évidence le lien autorisant un tel regroupement et ne participent pas à la matérialisation de ce lien. Il est évidemment heureux qu'existe une possibilité pour instruire ensemble des affaires imputables à un même auteur ou groupe d'auteur, mais cette possibilité n'est jamais que le résultat du regroupement et non son élément déclencheur. En outre, on ne dispose d'aucune statistique mesurant le nombre de procédures faisant chaque année l'objet d'un tel regroupement, non plus que celui d'infractions connexes enregistrées par la Justice. Tout au plus sait-on que la direction des affaires criminelles et des grâces n'encourage pas ces regroupements de procédures et qu'ils ont donc toutes les chances de représenter une part totalement négligeable des affaires judiciaires.

Ne reste donc, pour établir le lien entre différentes infractions au cours de la phase de police judiciaire, que la police et la gendarmerie qui ont en charge l'exécution de cette police judiciaire. Nous avons d'ailleurs déjà vu dans ce cadre que le travail empirique d'enquêteurs avisés peut à lui seul détecter des agissements sériels, comme cela a été le cas avec le maréchal-des-logis chef Jambert dans l'affaire Emile Louis ou avec l'adjudant Abgrall dans l'affaire Francis Heaulmes. Parfois, ce sont des circonstances particulières qui provoqueront la prise en compte d'une sérialité : dénonciation d'un tiers mettant en cause une même personne pour plusieurs faits différents, travail de recoupement d'une association de victimes, signalement par un organisme spécialisé comme par exemple l'association de lutte contre la fraude à l'assurance (ALFA), etc. Par leur caractère marginal, artisanal ou fortuit, ces différents « modes » de détection de la sérialité ne peuvent toutefois représenter eux aussi qu'une part dérisoire de la délinquance. Pour trouver des modes de détection raisonnablement systématisée de la réitération criminelle, on devine qu'il faudra nécessairement des outils spécialisés définis et déployés à l'initiative de différents échelons de la police judiciaire, que ce soit en police ou en gendarmerie ou, mieux encore, au bénéfice conjoint des deux institutions.

Sur l'action des organes centraux, de portée nationale nous reviendrons naturellement (cf. *infra* Ch. 7, § 1), à la fois parce que c'est à ce niveau que l'on trouve l'essentiel de ce qui se fait en matière de détection de sérialité mais surtout parce c'est assurément là qu'existe la marge de progression la plus importante en matière de lutte contre la délinquance sérielle. Remarquons toutefois d'entrée de jeu que dans les rares cas où les échelons centraux se sont souciés de délinquance sérielle, celle-ci a été postulée sans aucune démarche préalable pour en organiser la définition détaillée afin d'établir un cahier des charges de la détection. A nouveau, la sérialité a été admise comme axiome ne nécessitant pas que l'on s'interroge sur ses caractéristiques propres, comme si l'étude de celles-ci était par définition inapte à livrer des clés pour un meilleur dépistage.

Par ailleurs, en cette matière, la police judiciaire n'est souvent riche que d'initiatives locales, pas toujours très respectueuses du cadre légal (cf. *infra* Ch. 7 § 1, C,) mais, plus institutionnellement, elle relève également de trois dispositifs à l'efficacité variable et de toute façon limitée.

Créés avec une vocation spécifiquement transversale afin de dépasser l'acte criminel unique pour appréhender la délinquance d'ensemble d'un individu, ou plus souvent d'une équipe entière, les groupes d'intervention régionaux (GIR) fédèrent avec intelligence les compétences de représentants des différentes administrations pouvant concourir à la lutte contre la criminalité organisée : OPJ de la police ou de la gendarmerie, douaniers, fonctionnaires des impôts, etc. Pragmatiques, les GIR illustrent à la perfection ce cas d'initiatives accouchées des réflexions de praticiens et que les appareils centraux ignorent superbement jusqu'au jour où ils les repêchent soudain, au titre d'un quelconque effet d'annonce, provoquant leur mise en place précipitée à laquelle succède invariablement l'insuffisance de volonté et des moyens qui leur permettraient de prospérer. Au demeurant, dans le cas des GIR nés des besoins de communication du ministre de l'Intérieur de l'époque, cette insuffisance ni ne grève le potentiel du dispositif ni ne diminue le mérite de ceux qui y travaillent. Dans les lieux où ils n'ont pas été victime de la concurrence sans concession que leur ont livrée les services régionaux et directions interrégionales de police judiciaire (SRPJ et DIPJ) ou les sections de recherches (SR) de la gendarmerie, certains GIR ont ainsi pu, ici ou là, venir à bout de quelques belles affaires. Ces succès sont malheureusement l'exception, comme on pouvait s'y attendre pour des organes ne pouvant vivre que du partage d'une information… que personne ne veut partager (cf. *infra* Ch. 6 § 2, B et C). Pire encore du point de vue qui nous intéresse : même quand ils fonctionnent au mieux de ce que promet le concept de leur création, les GIR visent encore des créneaux ou des volumes si étroits de la criminalité – à l'instar des offices centraux de la police et de la gendarmerie – qu'ils sont évidemment impropres à faire évoluer cette culture judiciaire que nous avons décrite, assujettie à l'unicité du fait criminel.

Plus souples et à certains égards moins ambitieuses, les cellules d'enquête sont une création presque entièrement monopolisée par la gendarmerie qui en a fait un modèle de fonctionnement face à des affaires délicates pouvant aller de l'homicide (quand il est rendu particulièrement sensible par certains éléments tels que l'âge de la victime ou la réitération des faits) aux différentes formes possibles de trafic (stupéfiants, véhicules volés, armes, etc.) en passant par le travail clandestin, le vol ou le proxénétisme organisés, cette liste n'étant d'ailleurs pas exhaustive. Egalement présente dans la cellule d'enquête, la transversalité n'est cependant pas le critère dominant qui préside à sa création. En effet, la formule est prioritairement la réponse trouvée par la gendarmerie pour concentrer, durant tout le temps nécessaire, les moyens requis par certaines investigations très lourdes dépassant la capacité de ses unités essaimées à travers tout le territoire. Créées sur décision de la direction générale qui leur alloue une partie des moyens – notamment financiers – nécessaires à leur existence, les cellules d'enquête regroupent donc des enquêteurs venus d'unités et parfois d'horizons différents, éventuellement mais plus rarement renforcés par d'autres administrations. L'objectif judiciaire assigné à une cellule est clairement délimité dès sa création et sa dissolution peut être décidée à n'importe quel moment, soit que l'objectif ait été atteint, soit qu'il ait disparu (le groupe ou réseau ciblé s'est lui-même dissous, ou le phénomène sur lequel il était enquêté a cessé, etc.), soit enfin que les résultats obtenus ne permettent plus d'espérer la réussite de la mission dans un délai raisonnable. Ayant fait ses preuves dès lors qu'il est mis en œuvre avec discernement, ce concept de cellule temporaire ne souffre pas de concurrence comme les GIR (la cellule travaille *de facto* au profit des unités qui l'arment et l'alimentent) mais il partage avec ceux-ci l'inconvénient d'être limité à un volume bien trop limité de faits pour qu'on puisse y voir une réelle mise en cause de la culture d'unicité du fait pénal. En outre, à l'inverse des GIR qui pourraient tirer de leur permanence une capacité à détecter des phénomènes sériels, les cellules ne peuvent au mieux être mises en place qu'après qu'une autre structure ait détecté une sérialité, celle-ci étant même alors le motif de création de la cellule.

Enfin, toujours au sein de la gendarmerie, on note l'existence d'une très intéressante unité, présente au chef-lieu de chaque département et disposant de moyens humains et matériels conséquents. La Cellule d'information et de rapprochements judiciaires (CIRJ), qui a pour unique vocation le traitement de l'information émanant des enquêteurs, a en effet explicitement mission de détecter des phénomènes sériels à l'échelon départemental ou interdépartemental, ce qui est effectivement une bonne focale pour appréhender des parcours criminels locaux. Hélas à nouveau, encore empêtrées dans la lourdeur des procédures d'alimentation conforme des bases de données nationales (cf. *infra* Ch. 7, § 2), ces CIRJ n'ont que très rarement l'occasion de dépasser cette fonction d'alimentation pour exercer réellement celle de détection des sérialités. Ebauche en balbutiement depuis des décennies, le schéma décentralisé de traitement de l'information judiciaire de la gendarmerie ne produira vraisemblablement ce qui est attendu de lui qu'au jour où sera maîtrisée la contrainte technique qui obère pour l'instant pratiquement toutes ses capacités.

Trois approches différentes, donc, toutes les trois situées dans la phase de police judiciaire telle qu'elle est exercée quotidiennement au plus près des faits par les OPJ. Trois approches qui témoignent bien de la perception par la gendarmerie et la police qu'elles sont confrontées à une délinquance réitérante, mais trois approches encore trop timides : nous ne trouvons en effet au niveau du terrain aucun outil ou structure officiels disposant d'une capacité réelle de détection de sérialité à grande échelle

Toujours aux échelons décentralisés, on peut ensuite se tourner vers les multiples extrapolations thématiques ou géographiques – régionales, départementales, locales – qui visent à fournir aux autorités de ces niveaux, sous une forme à nouveau statistique, une vision des évolutions sécuritaires sur leur territoire. Au mieux, et c'est déjà beaucoup, ces analyses se déclinent en mesures préventives mais elles ne prennent qu'exceptionnellement part dans l'élucidation des faits, ce qui n'est d'ailleurs pas leur vocation. Dans cette approche, en effet, il s'agit moins de relier entre eux les faits qui pourraient l'être que de les comptabiliser dans l'espace et dans le temps. Un travail de cartographie spatio-temporelle nécessaire et utile pour la bonne connaissance des phénomènes de délinquance, mais, une fois encore, un travail étranger à la mise en évidence des sérialités.

Notons enfin, pour conclure, la frilosité française dans ce domaine, certaines polices étrangères y faisant preuve d'un esprit autrement innovant, comme en Suisse où une collaboration entre services cantonaux existe de longue date pour cartographier de façon systématique dans le temps et l'espace certaines formes de délinquance afin de mieux organiser la réponse policière. Dans un esprit assez proche, le Royaume-Uni a lui aussi élaboré ses propres outils d'analyse de la délinquance pour paramétrer l'action de sa police dans la démarche précédemment évoquée d *Intelligence led policing* où les moyens engagés sont déterminés par le volume et la nature des éléments détenus par la force publique après la prisse en compte initiale de l'infraction. Encore sommes-nous là en présence d'actions essentiellement postérieures à l'infraction, même si les analyses conduites *a posteriori* débouchent souvent sur la prise de mesures préventives orientées sur des créneaux d'espace-temps plus propices que d'autres à la commission de nouveaux délits (et ceci très pragmatiquement en application de la loi de Pareto, moins pompeuse mais tout aussi efficace que les algorithmes pseudo-spécialisés de prédiction criminelle). Allant encore plus loin dans ce sens Michael Gerber, chercheur au laboratoire de technologie prévisionnelle de l'université de Virginie, explique dans une récente étude publiée par la revue scientifique *Decision Support System* comment l'information publique publiée sur le réseau social Twitter peut être utilisée dans un objectif de prédictivité criminelle, donc antérieurement à la commission des infractions. Exploitant les tweets géolocalisés d'utilisateurs s'exprimant sur leurs activités à venir dans un délai de court à moyen terme, et les recoupant avec ceux d'autres utilisateurs, Michael Gerber parvient à isoler des éléments de contexte significatifs de situations où se commettent certains types d'infractions. Par exemple, le modèle « plusieurs personnes P1, P2, P3, etc. échangent des tweets révélant leur intention de se réunir dans un lieu L pour une soirée S où ils prévoient de consommer une importante quantité d'alcool » permet de prédire que le lieu L connaîtra vraisemblablement au moment S la commission d'infractions habituellement liées aux débordements liés à l'alcool. Affinée jusqu'à un niveau moins explicite que dans cet exemple et recoupée avec les bases de la criminalité détenues par la police pour plusieurs quartiers de la ville de Chicago, actualisée en permanence pour suivre en temps réel les intentions manifestées par les utilisateurs, l'information recueillie par Michael Gerber lui permet de prédire de 19 à 25 formes de criminalité comme le vol, le harcèlement et certains types d'agression[71]. On retrouve cependant là un outil de type PredPol^{TM}, toutefois enrichi de données issues des réseaux sociaux – ce qui est une approche intéressante, novatrice, mais dont il semble difficile d'attendre qu'elle soit révolutionnaire – et si ce type de prédictivité peut effectivement avoir un sens (mais la mise en place de patrouilles préventives qui en découle évite-t-elle ou déplace-t-elle la délinquance ?), ce n'est pas celui qui nous intéresse puisqu'il vise à prévenir la commission des infractions quand l'analyse sérielle se propose d'élucider des infractions déjà commises.

Sans explorer plus loin ces voies préventives ou de prédictivité qui sortent du champ de notre étude, et en reconnaissant qu'elles ne sont pas explicitement fondée sur une idée de sérialité mais plutôt sur celle du caractère criminogène de certains contextes, notons qu'elles postulent tout de même une délinquance habituelle dont nous nous autoriserons à penser qu'elle peut être dans certains cas le fait d'individus habitués à la commettre et ayant donc un comportement générateur de sérialités criminelles.

Au final donc, ces sérialités criminelles pourraient bien apparaître avérées si l'on ne se référait qu'au discours des unités et magistrats de terrain. Des sérialités malhabilement prise en compte par des organes inadaptés quand il s'agit de les appréhender dans leur globalité mais des sérialités

---

[71] Le Nouvel Observateur avec AFP, *Et si Twitter était capable de prédire la criminalité*, 20 avril 2014.

particulièrement prégnantes dans le vécu judiciaire quotidien et apparentes jusque dans les statistiques les plus officielles. Et pourtant, le phénomène correctement identifié aux niveaux élémentaires, n'a jamais suscité qu'un immobilisme indifférent aux échelons décisionnels. Mais c'est que la posture de ces échelons décisionnels ne fait souvent que relayer en France la volonté, ou plus souvent l'absence de volonté, des décideurs politiques, et c'est donc le positionnement de ces décideurs sur la question de la sérialité qu'il est maintenant temps d'interroger.

B/ Un phénomène instrumentalisé par le discours politique

Délinquance et classe politique : deux objets sociaux aux antipodes l'un de l'autre, mais deux objets qui ne peuvent prospérer dans le déni l'un de l'autre. Du côté de l'acte transgressif, c'est l'action politique qui délimite *in fine* le vécu infractionnel : délimitation des crimes et délits, énoncé des peines et des règles de procédure applicables, priorités et moyens affectés aux forces de police, etc.[72]. Côté politique, depuis longtemps, et *a fortiori* depuis 2002 où l'on estime que l'élection présidentielle s'est jouée en bonne part sur le thème de l'insécurité, la délinquance est au cœur des préoccupations des décideurs et candidats à le devenir. La sécurité et l'insécurité ont maintenant pignon sur rue dans les programmes politiques et dans les médias qui évoquent aussi longuement l'action des délinquants que celle des policiers ou du gouvernement. Comme tremplin ou comme piège médiatique, depuis le crime isolé commenté parce qu'il fait l'actualité jusqu'au phénomène même de délinquance dont la prise en compte s'opère aux niveaux locaux ou national, pratique ou idéologique, le thème de la sécurité est ainsi devenu un élément fondamental de tout discours politique. En outre, l'arrivée de la menace terroriste sur le devant de la scène en janvier et novembre 2015 a naturellement éclipsé momentanément le thème de la délinquance et de la criminalité générales mais il serait illusoire, pour les politiques, de croire que l'insécurité quotidienne ne soit plus un souci pour leurs électeurs, et ils ne s'y trompent certainement pas. En outre, la criminalité terroriste étant une forme de criminalité à part entière, tout porte à croire que la réponse politique face à cette criminalité emprunte les mêmes logiques simplistes et les mêmes choix plutôt pavloviens que ceux, grandement stériles, dont elle a l'habitude face à la criminalité, notamment la marginalisation des causes et la focalisation sur l'action répressive.

---

[72] Pour une analyse des crimes et délits envisagés comme objets politiques et non pas seulement juridiques, on peut notamment se tourner vers FOUCAULT Michel, *Surveiller et punir : naissance de la prison*, Paris, Gallimard, 1975 ou, du même auteur, *La société punitive : Cours au Collège de France (1972-1973)*, Paris, Editions du Seuil, 2013, ou, pour une vision plus panoramique et sociologique des différentes thèses en présence, vers MUCCHIELLI Laurent, *Sociologie de la délinquance*, Paris, Armand Colin, 2014.

a/ L'infraction, objet de communication politique

Les journaux télévisés et les quotidiens qui placent régulièrement des faits divers à leur une en sont l'illustration irrécusable : le crime paie, en tout cas en termes d'audimat et de lectorat. On peut bien sûr approuver ou non la démarche des médias exploitant sans vergogne ces faits divers pour générer de l'audience mais on a de toute façon peu de chance d'échapper à l'exposition, souvent complaisante, qui est faite de certains actes criminels, soit qu'ils soient particulièrement odieux, soit qu'ils s'inscrivent simplement dans une actualité vide que les journalistes comblent avec tout sujet susceptible de capter l'attention du public. Pour cette seule raison l'infraction, même en tant qu'entité individualisée, ne peut être ignorée de la classe politique : pour ceux qui occupent le pouvoir, il s'agit de justifier la validité ainsi que la fermeté de leur action contre la délinquance ; pour leurs opposants, il s'agit de critiquer cette action.

Naturellement, l'avènement du règne de la communication n'a fait qu'encourager les dérives que cette situation contenait déjà en germe. Tout d'abord, il y a deux ou trois décennies, sur chaque affaire sanglante s'est progressivement greffé son déplacement ministériel ritualisé (le ministre de l'Intérieur, en général). En soi, le représentant du gouvernement n'amène rien à l'enquête et génère le paradoxe qu'à la fois sa présence permet de rassurer l'opinion tout en donnant également du crédit à l'inquiétude de la population ; sur place, il affirme que tous les moyens nécessaires seront mis en œuvre, mais on ose supposer que c'est également le cas quand aucun responsable politique ne se déplace ; il s'engage à ce que le crime odieux – mais qu'est-ce qu'un crime non odieux ? – soit sévèrement puni, oubliant au passage qu'au titre de la séparation des pouvoirs la sévérité de la punition ne relève que des juges et du jury, jamais de son autorité de ministre de l'Intérieur. Au moins, pendant un temps rétroactivement béni, gouvernement et opposition surfaient ensemble sur l'émotion, affirmant finalement d'une même voix que le crime était inacceptable et que son auteur ne saurait rester impuni.

Ce n'est qu'à l'orée du XXIème siècle que les choses sont devenues nettement plus sérieuses, quand l'extrême-droite dans un premier temps, puis la droite plus traditionnelle dans un second temps, ont glissé de la dénonciation du crime ou du délit à celle, agressive et systématique, des carences du gouvernement n'ayant pas su empêcher sa survenance. Plus de consensus à partir de là : chaque infraction médiatisée est aussitôt instrumentalisée par les adversaires politiques du gouvernement (Lionel Jospin est alors Premier ministre d'un gouvernement de gauche) accusé avec constance d'angélisme ou même de laxisme, sans considération aucune pour la dénaturation des faits qu'exige généralement cette instrumentalisation. Le résultat est connu. En 2002 pour l'élection présidentielle, le candidat du parti socialiste est battu au premier tour par celui du front national après une campagne qui s'est essentiellement jouée sur le thème de l'insécurité : le fait divers est définitivement devenu une arme politique.

Dès 2002, la leçon sera bien retenue par le nouveau ministre de l'Intérieur qui appliquera pendant les dix années suivantes, d'abord depuis la place Beauvau puis depuis le palais de l'Elysée, une recette mise en œuvre selon un schéma toujours identique : chaque fois qu'un fait criminel se présente en offrant une possibilité de médiatisation, le ministre se rend sur place dans les premières heures après la découverte du crime et se livre devant les caméras – dans un curieux exercice de dissonance gouvernementale – à un commentaire fracassant dénonçant pratiquement sur un pied d'égalité le criminel et les magistrats laxistes qui se retrouvent ainsi explicitement désignés comme l'une des causes de la criminalité. S'ensuit systématiquement la promesse enflammée qu'une enquête va être diligentée et des sanctions prises à l'encontre des responsables[73], que des instructions d'une très grande fermeté seront données, que l'horreur ne se reproduira pas, qu'une réflexion va être conduite dans l'urgence sur l'enfermement à vie (ou sur la castration chimique, ou sur le suivi électronique des délinquants sexuels, etc.) et que va être votée sans délai à cette fin une loi sur la récidive pénale[74]. Insensible au fait que chacun de ses discours discrédite tous ceux qu'il a tenus précédemment et qui n'ont donc eu aucun effet, l'histrion déroule invariablement la même rhétorique éculée où le crime n'est plus considéré en tant que tel mais détourné pour devenir le simple accessoire d'un exercice convenu d'autopromotion dans une marche au pouvoir où l'illusion remplace chaque jour un peu plus la réalité.

Asseyant son message sur le détournement simultané du fait criminel et de la douleur des victimes, le sarkozysme s'est en outre livré pendant dix ans, sous l'œil complaisant de l'Observatoire (pseudo-indépendant) de la délinquance et des réponses pénales, à une falsification massive des statistiques qui a privé de repères toute étude sérieuse se fondant sur celles-ci. Pire encore, la dénaturation des chiffres empêchait dans le même temps toute élaboration d'une politique sécuritaire réfléchie, cette élaboration ne pouvant être réalisé dans les faits qu'à partir des données que l'on s'ingéniait par ailleurs à trafiquer : taux de réalisation des infractions, évolution de ces taux dans le temps, poids relatif de chaque infraction dans sa catégorie, taux d'élucidation, répartition géographique, etc.[75]. Forcément chargées de sens quant à la mesure de l'efficacité de la politique dont elles rendaient compte,

---

[73] Sur l'identité de ces responsables, le discours est généralement silencieux, encore qu'en 2007 Nicolas Sarkozy avait quasi-nommément désigné un magistrat à la vindicte en affirmant que le juge qui avait libéré l'assassin (dans l'affaire Nelly Crémel) « devait payer pour sa faute ».

[74] De 2002 à 2009, le Parlement n'a pas eu à connaître moins de sept fois la question.

[75] Cf. MATELLY Jean-Hugues et MOUHANNA Christian, *Police : des chiffres et des doutes*, *op. cit.* et IMPINI Jean-François, *Un Mensonge d'Etat, l'imposture sécuritaire*, *op. cit.*

ces statistiques n'avaient en réalité aucune chance d'échapper à la mécanique du mensonge mise en place depuis le ministère de l'Intérieur.

Ainsi, au terme d'un étonnant processus de réification, l'acte de délinquance, pourtant dynamique par essence, n'a-t-il été considéré par l'équipe politique en charge du pouvoir pendant toute la décennie 2002-2012 que comme objet de communication dans une démarche de marketing, et certainement pas comme un objet d'étude dont l'observation attentive aurait pu permettre de mieux comprendre et combattre la délinquance. Un tel déplacement de perspective qui ouvrait grand la porte aux conceptions les plus douteuses et les plus fantasmatiques en matière de criminalité ne pouvait évidemment pas se faire sans dommage. La plus haute autorité de l'Etat ayant elle-même coupé de son lien avec la réalité le thème de la sécurité, celui-ci pouvait être récupéré sans ménagement ni souci de crédibilité par les idéologies les moins soucieuses de rigueur. Elles n'ont évidemment pas manqué cette occasion qui leur était offerte, le changement de pouvoir en 2012 n'ayant pas changé grand-chose à la situation sous la poigne d'un ministre de l'Intérieur ayant d'évidence lui aussi choisi de faire de son poste un simple tremplin vers de plus hautes fonctions.

b/ La sécurité, instrument au service des idéologies

A dire vrai, c'est leur faire beaucoup d'honneur que d'ériger au rang d'idéologie des allégations non démontrées scientifiquement au seul motif qu'elles sont reprises en leitmotiv par l'extrême-droite, par la droite radicale, par la droite non radicale et même depuis peu par une partie de la gauche s'autoproclamant « réaliste » sur cette question. Des allégations qui se résument d'ailleurs à peu de choses, mais un peu de choses inlassablement ressassé, à la moindre occasion, jusqu'à lui donner l'apparence de l'évidence.

Premier message, la Justice est laxiste parce qu'elle oublie les victimes et qu'elle victimise en revanche les délinquants, remettant systématiquement en liberté jusqu'aux multirécidivistes les plus dangereux. Pourtant, l'étude des décisions des tribunaux atteste exactement le contraire de cette théorie[76], mais ce type d'étude n'a généralement qu'une faible résonnance – les médias leur consacrent peu ou pas de place – et elles ne parviennent donc que rarement au grand public qui malheureusement en reste ainsi trop souvent à ce message simpliste qu'on lui délivre : la délinquance flambe parce que la Justice est laxiste. La Chancellerie n'est d'ailleurs pas peu en faute sur ce point en conduisant une désastreuse politique de communication qui ne donne au justiciable aucune idée claire et lisible de ce qu'est réellement sa Justice. Corollaire du message : même si le taux d'incarcération est déjà particulièrement élevé en France, il faut emprisonner plus de délinquants et

[76] Pour une vision synthétique et une bibliographie sur cette question, cf. MUCCHIELLI Laurent et RAQUET Emilie, *Les comparutions immédiates au TGI de Nice,* Revue de science criminelle et de droit comparé, Paris, Dalloz, janvier-mars 2014, p. 207.

pour plus longtemps, avec naturellement l'arrière-pensée non dénuée de visées commerciales que les prisons gagneraient à être privatisées pour le grand bonheur de quelques groupes spécialisés sur le marché de la sécurité. Ainsi a peu à peu conquis droit de cité dans le discours politique et dans la tête des français une idée totalement contraire aux faits. Mais qui sait que la Justice prétendument laxiste a fait passer le nombre de personnes détenues de 48.594 au 1er janvier 2002 à 67.075 au 1er janvier 2014, soit une augmentation de 38% en douze ans[77] ?

Second message, touchant de plus près notre approche : ces délinquants que l'on ne punit jamais sont « toujours les mêmes », l'expression n'étant toutefois pas utilisée comme postulat assorti d'une valeur d'incertitude, ainsi que nous le faisons, mais comme affirmation péremptoire qui s'adosserait à des vérités scientifiquement établies. Inutile de préciser que les courants de pensée nauséabonds ayant recours à cette rhétorique simplifiée visent très précisément certaines cibles, inévitablement issues de l'immigration ou de milieux défavorisés et le plus souvent à la couleur de peau insuffisamment claire au gré de ces défenseurs d'un citoyen-type aussi illusoire que caricatural. Mettons d'ailleurs les choses au point à cet égard : si nous pensons qu'il y a intérêt à examiner le caractère sériel de la délinquance, c'est avec l'idée que l'on pourrait mieux la combattre, c'est-à-dire mieux la réprimer mais aussi mieux la prévenir. En aidant à imputer aux auteurs la totalité de leur délinquance réelle plutôt que quelques faits isolés, on peut espérer que les psychologues et sociologues disposeraient d'un matériau plus riche pour comprendre et attaquer les causes de la délinquance. En effet, l'idée qu'une solution à la délinquance pourrait consister en une police inlassablement à la poursuite des délinquants est tout aussi prometteuse que celle de de vouloir vidée l'océan avec une passoire ; l'idée que la prison serait la solution universelle à toutes les infractions n'est d'ailleurs pas moins baroque quand tout indique que la prison, telle qu'on la pratique en France, fabrique des délinquants au lieu de les reclasser. En ce sens, toute répressive qu'elle soit, la démarche du présent ouvrage se démarque radicalement de l'approche prônée par Manuel Valls et d'autres responsables ou penseurs qui jugent qu' « expliquer, c'est déjà vouloir un peu excuser[78] » (étant précisé que M. Valls visait là le *jihadisme*, et non la délinquance, ce qui ne valide toutefois pas sa phrase, la recherche d'explications étant une phase nécessaire pour une meilleure compréhension des phénomènes, et donc pour une lutte plus efficace contre eux, qu'ils soient terroristes ou de droit commun).

---

[77] DE BRUYNE Florence et KENSEY Annie, *Durées de détention plus longues, personnes détenues en plus grand nombre (2007-2013)*, Cahiers d'études pénitentiaires et criminologiques n° 40, septembre 2014.

[78] Déclaration du premier ministre Manuel Valls le 9 janvier 2016 lors de la commémoration de l'attentat contre l'Hyper Cacher de la porte de Vincennes.

A cet égard, notre approche se démarquera par rigueur d'étude et par principe des thèses complaisamment véhiculées par les « criminologues » aux titres frelatés qui ont été précédemment évoqués ou par des organismes où l'on pratique sans sourciller l'approximation en guise de science, l'amalgame en guise de conclusion et la compassion en guise de potion pour faire avaler le tout. Notamment, il ne sera pas dans notre propos de désigner ces « souvent les mêmes » en tant que personnes appartenant à des groupes ou à des communautés spécifiques, non plus qu'en se référant à leur origine. Non que nous voulions faire semblant d'ignorer hypocritement que certains milieux connaissent en effet une apparente surreprésentation délictuelle, mais s'il est bon de remarquer que la jeunesse de certaines banlieues s'adonne plus qu'ailleurs au trafic de stupéfiants, il n'est pas mauvais non plus de souligner que les élus de la république ou les grands dirigeants d'entreprises font de même en matière de délinquance financière. Manière de rappeler que ce serait dévoyer notre étude que de la laisser épouser toute idéologie appelant à une Justice d'autant plus inflexible qu'elle s'exercerait surtout à l'égard de certains « autres », notamment quand ils appartiennent aux catégories les moins favorisées de la population. Ce serait d'ailleurs la noblesse du droit que de s'affranchir de la consolidation des dominances à laquelle participe *a priori* toute structure (au sens où l'entendait par exemple Henri Laborit[79]) mais nombre d'exemples témoignent que c'est en tout cas la noblesse discrète de bien des magistrats voire, récemment, de la ministre il est vrai atypique placée à leur tête. En d'autres termes, le but poursuivi ici est d'élaborer une méthode permettant d'élucider des faits criminels et d'identifier physiquement les auteurs d'infractions effectivement commises, certainement pas de stigmatiser tel groupe ou telle communauté pour des infractions que certains de ses membres seraient censés commettre. Et pour parler parfaitement clair, on ne peut que renvoyer à cet égard à l'excellente enquête et au reportage de John Paul Lepers démontrant d'une manière particulièrement accessible qu'il n'existe pas de corrélation entre immigration et délinquance, malgré ce qu'essaient de faire croire certains discours politiques et malgré également ce dont est convaincue une grande partie de la population française. Dans la note méthodologique du reportage, Christophe Nick souligne par exemple que « La circonscription de sécurité publique (CSP) de La Roche-sur-Yon (Vendée) compte 2,45% d'immigrés. Son taux de délinquance et de criminalité est de 76,33 pour mille. La CSP d'Argenteuil (Val d'Oise) compte 20,57% d'immigrés. Son taux de délinquance et de criminalité est de 71,79 pour mille. La Roche-sur-Yon est la préfecture de France ayant le moins d'immigrés. Son niveau de délinquance est pourtant de 5 points supérieur à celui d'Argenteuil,

[79] Henri Laborit envisage les rapports politiques, économiques, sociaux, culturels, juridiques, etc. comme autant de stratégies des individus, et des structures fonctionnant à leur avantage, pour perpétuer leur dominance sur leur environnement. Voir par exemple sur cette approche LABORIT Henri, *Eloge de la fuite*, Paris, Robert Laffont, 1976.

une commune dont le ministre de l'Intérieur déclarait en 2005 qu'il fallait la ‘‘nettoyer au karcher’’. [...]De même, en comparant deux villes très touristiques, nous observons que La Rochelle, avec 5,5% d'immigrés, a un taux de délinquance de 90,46 pour mille, alors que Montpellier, avec 14,4% d'immigrés, a quasiment le même taux : 91,73 pour mille[80] ». Les chiffres cités ci-dessus sont par ailleurs représentatifs des résultats de la totalité de l'enquête qui démontre que le taux de corrélation entre immigration et délinquance est de 0,18, soit un taux parfaitement négligeable.

Ainsi le regard politique sur la délinquance et sur l'idée de sérialité se révèle-t-il au final d'une totale vacuité, soit qu'il se montre bien en peine de dépasser les préjugés « idéologiques », au contraire friand de s'y complaire (l'idéologie se résumant en réalité souvent dans ce cas à encourager la détestation de l'autre en misant sur la peur qu'il inspire), soit surtout qu'il s'avère incapable de la moindre réflexion dépassant ses intérêts sondagiers ou électoraux du plus court terme. Deux travers, donc, en outre parfois cumulés par certains décideurs plus enclins à un simplisme racoleur et à des « recettes » illusoires qu'à l'élaboration d'une politique pénale à la hauteur des enjeux. Des décideurs qui restent ainsi, globalement et à notre plus grande consternation, très en deçà du recul et de la sérénité que requerrait pourtant de leur part une question aussi importante que celle d'une multiréitération dont ils présument pourtant bien l'existence mais en la jugeant d'évidence indigne d'être plus qu'un simple argument électoral.

4/ Délimitation de la sérialité

Au final, faute de trouver « sur étagère » la théorie qui permettrait d'isoler les actes de délinquance pouvant relever d'agissements sériels, il faut se résoudre à tenter la synthèse des éléments glanés au cours des paragraphes précédents. Peu orthodoxe d'un point de vue scientifique, donc affectée d'une subjectivité qui n'a pas à être dissimulée, cette démarche permettra au moins de tracer la délimitation concrète d'un concept de sérialité jusqu'ici bien abstrait

Bien qu'ayant déploré la pauvreté de la production scientifique sur notre très policier sujet, nous avons tout de même noté précédemment dans la littérature criminologique suisse l'amorce d'une définition au fil d'un ouvrage plus spécialement orienté sur le potentiel de recoupement des traces de souliers relevées sur scène de crime. Les auteurs posaient en effet que la sérialité est « un ensemble d'infractions commis par le même individu ou le

---

[80] NICK Christophe, *Note méthodologique, 1ère partie, Immigration et délinquance, l'enquête qui dérange*, au sujet de *Immigration et délinquance : les chiffres*, reportage diffusé le 25 novembre 2014 sur France 2, [en ligne] https://passeursdhospitalites.wordpress.com/2014/12/14/immigration-et-delinquance/ (accédé le 28/11/16).

même groupe d'individus[81] ». Trois éléments peuvent être dégagés de cette définition lapidaire.

- « un ensemble » : sans surprise, une série requiert en effet plusieurs éléments.
- « d'infractions » : la sérialité criminelle concerne des faits constitutifs d'infractions pénales.
- « un même auteur ou groupe d'auteurs » : la similitude d'identité du ou des auteurs – et non la similitude des infractions – est le lien permettant d'isoler la série de tous les autres faits de délinquance.

Incontestablement adaptés à un type de sérialité fondée sur la ressemblance entre des traces de souliers, ces trois éléments ne semblent cependant pas forcément rendre compte de toutes les modalités possibles de sérialité. Traçant un cadre précis mais restrictif, cette définition enferme en effet la sérialité dans un périmètre trop étroit pour en couvrir toutes les occurrences envisageables. A ce titre, le concept paraît pouvoir être à la fois plus largement et plus finement délimité par l'identification de quelques-unes de ses propriétés fondamentales.

Tout d'abord, il convient de mettre à l'épreuve le caractère attesté ou non de la sérialité, que nous n'avons jusque-là que postulée, ainsi que sur sa mesurabilité. Or, la sérialité de la délinquance en est une caractéristique absolument certaine. Celle-ci est en effet attestée d'une part par l'existence des faits relevant de la récidive, mais aussi d'autre part plus largement, c'est-à-dire même quand les conditions restrictives de la récidive ne trouvent pas à s'appliquer, par la réitération des faits établie dans un nombre considérable d'affaires par recoupement avec le casier judiciaire ou les fichiers de police. Le doute n'est donc pas permis dans ce domaine où les faits rejoignent l'intuition : la sérialité de certains agissements délictueux est une réalité incontestable.

En revanche, s'il ne peut venir à personne l'idée de nier l'existence d'un important volume d'infractions commises en réitération, ce volume n'est pas évaluable, les séries mises en lumière par l'action policière ne pouvant par hypothèse recouvrir toutes celles existantes. Concernant le moyen de mesurer la délinquance sérielle, l'une des solutions pourrait passer par l'institutionnalisation d'enquêtes de délinquance auto-reportée, telles qu'elles se pratiquent assez intensivement dans la plupart des pays européens. Hélas, dans ce domaine, un rapport piloté par Marcello Aebi pour le compte de la commission européenne sur la pratique des enquêtes auto-reportées en Europe conclut : « On peut facilement constater que les enquêtes de délinquance auto-reportée ne sont pas du tout institutionnalisées en France. Les résultats obtenus

[81] GIROD Alexandre, CHAMPOD Christophe, RIBAUX Olivier, *Traces de souliers*, *op.cit.*

par les très rares enquêtes disponibles sont utilisés par la communauté scientifique mais ne jouent aucun rôle dans l'élaboration des politiques publiques[82] ». Ajoutons que les enquêtes exceptionnellement conduites dans notre pays par des chercheurs isolés ont généralement porté sur des échantillons assez étroits et en privilégiant le plus souvent le créneau de la délinquance juvénile qui n'est tout de même pas significatif de l'ensemble de la délinquance. La sérialité apparaît donc à ce stade comme une caractéristique d'une partie des actes de délinquance mais sans que la part de ces faits dans la délinquance générale, *a priori* difficilement mesurable, soit connue.

On peut ensuite s'interroger sur l'existence d'un lien unique, commun à toutes les sérialités et qui permettraient ainsi de les convoquer de façon infaillible, au moins sur un plan théorique. L'identité de l'auteur vient naturellement aussitôt à l'esprit pour constituer un tel lien et il est vrai qu'au terme de chaque série élucidée et faisant l'objet d'un jugement définitif, cette identité devient évidemment le lien le plus personnalisé reliant les différentes infractions de la série. Toutefois, pendant la phase d'investigation policière, et même après celle-ci aussi longtemps qu'un jugement n'a pas entériné le raisonnement des enquêteurs, la personnification du lien de sérialité par l'état-civil de l'auteur n'est qu'une hypothèse qui intervient d'ailleurs souvent assez tard dans le processus d'investigation. Par ailleurs, même si elle est peu fréquente, il convient de ne pas écarter l'éventualité de séries d'infractions commises par des auteurs différents, leur identité ne pouvant dès lors constituer le lien de sérialité. Cette hypothèse se rencontre notamment dans le cas des équipes à tiroir ou dans celui des actes commis par des auteurs distincts mais agissant pour le compte d'un même commanditaire. Aussi séduisante qu'elle paraisse de prime abord, l'identité du ou des auteurs ne saurait donc constituer une espèce de lien « générique » obligatoirement présent dans toute série et l'hypothèse la plus vraisemblable est qu'un tel lien générique n'existe pas : si chaque série résulte nécessairement de la mise en évidence d'un ou plusieurs liens entre les faits de la série, il n'existe pas en revanche de lien qui soit systématiquement présent dans toute série existante, et encore moins de lien qui serait apparent, à tout coup, aux premiers stades des investigations.

Dès lors que l'existence d'un lien « générique » est ainsi écartée, on en arrive à conclure que le lien érigeant la série en tant que telle pourra prendre la forme d'éléments variés, dont certains se rencontreront sans doute plus souvent que d'autres. De ces éléments, on peut s'attendre *a priori* à ce qu'ils soient le plus souvent objectifs et qu'ils présentent le caractère d'être présents dans chaque fait, donc répétables mais aussi univoques. A ces éléments dont la réunion constituera le lien de sérialité entre des infractions, nous donnerons le nom de marqueurs de sérialité et nous verrons dans le chapitre suivant toute

---

[82] AEBI Marcelo, *Enquêtes de délinquance auto-reportée en Europe*, Vandoeuvre-lès-Nancy, Crimprev (Action de coordination européenne), brochure n° 2 1er mars 2009, http://lodel.irevues.inist.fr/crimprev/index.php?id=171 (accédé 28/11/16).

la richesse de tels marqueurs en tant que champ d'exploration pour la démarche d'investigation.

Par ailleurs, quittant un instant la question du lien de sérialité pour celle des faits constituant la série, on peut se demander si le concept de sérialité ne se satisfait que d'infractions de même nature ou s'il peut au contraire être mis en œuvre dans le cas d'infractions de nature différente. Bien sûr, la réponse à cette question est évidente *a priori* dès lors que la spécialisation dans une activité délictuelle unique est loin d'être la règle en matière de délinquance et qu'une série de faits commis par un même auteur pourra englober des infractions de nature très différente. Toutefois, il serait irréaliste d'ignorer sur cette question les méthodologies actuelles de rapprochement mises en œuvre par les services d'enquête, ces méthodologies se fondant essentiellement sur la recherche de liens entre infractions de même nature, notamment sur les infractions point trop envahissantes en volume (viols, vols à main armée, etc.) ou qui se signalent pratiquement d'elles-mêmes à l'attention par leur mode opératoire très particulier (phishing sur Internet, escroqueries aux faux « jades », etc.). Hors le cas où un élément incontournable (sur des scènes de crime distinctes : deux mêmes traces digitales ou d'ADN, l'utilisation attestée d'un même véhicule, etc.) établit une relation entre des infractions de nature différente, les séries mises en évidence porteront donc le plus souvent sur de mêmes infractions. Face à l'important réservoir existant de séries criminelles diversifiées, on touche d'ailleurs déjà là l'une des limites de l'action policière dans la façon dont elle prend en compte la délinquance.

Concernant les faits constitutifs des séries criminelles, on a déjà pu souligner qu'ils pouvaient y être éligibles hors toute application des règles de la récidive. La recherche de sérialité ayant pour objectif l'identification de l'auteur de la série, il n'y aura également que des avantages à la conduire sans considération des règles de la prescription. En effet, même prescrit, le dossier d'une infraction peut tout à fait contenir des éléments propres à aider à l'identification de l'auteur d'une série, quand bien même cette infraction prescrite ne sera évidemment pas retenue ensuite lors de la poursuite pénale.

Enfin, aussi iconoclaste que cela puisse sembler, il n'est pas inutile de se demander si les faits entrant dans une série criminelle doivent nécessairement être des infractions. Iconoclaste car par son intitulé même, la sérialité criminelle ou délictuelle consiste en un rapprochement d'infractions, sous-entendant naturellement que celles-ci soient constituées pénalement. Mais paradoxalement, certains faits pourront néanmoins être inclus dans une sérialité sans constituer des agissements pénalement répréhensibles.

D'un point de vue juridique, ce sera d'ailleurs déjà le cas des infractions prescrites qui viennent d'être évoquées, celles-ci ne constituant justement plus des infractions. Mais ce sera également le cas lorsqu'un individu aura commencé la démarche d'accomplissement d'une infraction par la commission d'actes préparatoires et par un commencement d'exécution suivi d'un désistement volontaire, hypothèse dans laquelle ni l'infraction ni la tentative ne sont constituées. Pour autant, dans le cadre d'une démarche d'investigation, les actes préparatoires (par ex. repérer les lieux) et le commencement d'exécution (par ex. se rendre sur les lieux) peuvent suffire à signer une manière d'opérer et autoriser le rapprochement avec des infractions bien constituées celles-ci, permettant d'enrichir une série présumée en lui livrant des informations non disponibles dans les dossiers de ces infractions constituées.

Dans certains cas extrêmes, des faits totalement indépendants de la commission propre de l'infraction pourront permettre de soupçonner une sérialité, voire être le lien la matérialisant. Imaginons ainsi le cas d'une personne dont on relève la présence, parmi d'autres badauds, en tant que systématiquement présente sur les lieux peu après leur commission, par exemple dans le cas de plusieurs incendies volontaires. Postérieure à l'infraction, cette présence en est totalement périphérique et ne saurait aboutir à elle seule à une quelconque imputabilité pénale. Mais elle n'est pas pour autant neutre en termes de sérialité et elle mérite à ce titre d'être prise en compte par les enquêteurs dans le cadre de leur raisonnement d'investigation. Cette question prendra d'ailleurs tout son sens lorsque nous aborderons l'importance des moyens de géolocalisation des personnes dans la recherche des liens entre infractions, y compris par le recueil systématique de données étrangères *a priori* à l'infraction.

Ayant ainsi maintenant tracé un cadre délimitant de façon plus fine la sérialité criminelle, force est de constater que ce cadre est particulièrement mouvant par nature : parfois la série inclura des infractions mais parfois elle sera complétée de faits non infractionnels ; parfois elle concernera des infractions de même nature et parfois non ; parfois la sérialité sera établie par l'identité de l'auteur, parfois par d'autres indices ; etc. Il y a donc concernant la sérialité une sorte de halo d'incertitude qui entoure sa mise en œuvre pratique et ce halo n'est pas sans conséquence, notamment dans le cadre policier que nous nous sommes fixés. A ce titre, l'appartenance à une série criminelle sera toujours, de prime abord, une hypothèse d'investigation et non pas une réalité judiciaire, mais nous verrons dans un chapitre suivant que c'est justement la nature du raisonnement policier que de procéder de façon hypothético-déductive, ce qui se conciliera donc parfaitement avec la nature *a priori* hypothétique de la sérialité (cf. *infra* Ch. 3 § 1)

Conclusion - Vers une définition de la sérialité

Au risque assumé de nouvelles insuffisances méthodologiques – nous avons déjà eu l'occasion de souligner les lacunes de notre démarche d'un point de vue scientifique – et donc d'une même altération de l'objectivité, il semble toutefois possible à ce point de tenter l'énoncé d'une définition de la sérialité, base théorique essentielle pour pouvoir ensuite identifier très concrètement la matière à partir de laquelle pourront policièrement se déceler les sérialités criminelles qui sont notre objectif. Naturellement, cette définition se doit de prendre en compte tous les différents aspects, y compris les limites, qui viennent d'être évoqués, à savoir que la sérialité :

- porte sur un ensemble de faits :
  - souvent infractionnels, mais pas toujours,
  - n'entrant pas nécessairement dans le cadre de la récidive
  - ni dans celui de la prescription et
  - de même nature ou pas,
- et qu'il existe un lien entre ces faits, constitué par un élément répété :
  - similaire,
  - univoque et
  - presque toujours présomptif d'une identité ou fragment d'identité d'auteur.

Nécessairement imparfaite, cette définition aura au moins l'avantage de délimiter le périmètre à l'intérieur duquel pourra s'effectuer la recherche policière de sérialité :

> *Une série infractionnelle est un ensemble de faits généralement constitutifs d'infractions, de nature identique ou non, sélectionnés hors toute considération de récidive ou de prescription, liés entre eux par la répétition d'au moins un élément univoque souvent présomptif d'au moins un fragment d'identité, permettant d'envisager la commission de toute la série par un même auteur ou groupe d'auteurs ou à l'instigation d'un même donneur d'ordres.*

Chapitre 2

Déceler la réitération : les marqueurs de la sérialité

Nous l'avons déjà souligné, notre réflexion est avant tout pratique, et même policièrement pratique, s'assignant pour objectif d'identifier comment le caractère sériel d'une partie de la délinquance pourrait permettre de mieux la combattre. De toute évidence, un tel objectif ne pourra être atteint qu'à condition d'identifier une méthode capable de discriminer celles des infractions entrant dans le champ d'une sérialité de celles qui n'y entreraient pas, ce qui suppose que la sérialité puisse se révéler aux enquêteurs à partir de caractéristiques préalablement identifiées pour leur capacité à en trahir la présence. Ainsi que nous l'avons précédemment indiqué, nous avons choisi d'appeler de telles caractéristiques des marqueurs potentiels de sérialité, dans le même sens que le « e » et le « s » sont des marqueurs grammaticaux pour indiquer le genre et le nombre ou que l'anomalie de certains gènes est un marqueur pour le développement de certaines maladies. L'analogie a toutefois ses limites : les marqueurs grammaticaux ou génétiques suffisent par eux-mêmes à signer une singularité qui leur correspond ; les marqueurs de sérialité, ainsi que nous allons le découvrir, ne fonctionnent en revanche que combinés entre eux et restent donc seulement potentiels aussi longtemps qu'on les considère isolément.

Un tel concept est tout à la fois nouveau et très ancien. Comme nous allons le voir, les marqueurs de la sérialité sont dans l'ensemble déjà exploités par la démarche policière, et même largement pour certains d'entre eux. Rares, cependant, sont ceux à l'être dans un objectif de détection de sérialité, et quand ils le sont c'est le plus souvent au sein d'une catégorie isolée plutôt qu'en combinant les marqueurs entre eux. Il est vrai qu'un tel travail de combinaison, pour pouvoir y procéder systématiquement, réclamerait ce qui n'a jamais été fait : une étude de ces marqueurs sous l'angle de leur potentiel sériel et leur classement en une typologie qui en isolerait chacune des caractéristiques propres ainsi que les conséquences pratiques à tirer de ces dernières.

Par ailleurs, très proche du marqueur sériel qui est son cousin proche, nous trouverons bien entendu la trace telle qu'elle est classiquement définie en criminalistique comme marque ou empreinte soit laissée par une personne sur son passage, soit emportée sur elle lors de ce passage[83]. Ainsi que nous le verrons, les deux notions ne doivent cependant pas se confondre : des marqueurs sériels peuvent en effet exister qui ne sont pas des traces au sens de la criminalistique. Par cette dernière, la trace est en effet envisagée comme un « résultat de l'action criminelle par les échanges de matière[84] » alors qu'un marqueur sériel peut-être totalement opérant indépendamment de tout échange d'une telle nature. En ce sens, l'information « l'auteur a agi dans un parking souterrain » constitue par exemple un marqueur sériel pertinent mais en aucun cas au sens criminalistique traditionnel. Par ailleurs, la classification que nous opèrerons des marqueurs sériels ne correspond *a priori* à aucune des classifications criminalistiques des traces, celles-ci étant généralement fondées sur les procédés d'exploitation et d'interprétation de ces traces, c'est à dire sur ce qu'elles peuvent apporter d'information sur le crime ou son auteur selon la technique de « lecture » utilisée. Le marqueur sériel en revanche sera exclusivement lu sous l'angle de son « potentiel de similitude » qui permettra de le relier au marqueur sériel de même nature relevé dans une autre affaire. On le voit, si la parenté est étroite entre les deux concepts, elle ne les identifie absolument pas l'un à l'autre, bien au contraire[85].

1/ Critères de définition

A/ Qu'est-ce qu'un marqueur de sérialité ?

De prime abord, postuler, en parlant des délinquants, que ce sont « souvent les mêmes », donc que nombre d'entre eux réitèrent leurs agissements, revient sous l'angle de la sérialité à un simple truisme énonçant que l'auteur unique de plusieurs infractions est un point commun entre celles-ci. Un tel truisme trouverait d'ailleurs son intérêt immédiat si les délinquants étaient coutumiers d'abandonner sur les scènes de crime des éléments de leur identité, cette dernière étant policièrement constituée des nom, prénom, date et lieu de naissance, plus couramment désignés sous le sigle NPDL.

[83] Définition tirée du postulat d'échange de Locard, plus souvent désigné principe de Locard : « Tantôt le malfaiteur a laissé sur les lieux les marques de son activité, tantôt par une action inverse, il a emporté sur son corps ou sur ces vêtements les indices de son séjour ou de son séjour » - LOCARD Edmond, *L'enquête criminelle et les méthodes scientifiques*, Flammarion, Paris, 1920. Le principe d'échange avait été présenté dès l'année précédente par Edmond Locard dans son discours de réception à l'Académie des Sciences, Belles Lettres et Arts de Lyon.

[84] RIBAUX Olivier et CUSSON Maurice, *Vers une méthode commune à la police scientifique et à la criminologie*, Genève Revue Internationale de criminologie et de police technique et scientifique, septembre 2015.

[85] Sur une réflexion très complète sur la trace en criminalistique et sur la police scientifique, cf. RIBAUX Olivier, *Police scientifique, le renseignement par la trace*, Lausanne, Presses polytechniques et universitaires romandes, 2015.

Un tel cas de révélation de l'identité de l'auteur concomitamment à la commission du délit n'est d'ailleurs pas inexistant, ni même anecdotique. Ainsi, en matière de délits intrafamiliaux ou d'immédiate proximité (amis, voisins, etc.) – communément des infractions aux mœurs et des violences – l'identité de l'auteur est généralement connue dès la dénonciation du délit. Moins directement, on a déjà vu des auteurs de vol à main armée perdre leur permis de conduire au cours du braquage, mais la démarche policière ne peut évidemment pas se fonder sur l'espérance de telles maladresses Au final, les cas particuliers où l'auteur est directement ou indirectement identifié par son NPDL dès la prise en compte de la scène de crime ne représentent qu'une petite partie de la délinquance, ce qui est logique dès lors que l'auteur d'un délit sait avoir toutes les raisons de dissimuler les signes distinctifs de son identité. Au demeurant, connaître l'identité d'un délinquant pour une infraction ne renseigne « en sérialité » que pour les autres infractions où son nom est connu, pas pour celles où il est resté anonyme.

Ainsi, bien qu'elle soit le point commun le plus évident entre les différentes infractions commises par un même auteur, l'identité de celui-ci n'a donc, de prime abord – et nous insistons sur ce prime abord – guère d'intérêt pratique au niveau d'une démarche sérielle d'investigation. L'exploitation du potentiel sériel d'un ensemble de faits doit donc être plutôt envisagée comme la recherche de points communs entre certains de ces faits. Bien sûr, il pourra arriver que ces points communs soient indirectement révélateurs d'une identité (un numéro de téléphone, un numéro d'immatriculation, etc.) mais ce ne sera pas toujours le cas (une trace d'effraction, la taille de l'auteur ou la couleur de ses yeux, etc.).

Dès lors, on en vient naturellement à s'interroger sur ces points communs possibles, ces « marqueurs de sérialité », entre des infractions. Ou plutôt, en le formulant différemment, on peut se demander lesquels des éléments dont dispose habituellement l'enquête sont appropriés à une recherche sérielle. Or, ainsi que nous l'avons vu précédemment, on peut *a priori* s'attendre d'une part à ce que ces éléments soient répétables et univoques, d'autre part à ce qu'ils soient le plus souvent – mais pas systématiquement – objectifs.

- Répétable, ce qui conditionne la capacité d'un même marqueur à être présent dans plusieurs faits.
- Univoque, donc susceptible d'une seule interprétation pour que le lien établi entre les faits ne puisse pas prêter à confusion.
- Au mieux, objectif, c'est-à-dire existant en soi, pour faciliter et consolider son identification et son interprétation.

Bien sûr, il sera toujours possible de trouver des cas où une sérialité serait établie avec des marqueurs ne respectant pas cette triple condition, par exemple lorsque ce ne sera pas la répétition d'un même marqueur qui établira le lien entre deux infractions. Imaginons ainsi le cas d'une scène de crime où l'on trouve une trace papillaire appartenant à M. X, et une autre scène de crime où l'on trouve une trace génétique appartenant au même M. X. : la série est établie à partir de la similitude d'identité, et elle repose sur le caractère univoque et objectif des deux traces, mais la sérialité aura dans ce cas bien été découverte par l'effet de deux marqueurs différents. La répétabilité pourtant bien réelle de la trace papillaire et de la trace génétique n'aura donc été dans ce cas d'aucune utilité. De même, dans l'hypothèse où seraient mis en œuvre des marqueurs subjectifs, on peut s'attendre à ce que ceux-ci ne soient pas d'une parfaite univocité. Tel sera par exemple le cas quand on présumera une série à partir du mode opératoire de l'auteur ou, plus encore, d'éléments de son comportement pendant la commission de l'infraction.

Ainsi peuvent être résumés plus précisément les caractères des marqueurs de sérialité : répétabilité, mais qui ne se concrétisera pas forcément dans toutes les séries ; univocité et objectivité souhaitables, mais pouvant être absentes. Notons toutefois que le cumul des exceptions à ces trois caractères n'est pas envisageable : une série ne pourra jamais être établie à partir de marqueurs qui ne seraient ni la répétition l'un de l'autre, ni univoques, ni objectifs. A l'usage, on s'aperçoit même que deux au moins des caractères doivent se cumuler pour que le marquage sériel puisse être mis en œuvre : si un marqueur se répète, il doit être univoque ou objectif pour que l'on puisse envisager de valider une sérialité. En ce sens, on peut parler d'un caractère cumulatif, pas forcément systématique mais suffisamment fréquent pour constituer un modèle de base.

Sur la base de ces définitions, on s'aperçoit sans surprise que traces digitales et génétiques ne sont pas devenues pour rien emblématiques de la criminalistique et qu'elles seront aujourd'hui – et sans doute pour longtemps encore – une façon banale, mais pas pour autant banalisée, de laisser sur place un élément immédiatement constitutif de son identité, précieuse qualité qui érige naturellement ces traces comme marqueurs privilégiés de sérialité. Ainsi que nous le verrons, empreintes et traces digitales et génétiques ne sont pas pour autant une panacée policière même si le discours de police judiciaire tend actuellement à le laisser entendre et même à le présenter comme une évidence. Ce sera d'ailleurs l'un des piège tendu à la recherche en sérialité que de vouloir la limiter à ces deux types de traces, ou même à n'importe quel autre type de trace : c'est en effet dans la conjonction d'un maximum de traces que cette recherche puisera toute sa richesse.

B/ Du marqueur potentiel au marqueur effectif

Quand un marqueur potentiel devient-il un marqueur effectif ? *In abstracto*, la réponse à cette question est des plus simple : tout élément ou conjonction d'éléments, objectifs dans le meilleur des cas et présentant d'une part un caractère individualisant et d'autre part la capacité à se répéter, peut *potentiellement* être un point commun entre deux infractions. Pour que cet élément constitue *effectivement* un lien de sérialité, il faut que cette potentialité se réalise, c'est-à-dire qu'il y ait effectivement répétition d'au moins deux éléments, ces derniers n'étant pas nécessairement identiques (comme nous venons de le voir) mais présentant un caractère individualisant aboutissant à un résultat identique. Pour que le lien de sérialité ait une utilité judiciaire, il faudra en outre que cette répétition soit décelée par un service d'investigation.

Ainsi par exemple d'un fragment d'empreinte d'oreille relevé sur la porte d'entrée d'un appartement cambriolé[86]. Cette trace est bien dotée d'un pouvoir individualisant mais n'a encore à ce stade qu'une capacité potentielle en matière d'approche sérielle. En revanche, si un service d'enquête décèle qu'elle présente des points communs avec une autre trace relevée sur la porte d'un autre appartement également cambriolé, la capacité sérielle se trouve concrétisée par une double similitude :

- d'une part la similitude physique entre les deux traces ;
- d'autre part la similitude du mode opératoire ayant consisté à appliquer l'oreille contre la porte pour savoir, avant l'effraction, si des personnes étaient présentes dans l'appartement.

En plus d'être des éléments probatoires dans le dossier où elles ont été relevées, les deux traces gagnent alors le statut de lien entre ces dossiers. Rien de policièrement bouleversant ? Non, puisqu'à ce stade ni l'auteur n'a été identifié, ni sa culpabilité prouvée. Rien de bouleversant, donc, mais tout de même suffisamment pour justifier d'examiner les deux cambriolages non plus séparément mais comme constitutifs d'une série qui génèrera dans la plupart des cas un potentiel d'investigation plus large que celui de chacun des deux cambriolages isolés.

C/ Marqueurs objectifs, marqueurs subjectifs

On comprend maintenant que les éléments disponibles pour les enquêteurs et en lesquels pourra se matérialiser effectivement un lien sériel risquent d'être aussi variés qu'inattendus. C'est en ce sens que l'approche sérielle va s'intéresser à tous les éléments disponibles dans l'enquête, exactement de la même manière que l'enquête elle-même qui regarde nécessairement bien au-delà des traces proprement criminalistiques. Cet ensemble d'éléments disponibles sera ici baptisé « information judiciaire », l'expression pouvant recouvrir deux acceptions : « information judiciaire » pour désigner l'ensemble d'informations de toute nature disponibles dans une enquête particulière, ou « information judiciaire » pour désigner la matière regroupant tous les types possibles d'information pouvant être utiles aux enquêtes. Le moment est donc venu d'y regarder de plus près, d'ébaucher l'inventaire

---

86 L'exemple est réel bien que la criminalistique française n'exploite habituellement pas ce type de traces. Chaque oreille présente par sa conformation une spécificité qui n'est pas moindre que celle de l'empreinte digitale. Au début des années 2000, le projet européen FearID sous pilotage néerlandais de *l'Instituut voor Criminaliteits beheersing en Recherchekunde* a d'ailleurs exploré les possibilités criminalistiques offertes par l'empreinte auriculaire et les conditions de leur exploitation.

générique de ces éléments potentiellement disponibles et de délimiter sur cette base le territoire où opèrera le chasseur de sérialité.

Ainsi, dans ce que nous ne prétendrons pas être plus qu'une simple ébauche d'une typologie des éléments constitutifs de l'information judiciaire, cinq grandes catégories de traces peuvent être distinguées : les traces physiques, les indices présentiels, les données contextuelles, les données de mode opératoire et les marqueurs comportementaux. D'ores et déjà, il est utile de préciser qu'une même trace peut parfaitement relever – et, de fait, relèvera souvent – de plusieurs de ces catégories. La possibilité d'un tel cumul de statuts ne doit cependant pas être considérée comme le signe d'une insuffisante différenciation des catégories : les traces n'ont pas été ici classées par leur nature mais selon la forme de la contribution qu'elles peuvent prendre à l'enquête. De ce point de vue, une même trace peut évidemment contribuer de plusieurs façons à l'éclairage des faits, ce qui ne sera jamais superfétatoire mais renforcera au contraire son intérêt.

2/ Marqueurs objectifs : l'individu et l'acte criminel

A/ Traces physiques

Bombardée nouvelle reine des preuves à la place de l'aveu au discrédit duquel elle a largement contribué, et pas toujours à tort, la trace physique exerce aujourd'hui une telle fascination qu'on finirait par croire à l'impossibilité d'une démarche probatoire sans son concours : hors la trace physique, point de salut ! Pour quelques néophytes, y compris dans le monde judiciaire, elle est même la seule à justifier de l'appellation « trace ». Il n'y a au demeurant rien que de logique à cette domination dans les esprits : par sa tangibilité, la trace physique gagne d'être visuelle, donc d'autant plus facilement perceptible et compréhensible, là où les autres traces sont abstraites. C'est d'ailleurs à cette matérialité, donc à cette capacité à être mise en scène, qu'elle doit son succès dans les fictions d'image : le pouvoir d'accroche visuelle de la trace physique y est aussi important lors de son recueil, par des techniciens harnachés mieux presque que pour une sortie dans l'espace, qu'au moment de son exploitation, dans des laboratoires dont le cadre rutilant fait assurément rêver plus d'un laborantin de la criminalistique réelle. Un véritable filon d'effets faciles et peu onéreux permettant de boucher les trous des scenarii. On voit ainsi aujourd'hui bien plus couramment sur l'écran que dans la réalité, ici le luminol ou le Bluestar™, là le Polilight et le crimescope, l'esthétisme du rendu lumineux de ces procédés lors de la révélation des traces biologiques leur permettant pour l'instant d'écraser toute concurrence devant les caméras. Un must dont on se prend à prier que sa surexposition médiatique ne le ringardise pas trop vite tant il contribue au prestige et à l'idée de professionnalisme d'un manège policier qui semble avoir grand besoin de tels néons.

Mais derrière ces représentations folkloriques désormais convenues ne s'en cachent pas moins des procédés généralement éprouvés, parfois extrêmement sophistiqués. Ainsi qu'on l'a dit précédemment, leur mise en œuvre est en outre de plus en plus strictement encadrée, la crédibilité des laboratoires de criminalistique leur interdisant d'avoir sur ce point rien à envier à leurs homologues du monde médical ou de la recherche. On est donc bien loin maintenant de l'époque des précurseurs et de l'artisanat : la liste des procédés, donc des traces, qui se prêtent à un recueil technique et à une exploitation scientifique est aujourd'hui aussi longue que diversifiée. Ces traces empruntent à la chimie, à la physique, à la biologie, etc. et elles ont généré un nombre impressionnant de procédés criminalistiques, ainsi qu'en témoigne par exemple un ouvrage qui fait référence sur la question : le *Manuel de criminalistique moderne et de police scientifique* d'Alain Buquet, une bible qui évoque aussi bien les constatations sur scène de crime que « la balistique, les empreintes digitales, les écritures et les documents, les traces, taches et débris, les incendies et explosions, la photographie argentique et numérique, les examens microscopiques, la rugosimétrie de surface, la vision par rayonnements électromagnétiques, les méthodes de lecture des tracés en sillons, les méthodes chromatographiques, spectrométriques, radio-isotopiques, etc. [87] ». Jusqu'à l'archéologie et à la paléontologie qui ne sont pas oubliées.

La diversité des procédés existants et leur forte exposition médiatique ne doivent cependant pas empêcher de regarder la trace physique pour ce qu'elle est vraiment, et non pour ce que le discours criminalistique souvent trop réducteur pourrait faire croire. En ce sens, les traces physiques ne constituent pas plus la totalité de l'information judiciaire que la PTS ne devrait être la criminalistique à elle seule (ce qui est pourtant le cas ainsi que nous allons le voir). Bien sûr, parce qu'elle renseigne sur l'infraction et parce qu'elle peut prendre part à l'individualisation de l'auteur, la trace physique a toute sa place dans l'information judiciaire, une place qui d'ailleurs s'accroît en même temps que s'affinent les techniques de prélèvement et les procédés d'exploitation. Mais, reine de preuves pour autant ? Bien sûr que non, l'idée même d'un classement des preuves est d'ailleurs ridicule, d'autant plus en droit français où la preuve est libre nonobstant, en matière pénale, le respect des principes généraux qui l'encadrent. La facilité de mise en scène de la police technique et scientifique, la faveur qui en résulte auprès des médias et des scénaristes, puis par voie de conséquence auprès du public, le penchant des magistrats pour des procédés leur permettant d'asseoir leurs jugements sur d'apparentes certitudes, la propension même des institutions policières à la pousser sur le devant de la scène pour l'image résolument moderne qu'elle confère, avec l'espoir secret que s'en déduira sans plus y réfléchir la certitude de leur

---

[87] BUQUET Alain, *Manuel de criminalistique moderne et de police scientifique*, 5ème édition, Paris, PUF, 2011, extrait de la table des matières.

efficacité, et derrière cette efficacité celle de la politique de sécurité toute entière, tous ces facteurs ne doivent pas faire oublier que la trace physique présente également des limites. Et qu'une limite que l'on feint d'ignorer a vite fait de devenir une faille.

Ardèche, début des années 90. Un viol, mais commis avec une telle sauvagerie et dont la victime n'a réchappé que par un tel miracle (alors que son agresseur la croit inanimée après l'avoir étouffée avec ses propres vêtements, elle lui échappe en se jetant dans un bras du Rhône où elle manque de se noyer) que les enquêteurs sont autant à la recherche d'un assassin potentiel que d'un violeur.

La jeune femme a été attaquée, rentrant chez elle à pied, non loin de la salle des fêtes où elle venait de participer à un rassemblement étudiant. Hélas, elle est incapable de décrire l'homme, ne peut même pas donner l'heure précise de son agression et, peut-être du fait de son bain forcé, l'examen médico-légal ne permet pas de prélever sur elle un matériel[88] *suffisant pour une extraction d'ADN. Elle peut seulement préciser que l'agresseur sentait fortement le tabac.*

Les investigations exploitent aussitôt cette dernière indication. Sur l'hypothèse que l'auteur a peut-être guetté sa victime, les lieux environnant sont soigneusement exploré aux abords de l'itinéraire que la jeune femme a emprunté depuis la salle des fêtes. La recherche est payante : derrière des fourrés, quelques mètres en retrait du chemin, point trop loin de la salle, une dizaine de mégots tout frais et de même marque sont retrouvés au même endroit. Bien sûr, ces mégots n'ont pas été forcément laissés là par l'auteur attendant sa proie, mais ils s'inscrivent très bien dans l'hypothèse enquêtée. Aussitôt, est dressée la liste des hommes présents à la soirée ainsi que celle des habitants du village qui jouxte immédiatement. Le contexte de la fête rend évidemment illusoire de distinguer ceux de ces hommes qui auraient un alibi de ceux qui n'en auraient pas et la décision est prise de prélever tout le monde en vue de comparer l'ADN de chacun avec celui qui a été extrait de la salive présente dans les filtres des mégots. Ne reste qu'à négocier l'opération avec le juge et le laboratoire pressenti pour les analyses – ils ne sont pas très nombreux à pratiquer l'ADN à l'époque.

L'affaire sera en réalité vite traitée. Bien que suffisamment avant-gardiste pour ne pas écarter par principe l'idée de ce prélèvement de masse, le juge ne peut l'accorder aux enquêteurs : malgré le tarif dégressif accordé par le laboratoire, la facture reste prohibitive si on

---

[88] Pour désigner tout ce qui, matériel ou immatériel, peut servir à établir les faits ou l'identité de l'auteur, que ce soit par l'analyse, l'observation ou la déduction, on parle communément de matériel probatoire.

la rapporte au budget « frais de justice » du tribunal. En tout cas pour un viol, et d'une majeure de surcroît !

- Bien entendu, un prélèvement de masse tel que celui présenté dans l'exemple ci-dessus ne rencontrerait pas d'obstacle aujourd'hui, mais cet exemple est cependant significatif d'une réalité qu'il faut bien se garder d'oublier : la première des limites de la trace physique est triviale et c'est déjà dire toute son importance. Cette limite tient en effet toute entière dans une équation inflexible qui intègre comme variables le nombre de traces disponibles et le coût de leur exploitation : rapporté au niveau national, les deux chiffres sont colossaux. Toujours plus de procédés, toujours plus coûteux, adaptés à toujours plus de traces et mis en œuvre dans toujours plus d'affaires. Même dans un Etat qui concèderait un budget décent à sa Justice, ce qui n'est certes pas le cas de la France – 1,6% du budget national[89] – l'équation ne serait pas solvable. L'inflation des expertises qui assèche les sommes déjà anémiques allouées aux juridictions finirait par commander de licencier les juges pour pouvoir régler les factures des examens qu'ils commandent. Mais quand bien même on voudrait exploiter toutes les traces s'y prêtant, ce serait les laboratoires qui ne pourraient matériellement absorber le flux, et s'ils le pouvaient le coût en serait démesuré. La trace physique a donc pour première limite de n'être pas universelle mais au contraire contingentée dans des limites étroites, commandées par le budget et l'on sait quel commandeur rigoureux il peut se montrer.
- La question financière est également au cœur de la seconde limite de la trace physique et tient à la spécificité des modalités de son recueil et de son exploitation. De ce point de vue, on peut distinguer deux types de procédés. A une extrémité du spectre, on trouve ceux dont l'emploi est limité en raison des moyens particuliers ou du niveau technique spécialement élevé ou complexe que requiert leur mise en œuvre. La morpho-analyse des traces de sang[90] par exemple, ou la

---

[89] Dans un rapport publié en 2010, la France et classée au 37ème rang des pays du Conseil de l'Europe, derrière l'Azerbaïdjan et l'Arménie, pour la part de son budget alloué à la Justice, et au 39ème rang pour le nombre de fonctionnaires de justice rapporté au nombre d'habitants. La France compte notamment 9,1 magistrats professionnels pour 100 000 habitants, la moyenne européenne étant de 20,1. (*Rapport 2010 de la Commission Européenne pour l'Efficacité de la Justice (CEPEJ)*. En 2010, 2012, 2013 et 2014, pour le nombre de magistrats pour 100.000 habitants, la France se classe 24ème sur les 28 pays européens étudiés par le tableau de bord 2016 de la justice dans l'Union européenne ; elle se classe 23ème/28 pour la part du PIB consacré à la justice - http://ec.europa.eu/justice/effective-justice/files/justice_scoreboard_2016_fr.pdf (accédé le 28/11/16).

[90] Procédé consistant d'abord à examiner la forme et la distribution des traces de sang sur une scène de crime afin de déterminer leur balistique et les mécanismes qui sont à leur origine puis,

métallisation sous vide[91], dans un domaine pourtant aussi commun que celui des empreintes digitales, sont techniquement des procédés que leur complexité réserve à quelques affaires par an. A l'autre extrémité du spectre sont les procédés dont l'emploi peut au contraire être généralisé, d'une part grâce à des modalités de prélèvement d'une simplicité suffisante pour permettre leur décentralisation, d'autre part grâce à un traitement en laboratoire suffisamment bon marché pour être envisagé à grande échelle[92]. Mais c'est alors non seulement par l'effet de volume que le coût explose, mais aussi par la nécessité d'actions de formation des échelons décentralisés. Toute opération de police technique est en effet soumise à des protocoles scientifiques dont la violation peut compromettre l'examen ultérieur par un expert et entacher la valeur probatoire de l'indice. Décentraliser le recueil d'un type de trace au niveau des enquêteurs de base, c'est donc d'abord apprendre à ces enquêteurs les modalités de ce recueil, mais l'on parle alors d'actions de formation à l'échelle de milliers ou de dizaines de milliers d'enquêteurs. Pour ceux-ci, cette police technique restera en outre toujours une tâche secondaire qu'ils ne pratiqueront pas suffisamment pour y conserver durablement les acquis de leur apprentissage initial. Même quand cet apprentissage a été correctement conduit, et c'est rarement le cas en raison d'impératifs budgétaires, la décentralisation du recueil des traces s'accompagne ainsi d'un inévitable taux de déperdition des indices, parfois élevé. En termes d'information judiciaire, l'exploitation de la trace physique se trouve donc étroitement bordée. En aval, le niveau d'expertise qu'elle peut requérir l'empêche d'être significative au-delà des quelques dossiers annuels où elle est exploitée. En amont, le coût de la généralisation réserve celle-ci à de rares procédés qui y perdent alors en outre une part de leur fiabilité, au détriment forcément de la qualité globale de l'information judiciaire. Dans un cas comme dans l'autre, à nouveau une forme de contingentement.

- Ce contingentement met en lumière une autre caractéristique de la trace physique qui n'est pas très souvent évoquée : elle est choisie, sélectionnée. Aussi concrète qu'elle soit matériellement, une trace reste en effet virtuelle dans le dossier aussi longtemps qu'un

---

sur la base ainsi établie, de repositionner par trigonométrie les acteurs sur cette scène lors des différentes phases de son déroulement.

[91] Procédé de révélation par vaporisation de métaux (poudre de zinc, de cuivre, d'or, etc.) dans une enceinte maintenue sous vide à l'intérieur de laquelle est placé l'objet examiné. C'est la fixation des vapeurs métalliques sur la trace latente qui permet son apparition. Le procédé n'est évidemment utilisable que sur des objets transportables et de taille compatible avec celle de l'enceinte.

[92] A l'heure actuelle, une telle décentralisation n'existe, et seulement de façon partielle, que dans le domaine des empreintes digitales et génétiques.

technicien ne prend pas la décision de procéder à son recueil. Or, un technicien ne procèdera jamais au recueil de toutes les traces techniquement relevables, ou alors une seule scène de crime raisonnablement complexe engloutirait à elle seule le budget PTS annuel tout entier de son unité et de sa juridiction. Le traitement d'une scène de crime par la police technique n'est de ce point de vue qu'une succession de choix, donc de décisions discriminatoires qui vont ici retenir une trace, là en écarter une autre, ici décider d'un prélèvement, là décider du contraire. Une ébauche de méthodologie, l'expérience et la lecture subjective que le technicien fait de la scène vont guider ces choix, et l'on peut facilement se persuader qu'ils sont opportuns. D'autant plus opportuns, même, que les traces non relevées ne diront évidemment jamais qu'elles portaient en elles une partie de la solution. Mais en vérité, nul ne peut estimer le nombre d'affaires qui ne sont pas élucidées parce que la police technique n'a pas choisi les bonnes traces. Dans ce domaine, l'alternative n'est d'ailleurs pas uniquement dictée par des considérations financières, contrairement aux cas précédents, ou d'opportunité. On doit ainsi se garder d'oublier qu'un procédé de prélèvement peut tout à fait être exclusif d'un autre, tous deux ne se prêtant pas au même type d'analyse et ne promettant donc pas des résultats de même nature. Au technicien de choisir. Au pire, le recueil d'une trace peut même être destructif d'une autre trace. Dans tous les cas, le technicien ne peut jamais exclure qu'il ait écarté la trace porteuse de la clé de l'affaire… mais l'on ne peut jamais le prouver non plus, ce qui évite très opportunément pour la PTS toute mise en cause de son action : en effet friands de certitudes, les « experts » de la criminalistique le sont souvent moins de remises en question de l'infaillibilité de leurs procédés – mais qui aurait ainsi goût à se tirer des balles dans le pied ? A nouveau, on peut souhaiter les choix des techniciens éclairés, et ils le sont assurément dans un pourcentage honorable d'affaires. Mais ces choix restent inévitablement aveugles dans bien d'autres cas. Et n'allons pas nous croire là dans une démarche marginale : c'est un nombre écrasant de traces qui sont nécessairement écartées et une minorité qui sont traitées, pas l'inverse. Il suffit d'avoir vu une fois une caravane dans laquelle a eu lieu un meurtre au marteau, l'intérieur d'une voiture dont le conducteur a écopé de deux chevrotines, les pièces qu'un homme a eu le temps de parcourir pendant que son assassin le lardait de coups de couteau : du sang, partout du sang, des litres parfois, dont on prélève des échantillons mais dont le plus gros sera perdu à l'issue des constatations. Et si, dans tout ce sang perdu, quelques gouttelettes de celui de l'auteur qui se serait légèrement blessé pendant l'agression[93] ? A l'égout le sang de l'agresseur, et son ADN avec ! Ne parlons pas des scènes d'infractions contre les biens, les recherches y sont carrément superficielles dans la quasi-totalité des cas. En réalité, les TIC ne peuvent faire autrement que de sélectionner d'abord les endroits où ils vont effecteur leur recherche, puis de sélectionner dans ces endroits les traces qu'ils vont prélever. Cette sélection est même tellement inéluctable qu'elle paraît normale aux intervenants judiciaires qui la subissent. Normale ? Pourtant, quid de l'enquêteur qui déciderait de ne procéder à l'audition que d'un témoin sur dix ? Quid de l'OPJ qui prétendrait faire l'économie de trois perquisitions sur quatre afin d'économiser du temps et du personnel ? Mais c'est ainsi : d'une certaine manière, la criminalistique revient souvent à chercher un grain de sucre dans un seau de sable, et l'aura scientifique et fictionnel tracée au-dessus d'elle a fini par faire croire que jamais le grain de sucre ne lui échapperait.

- Une autre limite de la trace physique enfin, indirecte celle-ci et d'ailleurs plus connue, tient à la marge de manœuvre qu'elle laisse à ceux qui l'interprètent dans le cadre plus général de l'affaire. Telle trace qui dit par exemple qu'une personne était présente sur la scène de crime – son ADN y est identifié – ne dit rien du moment précis où cette personne y était, ni de ce qu'elle y a fait. Telle autre trace qui désigne un lieu précis lié au crime – la balistique établit que la balle a été tirée depuis tel appartement – ne dit rien de l'individu qui était en ce lieu au moment du crime. Si on la rapproche du caractère manipulable de bien des traces, cette marge d'interprétation peut même devenir détonante et devrait parfois conduire à plus de mesure dans le crédit qu'on leur accorde. On connaît le cas de ce malfaiteur qui laissait discrètement tomber sur les lieux de ses braquages des cheveux recueillis chez un coiffeur, fabriquant à l'avance les conditions de l'expertise scientifique qui le disculperait s'il était soupçonné. Des mégots de cigarette ont déjà été utilisés dans le même esprit. Mais dans le genre, la palme revient incontestablement à Jean-Luc Caillez, violeur et meurtrier d'une habitante de son immeuble, qui avait placé le sperme d'un voisin (prélevé dans un préservatif usagé, celui-ci récupéré dans une poubelle) dans le vagin de la jeune femme qu'il venait de tuer : quelles chances aurait eu cet innocent devant la Cour d'assises si par malheur il n'avait pas eu d'alibi irréfutable et que le véritable auteur n'ait pas été identifié ? Bien sûr, ce n'est pas la trace elle-même qui serait en cause dans de tels cas ni, souvent, le résultat scientifique de l'examen[94] mais plutôt la négligence des enquêteurs trop enclins à s'en remettre à l'identité de source de la

[93] Le cas est fréquent.
[94] Sauf, bien sûr, dans le cas où la trace a été polluée avant ou au cours du circuit criminalistique.

trace. Cette approche qui revient malheureusement à enfermer la trace physique dans le seul carcan de la déduction n'est alors pas imputable aux criminalistes, mais elle montre cependant bien le risque qu'il y a à ne pas étendre au raisonnement criminalistique le mécanisme abductif qui a cours dans le reste de l'enquête.

On évoquera dans quelques pages la place surfaite que la preuve scientifique occupe dans l'imaginaire de la résolution des homicides et l'on aura l'occasion de souligner juste après la très grande modestie des résultats finalement obtenus, à l'échelle de la totalité de la délinquance, par les emblématiques FAED et FNAEG (cf. *infra* Ch. 3, § 4, A). Difficile donc de ne pas se demander maintenant, sur la base des limites qui viennent d'être mises à jour concernant la trace physique, si celle-ci est réellement à la hauteur de toutes les vertus dont on a tendance à la parer aujourd'hui, et sinon pourquoi on les lui prête si aveuglément.

A cet aulne, il serait d'ailleurs intéressant de connaître le rapport coût/efficacité de la criminalistique par rapport à d'autres procédés probatoires, mais on touche là à l'un des tabous les plus vivaces de la nébuleuse judiciaire et il y a bien peu de chances qu'une telle approche critique soit jamais envisagée[95]. Cela tient, bien sûr, au discours véhiculé par les tenants d'une police technique et scientifique qui défend évidemment sa chapelle, et ce serait de bonne guère si cela ne permettait pas d'occulter parfois certaines faiblesses des procédés. Il est vrai que la police technique, d'extraction récente rappelons-le, avait fort à faire à ses débuts pour qu'une culture judiciaire très refermée sur ses savoir-faire ancestraux accepte de lui faire la place à laquelle elle pouvait légitimement prétendre. Pour asseoir sa crédibilité, la criminalistique n'avait tout d'abord guère d'autre voie que de cultiver sa différence par rapport aux autres procédés probatoires, et aussi de montrer cette différence de façon ostentatoire, par exemple à l'occasion d'affaires médiatisées où ces autres procédés trouvaient leurs limites. Il lui fallait « se vendre » et le credo était alors de montrer, parfois jusqu'à l'outrance, la plus-value qu'elle pouvait retirer de ses ascendances scientifiques : robustesse, fiabilité, certitude, etc. Surfant sur des succès parfois éclatants et jetant un voile pudique sur ses échecs, la PTS a ainsi gagné de premiers galons tout de même bien mérités, et l'exercice aurait pu être salutaire. D'une certaine manière, il l'a d'ailleurs été : la culture de l'aveu n'avait rien à faire dans la police judiciaire quand elle y justifiait les coups et les violences ; l'enquête monolithique à charge – et souvent l'instruction de même – était une survivance moyenâgeuse qui n'avait plus sa place dans les pratiques judiciaires contemporaines ; notre régime de garde à vue lui-même attend encore la véritable réforme qui lui fera quitter le XIXème siècle, bien au-delà de la présence cosmétique et inégalitaire de l'avocat qui a été assez

[95] Une telle approche critique poserait des difficultés méthodologiques non négligeables, mais qui ne peuvent suffire à l'exclure par principe.

récemment accordée. En s'emparant épisodiquement d'affaires à fort potentiel publicitaire où ces errements d'un autre âge conduisaient droit dans le mur, quand pas dans l'erreur judiciaire, la PTS a ainsi fait la preuve de son utilité et montré qu'elle était complémentaire des autres démarches probatoires. Hélas, forte du succès que lui assurait auprès des magistrats – et aussi des enquêteurs – le rassurement prodigué par ses certitudes, la criminalistique a peut-être versé alors dans une forme de complexe de supériorité, se souciant bien moins aujourd'hui de démontrer sa valeur probatoire en général, et d'en étendre le champ, que de marginaliser dans le discours les autres procédés probatoires systématiquement présentés comme subjectifs, entachés de l'opinion des enquêteurs, rétractables, d'une fiabilité pouvant être mise en cause, etc. Tous défauts qu'ils présentent effectivement. Mais on perçoit là une forme de filouterie : les qualités inverses – fiabilité, objectivité, scientificité, etc. – brandies pour pousser la preuve scientifique en avant, sont en réalité celles de l'examen en laboratoire. Nous venons de montrer que ce ne sont en revanche pas du tout celles que l'on trouve avant cet examen, lors du recueil de la trace qui conditionne toute la suite, ou après lui, lors de l'interprétation du résultat. Deux « moments » judiciaires où la criminalistique souffre, mais en oubliant de le rappeler autant qu'il faudrait, des mêmes faiblesses, exactement, dont elle souligne à raison la présence dans l'aveu, l'audition de témoin, la trace non matérielle, etc.

Sur cette base, chacun peut asseoir sa vision mais la plus regrettable est assurément celle qui place la criminalistique en concurrence avec les autres techniques d'investigation, car la matière probatoire a bien plus besoin de coopération que de rivalité. La vraie question en ce sens est de savoir s'il est finalement dommageable ou non que la PTS bâtisse son empire sur une affirmation surfaite de ses qualités, sur l'occultation de celles des autres procédés probatoires et sur un différentiel d'efficacité qui tient finalement de l'auto-proclamation aussi longtemps que des études scientifiques significatives ne l'auront pas attesté ? Car, après tout, ces autres procédés probatoires n'en continuent pas moins d'être mis en œuvre, certes plus loin des caméras et avec souvent moins de complaisance, générant également de moins juteux contrats – car la police scientifique est également un marché – mais ils n'en constituent pas moins l'essentiel de la pratique policière et c'est tout de même à eux que l'on doit l'écrasante majorité des affaires élucidées. Malheureusement, un tel *statu quo* n'est qu'apparent. Car dans l'esprit des décideurs, profanes judiciaires par définition, dans leur esprit d'autant plus désemparé par l'enjeu sécuritaire qu'ils jouent souvent leur avenir professionnel ou politique dessus, le discours de la criminalistique trouve un écho sans commune mesure avec ses capacités réelles. Demandeur de solutions simples, et tant pis si elles le sont jusqu'au simplisme, de solutions facilement transposables en effets d'annonce, de solutions qui parlent à l'opinion, le décideur politique n'est en réalité que trop heureux qu'on lui présente les recettes d'une police scientifique toute auréolée des succès qu'elle remporte chaque soir dans les séries télévisées. Et pourquoi ce décideur irait-il chercher les solutions complexes de problèmes qui le sont tout autant dès lors qu'il lui suffit d'annoncer l'arrivée imminente des Experts et de leur faramineux taux d'élucidation dans la police française ? Est-il pour autant dupe de son discours ? Les responsables politiques sont tout de même bien placés pour savoir que, toutes choses égales par ailleurs c'est-à-dire une fois déduite la part de manipulation des chiffres, le taux d'élucidation réel a sans doute plafonné, voire diminué, dans la même période au cours de laquelle la police scientifique imposait toujours plus son emprise et qu'on lui allouait des crédits toujours plus colossaux rognés sur d'autres lignes budgétaires. Miroir aux alouettes de la technique : plus on y investit, plus doivent être manipulés les statistiques de la sécurité. Et si ce n'était finalement pas faute d'assez de police technique que l'on résolve si peu de cambriolages, mais au contraire parce que ne croyant plus qu'en celle-ci on en négligerait de recueillir et d'exploiter les autres éléments d'information disponibles pour l'élucidation ?

C'est bien là le principal problème : à se présenter pour le miracle probatoire qu'elle n'est pas mais et à être cependant reconnue comme tel par le simplisme politique, la PTS réussit aujourd'hui à occuper seule le créneau des solutions envisageables pour améliorer les résultats en matière de sécurité – en dehors bien sûr d'une loi de plus sur la récidive – et elle devient ainsi l'unique voie au bénéfice de laquelle soit consentie un véritable investissement. Bien sûr, quelque éblouissante démonstration qu'on lui réserve – ces shows soigneusement orchestrés qui montrent ce qu'il serait indifférent de taire et qui taisent ce qu'il serait indispensable de montrer – le pouvoir ne croit sans doute pas lui-même aux monts et merveilles qu'on lui présente, mais il en reprend pourtant aussitôt la promesse à son compte devant une forêt de micros. Car après tout, que lui chaut ? Le seul temps à compter aujourd'hui est celui de l'annonce, on le sait, l'homme politique le sait mieux que quiconque, et la criminalistique se prête si complaisamment à de si ébouriffantes promesses et déclarations ! Moyennant quoi, le monopole croissant de la PTS dans la démarche probatoire ne manque pas d'inquiéter. Accaparant pour sa continuelle croissance des ressources forcément financées par prélèvement sur d'autres lignes, par exemple sur celles d'une formation professionnelle qui tend de ce fait à l'anorexie, la PTS étend inexorablement son hégémonie. Elle l'étend, et c'est bien là le plus grave, jusque dans l'esprit des enquêteurs, quand bien même sa montée en puissance est loin de se traduire par une hausse à l'avenant des résultats qu'elle obtient. Mais que peuvent penser les OPJ et APJ sur le terrain ? On ne cesse de leur répéter de façon comminatoire qu'ils doivent améliorer leurs résultats, ce qui n'est tout de même pas la meilleure façon de valoriser leur travail et la disponibilité qu'ils lui consentent ; on ne leur octroie aucun moyen ni aucune formation en ce sens ; au pire, on diminue leurs effectifs, et en tout cas on leur rajoute au passage quelques missions et quelques formalités supplémentaires ; et mieux que tout, ils n'entendent donc leurs chefs, leurs responsables politiques et leur ministre ne jurer que par la police technique et les laborantins. Le méticuleux travail d'environnement pour lequel on arpente le trottoir et grimpe les escaliers d'immeuble ? Ringard ! Les patientes enquêtes de voisinage ? Dépassées ! L'audition calme et détaillée de la victime et des témoins ? Chronophage ! La connaissance des gens, des lieux et des milieux ? Préhistorique ! « Eh bien, bon vent à la police technique » se disent nos enquêteurs désabusés qui ont justement vingt tâches bureaucratiques en instance dans une panière. Et ainsi, à la survendre comme on le fait, la PTS finirait par démobiliser les enquêteurs. Discours hérétique, nous en sommes conscients. Mais pourtant... Derrière le discours hérétique, pour peu qu'on veuille lui prêter attention, se profilerait un véritable questionnement, un questionnement salutaire bien qu'aujourd'hui totalement utopique tant sont sacrés et protégés les intérêts qu'il heurterait, tant est absent le courage politique qu'il exigerait. Un questionnement dont pourraient cependant émerger quelques vraies pistes pour une meilleure lutte contre la délinquance, mais qui s'en soucie ?

En tout état de cause, les relations de la trace technique avec les autres traces, ou plutôt celles de la PTS avec les autres procédés probatoires, sont rien moins que franches et constructives. Du point de vue d'une information judiciaire que nous souhaitons la plus riche possible – nous verrons ultérieurement que cette richesse est une condition *sine qua non* de toute approche sérielle – il n'est pas pour autant question de faire l'impasse sur la trace physique, non plus que sur les résultats de son exploitation, ce serait vraiment jeter le bébé avec l'eau du bain. Car la PTS est utile, éminemment utile, nous l'avons déjà dit et nous le répétons avec une totale conviction. Elle profite au directeur d'enquête dans sa démarche intellectuelle, elle éclaire d'une lumière complémentaire le déroulement des faits, resserre le cadre de la scène de crime, contrarie ou au besoin conteste des interprétations trop rapides ou simplistes, travaille à charge aussi bien qu'à décharge, apporte sa précieuse force probatoire dans la gestation de l'intime conviction. Simplement, c'est seulement dans son rôle qu'elle est utile et non en le dépassant jusqu'à la contre-productivité au titre du diktat que des intérêts pas forcément recommandables entendent lui faire exercer. Ce qui est à organiser, ce n'est donc pas la disparition de la PTS, évidemment pas, mais seulement sa coexistence avec les autres procédés probatoires. Qu'elle ait pu croire, aux temps difficiles de ses débuts, que la marginalisation de ces autres procédés était un prérequis de sa propre affirmation, pourquoi pas ? Mais ce temps est révolu et celui qui est venu nécessite d'abolir la dictature croissante de la dimension technique dans la PJ pour y remettre à l'honneur, en parts égales avec elle, une vision humaine de l'acte délictuel et une approche humaine de l'acte d'enquête. En matière probatoire comme en toute autre, la pensée unique n'est jamais raison ni vérité.

B/ Indices présentiels

La trace physique ne s'est donc pas laissé facilement cerner mais rien de tel ne nous attend maintenant avec la trace présentielle, de définition beaucoup moins problématique comme on va le constater : énonçons que la trace présentielle permet de présumer, directement ou indirectement, la présence d'un individu dans l'environnement de l'infraction, et tout est presque déjà dit.

A l'inverse des autres, cette trace n'appelle en effet pas que soit resserrée sa description, manière de dire qu'elle doit au contraire être envisagée de la façon la plus large et la plus inventive dès lors que sont remplis les deux critères indiqués : d'une part la présence d'une personne, d'autre part dans l'environnement de l'infraction.

- Concernant cet environnement, il s'étend naturellement bien au-delà de celui de la scène de crime. Sur le plan géographique, le concept recouvre cette scène mais aussi tous les lieux pouvant entretenir un rapport avec l'infraction, par exemple le lieu où a été volée la voiture ayant servi aux auteurs d'un vol à main armée, celui où elle a été stationnée en attendant ce braquage, celui enfin où elle a été abandonnée et brûlée une fois le coup fait. Autant d'emplacements où sont donc passés tout ou partie des auteurs ou complices et où il sera donc intéressant de rechercher d'autres indices pouvant contribuer à trahir leur identité. Sur le plan temporel, on l'a compris avec l'exemple qui vient d'être donné, l'environnement de l'infraction est également à envisager largement en deçà et au-delà de l'instant de sa commission, sans limitation de la plage de durée *a priori*. D'une manière plus générale, on retiendra tout ce qui d'une façon ou d'une autre pourra être relié au fait initial par un lien logique, fut-il indirect et dans ce cas possiblement même à plusieurs degrés. Dans les situations d'enquête les plus épineuses, il arrivera même qu'une trace présentielle soit envisagée par simple hypothèse (la Clio blanche qui a été vue non loin du lieu de découverte du corps pourrait être celle de l'ex-amant de la victime).
- Concernant la notion de présence, elle doit être entendue comme celle d'une personne puisque c'est toujours au bout du compte une personne que l'on recherche. La trace présentielle vient ainsi se positionner comme un trait d'union, l'élément établissant le lien entre la personne et sa présence en un endroit et un temps donnés. Les formes possibles de cette trace sont à nouveau très variées, recouvrant n'importe quelle entité ou évènement susceptible d'être d'une part positionné dans le temps et dans l'espace, d'autre part rattaché à une

personne : cette personne elle-même, bien sûr (par exemple aperçue par un témoin) mais objets également (un véhicule, etc.), des actes (un achat dans un magasin, un retrait d'argent d'un distributeur, etc.), signaux (la voix, le déclenchement d'un relais par un téléphone mobile, etc.), matières (sang, matériel génétique, etc.), empreintes (papillaire, de chaussure, etc.), images (photographie, film, etc.), animaux domestiques pourquoi pas (la présence de son chien peut trahir celle du maître) ou même absence d'entité ou d'évènement pouvant alors constituer une trace présentielle par défaut (une trace n'est pas trouvée en un lieu-moment où la personne était censée être là et aurait nécessairement dû laisser une trace de son passage). Bien entendu, chacune de ces traces ne va pas être affectée de la même valeur indicielle par les enquêteur : pour déterminer la présence de M. Dupont, son empreinte digitale a forcément plus de poids que le déclenchement d'un relais par son téléphone portable (il avait pu le prêter) ou que le témoignage d'une personne ayant vu passer son chien (le témoin peut se tromper de chien, le chien avait pu échapper à M. Dupont)[96].

La simplicité conceptuelle de la trace présentielle n'a donc d'égale que l'étendue du champ où elle peut se déployer, ce champ ne connaissant en réalité souvent d'autres limites que celles de la curiosité des enquêteurs. Une simplicité qui ne doit cependant pas faire oublier que la principale caractéristique de cette trace est de n'avoir jamais de valeur plus que présomptive. On a d'ailleurs déjà souligné que même la plus sûre d'entre elles, la trace génétique, n'est preuve de rien si ce n'est de l'identité de son propriétaire : elle n'atteste notamment ni la présence de celui-ci (la trace génétique d'une personne ayant pu être déposée à son insu par un tiers mal intentionné), ni le moment de son dépôt et encore moins les circonstances de ce dépôt. D'autres traces, moins fiables pour établir une identité (une carte

[96] En réalité, on peut donc estimer que toutes les traces ont la même valeur indicielle dans l'absolu mais qu'elles sont toutes affectées d'un facteur d'incertitude dépendant des circonstances particulières qui les environnent et de l'appréciation faite de ces circonstances par les enquêteurs qui ne cessent de pondérer, en positif ou en négatif, cette valeur intrinsèquement absolue. Par exemple, le témoignage d'une personne ivre, d'un vieillard ou d'un enfant sera toujours affecté d'une valeur moindre que celui d'une personne adulte et sobre. Ce témoignage ne sera pas non plus reçu de la même manière selon que la personne était dans un environnement sûr et calme (elle a assisté à la scène depuis le magasin d'en face) ou en situation de stress et de danger (elle marchait sur trottoir quand le braqueur a jailli devant elle en pointant son arme dans sa direction). Toutefois, bien que de façon encore très marginale, la mise en œuvre de contrôles biométriques fait depuis peu entrer sur le marché probatoire des traces présentielles dont la valeur indicielle pourra être considérée comme parfaite, donc supérieure à toutes les autres aussi longtemps que ces techniques de contrôle n'auront pas été contournées : par exemple, la présence d'une personne en un lieu et à une heure donnée sera aujourd'hui considérée comme certaine si elle y a été contrôlée par son empreinte iridienne comme c'est aujourd'hui le cas à l'entrée de certains lieux sécurisés.

Navigo dans le métro parisien peut par exemple facilement être utilisée par une autre personne que son propriétaire), seront en revanche plus sûres pour asseoir un horaire (le service informatique de la RATP pourra retrouver l'heure précise d'utilisation de la carte) ou des circonstances (la vidéosurveillance montrera si l'utilisateur a effectivement pris le métro, s'il était seul, etc.). Aux enquêteurs donc de ne retenir d'une trace présentielle que les informations pertinentes qu'elle peut livrer et d'en apprécier la portée, en fonction de la valeur de départ qu'ils lui affectent puis des autres traces qui la corroborent ou au contraire la contredisent. Une fois encore, l'investigation navigue dans les eaux de l'incertitude.

Par ailleurs, il était malheureusement inévitable que la simplicité et la variété de la trace présentielle viennent lui conférer des caractéristiques qui en compliquent l'exploitation probatoire. En l'occurrence, ces caractéristiques sont au nombre de deux.

- La première, c'est de n'essentiellement entrer dans l'enquête que de façon indirecte. Bien sûr, quand c'est l'enquêteur lui-même qui prend directement note de la présence d'une personne, par exemple au cours d'une mission de filature ou de surveillance, ou même en assistant fortuitement à un évènement dont il rendra alors compte par procès-verbal, on pourrait tendre à penser que cette présence est directement établie. Ce n'est pourtant vrai ni sur le plan du principe, l'OPJ jouant en fait dans ce cas, sur un plan technique comme sur celui du raisonnement, le même rôle de « trait d'union » que n'importe quel autre témoin, ni sur le plan du droit, le procès-verbal établi par l'OPJ n'ayant que la même valeur de simple renseignement[97] qu'un témoignage extérieur. Il est vrai qu'on peut toutefois soupçonner les juridictions d'instruction et de jugement d'accorder un crédit plus élevé aux constatations directes des OPJ, mais certainement pas contre l'évidence si elle vient à se présenter. Ces cas sont de toute façon tout à fait rares à l'échelle de la délinquance. Dans tous les autres, la trace présentielle est indirecte, soit testimoniale, ce qui est le cas chaque fois qu'une personne renseigne sur cela ou celui qu'elle a vu, ou entendu, ou senti, ou ressenti, ou deviné, ou compris, etc., soit technique et c'est là le cas chaque fois qu'intervient un résultat de PTS ou qu'un dispositif enregistre automatiquement et mécaniquement un évènement – factuel, sonore, visuel, communicationnel, électronique, etc. – porteur de sens pour l'enquête. On peut noter au passage que de cette nature testimoniale ou d'enregistrement automatique, les traces concernées tirent une certaine pérennité, liée à la mémoire humaine ou technique, évidemment variable mais avantageuse par rapport aux

[97] Dans certaines matières spéciales ou notamment en matière de contraventions, les procès-verbaux font foi jusqu'à preuve du contraire (Art. 537 CPP) mais pour les crimes et délits de droit commun ils sont simple valeur de renseignement (Art. 430 CPP).

traces exploitées par la PTS qui ont souvent l'inconvénient de se dégrader plus rapidement quand ne sont pas prises à leur égard des précautions adéquates de conservation. En revanche, et c'est un inconvénient majeur, un grand nombre de traces présentielles héritent de leur caractère indirect de n'être pas spontanées, comme on l'a d'ailleurs déjà évoqué précédemment en étudiant les traces matérielles et comme on le verra ensuite pour les traces opératoires. Bien sûr, certaines sont totalement évidentes (le sang de l'auteur qui s'est coupé en cassant une vitre) et certains témoins se présentent d'initiative aux enquêteurs. Mais dans une écrasante majorité de cas, les témoins entendus dans une affaire le sont à l'initiative des enquêteurs et non à la leur, et les éléments les plus intéressants des témoignages n'apparaissent presque toujours qu'à condition que l'OPJ ait posé les bonnes questions pour provoquer leur mise en lumière. Les indices relevant de la PTS demandent de même à être recherchés par les techniciens, une part croissante d'entre eux ayant d'ailleurs pour caractéristique de n'être pas visibles à l'œil nu. Quant aux procédés techniques automatiques, hors le cas des dispositifs d'alarme, ils ne renseignent une enquête que pour autant que celle-ci les interroge. En d'autres termes, on pourrait dire que les traces présentielles sont éparpillées, voire diluées ou dissimulées, dans l'environnement de l'infraction, et qu'il revient donc d'abord aux enquêteurs d'identifier ou d'imaginer leur présence avant toute exploitation. Hélas, cette nécessaire réflexion ou recherche préalable au recueil de la trace présentielle ne va pas toujours être facilitée par la seconde caractéristique de celle-ci.

- Découlant directement des propriétés que nous venons d'évoquer, cette seconde caractéristique de la trace présentielle est en effet qu'elle est potentiellement abondante, et même souvent surabondante : tant de manières coexistent de trahir une présence ! Or, cette abondance que l'on pourrait croire un avantage cesse de l'être quand elle en vient à noyer la trace utile, celle qui pourrait réellement concourir à l'identification de l'auteur, quand l'enquêteur se retrouve face à un incroyable foisonnement de traces similaires, un océan qui le submergerait instantanément s'il prétendait l'exploiter dans son entièreté. Le voisin du lieu d'un meurtre parle d'une petite voiture claire qu'il a vue dans les parages, peut-être une Renault Clio mais il n'en est pas sûr, immatriculée en 75 ou en tout cas avec un numéro d'immatriculation finissant par 5 ou par S ? Pas de problème ? Bien sûr que si : il roule en France quelques centaines de milliers de véhicules répondant à cette description ! Les enquêteurs se disent que le meurtrier avait peut-être un téléphone portable qui a donc vraisemblablement déclenché un relais dans les parages du meurtre ?

Pas de problème ? Si, à nouveau : les relais concernés ont enregistré quelques dizaines de milliers de déclenchements dans l'heure qui a précédé les faits, et autant dans celle qui a suivi ! Et ainsi de suite. Un comble en police judiciaire : une trace à laquelle on finirait par reprocher d'être trop prolifique. Et, de fait, la trace présentielle ne vaudra bien souvent qu'une fois trouvés les bons filtres pour discriminer parmi l'ensemble des informations recueillies. Dans le cas que nous venons d'inventer, il sera par exemple opportun d'extraire du listing téléphonique tous les abonnés parisiens puis de croiser cette liste avec celle des propriétaires de véhicules Clio immatriculés à Paris. Bien sûr, cette investigation pourra être stérile, et vraisemblablement elle ouvrira de fausses pistes (toutes les pistes sont fausses en dehors de celle qui mène à l'auteur). Mais elle resserre le champ des investigations et mérite à ce titre d'être conduite : comme les autres traces, la trace présentielle ne révèle souvent sa véritable valeur qu'une fois rapprochée et recoupée avec d'autres.

Ni son abondance, ni son caractère indirect ne doivent donc faire oublier l'utilité capitale de cette trace qui augmente notablement les chances d'élucidation en trahissant la présence dans le dossier d'entités individualisables, qui plus est souvent dotées d'un potentiel significatif de désignation personnalisée comme c'est le cas avec les numéros d'immatriculation ou de téléphone. Bien entendu, la simple présence d'une personne dans l'environnement élargi d'une infraction ne suffit pas à la désigner comme auteur et ne vaudra d'ailleurs jamais preuve de sa culpabilité. Mais le signalement de cette présence, ou même simplement de la possibilité de cette présence, permet aux enquêteurs de s'interroger sur elle c'est-à-dire d'orienter leurs investigations. A eux de voir maintenant si la personne désignée peut s'imbriquer dans le schéma général du délit, et si oui de quelle manière et avec quel rôle.

Ainsi, à dénoncer comme elle le fait les allées et venues des uns et des autres, la trace présentielle prend fréquemment une place déterminante dans la démarche conduisant à l'identification nominative de l'auteur. Mais nous verrons ultérieurement que sa nature souvent individuelle et son potentiel élevé de personnalisation trouvent également une utilité renouvelée dans le cadre des recherches en sérialité. Et c'est donc avec un vif intérêt que nous l'intégrons à notre désormais grande famille des traces constituant l'information judiciaire.

C/ Données contextuelles

Plus ambiguës dans leur définition sont ensuite les traces de contexte puisque, logique oblige, le contexte de chaque infraction lui est propre. Ainsi, c'est plutôt par voie d'exemples que peut se laisser cerner la trace contextuelle. Les fréquentations habituelles de criminels d'habitude sont par exemple des données de contexte qui sont systématiquement recherchées pour dresser une cartographie relationnelle qui pourra être utilisée ensuite pour l'identification de complices éventuels sur un fait. De la même manière, les liens familiaux sont des données contextuelles très importantes dans les affaires mettant en cause des auteurs regroupés de façon clanique ou mafieuse : ces liens familiaux seront essentiels pour rechercher, ici aussi, d'éventuels complices mais aussi les réseaux de blanchiment de l'argent faisant appel à toute la famille, ou encore pour identifier des lieux de planque possibles, etc. La situation bancaire et patrimoniale des différentes personnes liées à la victime d'un meurtre laissant derrière elle un héritage ou le bénéfice d'une assurance-décès est un élément de contexte dans lequel peut par exemple se rechercher un mobile. La météorologie le jour d'une infraction est également un autre élément de contexte qui pourra trahir qu'une personne est sortie de chez elle, ou au contraire qu'elle n'est pas sortie, ou qu'un employé a été mis en repos à cause du temps, etc.

De très nombreuses données peuvent ainsi être érigées au rang de données contextuelles, et elles sont à choisir en fonction des circonstances de l'infraction ou des infractions enquêtées. Du lien spécifique qu'elles entretiennent avec les infractions, les données contextuelles héritent d'une caractéristique propre : ce sont elles qui réclament des enquêteurs le plus d'imagination, le plus d'inventivité. Elles ont en effet le double pouvoir d'être d'une part discrètes par rapport à la scène de crime au sens large, c'est-à-dire qu'on ne voit pas de prime abord le rapport qu'elles entretiennent avec l'infraction, et d'être d'autre part susceptibles d'éclairer d'un jour nouveau, les circonstances du fait délictuel, c'est-à-dire de les éclairer d'un jour outrepassant les capacités des autres traces.

3/ Marqueurs subjectifs : les éléments interprétables de l'acte criminel

A/ Mode opératoire

La trace physique a donc une évidence en tant que telle et peut bien souvent se suffire à elle-même pour faire sens : à une trace d'ADN correspond une personne et une seule, les rayures sur une balle s'accordent au canon de l'arme qui l'a tirée, à une empreinte de chaussure correspond une chaussure, ou au moins un modèle et une marque, etc. Avec les traces opératoires, on entre en revanche dans un univers autrement mouvant. Isolément, la trace opératoire ne dénonce en effet jamais rien. Pour qu'elle trouve utilement signification, il faut d'abord que l'enquêteur identifie les liens qu'elle entretient avec d'autres traces opératoires jusqu'à former un fil cohérent décrivant de façon aussi détaillée que possible la manière selon laquelle l'auteur a procédé, ce que l'on connaît sous le nom de mode opératoire. Très loin de la trace physique que le technicien isole pour en éviter la pollution, la trace opératoire requiert donc quant à elle d'être au contraire rapprochée d'autres traces. Silencieuse aussi longtemps qu'on la considère séparément, elle appelle à être emboîtée, combinée, assemblée selon tous les schémas envisageables jusqu'à ce que l'enquêteur réussisse à tracer le cadre plus large où elle s'articule avec d'autres traces pour former un ensemble cohérent racontant le déroulement de l'infraction. C'est pour la trace opératoire la seule façon d'enrichir les investigations : l'indépendance ne lui sied pas, qui l'ouvre à trop d'interprétations possibles, et elle ne trouve son utilité policière qu'une fois harmonieusement située dans le contexte infractionnel, sa place bien désignée par l'évènement qui a réellement pu la produire lors de la commission des faits. La trace opératoire n'existe donc dans la démarche d'enquête qu'en tant que brique élémentaire du mode opératoire, ce continuum tissé de liens de causalité qui recouvre le déroulement tout entier du crime, depuis le premier des actes qui l'ont préparé jusqu'au dernier de ceux, lié à lui, qui lui ont succédé. En ce sens, parce que la manière d'opérer de l'auteur intègre des éléments très différents – le geste criminel, bien sûr, mais aussi le choix de la victime, les moyens utilisés pour préparer et commettre le forfait, etc. – et que chacun de ces éléments peut lui-même emprunter des formes très diverses, la trace opératoire est d'une variété presque infinie. Ce qui n'empêche toutefois pas d'en préciser la description.

Sur un plan formel, il n'y tout d'abord aucune exigence de matérialité pour qu'une trace participe à la reconstitution des faits et acquière le statut opératoire. « Violeur ayant attiré sa victime en lui demandant son chemin » illustre par exemple le cas d'une trace opératoire parfaitement abstraite. A l'inverse, une trace matérielle peut tout à fait n'avoir pas d'évidence opératoire. Dès lors qu'il s'agit de celui de la victime, le sang imbibant les vêtements d'un homme poignardé au cours d'une rixe n'a ainsi aucun intérêt en ce qui concerne la manière d'agir (ce sont les constatations médico-légales qui diront, bien mieux que ce sang, le nombre, la nature et la gravité des blessures) : toute trace n'est donc pas opératoire. Par ailleurs, il n'y a pas non plus d'exigence pour la trace opératoire d'être présente sur la scène de crime. Par exemple, l'achat d'un bidon d'essence par une personne trois jours avant un incendie criminel sera envisagé par les enquêteurs comme une trace opératoire dans le cadre de l'hypothèse de travail où cette personne est suspectée. Totalement indépendante de la scène de crime dans le temps et dans l'espace (aucune expertise ne permettant de dire que l'essence achetée est la même qui a été utilisée dans l'incendie), cette trace opératoire pourra non seulement être retenue comme élément de culpabilité si elle est étayée par d'autres indices, mais elle introduira même dans le raisonnement des enquêteurs la suspicion d'une préméditation. Cette distance qui peut séparer la trace opératoire de l'infraction va d'ailleurs parfois gêner et retarder son identification en cette qualité de trace opératoire, la distance devant être entendue dans ce cas sur le plan spatial et chronologique, mais également sur la plan logique et du lien plus ou moins étroit que la trace entretient avec le corps du délit. Ainsi par exemple, s'agissant d'une série d'agressions, du moment de leur commission qui ne prendra sa pleine valeur opératoire qu'après qu'un nombre de faits suffisant puisse asseoir chez les enquêteurs la certitude raisonnable que l'auteur ne frappe par exemple que le lundi, ou seulement l'après-midi, ou uniquement contre des femmes de plus cinquante ans, etc. Enfin, mentionnons que les informations victimologiques, qui sont justement les plus étroitement relatives au corps du délit, ont presque systématiquement le statut de trace opératoire, ce qui est logique puisqu'elles constituent le but même poursuivi par le mode opératoire.

Matérielle aussi bien qu'immatérielle, présente ou non sur la scène de crime, concomitante à l'infraction ou pas, évidente ou au contraire discrète voire indécelable si elle ne se répète pas : à voir l'étendue de ses caractéristiques possibles, on s'étonne moins de la diversité de la trace opératoire. Et l'on comprend mieux qu'elle puisse souvent cumuler plusieurs statuts. En particulier, on verra fréquemment une trace associer le statut opératoire à celui de trace physique, et également mais plus rarement à celui de trace comportementale ou présentielle. Cumul mais non confusion : ainsi que nous l'avons déjà signalé, chacun de ces statuts se distingue en effet des autres par son procédé d'exploitation ainsi que par la manière dont il concourt aux investigations. Imaginons par exemple un homme abattu d'une balle Brenekke reçue dans le ventre alors qu'il marchait dans la rue. Sur le plan criminalistique, la balistique déterminera que la balle mortelle a été tirée avec un fusil depuis tel appartement situé à cent cinquante mètres de distance. Mais sur le plan opératoire, on retiendra que l'emplacement de la plaie (une blessure au ventre est moins souvent mortelle que dans la tête ou la région du cœur), la distance de tir importante pour le type de munition utilisé et la difficulté à atteindre la cible qui marchait parmi d'autres piétons (il y a pléthore de moyens plus sûrs pour éliminer quelqu'un) sont autant d'éléments compatibles avec un coup de feu accidentel. Encore les conclusions criminalistiques et opératoires se conjuguent-elles dans cet exemple pour donner immédiatement une orientation aux recherches, mais les traces opératoires se montrent infiniment plus précieuses dans les cas – nombreux comme nous l'avons vu – où la criminalistique est incapable de donner cette orientation. Reprenons le même exemple mais imaginons que les balisticiens soient dans l'impossibilité de situer l'origine du tir faute de connaître précisément la position de la victime au moment où elle a été atteinte par le coup de feu. Dans ce cas, pas de faisceau laser pour remonter la trajectoire de la balle jusqu'à la fenêtre précise d'où le coup est parti. Tout au plus l'expertise criminalistique retiendra des micro-résidus de poudre, mais cette poudre sera le plus souvent d'un usage trop commun pour pouvoir resserrer la recherche sur un type ou un lot particulier de munitions ; l'examen scientifique relèvera également d'éventuelles marques sur la balle avec toutefois, s'agissant d'un fusil à âme lisse, une faible probabilité qu'elles permettent d'identifier l'arme. Autant d'éléments que ne négligera certes pas l'enquêteur, mais qui ne lui sont guère utiles dans la recherche d'un suspect. Il retiendra donc plutôt quant à lui qu'il a été fait usage d'une arme, d'une arme à feu, qu'une seule balle a atteint la victime, qu'il s'agissait d'une Brenekke, qu'elle a été tirée à telle distance estimée, de face mais pas totalement parce qu'elle a pénétré par la gauche du ventre, qu'aucune autre cartouche ne semble avoir été tirée, que le coup de feu est la seule marque de violence, etc. C'est qu'avant toute chose, l'enquêteur a besoin de restreindre le champ des possibles – coup de feu accidentel, meurtre gratuit, règlement de comptes, différent familial, etc. – afin d'affecter les ressources d'enquête dont il dispose aux hypothèses qui ont le plus de chances de se vérifier. Travailler sur une infraction dont on ne parvient pas à reconstituer et comprendre le déroulement revient en effet à enquêter en aveugle, donc de façon dispersée et avec toutes les chances de gaspiller dans des impasses le temps et les moyens dont on dispose, alors que les meilleures pistes resteraient inexplorées. Bien sûr, ce resserrement du champ des possibles comporte le risque pour l'enquêteur d'exclure une hypothèse pourtant valide et qui aurait mérité d'être retenue. Mais il n'en est pas moins indispensable, car bien peu d'affaires offrent de disposer des ressources nécessaires pour couvrir toutes les hypothèses imaginables. Encore moins pour les couvrir dans un délai raisonnable, étant en outre considéré que le délai raisonnable en la matière est « tout de suite » : la police judiciaire est une course de fond à mener au train d'un sprint. Non seulement le directeur d'enquête va donc resserrer le champ des possibles pour retenir quelques hypothèses, mais il sera ensuite dans l'obligation de hiérarchiser ces hypothèses pour décider de la répartition de ses toujours trop maigres moyens. On discerne alors bien l'importance qu'il y a pour lui à reconstituer aussi vite et de façon aussi plausible que possible le déroulement des faits et le mode opératoire de l'auteur. Bien loin de la criminalistique qui prendra dans l'immense majorité des cas quelques jours à plusieurs mois avant de livrer des conclusions, le directeur d'enquête doit se forger les siennes, provisoires, dans l'heure ou les premières heures de sa saisine, et prendre sur leur base des décisions qui engagent l'avenir de l'enquête. Bien loin du confort de la méthode déductive[98] qui a cours en criminalistique pour présenter des résultats incontestables – mais même ainsi ceux-ci ne le sont pourtant pas toujours[99] – le directeur d'enquête use surtout quant à lui de l'abduction dont l'inconfortable marge d'incertitude l'oblige à reconsidérer sempiternellement sa démonstration. Inférant à tour de bras faits et suppositions dans un

---

[98] Ou hypothético-déductive, cf. *infra* Ch. 3, § 1, B.

[99] On ne peut trouver meilleur témoignage des garanties encore discutables de la criminalistique que dans ces batailles en cours d'assises qui voient s'affronter des experts irréprochables présentant avec une même conviction et de mêmes assurances des résultats irrécusables… mais divergents. Le cas est évidemment fréquent en matière de sciences de l'homme (expertises psychiatriques, notamment) mais les limites de la trace physique précédemment exposées expliquent parfois également ces contradictions qui résultent des choix opérés sur la scène de crime pour relever ou non telle ou telle trace, ainsi que des conditions de ce recueil.

processus récursif que ne cesseront d'enrichir les nouvelles données apportées par les investigations, jonglant avec les éléments d'information, les retournant dans tous les sens, il bâtit ses scenarii et leur affecte un coefficient de probabilité, puis les amende, les nuance, les corrige ou même remet tout en question, dans l'urgence donc et avec toujours le risque inévitable d'être passé à côté d'un élément important. Une course de fond, vient-on de dire, mais au rythme d'un sprint et qui se courrait en outre sur un fil de funambule.

Dans la construction de cet échafaudage qu'il s'agit de modifier sans cesse pour l'étoffer et le consolider, la plasticité de la trace opératoire montre évidemment toute l'étendue de sa richesse, sans autre limite que l'imagination et la nécessaire rigueur du directeur d'enquête. Nécessaire rigueur car cette richesse qui est un atout est également un défaut, dont on doit craindre comme pour tout défaut qu'il devienne un danger si l'on n'anticipe pas ses conséquences. Ainsi, à la totalité des traces opératoires agencées dans le bon ordre ne peut correspondre que le mode opératoire réel de l'auteur. Mais, à une ou quelques traces isolées, on pourra presque forcément faire coïncider de multiples interprétations, parfois simples variantes les unes des autres, mais parfois également contradictoires. Et dans ce cas, aucun arrangement possible avec la potentialité opératoire des traces : aussi longtemps que les contradictions entre elles ne sont pas levées, les hypothèses qui en découlent restent valides, même si le directeur d'enquête doit arbitrer les moyens qu'il leur affecte. Et quelque quasi-certitude à laquelle il puisse arriver, aussi longtemps qu'une trace refusera de s'agencer avec la reconstitution qui a été faite du déroulement des faits, cette trace suffira à remettre en question le raisonnement et à justifier qu'il soit repris jusqu'à en obtenir la parfaite coïncidence avec toutes les traces opératoires identifiables. La police judiciaire est également l'empire du doute instauré en règle de pensée, et la plupart des enquêtes faillies ne le doivent souvent qu'à l'excès d'assurance de ceux qui les conduisent.

Dans l'Ain, années 90. Le corps d'une adolescente dans un sous-bois, sur le ventre, tee-shirt remonté presque jusqu'aux seins.

L'autopsie ne révèle aucune violence hors celle ayant causé le décès, ni rapport sexuel. La gamine est morte étranglée, et le sillon sur son cou – fin, profond, se croisant sur l'arrière – amène certains enquêteurs sur l'idée d'un militaire rompu aux techniques du combat rapproché. Un ancien parachutiste point trop connu pour sa finesse et habitant les parages se retrouvera rapidement en garde à vue sur cette hypothèse, d'autant qu'il est notoire qu'il désespère de trouver une petite amie et qu'il était une connaissance de la victime.

Mais la mariée est trop belle. Et le parachutiste trop enclin à avouer – sans une hésitation, debout, tête droite, figé dans un garde-à-vous impeccable en face des sous-officiers qui lui posent des questions. Le 2ème classe est trop docile, la mariée trop belle, et les enquêteurs en viennent à remettre en question leur hypothèse de départ : l'agression sexuelle tournant mal est-elle la seule possibilité ?

Sur ce seul doute, quelques essais vont conduire à reconsidérer la totalité du mode opératoire.

- *En fait de technique de combat rapproché, tout étranglement exécuté par l'arrière avec un lien quelconque utilisé même par un amateur provoque un sillon du type que présente la victime.*
- *Sauf à user d'une grande violence, il est presque impossible de passer le lien autour du cou en faisant face à la victime, et difficile de le faire par l'arrière autrement que par surprise.*
- *Plus important encore, il est presque impossible de se défaire de la prise une fois le lien serré autour du cou : une illustration grandeur nature de cette impossibilité sera obtenue en demandant à une gendarme de frêle stature d'attaquer de cette manière l'un de ses camarades, nettement plus grand et corpulent qu'elle, au demeurant ceinture noire de karaté. L'agressé parviendra sans mal à soulever sur son dos son attaquante dont les pieds ne toucheront plus le sol, il la fera tournoyer, la cognera ainsi contre un mur mais accrochée à son bout de corde, la fluette attaquante tiendra bon sans trop de mal, sans lâcher prise, jusqu'à ce que sa « victime » rende les armes, sur le point de perdre réellement conscience. L'hypothèse d'un agresseur nettement plus costaud que la jeune fille perdait ainsi presque totalement sa consistance.*
- *Pour échapper à la prise, la victime une fois tombée à terre a tendance à reculer légèrement en rampant pour se libérer de la prise du lien d'étranglement, ce qui fait remonter, sur son ventre et dans son dos, les vêtements du haut du corps d'une manière pouvant laisser croire à un agresseur ayant tenté de la déshabiller.*
- *Enfin, tout ce que l'on apprend de la victime indique qu'elle n'aurait jamais suivi dans ce bois quelqu'un en qui elle n'aurait pas eu pleine confiance.*

Bien sûr, l'agression sexuelle restait une possibilité, mais elle n'était plus la seule. Au contraire, tout semblait indiquer, au vu du mode opératoire le plus logique, qu'un familier de la jeune fille avait profité d'un moment où celle-ci lui tournait le dos pour l'étrangler froidement et délibérément. Ni pulsion ni dimension sexuelle : une exécution.

La connaissance d'une rivalité amoureuse adolescente et l'étude la plus fine possible des allées et venues dans le quartier orientera finalement les investigations sur l'auteur, une gamine de 16 ans disputant à sa copine de 14 les faveurs d'un gamin de 15 qui n'avait même pas conscience d'être l'objet de leur passion.

Voici donc maintenant mieux cerné ce concept consistant à envisager des traces sous leur angle opératoire pour la possibilité qu'elles offrent de « voir » la commission de l'infraction, un concept en réalité sans doute aussi vieux que la première enquête policière. Au-delà de l'intérêt maintenant évident qu'elle offre pour chaque enquête particulière, la reconstitution de la manière d'opérer de l'auteur mérite cependant de retenir encore notre attention. En effet, l'étude du mode opératoire non pas d'une seule mais d'un nombre important d'affaires de même nature offre également des possibilités, plus larges que celles que nous avons évoquées jusqu'ici et qui dépassent chacune de ces affaires prise isolément. Il s'agira en effet dans ce cas, non pas de chercher à identifier un délinquant mais de théoriser le déroulement d'une infraction donnée selon un schéma général que respecteraient un nombre significatif des auteurs la commettant. Une telle théorisation ouvre alors la porte à deux approches policières bien différentes, dont la seconde va spécialement nous intéresser dans le cadre du caractère sériel de la délinquance.

La première de ces approches, tout d'abord, consistera à schématiser un grand nombre de dossiers relatifs à une même infraction, jusqu'à dégager ce que l'on pourrait appeler le mode opératoire générique de cette infraction, ou même les modes opératoires génériques puisqu'en réalité toutes les infractions se prêtent à plusieurs. Dans cette démarche, il s'agira donc de gommer les particularités propres à chaque affaire pour ne retenir que les éléments dont la présence est quasi-certaine dans chaque occurrence de commission de l'infraction étudiée, jusqu'à arriver à une sorte de schéma « type ». Par exemple, on identifiera que les attaques de distributeurs automatiques de billets (DAB) sont menées soit par braquage du personnel de la banque, soit par braquage de l'employé rechargeant le DAB (variante a/ pendant les heures d'ouverture – variante b/ pendant les heures de fermeture), soit par vol du DAB lui-même après qu'il ait été arraché de la façade à l'aide d'une élingue tirée par un véhicule suffisamment puissant (variante a/ un camion-grue – variante b/ un tractopelle). Sur cette base, et en procédant à une étude évidemment plus détaillée, il sera alors possible d'évaluer chaque manière d'opérer générique pour en trouver les points faibles et élaborer des contre-mesures qui lui soient applicables. Un processus javelot *vs* bouclier tout à fait classique. Ainsi, dans le cas des arrachages, c'est l'étude du mode opératoire qui a conduit les banques et les constructeurs à durcir l'encadrement des DAB pour rendre très difficile le passage de l'élingue et à multiplier sur les trottoirs proches des obstacles en (très) dur pour empêcher l'approche des véhicules « arracheurs ». L'étude du mode opératoire n'a donc pas dans ce cas vocation à identifier les auteurs[100] mais seulement à prévenir la commission de l'infraction en rendant celle-ci impossible, ou au moins en rendant plus défavorable son ratio « efforts

---

[100] Dans certains cas, l'étude du mode opératoire générique facilite cependant la conception par les forces de police de dispositifs de surveillance ou d'interception qui permettront des arrestations en flagrant délit.

nécessaires/risques encourus/gain espéré ». De nombreux pays – Grande-Bretagne, Pays-Bas, Suisse, Autriche, etc. – dont la culture et la délinquance ne sont pourtant pas si éloignées des nôtres ont régulièrement recours de façon régulière, voire intensive, et avec succès, à cette façon préventive de théoriser une forme précise d'agissement délictuel pour y adapter ensuite une riposte. Technique qui n'a pas les faveurs de la police française, ou alors pour rappeler sentencieusement chaque année au mois de juin que les logements vacants pendant les grandes vacances risquent le cambriolage. Exception étonnante ? Que nenni, c'est seulement qu'on a de la police judiciaire une vision beaucoup plus classique en France, beaucoup plus concrète et beaucoup plus physique, pour ne pas dire beaucoup plus virile. Malheureusement, cette vision est également inadaptée face à la plus grande partie de la délinquance.

Justement un peu plus directement concrète, la seconde approche est en revanche d'essence exclusivement répressive même si son point de départ est pratiquement le même. Il s'agit en effet à nouveau d'étudier, pour une même infraction, son schéma opératoire à travers plusieurs affaires mais moins nombreuses que dans le cas précédent. Concrètement, on sélectionnera généralement les dossiers sur la base d'un tri géographique et chronologique, par exemple les viols commis dans un cercle de 50 km autour de la ville de Dijon de septembre 2009 à septembre 2011. A l'inverse de ce que l'on avait fait dans le cas précédent où on les écartait délibérément, on recherchera ensuite dans chaque affaire les particularités qui lui seraient propres, celles qui constitueraient des signes individualisant la manière d'opérer. En clair, des marqueurs suffisamment spécifiques pour qu'en les repérant dans des dossiers différents, on puisse soupçonner être en présence du même auteur ou groupe d'auteurs. Naturellement, de tels marqueurs sont sériels. Par exemple, dans plusieurs cas le violeur a dissimulé son visage avec un foulard bleu, a menacé sa victime avec un couteau de chasse, a éjaculé dans un kleenex qu'il a emporté avec lui, s'est enfui à moto, etc. Ainsi fondée sur l'idée qu'un mode opératoire peut présenter une spécificité telle qu'il en devienne une véritable signature criminelle, cette démarche constitue pleinement une approche sérielle ayant vocation à permettre la jonction de plusieurs affaires pour faciliter l'identification de leur auteur commun. Alléchante sur le papier, et ne manquant pas d'illustrations d'ailleurs souvent fameuses pour la crédibiliser, cette approche se heurte pourtant à deux solides obstacles.

- D'une part, on trouve en réalité presque systématiquement pour chaque infraction les mêmes modes opératoires, stéréotypés et répétitifs (donc génériques, ce qui renforce au moins la pertinence de la première approche). Hors de rares cas pour des infractions particulières ou extrêmes – par exemple dans le montage de certaines escroqueries, ou par une manière inhabituelle de tuer, ou des violences d'une nature et d'une barbarie si spécifiques qu'elles en deviennent presque uniques – la manière d'opérer est rarement individualisante à elle seule. Bien sûr, on peut toujours cambrioler une maison en défonçant sa façade au marteau-piqueur, ou un appartement en perçant son plafond depuis l'étage supérieur, mais il est tout de même plus simple de procéder par effraction de la porte ou d'une fenêtre et c'est donc ainsi que les cambrioleurs procèdent généralement. De la même manière, les modes d'effraction à la fois fonctionnels et efficaces ne sont pas si nombreux pour que les enquêteurs ne se retrouvent pas toujours face aux mêmes. Quant aux objets volés, on peut toujours espérer tomber sur un voleur fétichiste signant son passage en emportant à tout coup chaussure de cuir ou culotte de soie, mais la singularisation va rarement aussi loin.

- D'autre part, en matière de délinquance de masse qui représente par essence la plus grosse partie des infractions commises, ces modes opératoires stéréotypés donneront le plus souvent lieu à des investigations sommaires et pas moins stéréotypées. Tous les scooters volés n'ont pas la chance de déplacer la fine fleur de la police et de la PTS parisiennes. En réponse à des délits toujours plus nombreux et semblables, des enquêtes toujours plus simplistes et expéditives laissent bien peu de chances à une éventuelle trace opératoire individualisante d'être identifiée comme telle. Et ce n'est finalement que dans un nombre très réduit d'affaires graves qu'on se donne les moyens de déceler ce qui pourrait participer d'une signature criminelle spécifique.

Ainsi, dans une approche sérielle fondée uniquement sur le mode opératoire, l'étude des dossiers de cambriolages pour toute la France aboutirait sans doute chaque année à la mise en évidence de quelques séries... de plusieurs dizaines de milliers d'affaires chacune. Même l'étude des tueurs en série identifiés montre qu'ils ont très rarement un mode opératoire vraiment identique pour chacun de leurs meurtres. Force est donc de le constater : en matière de détection de la sérialité et tout séduisant qu'il soit en première approche, le mode opératoire ne répond pas forcément à tous les espoirs placés en lui et n'autorise pas à ériger la trace opératoire en critère privilégié de cette détection. Une restriction d'autant plus regrettable que c'est pourtant bien sur cette promesse d'une spécificité fréquente des modes opératoires qu'ont été créés des traitements automatisés de données – des fichiers de police[101] – aussi ambitieux que JUDEX en son temps, ou surtout que JUDEX-NG, devenu ARIANE, devenu AG2J, devenu TAJ, et que CORAIL, progressivement généralisé dans la police. Autant d'outils – conceptuellement dépassés du point de vue de leurs capacités et des attentes placés en eux mais fort heureusement très utiles à

[101] Ainsi que nous le verrons plus loin dans l'ouvrage, malgré la distinction opérée par le Code de procédure pénale et par la loi informatique et libertés, les fichiers de police judiciaire peuvent être indifféremment désignés par les mots et expressions « fichier », « fichier de police », « traitement », « traitements automatisés de données », etc.

d'autres égards – dont nous passerons la revue de détail dans les pages suivantes.

B/ Marqueurs comportementaux

Nous avons maintenant bien montré qu'une même trace peut tout à fait cumuler plusieurs statuts, et de fait les cumule souvent. Par ailleurs, nous avons clairement établi que ces statuts distincts ne procèdent pas de la nature même de la trace[102] mais des principes différents selon lesquels on peut envisager son exploitation, dont découlent des modes de lecture sous des angles différents, ou même par un autre regard. Le « véhicule clair, peut-être Renault Clio » pourra ainsi être « lu » à la fois sur un plan opératoire, en ce que l'auteur est venu à la rencontre de sa victime à bord d'une voiture, sur un plan présentiel, en ce que cette voiture trahit la présence de son utilisateur du moment sur le lieu de l'agression, et enfin sur un plan technique, par exemple si l'on a relevé une empreinte de pneu sur le lieu de l'agression. Une même trace, trois façons de la lire. Trois façons séculaires, mais qu'une autre a rejointes depuis peu : la lecture comportementale.

Inventée outre-Atlantique sous le nom de *profiling*, vulgarisée depuis quelques années en France par le film Le Silence des Agneaux et sa kyrielle de suiveurs fictionnels, la lecture comportementale sélectionne certains éléments d'un dossier et les exploite pour tenter d'en dégager des caractéristiques socio-culturelles et des traits de personnalité relatifs à l'auteur. Cette lecture ne se confond donc en rien avec la lecture opératoire même s'il semble possible de croire, sur un plan purement théorique, qu'une trace opératoire soit forcément porteuse de sens comportemental ou qu'un trait comportemental significatif sur le plan psycho-criminologique doive forcément trouver sa place dans le mode opératoire. Mais la trace opératoire dit le déroulement du crime là où la trace comportementale dit l'auteur de ce crime. Dans le premier cas, il y a reconstitution mécanique de l'enchaînement des faits à partir du lien logique reliant des traces entre elles ; dans le second, il y a esquisse d'une personnalité à partir du signifiant psycho-criminologique de traces retenues pour leur potentialité dans ce domaine. Dans le premier cas, c'est le déroulement de l'infraction qui commande aux traces qui le constituent ; dans le second, c'est l'état des connaissances psycho-criminologiques qui décide des traces et de la signification à leur donner. Plus que toute autre, la trace comportementale est donc une trace qui se choisit, puis qui s'interprète selon des grilles de lecture dont le caractère récent et l'utilisation confidentielle empêchent encore de mesurer clairement la pertinence, même si la question de cette pertinence doit évidemment être abordée.

---

[102] Ce qui n'empêche évidemment pas que l'on puisse classifier les traces selon leur nature, une telle classification n'étant cependant pas celle qui nous intéresse du point de vue de la définition de l'information judiciaire.

Car cette pertinence ne va effectivement pas de soi : en tant que somme des traces utiles à l'investigation, le concept d'information judiciaire pourrait éventuellement faire l'impasse sur la lecture comportementale si celle-ci n'exploitait que des traces forcément déjà prises en compte sous un autre statut. Mais ce n'est pas le cas. Pour nourrir son raisonnement, l'analyse comportementale requiert en effet des éléments dont certains sont déjà disponibles dans l'information judiciaire telle que nous l'avons délimitée jusqu'ici – la position du corps, la nature des blessures ou sévices, l'arme ou les moyens de coercition utilisés, etc. – mais elle fait également appel à des données qu'aucun autre mode d'exploitation ne retenait avant elle, portant d'ailleurs son regard bien au-delà de la scène de crime classique proprement dite : environnement géographique et humain, voies d'accès, éclairage, prise de risque par l'auteur ainsi que par la victime, éléments détaillés de victimologie, etc. Autant de données – à nouveau la liste n'est pas exhaustive – virtuellement porteuses d'indications comportementales pouvant participer à l'établissement du profil de l'auteur et qui sont non seulement généralement négligées, y compris dans l'approche opératoire, mais dont un grand nombre sont en outre indépendantes de la volonté de l'auteur, ou dont il n'a pas conscience de la portée, ce qui renforce bien sûr leur intérêt. Naturellement, l'interprétation comportementale de pareilles données est affectée d'un coefficient d'incertitude à la hauteur du caractère encore tâtonnant des démarches scientifiques qui la nourrissent. Mais nous avons vu qu'aucun procédé probatoire n'échappe en réalité à l'incertitude et il appartiendra comme d'habitude au directeur d'enquête de situer les conclusions comportementales à leur juste place dans son raisonnement, exactement comme il le fait avec les conclusions d'une autre nature. Principale limite à ce procédé, mais quelle limite ! L'extériorisation comportementale significative de sa personnalité par l'auteur lors de la commission de l'infraction n'intervient que dans des cas précis et peu nombreux.

- Soit qu'elle résulte d'un trouble psychique particulièrement apparent, et dans ce cas la marque comportementale pourra affecter la commission de n'importe quelle infraction, comme d'ailleurs celle de n'importe quel acte de la vie courante. Mais les troubles psychiques qui se manifestent si visiblement ne nécessitent pas l'intervention d'un analyste comportemental pour que les enquêteurs les remarquent et requièrent une assistance adéquate pour les interpréter.
- Soit que cette extériorisation résulte d'un débordement soudain et paroxysmique de fantasmes et de frustrations qui échappent d'une part au pouvoir de contrôle de l'auteur et dont la manifestation d'autre part sort suffisamment des normes comportementales pour entrer dans les grilles de lecture psycho-criminologiques. On se doute que c'est rarement le cas au cours d'un vol de téléphone portable à l'arraché.

Ainsi l'analyse comportementale ne trouve-t-elle les traces susceptibles de l'alimenter que sur un nombre assez restreint de scènes de crime : les homicides[103] et la plupart des viols, y compris intrafamiliaux, quand ils sont répétés ; certains viols et homicides isolés selon les circonstances de leur commission et selon les gestes qui les accompagnent : blessures atypiques, mutilations, certaines mises en scène, etc. ; quelques cas particuliers d'enlèvement ou de disparition ; toute atteinte à la personne accompagnée d'actes de torture ou de barbarie ; les séries d'incendies criminels.

L'analyse comportementale souffre assurément d'encore bien des péchés de jeunesse mais elle ne mérite certes pas l'infantilisme caricatural dans lequel l'enferment trop de reportages simplistes ou de fictions. Si elle n'a pas encore pignon sur rue, pas même parmi les plus ouverts d'esprit des enquêteurs faute qu'ils sachent comment l'intégrer dans leur démarche, nous avons bien là une technique d'investigation nouvelle dont le caractère limitatif est largement relativisé par la gravité des infractions qu'elle concerne, offrant au final une valeur ajoutée potentielle dans des dossiers parmi les plus épineux. En ce sens, au besoin assortie de réserves, la lecture comportementale a toute sa place dans la démarche d'investigation et c'est donc tout naturellement que les traces qui lui sont propres viennent élargir encore le champ d'une information judiciaire qui se trouve maintenant beaucoup plus clairement délimitée.

[103] Pour les homicides, hors le cas des règlements de compte.

Chapitre 3

Périmètre de l'information judiciaire

L'information de police judiciaire… Notion imprécise dont chacun peut donner sa définition, ou plus souvent encore son absence de définition. Notion que nul n'a jamais vraiment tenté d'éclairer en réalité, ou bien par un empirisme mal raisonné : c'est en effet en vain qu'on peut partir en quête de la moindre recherche conduite en France sur ce sujet et celui qui en tenterait une recension de la littérature scientifique en sortirait aussi penaud que nous l'avons été en préparant cet ouvrage.

Est-ce à dire que l'information judiciaire serait insignifiante, dans tous les sens du terme ? Quelle sottise ce serait de le croire : l'information judiciaire nourrit l'enquête du même nom, puis derrière elle le procès pénal tout entier. C'est de sa pertinence, et de la qualité de ses modalités d'exploitation, que dépendent la solidité de l'incrimination des auteurs d'infractions identifiés et l'issue de toutes les affaires non encore élucidées. Une enquête est-elle d'ailleurs autre chose que la conjonction :

- de pouvoirs juridiques et
- d'éléments informatifs dont ils autorisent le recueil
- en vue de leur exploitation par un raisonnement orienté ?

Concernant les premiers, le droit les envisage de façon très détaillée, c'est le territoire et en partie l'objet de la procédure pénale. Mais les éléments informatifs et le processus abductif qui s'en nourrit ? Il n'est pourtant pas interdit de présumer que l'optimisation de la police judiciaire gagnerait à ce qu'on les étudie avec une réelle rigueur scientifique, ce qui passerait à tout le moins par une vision claire du matériau auquel elle a recours et des mécanismes par lesquels elle l'exploite. Cette étude aurait toutefois dépassé notre objectif pour autant que nous soyons qualifié pour la conduire – ce qui n'est pas le cas. Mais l'information judiciaire n'en constitue pas moins la matière première et la perspective unique à partir de laquelle la délinquance peut être envisagée sous l'angle de sa sérialité. Il nous revenait donc fatalement, avant toute chose, de visiter de plus près cette notion d'information judiciaire pour au moins en tracer le périmètre et en identifier les principales caractéristiques.

Un tel détour n'a hélas rien d'anecdotique. Dans un mouvement vertigineux conduisant de Charybde à Scylla, il fait même passer celui qui l'entreprend d'un cauchemar chaotique à un autre. La définition et la délimitation de l'information judiciaire ne requièrent en effet pas moins que de plonger dans la matière vivante où elle s'abrite : la délinquance elle-même, c'est-à-dire les éléments concrets disponibles pour l'appréhender. Or, contre toute attente (et l'on sent alors poindre en soi un sourd découragement), ces éléments concrets permettant d'acquérir intellectuellement la délinquance ne sont eux-mêmes ni vraiment définis, ni clairement délimités, ni exhaustivement recensés. Bien sûr, ici le crime fait l'objet d'une élaboration méthodique sur le plan juridique, et là il se prête au sein des sciences criminelles à des approches parfois sophistiquées nourrissant des recherches et débats multiples. Mais, pour le reste, la pratique délictueuse reste une friche scientifique. Toute cette information pourtant disponible – que nous avons baptisé information judiciaire – n'est exploitée que par bribes, dans le cadre des actions particulières requérant telle ou telle partie d'elle. Nulle part, elle ne semble envisagée comme un tout, comme un objet d'étude par elle-même.

Il est vrai que si personne ne s'est soucié d'en proposer une définition, l'information judiciaire avait peu de chances d'avoir bénéficié d'une détermination précise, ou même seulement raisonnée, de son périmètre. Non que le terrain soit totalement vierge : au hasard de l'exploration nous verrons d'ailleurs surgir ici ou là quelques bornes qui nous seront précieuses pour en tracer les contours. Mais il n'existe pas en France, à notre connaissance, une autorité scientifique ou fonctionnelle qui se soit occupée de conduire récemment sur cette question une réflexion globale ou de transposer celles qui pourraient exister en dehors de nos frontières.

Sans prétendre combler cette lacune mais en nous souciant seulement d'acquérir une vue d'ensemble suffisamment intelligible pour qu'elle puisse servir la suite de notre propos, nous nous proposons donc d'examiner tout d'abord cette notion d'information judiciaire – ou plus exactement d'information de police judiciaire – en choisissant évidemment de l'appréhender de la façon dont elle nous est le plus facilement accessible : en tant qu'objet. L'information judiciaire présente en effet cette caractéristique d'être en permanence objectivée. Non pas objectivée dans son ensemble, ce qui aurait induit la démarche conceptuelle dont nous déplorons l'absence, mais objectivée par fragments plus ou moins indépendants dont l'agencement est ensuite réalisé, selon l'objectif poursuivi, dans des sous-ensembles très variés. Par exemple, dans une affaire criminelle déterminée, les fragments informatifs sont autant de pièces de l'emboitement intellectuel que constituent l'enquête, l'éventuelle phase d'instruction et le procès qui leur succède. Mais à un autre échelon, par exemple au niveau national d'un office central de police judiciaire, ce sont certaines affaires elles-mêmes et des éléments de contexte général qui seront les pièces élémentaires assemblées pour aborder une structure ou un phénomène criminel.

Dans tous les cas, l'information de police judiciaire est ainsi prise en considération par bribes sélectionnées et combinées dans le cadre d'un raisonnement d'investigation, ou au moins de perception, et il ne peut pas être superflu d'interroger ce raisonnement qui conditionne la nature de l'information recherchée et retenue. Après une approche aussi pragmatique, nous pourrons ensuite plus facilement découvrir le regard que jettent le droit et les sciences criminelles sur l'information judiciaire, ainsi que les sources auxquelles elle puise et le champ qu'elle recouvre.

1/ Le raisonnement policier

A tout seigneur tout honneur donc : l'information judiciaire ne saurait être appréhendée sans considérer tout d'abord celle qui la traque et qu'elle alimente à la fois : l'enquête. Ou plutôt, moins que l'enquête par elle-même, la méthodologie dont elle procède et que nous désignerons sous le nom de raisonnement policier. Mais il est toutefois peut-être un peu inexact de parler de méthodologie dans ce domaine, au risque en effet de laisser entendre qu'un ensemble de règles fixes (autres que juridiques) seraient regroupés en procédures ou protocoles d'investigation dont l'ensemble constituerait le raisonnement policier. Or, s'il est une matière où l'on n'enseigne pas de méthode et où, tout au contraire, l'intuition, l'imagination et la liberté d'agir sont reines, c'est bien l'enquête de PJ. Hors quelques grandes lignes – la primauté des éléments matériels, la priorité à donner aux constatations, l'importance de recouper les renseignements recueillis, la nécessité de n'écarter *a priori* aucune hypothèse, le souci du détail, etc. – l'enquête est un terrain sur lequel se déploient essentiellement l'expérience de l'enquêteur, ainsi que son intelligence et son empathie. Ce qui n'empêche pourtant pas le raisonnement policier de s'inscrire au sein d'un mécanisme plus général dont il n'est qu'une composante interagissant avec d'autres.

A/ Considérations générales

Si l'on tente, par un détour du côté de la sémiologie des textes, de schématiser l'investigation judiciaire sous la forme d'un modèle actanciel de Greimas, on s'aperçoit en effet qu'il est très facile d'y situer le raisonnement policier et l'information judiciaire, liés à d'autres éléments.

De façon lapidaire, on peut présenter le modèle actanciel de Greimas comme un outil inspiré des théories de Propp dans les années soixante, modèle dynamique d'étude d'une action resituée dans un contexte qui en dégage les bénéficiaires, l'objet, le sujet agissant et enfin les facteurs contributifs ou opposés à l'action. Cette dernière est ainsi décomposée entre six actants – d'où le nom de modèle actanciel – répartis sur trois axes de la façon suivante.

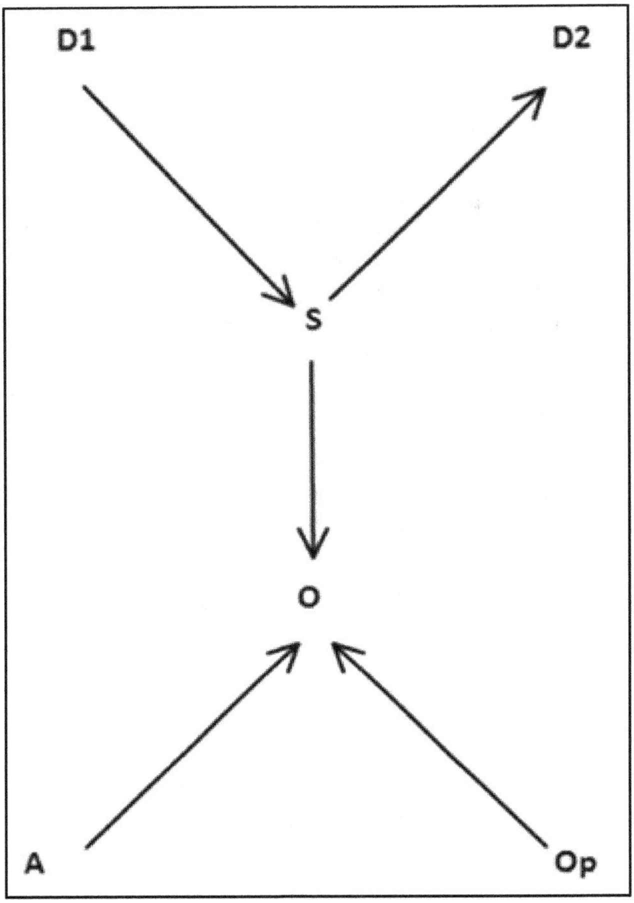

Figure 3 : Modèle actanciel de Greimas.

On trouve ainsi :

- sur l'axe du savoir :
  - D1, le destinateur qui motive la réalisation de l'action ;
  - D2, le destinataire du résultat de cette action ;
- sur l'axe du vouloir :
  - S, le sujet exécutant l'action ;
  - O, l'objet vers lequel le sujet S oriente l'action ;
- sur l'axe du pouvoir :
  - A, l'adjuvant ou les adjuvants qui aident à la réalisation de la jonction entre le sujet S et l'objet O ;
  - Op, l'opposant ou les opposants qui au contraire font obstacle à cette jonction.

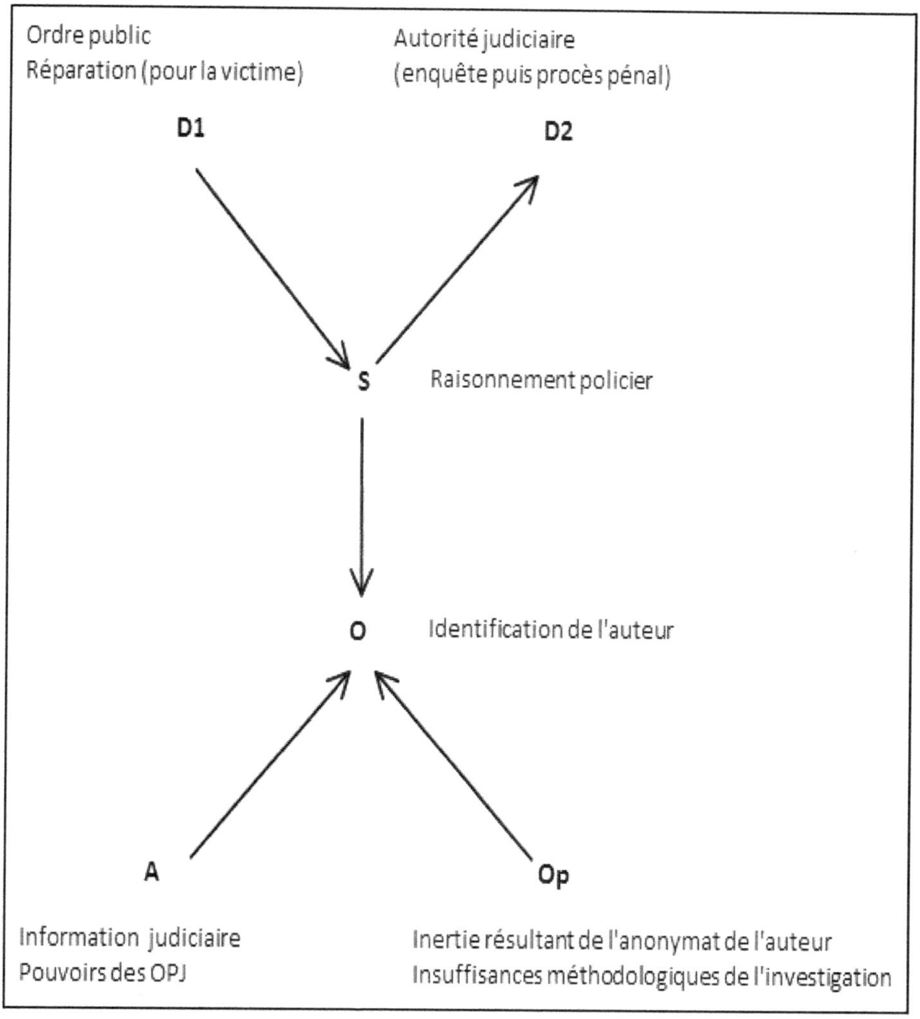

Figure 4 : Modèle actanciel de Greimas du processus d'investigation policière

Appliqué à l'exécution de la police judiciaire, le modèle permet d'identifier les six actants suivants :

- D1 qui motive l'action, est d'une part la victime pour l'intérêt particulier qu'elle a à obtenir réparation, d'autre par l'ordre public qui représente l'intérêt général.
- D2 qui est destinataire du résultat de l'action est l'autorité judiciaire.
- S qui exécute l'action est l'enquêteur et son raisonnement d'investigation.
- O qui est l'objet de ce raisonnement d'investigation est l'identification de l'auteur.

- A qui aide à la réalisation du raisonnement de l'enquêteur S est à la fois ses pouvoirs (pouvoirs des OPJ) et l'information judiciaire (ensemble des traces) dont il nourrit son raisonnement.
- Op qui fait obstacle à cette réalisation du raisonnement est à la fois l'inertie naturelle résultant de l'anonymat de l'auteur et les insuffisances méthodologiques du raisonnement (qui aboutissent à écarter ou oublier des éléments d'information pertinents, à les assortir d'une valeur indicielle indue ou à les articuler selon un enchaînement pourtant contredit par d'autres éléments).

On note sur ce schéma la position du raisonnement policier sur ce que Greimas appelle l'axe du vouloir, et celle de l'information judiciaire sur l'axe du pouvoir, ce qui vient utilement souligner que si l'information judiciaire nourrit l'investigation, elle n'en est que la matière première, inerte et muette par nature, et que c'est bien le raisonnement policier qui se pose en facteur dynamique susceptible de donner vie à l'investigation.

Ce raisonnement policier n'évolue cependant pas en terrain libre, ce qui va de soi. Outre les difficultés inhérentes à l'hermétisme de la scène de crime et à la résistance qu'oppose naturellement l'auteur de l'infraction à son identification puis à son incrimination, souvent de façon passive mais pas uniquement, l'enquêteur est également confronté à ses propres limites. Celles-ci, dans certains cas, peuvent tenir au manque de moyens à engager dans l'enquête, mais aucune affaire ne dispose en réalité de capacités illimitées et leur priorisation fait donc partie intégrante du raisonnement policier, une hypothèse ne pouvant jamais être retenue sans considération du potentiel investigateur qu'elle va consommer. Dès lors, plus qu'à une ressource déficitaire, c'est à ses insuffisances méthodologiques induisant des choix hasardeux que l'investigation peut devoir ses erreurs ou son échec, ce qui signale d'autant mieux à notre attention toute l'importance de ce raisonnement dans une théorie d'exploitation de l'information judiciaire.

Concernant cette dernière, d'ailleurs, on aurait en revanche tort de la prendre pour un obstacle comme cela peut se produire parfois quand elle semble faire particulièrement défaut : l'absence d'éléments dans un dossier ou sur une question particulière de sécurité ne doit jamais être vue comme une pénurie d'information mais plutôt, par principe, comme une déficience de la procédure d'acquisition d'information. En effet, la décision d'investiguer sur une infraction ou sur un phénomène postule par essence l'existence de données, même dissimulées, suffisantes pour en identifier l'auteur ou le mécanisme, sans quoi il est préférable de mettre un terme immédiat au processus d'investigation[104]. En ce sens, avant même que le raisonnement

[104] Il s'agit bien entendu là d'une position théorique. Dans la pratique, les dossiers ne manquent pas où les informations qui permettraient l'élucidation sont si clairsemées, si discrètes et si diffuses qu'elles échappent au regard des enquêteurs sans qu'on puisse forcément l'imputer à une carence de leur méthodologie d'enquête. Mais à l'inverse, dans nombre d'affaires qui

policier se mette en branle, il est dépendant des procédures institutionnelles qui organisent en amont de toute réflexion le recueil de l'information afférente à la délinquance. Bien entendu, confronté à un acte ou un phénomène délictuel particulier, l'enquêteur pourra dès le début de sa démarche infléchir ce recueil. Il le fera alors en fonction de ses premières conclusions mais aussi par le jeu d'automatismes liés au type d'affaire considéré ou à ses propres habitudes. Néanmoins, outre la démarche proactive qu'il va initier pour mettre à jour des éléments inconnus (par exemple, en cas de disparition avec suspicion d'homicide, l'enquêteur mettra en œuvre des opérations de recherche du corps de la victime et de la scène de crime), il va essentiellement puiser dans un champ informationnel qui est disponible et dont il doit définir lui-même les critères et modes d'action qui vont permettre de le moissonner. En d'autres termes, à lui de décider ce qu'il fait recueillir et avec quelle amplitude : témoignages, porte à porte, relevés d'identités, relevé d'indices, saisie d'images de vidéosurveillance, fadettes téléphoniques, surveillances, etc. Quoi ? Dans quel périmètre ? Dans quelle profondeur temporelle ? En matière d'éléments d'information, la problématique du raisonnement policier est donc rarement celle du déficit mais plutôt celle d'une surabondance qu'il convient de doser puis de gérer en exploitation.

La question de cette surabondance va enfin se poser avec une acuité d'autant plus grande qu'elle ne va guère rencontrer de limites à sa voracité : le raisonnement policier est par essence un demandeur infatigable et exigeant d'informations. En effet, si tout un chacun connaît l'existence du principe de présomption d'innocence, sans d'ailleurs nécessairement savoir le sens précis qui doit lui être donné[105], rares sont les personnes qui pensent spontanément à la présomption de culpabilité. A la différence de la première, il est vrai, celle-ci n'est pas codifiée par la procédure pénale qui organise et encadre les pouvoirs de l'investigation tout en restant très vague et générale sur les processus de réflexion et d'action de leur mise en œuvre. Pourtant, le principe moteur de la démarche policière est avant tout cette présomption de culpabilité, et même une présomption générale de culpabilité. Par définition le policier est suspicieux et sa suspicion n'épargne personne : d'entrée de jeu, tout le monde est suspect et d'aucun ne cesse de l'être qu'une fois établi de

---

trouvent brutalement leur solution avec l'apparition d'un élément nouveau au terme d'années d'échec, il apparaît *a posteriori* que les investigations initiales disposaient en réalité d'éléments suffisants pour l'identification de l'auteur et que celle-ci n'a pas été réussie pour des raisons propres à l'enquête.

[105] Le principe de présomption d'innocence ne dispose pas que toute personne est innocente par définition puisque cela conduirait à vider de sens la notion même de culpabilité. Ce principe est en réalité la base juridique sur laquelle s'organisent les dispositions protégeant les droits fondamentaux des personnes selon les éléments dont l'action publique dispose contre elles pour rendre plausible leur participation possible à une infraction. En ce sens, la présomption d'innocence ne vise pas tant des innocents que des sujets juridiques bénéficiant de garanties et contre qui peuvent être réunies des charges, ou au moins des présomptions à charge, justifiant une modification de ces garanties.

façon formelle qu'il n'a pas pu être l'auteur de l'infraction. Bien entendu, des circonstances de fait vont très rapidement permettre d'exclure de cette liste infinie mais théorique de suspects une immense majorité d'entre eux, tous ceux qui en pratique ne se situaient pas dans les parages de l'infraction. Encore la notion de parages est-elle dans ce cas relationnelle en plus d'être physique ou géographique, ce qui ne resserre pas le champ des possibilités autant et aussi facilement qu'on pourrait le croire. Ainsi, la démarche policière dispose-t-elle au départ d'une liste non limitative de *suspects par principe*, et c'est sur ses investigations qu'elle va compter pour trier ceux dont la possible culpabilité doit être examinée de plus près, jusqu'à les incriminer ou les innocenter.

Encore faut-il, pour entreprendre un tel processus, disposer des éléments permettant de mettre, même indirectement (numéro d'immatriculation, numéro de téléphone, numéro de carte bancaire, etc.), une identité sur cette liste de *suspects par principe*, ce qui conduit évidemment à « ratisser large » pour n'oublier personne, d'autant que l'information se dissipe avec le temps. Ainsi l'acquisition de l'information judiciaire est-elle envisagée d'entrée dans cette perspective de surabondance que nous évoquions, et si les critères ne manquent pas qui permettront de l'organiser et de la rationaliser, sinon de la limiter, l'effort se portera plutôt sur la bonne exploitation des éléments recueillis en masse plutôt que sur un tri de départ. Au début comme dans le cours d'une investigation, les critères sûrs et objectifs permettant un tel tri sont en effet rarement disponibles et il ne saurait dès lors avoir qu'un caractère pseudo-qualitatif incompatible avec le principe de préservation des indices qui est évidemment essentiel en police judiciaire.

Dans la façon dont elle s'articule avec celle de raisonnement policier, la notion d'information judiciaire gagne donc cette double précision qu'elle est composée d'éléments disponibles pour la démarche d'investigation mais que ceux-ci ne sont pas soumis à l'exigence *a priori* d'un lien spécifique et direct avec l'infraction : une donnée est éligible à l'information judiciaire non pas en raison d'un rapport identifié entre elle et le délit mais simplement parce que l'enquête n'a pas établi – et dans la plupart des cas même pas encore cherché à établir – l'absence de ce rapport. Et, de fait, dès qu'une enquête s'accompagne d'un recueil massif d'information, la plus grande partie de celle-ci sera au final sans effet et sans utilité pour le résultat de l'investigation. De façon lapidaire, on pourrait dire que l'information n'est pas recueillie, au début de l'enquête, pour son potentiel d'élucidation mais sur la base d'une possibilité théorique de potentiel d'élucidation.

Conjointement à son inscription dans un processus d'élucidation, le recueil de l'information de police judiciaire s'effectue ainsi en grande partie dans un objectif conservatoire qui est évidemment fondamental puisqu'il porte, en matière d'individus, sur une immense majorité de personnes n'ayant en réalité rien à voir avec la commission de l'infraction et dont les renseignements les concernant seront finalement sans utilité pour la résolution de celle-ci. On discerne donc dès cet instant le problème que peut poser l'information judiciaire en termes de protection des libertés individuelles et ce problème nous retiendra longuement dans les chapitres suivants. Mais revenons encore un instant sur les enseignements que peut nous offrir le raisonnement policier, non plus sous l'angle du matériau dont il se nourrit mais plutôt sous celui de la façon dont il est conduit.

B/ Processus du raisonnement policier

Distincte de l'approche criminalistique qui est en quête de matérialité (cf. *infra* Ch. 3, § 4), le raisonnement policier se singularise à la fois par son cosmopolitisme et son caractère itératif, ce qui permet de le questionner sur sa véritable nature en tant que raisonnement.

Cosmopolitisme car l'investigation, bien entendu, ne limite pas sa réflexion à l'examen d'une trace, quelle qu'elle soit, aucune n'étant capable de livrer à elle seule la solution d'une affaire. La trace génétique par exemple, qui exerce une influence grandissante dans les démarches probatoires, ne vaut que par sa confrontation à d'autres éléments génétiques dont la disponibilité dépend d'investigations complémentaires conduites dans l'enquête elle-même (à quelle sélection de suspects vais-je comparer cette trace ?) ou même en dehors du cadre de celle-ci (tel est le cas quand la trace est soumise au fichier national dont les sources d'alimentation sont naturellement indépendantes du cas d'espèce). En termes d'information et malgré son potentiel d'individualisation particulièrement élevé, la trace d'ADN est donc interdépendante et il en va en fait de même avec n'importe quelle donnée, quelle qu'en soit la nature. L'enquêteur ne saurait donc en aucun cas se placer sous la dépendance d'un indice ou même d'une catégorie unique d'indices. Au contraire, ce qui est exploité par le raisonnement policier, c'est la très complexe conjonction des traces, des résultats qu'elles livrent, des autres indices, des témoignages, des éléments victimologiques, des actes d'enquête et de l'environnement de l'infraction au sens le plus large. Dans un premier temps, ce raisonnement aura d'ailleurs moins pour objet d'identifier directement l'auteur que de reconstituer le déroulement des faits, cette étape indispensable que l'on a déjà évoqué et qui va offrir de « voir » la commission du crime, d'en comprendre les ressorts et d'ainsi suggérer des orientations possibles d'investigation permettant de discriminer parmi la liste de tous ceux que l'on a nommés tout à l'heure les *suspects par principe*. Métaphoriquement, on pourrait ainsi comparer l'infraction et ses éléments constitutifs à un sucre dissous dans de l'eau. Isolément, chaque grain est insuffisant pour changer le liquide de façon perceptible et laisser deviner qu'un sucre entier y a été dissous. Mais que l'on boive un peu de cette eau et son goût apparaît sucré (ce qui correspond au caractère accessible de l'infraction, sans lequel il ne pourrait y avoir d'enquête). Qu'on la fasse chauffer jusqu'à évaporation et les grains réapparaissent en minuscules fragments dont l'amalgame intelligent peut livrer la masse et le volume du sucre initial, à défaut de sa forme. C'est en réalité de cet amalgame, de la minutie et de l'intelligence par lequel il y est procédé, que dépend l'issue de l'enquête, bien plus que d'éléments isolés dont aucun ne saurait jamais être parlant à lui seul.

Non seulement le raisonnement policier est donc cosmopolite mais il est également itératif, en ce sens qu'il n'est pas linéaire pour aller d'un point A à un point B par un chemin unique. Bien au contraire, la démarche de l'enquêteur est essentiellement répétitive, consistant à réemprunter sans cesse certaines portions d'itinéraires pour les compléter ensuite d'autres portions alternatives. D'une façon figurative, l'enquête se présente ainsi comme la juxtaposition d'un nombre variable de pistes dont certains tronçons sont communs et qui peuvent se croiser entre elles. Le choix des pistes, notamment parmi les hypothèses d'école, et l'avancée sur chacune sont inférés à partir des données de base (par exemple, dans le cas d'un meurtre : la scène de crime, les constatations initiales, les premières données de contexte, etc.) puis de données complémentaires (l'identification de la victime, les résultats de l'autopsie, l'exploitation des témoignages, etc.). Ainsi, à partir d'un lieu de découverte du corps isolé et peu fréquenté, l'enquête sur un meurtre pourra postuler que la victime y est venue seule (piste A) et qu'elle y avait rendez-vous (piste A1) ou y a rencontré son agresseur par hasard (piste A2), ou bien qu'elle était accompagnée (piste B) et que la personne qui l'accompagnait l'y a conduite de force (piste B1) ou de façon consentie (piste B2), etc.

Pour chaque piste ainsi définie, la succession d'inférences nécessaire à la progression des investigations est alimentée par les éléments d'information recueillis par l'enquête. Quant au mécanisme logique qui cherche à dégager les explications plausibles à partir des données inférées, on peut considérer qu'il relève de l'abduction (ou démarche hypothético-déductive) telle que l'a théorisée Charles S. Peirce. Or, ce mécanisme d'abduction, qui peut être également mis en œuvre dans certains cas par le raisonnement criminalistique, se définit comme une « conjecture sans force probante, fondée sur une hypothèse tirée de l'expérience[106] », l'expérience étant ici à entendre comme le phénomène observé, c'est-à-dire l'indice ou la combinaison d'indices ponctuellement retenus pour une fraction du raisonnement. Un tel statut de processus abductif retient tout spécialement notre attention parce qu'il témoigne que le raisonnement policier n'est en rien atypique lorsqu'il procède d'hypothèses mais se comporte au contraire sur ce point comme toute forme de raisonnement visant à l'extension du savoir[107]. Notamment, ce caractère

---

106 MOURRAL isabelle et MILLET Louis, *Petite encyclopédie philosophique*, Paris, Editions universitaires, 1995, p. 7.

107 Les notions de déduction et d'induction, et l'apport de celle d'abduction peuvent être approfondies de façon accessible dans des ouvrages explicatifs de la pensée de Pierce, tel EVERAERT-DESMEDT Nicole, *Le processus interprétatif: Introduction à la sémiotique de*

conjecturel n'aura aucune légitimité à être invoqué pour disqualifier les techniques policières qui en procèdent dès lors qu'il est inhérent au raisonnement policier d'une part, et qu'il est également l'une des caractéristiques du raisonnement scientifique d'autre part. Ce point mérite d'être d'autant mieux retenu que le raisonnement policier, en respectant effectivement le mécanisme de l'abduction selon Peirce (abduction-déduction-induction) intègre bien la phase de déduction qui satisfait au principe de réfutabilité de Popper[108], ou au moins à la transposition qu'on peut en faire dans le domaine des sciences humaines dont relève le raisonnement policier. En effet, dans le processus d'enquête, puis dans celui d'instruction, cette phase de déduction se matérialise dans le travail que l'on dit « à décharge » consistant à confronter l'hypothèse abduite à la possibilité d'indices et autres éléments de l'investigation qui pourraient la contredire. L'existence toujours envisageable de tels éléments à décharge constituent de façon naturelle, dans le langage propre à l'investigation, des critères de réfutabilité, et de fait il arrive plus souvent qu'à son tour qu'ils se matérialisent pour venir réfuter une hypothèse de culpabilité échafaudée par le processus d'enquête. Par conséquent, et d'un point de vue sémiotique, quand bien même il présente un incontestable caractère spéculatif, le raisonnement policier répond tout à fait aux conditions d'un raisonnement scientifique – en tout cas au moins du même niveau que n'importe quel raisonnement juridique – dès lors qu'il offre de suffisantes garanties méthodologiques contre les conclusions erronées que pourraient lui valoir cette nature conjecturale. Ayant conclu précédemment sur le danger que l'information judiciaire représente pour les libertés individuelles du fait de la voracité qu'elle doit aux nécessités conservatoires de l'investigation, le débat pourra alors se porter – et d'un point de vue citoyen devra effectivement se porter – sur l'efficacité et l'effectivité de ces garanties méthodologiques. En effet, la nécessité du recueil et de la conservation d'une information peut difficilement être appréciée dans le cadre d'un processus qui conjecture, et qui même peut conjecturer pour un instant T+1 la possibilité de conjectures non imaginables à l'instant T. En ce sens, l'exigence de protection des libertés devra plus utilement porter sur les mécanismes garantissant contre tout abus dans l'utilisation de l'information judiciaire que sur la définition de limites dites « de principe » mais en réalité fondées sur l'éventualité de cas d'espèce exceptionnels. En effet, le

---

Ch. S. Peirce, Ixelles (Belgique), Pierre Margada éditeur, 1995. Ou, plus synthétiquement, PELLISSIER-TANON Arnaud, *L'induction, au cœur du dilemme des savoirs en sciences de gestion* in *Stratégies, actualité et futurs de la recherche*, Paris, Vuibert, FNEGE, août 2001, pp. 55-66 et RIBAUX Olivier, *Police scientifique, le renseignement par la trace, op. cit.* pp. 167-175.

[108] Egalement connu sous le nom de principe de falsifiabilité par traduction littérale, mais impropre, de l'anglais *to falsify*. Le principe de réfutabilité permet la démarcation du caractère scientifique d'une théorie sous condition que puissent être définis les critères qui permettraient, s'ils se vérifiaient, de la réfuter.

positionnement de telles limites est toujours discutable selon les objectifs que l'on assigne aux gardiens de l'ordre public et il ne manque d'ailleurs pas d'être régulièrement discuté, voire dénié sous le manteau quand les institutions policières mettent en œuvre de façon plus ou moins occulte des traitements d'information qui ne s'inscrivent pas dans le cadre légal dont ils relèvent (Cf. *infra* Ch. 7, § 1, C).

2/ Visions juridique et scientifique

Maintenant que nous l'avons située dans le raisonnement policier dont elle est la substance, et malgré que cela soit évidemment insuffisant pour la définir ou la délimiter avec précision, l'information judiciaire s'offre déjà à notre regard d'une façon tout de même moins abstraite. Aussi générale et floue que soit la vision que nous avons ainsi acquise, elle est en effet certainement suffisante pour chercher maintenant la trace du concept d'information judiciaire au sein des deux univers ayant à connaître d'elle : l'univers du droit d'une part auquel elle appartient incontestablement en tant que matière du procès pénal, l'univers de la science d'autre part dont elle relève de façon tout aussi certaine en sa qualité d'outil au service d'une recherche de savoir.

A/ Vision juridique : la sécheresse de la procédure pénale

Si on ne devait examiner sa nature qu'au sein d'un seul domaine, nul doute que ce serait celui du droit dont l'information judiciaire relève de façon irréfutable, et même à plus d'un titre.

Tout d'abord, l'information judiciaire entre dans le champ de la preuve pénale. Bien sûr, seuls quelques-uns de ses éléments – ceux qui sont effectivement retenus pour caractériser l'infraction et assurer les poursuites – acquièrent finalement le statut de preuve *stricto sensu*. Mais puisque toutes les données informatives recueillies dans une enquête sont susceptibles d'endosser ce statut à un moment ou à un autre, elles doivent évidemment toutes satisfaire aux conditions qui y sont afférentes. Et ces conditions sont loin d'être négligeables. Certes, « Hors les cas où la loi en dispose autrement, les infractions peuvent être établies par tout mode de preuve et le juge décide d'après son intime conviction[109] ». Mais ce régime de liberté de la preuve ne s'accompagne pas moins de limites très rigoureuses qui en atténuent tout de même notoirement – et c'est heureux – la portée, même si la mise en œuvre effective de ces limites n'est pas aussi simple que ce que l'on pourrait imaginer. De ce point de vue, l'information judiciaire subit en effet pleinement deux mouvements contraires qui affectent depuis plusieurs années l'administration de la preuve pénale : tandis que d'un côté son encadrement juridique est renforcé par les exigences du procès équitable et du respect des droits de la personne, on y ménage d'un autre côté des exceptions ou des

[109] Art. 427 CPP.

aménagements toujours plus grands. Par exemple en sacrifiant au nom de la célérité le contrôle du respect des droits fondamentaux et du contradictoire dans les procédures simplifiées. Ou alors en ébréchant, au nom de l'efficacité, certains de ces droits fondamentaux dans la lutte contre les formes les plus graves de criminalité. La loi dite « renseignement » votée durant l'été 2015 est une parfaite illustration de ce type de sacrifice et d'ébréchures et nous aurons bien entendu l'occasion de l'évoquer un peu plus loin, de même que les dispositions spécifiques adoptées après les attentats terroristes de janvier et novembre 2015, étant précisé que certaines de ces dispositions attentatoires aux libertés et très dérogatoires (le juge judiciaire en est écarté au profit du Parquet, voire de l'autorité administrative) sont pleinement applicables dans certains pans du droit commun au titre de la prévention de la criminalité ou de la délinquance organisées.

Placé sous le regard attentif de la Cour européenne des droits de l'homme, de la Cour de cassation ou même du Conseil constitutionnel, ce double mouvement n'est pas problématique en soi du point de vue de l'information judiciaire mais il affecte inévitablement son environnement légal et il appartient donc aux enquêteurs de le veiller afin de se prémunir contre toute irrégularité qui surviendrait du fait des changements dans ce domaine. Par exemple, quand les sages de la rue Montpensier relèvent l'inconstitutionnalité de l'incrimination de harcèlement sexuel et la suppriment du Code pénal, cette décision qui rétroagit emporte pour les gestionnaires de l'information judiciaire l'obligation d'actualiser les données nominatives issues d'affaires non encore jugées qui sont soudain réputées n'avoir jamais existé. Ainsi que nous le verrons, ces mécanismes d'actualisation de l'information judiciaire sont pourtant très loin d'être efficients et n'ont jamais été un grand souci de la part du ministère de l'Intérieur ni même de celui de la Justice.

Un tel cas, hélas, est loin d'être atypique. D'une manière générale, l'information judiciaire est donc soumise comme toute la matière pénale à des principes forts qui participent à sa délimitation mais il serait bien tartufe de nier qu'elle s'en accommode parfois avec une certaine difficulté. Ainsi du principe de loyauté, tout à fait crucial dans l'administration de la preuve pénale et sur lequel nous pouvons nous attarder quelques instants à titre d'exemple. Dégagé par un arrêt des chambres réunies de la Cour de cassation en 1888, puis précisé par d'autres arrêts de cette Cour, le principe de loyauté a depuis longtemps acquis valeur de principe général du droit, ce qui lui confère une valeur normative supra-législative dont le niveau a d'ailleurs encore été haussé par la convention européenne des droits de l'homme et de sauvegarde des libertés. Ce principe de loyauté s'impose donc avec une force toute particulière à la démarche policière et on pourrait penser qu'il y exerce son emprise de façon totalement univoque. Pourtant, c'est loin d'être le cas, les exemples ne manquant pas de situations où l'investigation est autorisée à s'affranchir de cette emprise. En effet, au-delà de l'indispensable éthique policière qui régit leur emploi, c'est tout le spectre des techniques spéciales d'investigation (sonorisations, interceptions, infiltrations, provocations, etc.) qui met en réalité à mal le principe de loyauté. L'administration de la preuve pénale se trouve ainsi souvent écartelée entre la très légitime nécessité de respecter droits et libertés et l'impératif de sécurité publique et individuelle assigné à la Justice, ce que des chercheurs n'ont pas manqué de remarquer en évoquant la tension interne que subissent les objectifs de vérité, de légitimité et d'efficacité de la procédure pénale et en soulignant que « la légitimité [peut] cantonner la recherche de vérité et d'efficacité, ou l'inverse [et que] l'efficacité [peut] tendre à l'objectivation de la vérité, ou à sa défiguration, etc._[110]. » Un propos qui aurait tout aussi bien pu être illustré au sujet du principe d'équilibre entre les parties (traduit dans la jurisprudence européenne par la notion d'égalité des armes), par l'instauration de présomptions légales dont la juridiction européenne a validé l'existence en deçà d'un certain seuil[111] et que l'on rencontre par exemple en matière de blanchiment[112] (mais dans lesquelles on peut voir une forme de renversement de la charge de la preuve, donc de dérogation au principe de présomption d'innocence) ou quand la soumission d'une preuve illégale par les parties privées[113] est validée par la Cour de cassation et la CEDH pour peu qu'elle puisse être discutée de façon contradictoire lors du procès, le contradictoire « lavant » en quelque sorte le manquement au principe de loyauté.

Naturellement, dès lors que l'on a établi, comme nous l'avons fait, la participation active et déterminante de l'information judiciaire au processus probatoire, celle-ci se retrouve forcément inscrite dans ce débat plus général de l'administration de la preuve pénale et on aurait pu espérer qu'elle y trouve le terrain d'une théorisation générale de sa nature et de ses liens avec le procès pénal. Malheureusement, on cherchera en vain trace d'un tel cheminement. Soit la théorie de la preuve est envisagée *in abstracto* par la doctrine ou par des attendus de jurisprudence et elle n'élude pas dans ce cas la confrontation avec les grands principes qui viennent d'être rappelés, mais l'information

---

[110] GUIDICELLI-DELAGE Geneviève, MATSOPULOU Haritini et Association de recherches pénales européennes, *Les transformations de la preuve pénale : perspectives comparées*, Mission de recherche Droit et Justice, Synthèse 107, décembre 2003, p. 2. http://www.gip-recherche-justice.fr/wp-content/uploads/2014/07/01-24-NS.pdf (accédé le 28/11/16).

[111] CEDH, arrêt Salabiaku c. France du 7 octobre 1988 rendu à l'unanimité sur une présomption applicable en matière d'infractions douanières ou, sur la présomption dans les cas d'infraction au stationnement des véhicules, Cass. Crim. arrêt n°91-82211 du 6 novembre 1991, Bull. Crim. n°397, et Conseil constitutionnel décision n°99-411 DC du 16 juin 1999.

[112] Les articles 321-6 et 321-6-1 du Code pénal, qui instituent une présomption légale de culpabilité à l'égard des personnes ne pouvant justifier de leurs ressources tout en étant en relations habituelles avec les auteurs de certaines infractions, sont voisins du recel mais particulièrement adaptés, notamment concernant l'art. 321-6-1, à la lutte contre le blanchiment.

[113] Bien qu'elle ne puisse donc être produite par le ministère public (donc par les enquêteurs), cette preuve recueillie illégalement entrera pleinement dans le champ de l'information judiciaire dès l'instant où elle aura été « lavée » par la juridiction qui l'aura acceptée.

judiciaire en tant que telle est alors absente du débat sous sa qualité de matière à la fois universelle et concrète. Soit c'est un procédé particulier de preuve qui vient sous le regard des juristes à titre d'illustration ou de cas d'espèce, par exemple ici la question des provocations policières, ou là l'utilisation de la génétique, mais le raisonnement juridique s'abstient alors de la démarche de généralisation qui embrasserait l'information judiciaire d'un regard global et exhaustif. En d'autres termes, hors les situations requérant de faire face à un cas particulier, la réflexion sur la preuve fait l'impasse sur l'information judiciaire qui en est pourtant la matérialisation la plus tangible, celle qui est effectivement produite devant les cours et tribunaux.

La doctrine, et les illustrations ou contradictions qu'elle peut trouver devant les juridictions, ne sont cependant pas l'unique terrain où l'information judiciaire aurait justifié d'être prise en considération en tant que telle. Intervenant comme on l'a vu de façon boulimique sur un territoire touchant de près aux libertés individuelles, l'information judiciaire est en effet dépendante pour son recueil et son exploitation de l'activité des agents qui en ont la charge et cette activité est dès lors encadrée de façon très stricte par le Code de procédure pénale. Dès son livre premier, titre premier, chapitre premier, d'ailleurs intitulé « De la police judiciaire », puis au fil des articles traitant de l'enquête ou de l'instruction, ce code s'emploie donc à réglementer l'activité des enquêteurs à travers tout un ensemble de dispositions relatives à leur qualité, à leur compétence, à leurs attributions et à leurs pouvoirs, notamment en ce que ceux-ci sont le plus souvent attentatoires d'une manière ou d'une autre aux libertés. Toutefois, de façon fort naturelle s'agissant d'un code, cet appareil normatif n'intervient que de façon très formelle pour énoncer des conditions d'intervention assurant l'équilibre entre la nécessaire protection de ces libertés et les non moins indispensables dérogations qu'elle doit consentir afin que justice puisse être rendue. On y chercherait donc à nouveau vainement une quelconque conceptualisation générale, pas plus d'ailleurs au sujet de l'information judiciaire que de tout autre domaine : ce n'est tout simplement pas le rôle d'un code que de livrer, avec toute la hauteur de vue et l'approche synthétique que cela suppose, les considérations générales de la matière qu'il codifie et son exégèse. Exit, donc, le Code de procédure pénale s'agissant de la délimitation de l'information judiciaire.

Tout au plus pourra-t-on faire une mention spéciale pour quelques articles sur lesquels nous serons longuement appelés à revenir. En tant que matière relative à des personnes – et toute infraction suppose une personne l'ayant commise ou s'étant abstenue d'empêcher sa survenance, ainsi qu'une victime dans un grand nombre de cas – l'information judiciaire est appelée à traiter des données directement ou indirectement nominatives. C'est à ce titre qu'elle relève de dispositions particulières visant certains traitements automatisés[114]

---

[114] Chapitres II et III du titre IV, Livre 1er du CPP.

ou, quand ces dispositions ne trouvent pas à s'appliquer, de celles plus générales de la loi dite « informatique et libertés »[115]. Envisageant avec une grande précision les données nominatives éligibles à ces traitements, les conditions auxquelles il peut y être accédé et celles relatives à leur mise à jour, ces dispositions légales ne visent cependant qu'une partie de l'information judiciaire – celle afférente à certaines catégories de personnes – et, surtout, elle n'en conceptualise ni le champ, ni l'emploi dans le cadre d'une démarche policière. Ce n'est d'ailleurs évidemment pas leur fonction, mais l'information judiciaire reste donc toujours orpheline de la réflexion sur laquelle on pourrait la croire assise.

Enfin, toujours sur le terrain juridique, si l'on se tourne vers les manuels de procédure pénale, on y retrouve concernant la police judiciaire les mêmes notions que dans le code dont ils traitent : désignation et compétence des agents et officiers de police judiciaire, mission de la police judiciaire, pouvoirs dévolus, etc. Au travers de ces ouvrages qui envisagent la police judiciaire de façon détaillée sous l'angle des actes qui lui sont autorisés, on ne trouve en revanche nulle trace des méthodologies policières à l'œuvre, et donc encore moins de leur matériau de base, l'information judiciaire. On a déjà souligné que dans ces ouvrages que leurs bibliographies elles-mêmes ne citent généralement que quelques références soit de langue anglaise, soit ne recouvrant qu'une infime partie de l'activité d'investigation, notamment celle relative à la police scientifique. De quelque côté qu'on se tourne, le monde pénal qui pourtant s'en nourrit ne traite donc finalement l'information judiciaire qu'avec une souveraine indifférence.

B/ Vision scientifique : un terrain en déshérence

Heureusement, est-on tenté de penser, la démarche policière est une recherche de vérité factuelle (une enquête à son sens le plus premier : qui a fait quoi ?) qui intervient dans des cadres relativement répétitifs assez facilement classifiables en croisant l'infraction (le résultat produit) et son mode opératoire (la façon dont ce résultat a été produit). De ce point de vue, elle semble donc se prêter à une approche scientifique du même type que pour toute quête de savoir, ce qui pourrait compenser la carence que nous venons de constater dans le domaine du droit.

Sur ce terrain scientifique, le regard se porte aussitôt vers les sciences criminelles que leur appellation même semblent désigner comme sciences de référence pour la pratique policière. Toutefois, il a été déjà indiqué à quelles limites étaient confrontées ces sciences en France mais c'est sans considération pour ces limites, donc de la façon la plus large possible, que nous allons regarder où se situe l'information née de l'investigation policière dans les ouvrages de référence dont nous disposons. De ce point de vue par exemple, la mise au point est immédiate chez Raymond Gassin qui n'inclut

[115] Loi 78-17 du 6 janvier 1978 relative à l'informatique, aux fichiers et aux libertés.

pas l'action policière dans la criminologie mais semble d'évidence la renvoyer à la criminalistique en définissant cette dernière comme « l'ensemble des sciences et des techniques utilisées en justice pour établir les faits matériels de l'acte délictueux et la culpabilité de la personne qui l'a commis[116] ». Encore, face à une telle définition, faudrait-il s'entendre sur le sens à donner au mot « techniques » mais d'une manière générale, cette délimitation fait consensus, en tout cas dans la plupart des pays étrangers qui parlent cependant plus souvent de *Forensic Sciences* que de criminalistique, et à l'exception également des tenants de l'école autrichienne encyclopédique qui intègre la criminalistique dans le champ de la criminologie, mais sans pour autant lui assigner un autre rôle que celui qui vient d'être dit.

Afin d'isoler ainsi la démarche policière de la criminologie au sens large, le critère de distinction retenu est très explicitement son caractère probatoire qui la ferait ressortir de la procédure pénale alors que le territoire criminologique s'en tiendrait, quant à lui, à l'explication et aux conséquences de l'acte criminel, ainsi qu'à la personne « générique » du délinquant. Même si elle renvoie l'objet de notre étude d'une science à une autre, une telle dichotomie n'est pas gênante par principe, ou en tout cas ne devrait pas l'être, et il n'est de toute façon pas dans notre propos de la réfuter, d'autant qu'elle n'exclut nullement que chacun des deux univers s'enrichisse des connaissances de l'autre. Raymond Gassin évoque d'ailleurs en ce sens comment le profilage criminel s'alimenterait de la micro-criminologie[117] et des typologies criminelles que celle-ci peut produire[118], ce qui nous amène tout de même à noter comme une curiosité le fait de se tourner ainsi vers un tel exemple. Le profilage criminel, en effet, constitue et ce n'est pas lui faire injure que de le dire, une pratique extrêmement confidentielle et encore bien fragile. Y aurait-il si peu d'exemples pour illustrer les apports réciproques de la criminologie et de la criminalistique parmi l'immense champ des procédés d'investigation ? Parmi les milliers d'acte d'enquête qui sont mis en œuvre quotidiennement par la police judiciaire et qui sont sa routine ?

La question ainsi posée n'est pas, reconnaissons-le, totalement gratuite. Quand il en précise le périmètre dans son ouvrage, dont la portée doit être soulignée, Raymond Gassin fait limitativement entrer dans la criminalistique « la médecine légale, la police scientifique, la police technique et la psychologie judiciaire[119] » et cette délimitation est finalement des plus déroutante. Où donc y prennent place des actes aussi courants que les auditions de témoins ou de personnes suspectes ? Les enquêtes de voisinage ? Les interceptions téléphoniques et autres procédés de surveillance ? Les infiltrations sur Internet ? Celles des constatations qui ne relèvent pas de la

---

[116] GASSIN Raymond, *Criminologie,* 5ème édition, Paris, Dalloz, 2003, p. 17.
[117] Etude du crime comme phénomène individuel.
[118] GASSIN Raymond, Criminologie (5ème édition) *op. cit.* p. 19.
[119] *Ibid.* p. 18.

police technique et scientifique ? Etc. ? Mêmes questions devant l'incontournable dictionnaire des sciences criminelles qui ne consacre aucune entrée… aux sciences criminelles et qui s'en tient sur le sujet au même type de considérations elliptiques et très générales que Raymond Gassin. Pire, dans l'article consacré à l'enquête de police il est affirmé au sujet des moyens classiques d'investigation (comprendre ceux qui ne relèvent pas de la police scientifique) « qu'ils sont limités [...soumis] à l'impérative existence d'un ou plusieurs suspects et ne permettent pas [...] l'élaboration d'hypothèses[120] » ce qui est évidemment une contre-vérité, sans quoi toutes les enquêtes où n'intervient pas la police technique ne compteraient jamais d'hypothèses. Un peu plus loin, le même article évoque les sciences criminelles, en charge de répondre aux questions « Comment ? » et « Qui ? », et dont ne relèveraient en France que la police technique (pour le recueil des indices), et la police scientifique (pour l'interprétation des indices et la médecine légale)[121].

Comme celle de Raymond Gassin, une telle définition est d'évidence d'une étroitesse inadaptée, et elle est pourtant loin d'être singulière au sein des sciences criminelles… et de la criminalistique elle-même. A nouveau, tout se passe en effet dans ce domaine comme si la pratique policière, une fois posée son cadre normatif, se résumait aux procédés de la police scientifique. En témoignent les pauvres bibliographies des manuels de procédure pénale qui ne trouvent guère à citer au chapitre de l'investigation – quand ils en citent – que quelques rares ouvrages datant au mieux de plusieurs dizaines d'années. Dans une autre bible, le *Procédure Pénale* de Bernard Bouloc[122], l'auteur ne parvient ainsi à citer au titre des pratiques policières que des publications aussi récentes que le *Traité des pratiques policières* de Robert Borel (1946), le *Traité théorique et pratique de police judiciaire* de Louis Lambert (1951 et 1955) ainsi que le *Précis de police judiciaire* du même auteur (1959) le *Traité de procédure pénale policière* de Christian Parra et Jean Montreuil (1972 et 1976) ou sur un ton plus critique le *Pratiques et réactions policières* de Fernand Cathala (1977). Comme on le voit, des ouvrages dont le plus récent est sur le point de fêter son quarantième anniversaire et dont on ne peut pas dire qu'ils serrent au plus près l'évolution de la délinquance et celle des procédés d'investigation !

La production est en revanche autrement foisonnante, et autrement actuelle, concernant la police technique et scientifique, mais quelle place fait-elle à l'investigation policière traditionnelle et à l'information judiciaire ? Si l'on prend l'exemple du très emblématique et très complet *Manuel de criminalistique moderne et de police scientifique* d'Alain Buquet déjà cité[123],

---

[120] LOPEZ Gérard et TZITZIS Stamatios (dir.), *Dictionnaire des sciences criminelles*, Paris, Dalloz, 2004, p. 349.
[121] *Ibid.* p.350.
[122] BOULOC Bernard, *Procédure pénale (*23ème édition), Paris, Dalloz, 2012, p. 457.
[123] BUQUET Alain, *Manuel de criminalistique moderne et de police scientifique*, *op. cit.*

7 pages sont consacrées à l'analyse criminelle, 9 aux fichiers de police judiciaire et 4 au signalement descriptif des individus par témoignage. 20 pages en tout, sur les 396 que compte le livre, ce qui est malheureusement tout à fait caractéristique de la place que la criminalistique fait aux procédés qui ne relève pas directement de la police scientifique et de l'analyse en laboratoire. Encore Alain Buquet est-il particulièrement exhaustif : dans les faits, la plupart des ouvrages de criminalistique traitent exclusivement de la police technique et scientifique, dressant généralement un catalogue tout particulièrement minutieux des procédés de laboratoire – où la microscopie à balayage côtoie le typage de l'ADN mitochondrial et où l'analyse thermique différentielle voisine avec la datation par racémisation des acides aminés – inventaire futuriste qui concerne moins de 0,1% des affaires criminelles et qui fait superbement l'impasse sur… tout le reste.

Quant aux praticiens, leur approche n'est pas moins encadrée par les œillères techniques et scientifiques. Il suffit pour s'en convaincre de consulter le contenu de l'enseignement dispensé en diplôme d'université « Coordinateur des opérations de criminalistique » de l'Université Paris Descartes[124]. Dans ce diplôme à la délivrance duquel est étroitement associé l'Institut de recherche criminelle de la gendarmerie (IRCGN), la gestion de liens et l'analyse criminelle sont les deux seules matières à ne pas relever directement de l'approche PTS. Et sur les 180 heures de cours magistraux, travaux dirigés et travaux pratiques, il est consacré à ces deux matières… 5 heures. Ainsi, les cours qui ressortissent le mieux – ou plutôt le moins mal – de la méthodologie d'enquête représentent-ils moins de 3% de tout l'enseignement dispensé aux criminalistes praticiens les plus chevronnés que la gendarmerie engage concrètement sur le terrain.

Ne relevant à l'évidence pas de la criminologie au sens qu'elle a partout sauf en France, mais par ailleurs rejetée d'un côté par des sciences criminelles qui cherchent encore à tâtons le périmètre qu'elles recouvrent et méprisée de l'autre par la criminalistique qu'on lui désigne souvent comme mère putative, la pratique policière n'est donc pas moins orpheline dans l'univers scientifique que dans celui du droit et ne trouve pas plus dans l'un que dans l'autre les éléments conceptuels qui permettraient de l'appréhender sur un mode théorique. Quant à l'information judiciaire, matière première abondante d'un processus détective qui fixe des limites très larges au champ de son investigation, elle se présente dans un tel contexte de déshérence comme un concept finalement assez flou faute qu'un consensus ou plus simplement qu'une véritable réflexion en ait dégagé une définition acceptable. Ce n'est pourtant rien de dire qu'on se demande comment la lutte contre la délinquance – qui porte tout de même chaque année sur des infractions par millions – peut

---

124 http://www.scfc.parisdescartes.fr/index.php/descartes/formations/biomedicale/du-coordinateur-des-operations-de-criminalistique-du-cocrim/(language)/fre-FR (accédé le 28/11/16).

prétendre s'adapter aux évolutions des temps modernes tout en faisant l'économie de la théorisation qui est seule de nature à éclairer ses lacunes et les remèdes qu'elles appellent. Pour l'heure, en tout état de cause, force nous est faite de poursuivre notre réflexion sans un tel éclairage et c'est à nouveau par un angle plus pragmatique que nous devons donc envisager l'information judiciaire, comme nous l'avons fait pour le raisonnement policier, afin de pouvoir en conceptualiser l'emploi. De ce point de vue, l'étude des sources de cette information de police judiciaire semble l'étape la plus prometteuse, sinon la plus incontournable.

3/ Les sources de l'information judiciaire

Par chance, ces sources auxquelles puise l'information judiciaire sont particulièrement familières aux juristes et praticiens du monde pénal. Avec l'infraction pour mère et l'auteur pour père, cette matière dispose en effet de parents des plus notoires.

A cette filiation, on pourrait toutefois objecter d'entrée qu'elle s'écarte d'un modèle dont elle semble pourtant assez voisine et qui est assez communément admis par les sciences criminelles modernes pour aborder la notion de crime : le triptyque délinquant/victime/gendarme que l'on rencontre par exemple, proposé par Maurice Cusson, quand celui-ci écrit que « Le phénomène criminel est façonné par les décisions et actions des délinquants, des victimes et des agents de contrôle social. Ces trois catégories d'acteurs ont leurs raisons et ils s'influencent réciproquement[125] ». Ni ce triptyque, ni les seconds rôles identifiés à sa périphérie ne nous semblent cependant pertinents dans le cadre de notre approche, et il en irait d'ailleurs de même avec des grilles de lecture tirées des typologies criminelles ou des études sur le passage à l'acte. C'est qu'à l'inverse de ces théories, nous ne posons pas notre regard sur le crime, objet central mais désincarné des sciences criminelles, ou même sur le criminel, mais sur le mécanisme de l'élucidation, et non pas sur l'élucidation du crime en général mais sur l'élucidation de chaque type de crime en particulier. Dans une telle lecture praxéologique, l'auteur et l'infraction tels que nous allons les délimiter – et nous justifierons concernant la seconde pourquoi nous lui rattachons la victime plutôt que de prendre celle-ci en considération isolément – nous semblent concentrer toute les éléments nécessaires pour la résolution d'une affaire et nous nous en tiendrons donc à ces deux sources.

Tout au plus pouvons-nous concéder qu'il n'est tout de même pas possible d'éluder dans cette vision, toujours du point de vue praxéologique, que l'enquêteur se pose en agent décisif du processus que nous étudions. Par sa culture, sa formation, sa pratique, ses habitudes, ses aprioris, etc. cet enquêteur contribue en effet au premier chef à la sélection, à la mise en forme et à

---

[125] CUSSON Maurice, *Criminologie actuelle*, Paris, PUF, 1998, p. 3.

l'exploitation de l'information judiciaire dont il nourrit son raisonnement. Pour dimensionnant qu'il soit, ce rôle ne nous paraît pourtant pas devoir être érigé en source de l'information mais plutôt pris pour ce qu'il est : une contrainte qui va permettre ou au contraire faire obstacle à la prise en compte des éléments informatifs. Sous cet angle, l'enquêteur mérite naturellement d'être étudié, ne serait-ce que pour l'élaboration des protocoles d'intervention et des actions de formation qui permettront d'orienter au mieux cette contrainte qu'il exerce et d'en neutraliser les effets non-pertinents, dilatoires ou contre-productifs. Mais une telle étude et les mesures qu'elle appellerait se situent bien en amont du fonctionnement de l'information judiciaire dans chaque cas d'espèce, ce que nous pourrions appeler l'information judiciaire à l'œuvre. Nous étant fixé ce fonctionnement comme unique objectif de notre recherche, nous pouvons donc en écarter l'enquêteur sans pour autant rien lui retirer de l'influence qu'il exerce sur l'investigation. Ne restent donc bien sous nos yeux que deux sources seulement pour l'information judiciaire : l'infraction et son auteur.

A/ L'infraction

L'infraction, tout d'abord, mais peut-être devrions-nous plutôt parler d'acte criminel. De l'infraction proprement dite, c'est-à-dire dans son acception juridique, il convient en effet de se souvenir qu'elle n'a par principe pas d'existence naturelle, entière création humaine et plus précisément création normative au service de la vie sociale en ce sens qu'elle codifie, ou cherche à codifier, les comportements en tirant sa légitimité d'ordres moraux eux-mêmes créations humaines. L'infraction n'est donc au départ rien d'autre qu'une définition légale, l'énonciation toute théorique d'une transgression délimitée par un article de loi dans le but d'assurer la sécurité et l'ordre publics, ou plutôt une sécurité et un ordre publics eux-mêmes déduits d'une morale fixant de façon forcément arbitraire la frontière entre le bien et le mal. Cette virtualité ne saurait toutefois résumer la délinquance au sens général, et encore moins le crime en tant qu'acte individuel, comme ont pu le croire à une époque les criminologues de l'école de la réaction sociale (cf. *supra* Ch. 1, § 2, A, b). En poussant ce raisonnement jusqu'à ses dernières extrémités, ceux-ci en étaient en effet arrivés, presque mécaniquement, à nier la spécificité de l'acte criminel dans lequel ils ne voyaient plus que la production artificielle de la réaction sociale, par exemple moyen pour les dirigeants ou élites d'assurer leur emprise sur une majorité d'agents sociaux. Pour le point de vue qui nous occupe, une telle vision qui déplace en réalité l'objet des sciences criminelles n'offre toutefois pas de grille de lecture spécifique de l'action en élucidation, non plus d'ailleurs que la vision inverse consistant à réfuter toute influence sociologique, économique, politique, etc. dans l'élaboration des normes pénales et la survenance des crimes et délits[126]. Sans s'attarder sur ces différences d'appréciation ni sur les positions médianes qu'elles autorisent, nous nous pencherons donc, plus utilement pour notre démarche, sur l'infraction en tant que telle.

C'est que cette dernière ne reste pas en effet pas indéfiniment une simple notion juridique. Quand le concept artificiel et abstrait érigé en transgression de la norme se concrétise soudain dans le réel par un acte ou une abstention, il présente soudain une toute autre tangibilité, que la victime peut d'ailleurs éprouver jusque dans sa chair dans les situations les plus extrêmes et qui est de toute façon porteuse de conséquences dans toutes les circonstances. C'est bien là ce qui distingue l'acte criminel de l'infraction, simple objet juridique. Quand elle se matérialise pour constituer un cas d'espèce, l'infraction quitte le domaine de l'abstraction, sa réalisation effective (ou la tentative de cette réalisation) lui conférant une qualité nouvelle d'évènement judiciaire appelant la, ou les réactions prévues par l'ordre juridique.

Plus que l'infraction *stricto sensu*, c'est donc son accomplissement en tant qu'acte criminel qui retient notre attention, et très précisément l'effectivité qui la fait changer de condition. Pour le point de vue qui nous intéresse, il serait erroné de ne voir dans ce changement de statut qu'une prise de position dans un débat byzantin à plus d'un égard. En effet, c'est la matérialisation du délit, et celle-ci seulement, qui le dote soudain des attributs – moment, lieu, but poursuivi, mode opératoire, objets, témoins, etc. – dont le processus judiciaire va se servir, d'une part pour le caractériser en tant qu'infraction précise et personnalisée, d'autre part pour nourrir les investigations. L'information judiciaire trouve bien ainsi dans l'infraction matérialisée sa première source d'approvisionnement, un premier matériau, et un matériau d'autant plus riche qu'il est nécessairement l'agglomérat de multiples composants élémentaires qui sont autant de traces, la plupart échappant de surcroît au contrôle de l'auteur.

Nous avons vu précédemment (cf. *supra* Ch. 2) toute l'étendue qu'il convient de donner à cette notion de trace mais précisons néanmoins tout de suite que c'est jusqu'à la victime que nous envisagerons comme telle au titre de l'information judiciaire. La victime, une trace ? Nonobstant que cette victime n'est pas toujours une personne, ou pas directement, une telle « réduction » ne participe évidemment pas d'une quelconque démarche de déshumanisation mais seulement d'une nécessaire volonté d'exhaustivité. Du point de vue de l'information judiciaire, en tant qu'objet du délit, la victime vient en effet se ranger aux côtés des éléments qui permettent de caractériser celui-ci dans sa spécificité et donc de l'individualiser au mieux, d'en tracer les

---

[126] Sur ces approches et celle des autres écoles criminologiques, MUCCHIELLI Laurent, *Sociologie de la délinquance*, *op. cit* CUSSON Maurice, *Criminologie actuelle*, *op. cit.* ou GASSIN Raymond, BONFILS Raymond et CIMAMONTI Sylvie, *Criminologie (7ème édition)*, Paris, Dalloz, 2011.

contours les plus précis possible, ce qui est naturellement indispensable pour en faire la substance d'un raisonnement visant à identifier l'individu unique (ou le groupe d'individus unique) auteur du fait. Même sur le plan du principe, il est d'ailleurs sans doute plus sain de ranger ainsi la victime du côté de la transgression subie, en qualité d'objet de cette transgression, plutôt que du côté de l'auteur comme on peut parfois le voir. L'approche sous l'angle du couple auteur/victime, souvent entreprise au titre de l'étude de la prise de risque, peut par exemple conduire assez facilement à faire de la victime un sujet à part entière de son agression. Dans les visions les plus simplistes, ou les plus réductrices[127], ce sujet pourra même carrément être considéré comme agissant, au même titre ou presque que l'auteur, ce qui est naturellement oublier un peu vite que les victimes font rarement le choix conscient et délibéré de le devenir.

L'acte criminel, donc, incluant la victime, comme première source pour l'information judiciaire. Et cet acte criminel ayant maintenant été clairement distingué de la définition théorique de l'infraction, nous nous permettrons pour la suite de l'ouvrage et sauf mention contraire, de ne plus utiliser le terme *infraction* qu'avec le sens d'*infraction effectivement concrétisée*, la fluidité de lecture pouvant y gagner ce que la précision du propos ne devrait pas y perdre.

B/ L'auteur de l'infraction

L'auteur, ensuite, qui en tant que commettant constitue forcément le second élément fondateur de la démarche policière de collecte et d'exploitation d'une information judiciaire. Cette démarche aurait-elle d'ailleurs un sens si elle se privait des éléments d'identification des délinquants ? Souvenons-nous que le bertillonnage constitue la plus connue des tentatives, et sans doute l'une des premières, pour stocker et organiser méthodiquement, selon des critères scientifiques, de l'information dans une perspective d'élucidation criminelle. Par ailleurs, conduisant notre étude sur le postulat d'une faible probabilité que la délinquance soit commise uniquement par des primo-, donc mono-délinquants, on mesure immédiatement tout l'intérêt qu'il y aura à conserver dans l'information judiciaire les données relatives aux auteurs connus. Quand la victime d'un attentat à la pudeur décrit son agresseur en disant qu'il louchait et avait un papillon tatoué sur l'épaule droite, puis que l'enquêteur trouve dans une base d'information judiciaire un nommé X... mis en cause deux ans plus tôt pour exhibitionnisme et dont la fiche signalétique mentionne un strabisme convergent et un papillon tatoué sur l'épaule droite, l'affaire n'est pas encore

[127] Pour des raisons culturelles très ancrées dans les têtes et dans les comportements, les victimes d'infractions sexuelles, notamment de viol, sont très souvent victimes (doublement victimes, donc) d'un tel glissement qui leur fait porter une part de responsabilité dans l'agression qu'elles ont subie.

résolue, aucune preuve de rien n'a encore été établie mais l'OPJ dispose d'une incontestable piste de travail.

Naturellement, la signalétique dont il est question doit être entendue dans un sens beaucoup plus large que celui d'un bertillonnage depuis longtemps révolu. Selon les pays et les choix qu'ils opèrent, on y trouve par exemple, en plus de l'état-civil (quand il est connu), des éléments de biométrie tels que l'empreinte génétique, la morphologie de l'iris ou même l'empreinte de l'oreille, et d'une manière générale toute caractéristique physique individualisant son propriétaire. Mais on pourra également y intégrer certains éléments non physiques, y compris déjà retenus au titre de l'infraction, dès lors qu'ils seront également caractéristiques de l'auteur. Ainsi, pourquoi pas, de l'usage systématique d'un même type d'arme, d'un mode opératoire privilégié, d'un type de délinquance habituel (proxénétisme, recel, etc.), de la préférence accordée à des victimes présentant certaines particularités (l'un ne s'attaque qu'à des garçonnets, l'autre qu'à des prostituées, etc.) : les prisons ne manquent pas de pensionnaires qui n'ont ainsi été trahis que par leurs habitudes. La pertinence qu'il y a à engranger dans l'information judiciaire les renseignements relatifs aux auteurs, connus ou non, est donc d'une évidence trop lumineuse pour que l'on s'y attarde longtemps. Deux précisions absolument fondamentales méritent cependant d'être évoquées dès ce stade du raisonnement, même s'il sera revenu sur elles de façon beaucoup plus détaillée par la suite.

En premier lieu, il est impératif de se souvenir qu'entre une base de données et le dossier d'un enquêteur, le processus d'information judiciaire ne dégagera jamais que de l'analogie et rien de plus. De l'analogie, c'est-à-dire des points de concordance qui pourront effectivement correspondre à l'auteur des faits dans certains cas mais qui pourront tout aussi bien ne devoir qu'au hasard et donc désigner un innocent. Même les techniques considérées les plus fiables comportent une marge d'erreur que maints exemple sont venus illustrer, rappelant à chaque fois que le recoupement d'une information peut servir l'enquête en lui ouvrant des portes mais qu'elle ne doit en revanche jamais justifier à elle seule qu'une personne soit érigée en coupable. Qu'on ne s'y trompe pas : ce principe que tout le monde s'accordera à trouver évident a pourtant vacillé plus d'une fois dans des affaires où se conjuguaient similitudes troublantes et absence de preuve. Or, y déroger revient à rien moins que sortir du cadre de l'État de droit pour entrer dans celui de l'arbitraire, et participe de façon plus prosaïque à discréditer la démarche policière et l'utilisation des traitements d'information. Il y a donc là nécessité d'un garde-fou sur lequel il conviendra de s'attarder et nous ne manquerons pas de le faire.

En second lieu, toute l'utilité des fichiers judiciaires engrangeant des renseignements nominatifs – et sur ce point, la question ne concerne pas seulement les auteurs des faits mais aussi les victimes, les témoins, voire des personnes sans aucun lien *a priori* avec les infractions – ne saurait en aucun cas dispenser leurs gestionnaires de se conformer aux dispositions que la loi a justement énoncées pour protéger ces données nominatives. Le rappel est à nouveau si évident qu'il serait inutile si l'on ne savait pas que le droit a longtemps et discrètement été bafoué par les institutions policières sur ce point, et surtout qu'il continue vraisemblablement de l'être aujourd'hui comme nous le verrons ultérieurement. Nous reviendrons donc longuement sur cette question évidemment fondamentale du régime juridique des traitements d'information judiciaire mais il est d'une sensibilité telle que nous pouvons d'ores et déjà énoncer le caractère impératif des dispositions à prendre pour neutraliser effectivement leur dangerosité en termes de protection des libertés.

Ainsi identifiée par les deux sources où elle puise, l'information judiciaire commence donc à dévoiler sa nature : une collection de données qui lui sont éligibles en raison du lien qui les unit à l'infraction ou à son auteur. Le concept est encore très général, mais tout de même suffisamment palpable pour qu'il devienne possible d'en déduire les contours.

4/ Le champ de l'information judiciaire

Pour délimiter le champ de l'information judiciaire, la première idée est de se tourner vers son premier bénéficiaire, la Justice, ou plutôt s'agissant d'une démarche de théorisation, vers le droit. Et, de fait, sur le fondement du dispositif normatif que nous avons évoqué précédemment, des limites à l'information judiciaire peuvent facilement être tracées à partir des règles de la recevabilité : en toute hypothèse, un élément qui encourt la nullité n'est non seulement pas utile dans une enquête mais il peut même y être nocif dès lors que cette nullité pourrait contaminer d'autres pièces et d'autres parties de la procédure. Qu'il s'agisse de principes, comme celui de loyauté de la preuve, de conditions de fond ou d'impératifs de forme, nous trouvons bien là un corpus de références permettant de retenir ou pas une information selon qu'elle est procéduralement recevable ou non. Hélas, pour indispensable qu'elle soit, cette frontière normative n'est d'aucun secours pour apprécier l'intérêt qu'un élément informatif peut présenter du point de vue d'une enquête. Or, c'est pourtant bien ce critère de la pertinence qui doit délimiter en toute logique le champ d'une information judiciaire dont la nature est essentiellement opérationnelle. Par ailleurs, une délimitation uniquement légale d'une matière dont l'objet est exclusivement juridique – l'imputation des infractions – serait assurément trop tautologique pour être pleinement convaincante. Le critère de la légalité est donc une condition nécessaire, mais non suffisante, pour identifier les contours de l'information judiciaire et c'est ailleurs qu'il nous faut aller trouver les lignes de démarcation que nous cherchons.

A nouveau, le regard s'oriente alors très naturellement vers le terrain scientifique mais, n'y ayant pas trouvé tout à l'heure une définition satisfaisante de l'information judiciaire, on se doute qu'on restera bien en peine d'y découvrir une délimitation quelconque de ce matériau. Les sciences criminelles renvoyant comme nous l'avons vu, au mieux, la question de l'imputation individuelle des actes délictueux à la criminalistique, c'est pourtant bien celle-ci qui doit être interrogée. Après tout, à défaut d'offrir la réponse cherchée, peut-être l'éclairera-t-elle au moins par ses manquements !

A/ Le territoire trop étroit de la criminalistique

En défrichant tout à l'heure le territoire de notre étude, nous avons constaté comment se présentait la criminalistique, catalogue minutieux mais limité de techniques scientifiques applicables à la démarche probatoire, en déplorant de n'y pas trouver mention du concept d'information judiciaire. A y réfléchir plus attentivement, on peut finalement même s'étonner franchement d'une telle absence. Après tout, si la criminalistique est par essence la matière probatoire que nous disent très consensuellement les manuels de criminologie – et si elle ne l'est pas, qu'elle nous dise alors de quoi elle est une branche secondaire – il n'est pas légitime qu'elle fasse l'impasse sur une théorie générale de l'administration concrète de la preuve pénale, avec pour corollaire obligé d'en délimiter la teneur. Est-elle réellement cet « ensemble de disciplines annexes de la procédure pénale[128] » qu'affirme Raymond Gassin ? Mais nous venons justement de montrer comment les règles légales applicables encadrent juridiquement, mais non fonctionnellement, l'administration de la preuve sans pour autant en définir le contenu. Et nous avons bien vu précédemment qu'aucun manuel de procédure pénale ne se risque jamais au-delà de l'énoncé des mêmes conditions légales, et encore moins sur le territoire des méthodes policières. Quand il se tourne vers la criminalistique, le concept d'information judiciaire se trouve donc dans une impasse, et à y regarder de plus près on peut même comprendre pourquoi.

Avoir retenu l'infraction et son auteur comme sources de l'information judiciaire nous met d'ailleurs d'entrée sur une piste en nous rappelant irrésistiblement que rien ne saurait être criminalistiquement disponible dans l'enquête qui ne procède de l'auteur. On retrouve bien sûr là le principe d'échange de Locard qui, justement, fonde la criminalistique : « nul ne peut agir avec l'intensité que suppose l'action criminelle sans laisser des marques multiples de son passage[129] ». Serait-ce à dire que l'information judiciaire se confondrait en réalité avec les éléments qui font l'objet d'une exploitation criminalistique ? On pourrait et même on aimerait le croire : en effet, à regarder la multiplicité des possibilités scientifiques existantes, la variété de

---

[128] GASSIN Raymond, BONFILS Raymond et CIMAMONTI Sylvie, *Criminologie (7ème édition)*, *op. cit.*

[129] LOCARD Edmond *L'enquête criminelle et les méthodes scientifiques, op. cit.*

ces éléments serait alors proprement impressionnante. Mais à la considérer telle qu'elle se présente dans le paysage judiciaire français réel, on découvre une criminalistique considérablement plus étroite que le champ de ses possibles. Pour des raisons qui lui sont propres, elle élude en effet aujourd'hui nombre de techniques, y compris utilisées quotidiennement en police judiciaire, et rétrécit ainsi notablement son domaine d'action, en tout cas très en-deçà de ce qu'embrasserait une théorie probatoire générale. Ce qui conduit de façon inéluctable à se demander comment Locard, et l'interprétation dans laquelle on l'enferme aujourd'hui en France au contraire de ce que font les sciences Forensic dans d'autres pays, en sont venus à se montrer si étriqués, notamment au regard de la notion d'information judiciaire.

A la considérer sous cet angle, on perçoit très vite que la criminalistique française est d'ailleurs moins une science proprement dite, comme le souhaiteraient pourtant ses laudateurs, qu'une construction intellectuelle à vocation pratique et organisationnelle. Plus précisément, elle apparaît très clairement comme la juxtaposition artificielle de procédés scientifiques n'ayant généralement rien à voir entre eux au sein d'un même pré carré, la police technique et scientifique, et de mêmes structures, les laboratoires de police scientifique[130]. Quoi de commun en effet entre une reconstitution faciale, la révélation chimique d'un numéro de série de voiture sur un bloc de métal, l'examen d'un cheveu au microscope électronique à balayage et le décryptage entomologique de la colonisation d'un cadavre par des insectes ? Rien, ou plutôt rien d'autre qu'une triple condition à laquelle la criminalistique a soumis chacun de tout procédé avant de l'accepter en son sein.

a) Etre mis en œuvre dans le cadre d'une démarche judiciaire, le plus souvent pénale.
b) Etre autonome, le résultat produit ne devant dépendre que du procédé seul. De cette autonomie découle d'ailleurs que tous les procédés concernés sont mis en œuvre séparément, et même de façon étanche les uns par rapport aux autres, cette étanchéité étant l'une des conditions d'une « pureté » du résultat dont se déduit en partie son éventuelle impartialité judiciaire.
c) Relever des sciences que l'on qualifie d'exactes[131], voulant signifier par là qu'à conditions d'examen égales une trace sera censée fournir toujours un même résultat et que ce résultat ne sera donc pas

[130] L'institut national de police scientifique (INPS) regroupant les six laboratoires de la police nationale et l'institut de recherche criminelle de la gendarmerie nationale (IRCGN).
[131] Nous reprendrons ce terme dans l'acception, qu'on peut juger légèrement abusive, qu'en fait usuellement la criminalistique pour désigner les sciences de la nature, dont elle procède principalement (physique, chimie, biologie, etc.), par opposition aux sciences humaines et sociales, pourtant pas moins exactes d'un point de vue épistémologique. Le discours criminaliste se prévaut parfois aussi des « sciences dures » en assimilant improprement à « sciences exactes » cette expression qui désigne plutôt les sciences logico-formelles.

discutable. De cette nécessaire égalité des conditions d'examen, les procédés en question tirent l'exigence de rigueur justifiant leur soumission à des impératifs empruntés à leurs sciences d'origine et de plus en plus souvent formalisées dans le cadre de protocoles d'assurance qualité.

A elle seule, cette triple condition définit et résume la criminalistique qui s'est donc bien moins érigée en science probatoire qu'en gardien sévère délimitant l'exigence qualitative à laquelle est soumise l'adaptation à finalité probatoire de procédés scientifiques qui ne lui doivent rien mais qui acquièrent ainsi une meilleure admissibilité dans le procès pénal. Bien sûr, chacun doit se féliciter de cette exigence très sévère qui vaut garde-fou contre l'erreur judiciaire, mais à regarder ainsi la criminalistique pour ce qu'elle est, nous en mesurons également les limites et notamment le caractère particulièrement restrictif : selon les contraintes dont elle se corsette elle-même, la criminalistique à la française en vient à se confondre presque exactement avec la police technique et la police scientifique (ainsi que nous l'avons constaté dans les ouvrages qui ont été cités précédemment) qui, dans beaucoup d'autres pays, n'en sont que deux des composants[132].

Malheureusement, la plupart des indices éligibles à une telle vision criminalistique et par lesquels un criminel peut signer son passage – l'empreinte d'un pas, celle d'un tournevis, la plaie laissée par un couteau, les billes de plomb d'une chevrotine, quelques grammes de terre, etc. – sont rarement bavards spontanément concernant l'identité de celui-ci. Même les plus parlants d'entre eux ne sont d'ailleurs pas nécessairement constitutifs de cette identité, pas même l'ADN, ce nouveau Graal probatoire qui tout individuel qu'il soit reste judiciairement silencieux aussi longtemps que n'est pas identifiée la personne lui correspondant, ce qui n'est pas forcément évident quand le profil de cette personne est absent du fichier national automatisé d'empreintes génétiques (FNAEG). En réalité, ainsi que nous l'avons vu précédemment, l'imputation d'une infraction à une personne nominativement identifiée résulte d'un raisonnement qui opère le regroupement d'un nombre considérable d'éléments informatifs, puis leur recoupement jusqu'à ne retenir que les plus pertinents, et les indices élus par la criminalistique ne sont qu'une partie de ces éléments. C'est d'ailleurs sans doute à cet élitisme que la criminalistique doit la part extrêmement modeste qu'elle prend aux résultats de la police judiciaire. En effet, ainsi que nous l'avons montré dans un

[132] L'étroitesse de la criminalistique est en effet une quasi-spécificité française, de nombreux autres pays ayant plutôt adopté et appliqué le concept de *science forensique* (par traduction de l'anglais *forensic science*) avec un champ d'action beaucoup plus ambitieux. Le débat n'est pas clos sur le contenu respectif des deux notions, mais la criminalistique à la française a jusque-là bizarrement revendiqué son champ restreint de compétence, même si elle adopte parfois la désignation de *science forensique* dans un souci de lisibilité de son objet mais sans que son contenu corresponde à celui des *forensic sciences*.

précédent ouvrage[133] et contre la croyance la plus communément répandue (qui doit plus, il est vrai, à l'image imaginaire véhiculée par les fictions policières qu'aux résultats véritables de la police scientifique), la criminalistique n'est pas un vecteur très performant de l'élucidation policière. Une étude française et une étude canadienne ont par exemple montré que dans les cas où sont investis les moyens de PTS les plus considérables, à savoir les affaires d'homicide, la criminalistique ne jouait pourtant qu'un rôle d'élucidation infime (entre 2% et 5% des affaires)[134]. Même les deux figures emblématiques de la criminalistique, les empreintes digitales et génétiques, n'offrent que de bien maigres résultats au regard des considérables efforts et du budget plutôt conséquent qui sont consentis pour leur fonctionnement et leur promotion. En se référant à des données officielles pas aussi facilement accessibles qu'on pourrait le souhaiter sur un sujet qui n'a rien de secret, si ce n'est peut-être la modicité de ses résultats, nous avions ainsi établi que pour l'année où ils avaient réalisé leur meilleure performance, le fichier automatisé des empreintes digitales (FAED) et celui des empreintes génétiques (FNAEG) n'avaient contribué ensemble à résoudre que 1,5% des infractions enregistrées par les brigades et commissariats[135].

Nonobstant l'image forte que lui vaut le marketing dont elle est entourée, la criminalistique française apparaît ainsi comme une matière encore essentiellement lacunaire. Malgré que la criminologie, sa discipline-mère, ne le lui dispute pas, elle reste incapable d'embrasser la totalité du territoire qui est pourtant son espace naturel. Pire encore, victime de son organisation délibérément cloisonnée, elle reste bien trop étrangère au raisonnement probatoire d'ensemble : se privant par choix de la plus grande partie de l'information qui concourt à l'élucidation, elle est absente de l'étude du processus raisonné par lequel est exploitée cette information ; réciproquement, son dédain pour la démarche globale d'investigation la conduit à ignorer la part la plus riche du matériel probatoire disponible dans les enquêtes. Etonnante étroitesse de vue qui immobilise la criminalistique – pourtant science de la preuve ? – juste aux portes du processus de synthèse correspondant au champ réel de son activité et qui aurait fait sa véritable valeur ajoutée. Bien sûr, les éléments dont se nourrit ce processus de synthèse et le processus lui-même ne répondent pas aux conditions b) et c) précédemment énoncées : ni ils ne sont autonomes (au contraire, ils sont interdépendants par essence), ni indiscutables (au contraire, ils se prêtent pour la plupart à interprétation par leur nature même). Mais l'intangibilité de ces

---

133 IMPINI Jean-François, *Un mensonge d'Etat, l'Imposture sécuritaire, op. cit.*, Ch. 7 et 8.

134 *Ibid.* p. 151 et pour une vision complète cf. notamment MUCCHIELLI Laurent *Des homicides : de l'enchantement technologique à l'analyse des compétences des enquêteurs*, Guyancourt, CESDIP, Etudes et données pénales n° 98, 2005.

135 *Ibid.* p. 153 et 158. La démonstration montrait en outre que ce résultat pourtant modeste n'était obtenu qu'au prix de pratiques statistiques douteuses contribuant à gonfler artificiellement le nombre de résultats positifs.

conditions est une position arbitraire à laquelle on ne trouve aucun fondement, bien au contraire. Il est d'ailleurs impossible de vraiment comprendre comment les tenants de cette criminalistique, élitiste mais finalement coupée de la réalité probatoire, ont souhaité feindre qu'il n'existerait pas de doute dans son territoire, le rétrécissant dramatiquement du même coup, là où le droit admet au contraire si bien la faiblesse de toute activité humaine qu'il s'en garantit de façon pragmatique en disposant simplement que le doute doit profiter à l'accusé.

Au bout du compte, à trop poursuivre une « exactitude » pourtant illusoire sauf dans le discours, à cultiver une image d'infaillibilité – d'ailleurs paradoxale dans un domaine scientifiquement placé sous la nécessité du principe de réfutabilité de Popper qui peut ponctuellement trouver l'occasion très concrète de s'appliquer – en pensant y trouver la condition de sa survie, la criminalistique s'est interdite la voie de la démarche spéculative qui lui aurait donné sa substance propre et l'aurait finalement érigée au rang de discipline scientifique en tant que telle plutôt qu'au nom des techniques auxquelles elle recourt. Certes, à ne viser que le caractère nomothétique des disciplines qu'elle accepte en son sein, la criminalistique acquiert un statut autrement assuré – et autrement sécurisant pour enquêteurs et magistrats – que celui de science idiographique. Mais à juxtaposer comme elle le fait plutôt qu'à fédérer, à asséner plutôt qu'à discuter, à prétendre la certitude là où le droit lui-même sait pourtant ne pouvoir espérer mieux que l'intime conviction, la criminalistique se referme tragiquement sur elle-même, réduisant sa portée aux quelques procédés qui la composent.

Ainsi la liste des informations éligibles au regard criminalistique se trouve-t-elle considérablement plus courte que celle des informations disponibles dans les enquêtes pour une cause d'autant plus regrettable qu'aucune de ces informations n'est pourtant rétive à une approche scientifique. Et la criminalistique, qui aux termes de sa propre définition devrait englober le processus policier tout entier, se retrouve ressource emblématique mais cependant mineure d'une démarche d'investigation autrement plus large qu'elle, carré étriqué et presque infécond au marges d'un territoire dont les dimensions la dépassent et dont les clés de lecture lui échappent. Choix d'autant plus regrettable que ce territoire était le sien naturel et que ces clés de lecture restent par ailleurs empiriques et balbutiantes faute qu'une autre discipline se soit approprié leur étude.

En l'absence d'une théorisation qui serait venue en baliser le terrain, le raisonnement policier reste donc essentiellement un exercice intuitif et l'information judiciaire apparaît le plus souvent comme un concept empirique. Pour tout dire, quand elle est utilisée, l'expression semble désigner un bien pratique fourre-tout (avec tout ce que cela suppose de désordre) où se trouve regroupés des éléments extrêmement variés ayant pour seuls points communs de toucher à l'enquête judiciaire et de n'avoir pas bénéficié d'une réflexion méthodologique permettant leur exploitation rationnalisée. Pourtant, la conjonction des notions que nous avons précédemment dégagées – éléments d'information disponibles pour les enquêteurs, ayant pour source l'auteur ou l'infraction – sont peut-être de nature à éclipser les limites artificielles de la criminalistique pour permettre une vision plus juste, et d'une toute autre envergure, du champ de l'information judiciaire.

B/ Une nécessaire quête d'exhaustivité

Sur la base qui vient d'être discutée, cette délimitation que nous cherchons du champ de l'information judiciaire revient en réalité à résoudre le décalage entre la démarche criminalistique et celle d'investigation. Presque tout, en effet, semble séparer les deux approches. De la seconde, par exemple, nous avons vu précédemment qu'elle conjecture à partir d'un apriori exhaustif – « tout le monde est suspect » – qui la conduit à ne rejeter par principe aucun élément avant que son *inutilité* ait été démontrée. La criminalistique, en revanche, s'inscrit quant à elle dans une démarche sélective d'éléments dont elle présume l'*utilité* sur la base d'un double critère : d'une part que l'indice ait un lien avec les faits, d'autre part qu'il réponde aux conditions d'examen par le procédé de police scientifique auquel on le destine.

Au premier regard, la ligne de partage ainsi tracée entre l'enquêteur et le criminaliste paraît facilement identifiable puisqu'elle semble épouser le principe de Locard. Très précisément, le savant lyonnais parle en effet des traces laissées par l'auteur, ce qui suppose que celui-ci les ait amenées ou produites : « Tantôt le malfaiteur a laissé sur les lieux les marques de son passage[136] ». Puis il évoque les éléments que cet auteur a emportés avec lui, ce qui suppose qu'ils sont ensuite absents de la scène de crime : « [...] tantôt, par une action inverse, il a emporté sur son corps ou sur ses vêtements les indices de son séjour ou de son geste[137] ». Dans les deux cas, c'est la matérialité de la trace qui s'impose, et c'est bien de cette préférence initiale pour l'observable et le tangible, renforcée par son exigence d'indiscutabilité du résultat, que la criminalistique a hérité, comme d'une fatalité, de ce choix qu'elle a fait de pratiquement se limiter aux traces matérielles en raison de leur meilleure compatibilité aux sciences exactes[138]. Rien de tel pour l'enquêteur dont l'intérêt se porte sans discrimination sur ces traces autant que

---

[136] LOCARD Edmond, *L'enquête criminelle et les méthodes scientifiques,* Op.cit.

[137] *Ibid.*

[138] Cette limite a toujours admis quelques rares exceptions (par exemple la graphologie) que la criminalistique admettait en son sein tout en exprimant à leur sujet de fortes réserves. D'autres exceptions sont apparues plus récemment, imposées notamment par la part croissante des techniques informatiques et numériques dans l'activité des individus. La dématérialisation des traces dans ces matières est toutefois plus relative qu'il n'y paraît. Aussi souvent qu'elle le peut, la criminalistique y privilégie en réalité, comme dans les autres domaines, une approche de détermination de « l'altération » d'un support et répugne encore à les envisager de façon complète, c'est-à-dire y compris dans leur possible immatérialité.

sur tous les autres éléments écartés par les criminalistes, justement ceux qui constituent l'information judiciaire : témoignages, éléments de contexte, interactions matérielles ou humaines, chronologie d'évènements, conversations, relations financières, relations affectives, etc. Et l'approche des descendants de Locard révèle aussitôt toute son étroitesse en face d'une vision aussi ambitieuse, aussi extensive, aussi luxuriante, qui pulvérise d'entrée les très restrictives conditions d'éligibilité de la criminalistique pour délimiter un ensemble aux dimensions sans commune mesure avec celles de la police scientifique. Ainsi, en assumant de fournir des conclusions discutables requérant d'être approfondies, en acceptant donc pleinement de n'éventuellement proposer que des orientations d'enquête plutôt que des preuves qu'on ne saurait discuter[139], l'information judiciaire évite l'écueil consistant à se limiter à des composants matériels pour s'ouvrir au contraire à un véritable foisonnement informatif. Bien sûr, elle s'écarte sans doute ainsi de la lettre du principe de Locard, mais s'écarte-t-elle pour autant de son esprit autant qu'on pourrait le croire ?

Tout d'abord, la criminalistique n'inscrit pas forcément son action aussi strictement qu'on peut le croire dans le cadre du principe d'échange de Locard, notamment concernant la seconde catégorie de traces, quand l'auteur aurait « [...] emporté sur son corps ou sur ses vêtements les indices de son séjour ou de son geste ». La vision est séduisante mais, hors le cas de la recherche de résidus (biologiques, de tir, etc.) dans l'environnement d'un suspect, la criminalistique fait dans la réalité presque totale impasse sur ces traces qui se définissent par une absence : le vide se prête mal à l'exploitation criminalistique en général et aux opérations de police technique en particulier. Ce qui ne décourage pas, en revanche, une information judiciaire justement friande de terrains de chasse laissés en déshérence. Ainsi par exemple du produit des vols, multitude d'objets et de valeurs qui constituent une écrasante majorité des éléments possiblement enlevés de la scène de crime par un auteur. Faute de support à une exploitation physique, la criminalistique laisse sur la touche la totalité de ces éléments dont l'information judiciaire va en revanche faire son miel sans compter : la nature des objets, leur variété, leur volume, leur ciblage éventuel, les moyens mis en œuvre pour y accéder renseignent sur

---

[139] Ce choix dont résulte une limité est assumé par l'exploitation de l'information judiciaire et il est en réalité également pleinement applicable à la criminalistique bien que celle-ci s'en défende quand elle se prévaut, de façon ambiguë, d'une image d'irréfutabilité qui n'est d'ailleurs jamais clairement affirmée mais largement suggérée. Ambiguë car l'équation « (science exacte) + (exigence qualitative) = (irréfutabilité) » tient évidemment du sophisme et transforme le garde-fou contre l'erreur judiciaire en machine à produire de l'erreur judiciaire : quand la criminalistique arrive à un résultat erroné, le crédit dont elle jouit fait obstacle à la remise en question de ce résultat là où la discutabilité de l'exploitation de l'information judiciaire pose au contraire en évidence qu'aucune conclusion n'est jamais acquise. De rares ratés de la criminalistique illustrent suffisamment ce danger pour s'en inquiéter... sans céder à un catastrophisme déplacé s'agissant de procédés qui font dans bien assez d'autres cas la preuve de leur robustesse.

le nombre et le type d'auteurs, sur le caractère plus ou moins opportuniste du forfait, etc. Dans le cas d'un cambriolage, c'est jusqu'aux objets qui ont été oubliés ou délibérément ignorés qui peuvent parler du délinquant aux enquêteurs : un choix est toujours riche d'enseignements sur celui qui l'opère. Quant aux multiples biens matériels produits en série et porteurs d'un élément d'identification – à commencer par le numéro des billets de banque – ou d'une marque spécifique – c'est souvent le cas en matière d'œuvres d'art et de mobilier de valeur – ils peuvent permettre de confondre un délinquant par simple alimentation d'un fichier d'objets (nature de l'objet, marque, modèle, numéro de série, etc.) dont l'utilité est évidente chaque fois que des perquisitions permettent la découverte de biens de provenance douteuse.

Mieux encore, en bonne logique la définition de Locard exclut *a priori* ceux des éléments statiques de la scène de crime, préexistants au forfait, présents après lui et qui n'auront pas été affectés par sa commission. Selon le principe d'échange, l'exploitation criminalistique de ces éléments est même conceptuellement impossible. Mais leur valeur indicielle n'est pas nécessairement nulle pour autant et, singulièrement, encore moins leur valeur pour la recherche de sérialité qui nous occupera dans quelques pages. Un exemple éclairera facilement ce point de vue. Au sens de la définition de Locard, le fait qu'un viol soit commis dans un parking souterrain n'est pas un indice, et cet élément pourtant bien réel ne pourra d'ailleurs pas faire en soi l'objet d'une exploitation criminalistique. Mais sur le plan du mode opératoire, l'information n'en a pas moins une réelle valeur indicielle en ce qu'elle propose aux enquêteurs un schéma de manière d'opérer participant de la description de l'auteur. De surcroît, cette indication dispose d'un potentiel relativement élevé en recherche de sérialité : la répétition de viols commis dans des parkings souterrains soumettra en effet l'idée que ces viols peuvent s'inscrire dans une série commise par un même individu, ce qui n'est pas neutre de conséquences et de perspectives policières. Autre exemple : posons que ces viols ont été systématiquement commis un lundi. Au sens de Locard, l'auteur n'a naturellement pas apporté le lundi avec lui, ni n'est reparti avec. Ou plutôt il ne l'a pas apporté ni ne l'a remporté d'un point de vue matériel, mais cela n'empêche pas cette information abstraite d'avoir une portée policière. On doit en effet considérer que, d'une manière ou d'une autre, le lundi et le parking résultent d'un choix de l'auteur. Un choix conscient ou non, éventuellement un choix opéré par défaut, ou alors résultant d'une contrainte subie par cet auteur, mais en tout état de cause un choix qui lui est propre et qui contribue à l'individualiser. Dans une approche non pas locardienne mais inspirée de Locard, on peut donc finalement affirmer que le violeur a bel et bien « apporté » avec lui et le parking et le lundi. Exercice intellectuel ? Nous verrons au contraire toute l'importance que peut revêtir une telle lecture en termes d'approches sérielle et comportementale.

Considérée sous un tel angle, la notion d'éléments disponibles pour les enquêteurs s'élargit évidemment considérablement, et le champ de l'information judiciaire aussi du même coup. Eléments abstraits, éléments absents, éléments spéculatifs, éléments descriptifs, éléments impropres à une lecture en laboratoire, etc. : l'information au sens générique est en réalité beaucoup plus riche de ces types d'éléments que d'empreintes matérielles dont le relevage est contingenté, et il en va de même pour l'information judiciaire où leur immatérialité rebute la criminalistique mais ne les rend pas forcément insignifiants au sens d'autres sciences ou modes d'exploitation. Bien sûr, un tel élargissement porte en lui la certitude de faire entrer dans l'enquête un volume, qui pourra parfois être considérable, d'information superfétatoire. Pire encore, la nécessité de ne pas écarter *a priori* des éléments va souvent conduire les enquêteurs à en accepter certains sans connaissance sûre de leur exactitude, de leur authenticité ou de leur sincérité. Des informations erronées (avec leur pendant, les fausses pistes), qu'aucun procédé ne permet de filtrer avec certitude. Non seulement elles ne seront pas utiles à l'investigation mais elles vont même la polluer, générant un gaspillage de ressources dans le meilleur des cas ou pouvant être dans le pire la cause de l'échec des investigations. Mais c'est là le prix de la richesse de l'information judiciaire, le processus d'enquête et celui du procès pénal ayant juste à bien intégrer cette marge d'incertitude afin que soit levé le doute éventuel pesant sur un élément chaque fois que celui-ci est effectivement utilisé à charge ou décharge.

Et du même coup, comme nous en avions le souhait, le champ de l'information judiciaire s'en trouve délimité, celle-ci s'imposant comme la somme des éléments de toute nature dont le recueil sera opéré par les enquêteurs dans une quête d'exhaustivité leur enjoignant d'accepter toute donnée, même incertaine, dès lors qu'il est imaginable qu'elle ait un rapport avec l'infraction ou puisse être utile à son étude, et à la conserver aussi longtemps que l'absence d'un tel rapport ou d'une telle utilité n'aura pas été fermement établi. Naturellement, à un tel périmètre correspond un volume de données forcément important, même pour une enquête unique. Rapporté au nombre d'enquêtes diligentées chaque année, ce volume devient prodigieux jusqu'au vertige, ou au moins jusqu'à une sensation qu'une telle masse ne saurait être exploitable. Nous découvrirons au fil de notre réflexion qu'il n'en est rien et qu'au contraire les outils et les concepts existent déjà, pour la plupart, permettant d'envisager cette exploitation qui serait d'ailleurs sans doute déjà effective si elle était portée par une matière aussi bien considérée que l'est la criminalistique. Au terme de cette délimitation des contours de l'information judiciaire, nous ne pouvons en effet que répéter que de notre point de vue la criminalistique aurait dû – et devrait toujours – l'embrasser en totalité et absorber les techniques les plus variées de son exploitation. Etendant alors son emprise jusqu'aux méthodologies d'investigation, dont celles que nous évoquerons dans les chapitres suivants, elle pourrait enfin devenir la science de l'enquête judiciaire que sa définition promettait au lieu du pré carré élitiste mais étriqué qu'elle est actuellement. Les regrets sur ce plan vont d'ailleurs être d'autant plus aigus maintenant que, le terrain un peu mieux défriché, nous allons constater à travers ses caractéristiques tout l'immense potentiel de l'information judiciaire.

Chapitre 4

Caractéristiques de l'information judiciaire

Sans en avoir dégagé une définition complète, au moins disposons-nous en effet maintenant d'une image plus claire du matériau qui constitue l'information judiciaire. Du matériau ? Plus juste serait de parler « des matériaux » tant est variée la liste des éléments qui lui sont éligibles sur la base des critères que nous avons définis. Et s'il semble encore difficile d'appréhender dans une vision d'ensemble une matière au contenu si riche, si protéiforme et si complexe, nous avons maintenant assurément assez progressé sur le chemin de son identification pour effectivement en dégager les caractéristiques les plus évidentes. En bornant les contours de l'information judiciaire, ces caractéristiques vont d'ailleurs naturellement participer à en restituer des vues partielles en autant d'angles d'approche distincts qui seront de précieux jalons dans une tentative définitionnelle. Cinq angles d'approche, se partageant entre caractéristiques intrinsèques – tenant à la nature même de l'information judiciaire – et extrinsèques – tenant à la façon dont elle est objectivée par ses utilisateurs – semblent de ce point de vue incontournables pour mieux préciser toute la prolixité, la variété et l'ambiguïté de l'objet de notre étude.

1/ Caractéristiques intrinsèques de l'information judiciaire

Par opposition à celles qui procèderont des conditions de son exploitation, examinons tout d'abord les caractéristiques que l'information judiciaire tient de sa nature même.

A/ Capacité probatoire de l'information judiciaire

L'inscription de l'information judiciaire dans une démarche plus générale d'administration de la preuve a déjà été largement évoquée et il ne serait pas vraiment opportun de s'y attarder plus longuement : c'est cette vocation probatoire qui justifie le recueil et l'exploitation des données, et elle les caractérise donc par essence. Encore faut-il se demander quand et comment un élément informatif, indépendamment de sa nature, peut acquérir la capacité de *prouver* dans le cadre du procès pénal.

De ce point de vue, nous avons également déjà vu que l'information judiciaire ne peut gagner le statut de preuve qu'en étant d'abord conforme aux impératifs juridiques de la chaîne pénale, son objectif étant de servir l'élucidation et non de la vicier. Sur ce plan de la nécessaire légalité, les instruments de référence sont bien identifiés, codifiés ou non, jurisprudentiels ou doctrinaux, comme autant de cribles propres à trier juridiquement le bon grain probatoire de l'ivraie. Une empreinte trouvera sa place au titre d'indice, un témoignage partiel pourra asseoir un début de présomption, des images ou des conversations captées dans les conditions prévues par la loi seront pleinement recevables, etc. Au final, c'est l'intime conviction, censeur suprême, qui érigera ou non ces éléments au rang de preuve. Cette approche strictement juridique peut toutefois être complétée en la laissant déborder vers des considérations éthiques qui peuvent également entrer en jeu dans la validation de l'information judiciaire. Bien sûr, on peut toujours estimer que les garanties résultant des principes et des règles du droit, conjuguées avec le refus de la preuve illégale si elle provient de l'action publique, couvrent de façon satisfaisante le territoire de l'enquête et que la notion d'éthique y devient donc superfétatoire. Ce n'est cependant pas le cas, et de loin. Pour le comprendre, un détour est toutefois obligatoire pour visiter préalablement le second critère fondant la capacité probatoire : l'opportunité.

C'est en effet bien le moins, au regard de l'efficacité autant qu'à celui de la rigueur, de n'élire à l'information judiciaire que des éléments s'inscrivant non pas dans une démarche générale mais dans la démarche d'investigation propre à une affaire déterminée. A ce titre, la moindre bribe d'information retenue doit satisfaire une condition de pertinence lui conférant une utilité au moins potentielle pour l'élucidation de l'infraction précise qui fait l'objet de l'enquête dans le cadre de laquelle cette information est recueillie. Cette exigence de s'inscrire dans l'action répressive constitue d'ailleurs la ligne de clivage séparant l'information de police judiciaire des traitements automatisés à vocation préventive, souvent dits « de renseignement », qui revendiquent l'accès à des données dans un contexte infractionnel virtuel, c'est-à-dire futur et en fait imaginaire ou au mieux présumé. Concrètement, hors un lien au moins possible entre l'infraction effective et la donnée envisagée, son recueil et son exploitation ne doivent pas pouvoir être réalisés.

Une telle exigence, si on cherche à lui donner un caractère de généralité, ne conduit cependant pas pour autant à établir une liste exhaustive distinguant ceux des éléments qui seraient éligibles sur le plan probatoire et ceux qui ne le seraient pas : un tel inventaire à la Prévert établi à l'instant I aurait toutes les chances de n'être déjà plus parfaitement d'actualité dès l'instant I + 1. Il ne saurait en outre jamais avoir anticipé toutes les possibilités sur la pertinence – et même sur la légalité – de tel ou tel élément. Par exemple, une liste sur laquelle figurerait les empreintes génétique, digitale, auriculaire, irienne, faciale, vocale et – pourquoi pas ? – nasale, laisserait tout de même fort dépourvu l'enquêteur trouvant sur sa scène de crime une empreinte de genou. Ou de coude, ou de talon. Moins que d'une liste, c'est donc de principes généraux qu'a besoin l'information judiciaire pour s'assurer une plasticité suffisante face à l'imagination probatoire et asseoir ainsi sa propre sécurité. Des principes vers lesquels quiconque pourrait se tourner, en cas de doute, pour savoir si un élément présente par nature une fiabilité suffisante pour être retenu en tant que donnée d'information judiciaire, c'est-à-dire s'il peut hériter d'une valeur indiciale.

Concernant l'identification de tels principes, nous allons évidemment retrouver tous nos regrets relatifs au caractère lacunaire de la criminalistique, cet aspect du potentiel de pertinence n'y étant abordé que de façon incomplète, c'est-à-dire uniquement pour des procédés de police technique et scientifique. Evidemment, est-on tenté de dire, puisque l'ambition de la criminalistique ne l'a pas portée plus loin, mais même dans cette vision pourtant limitée il n'est pas certain qu'elle ait apporté une réponse totalement satisfaisante à la question de la sécurité indiciale. Spécialiste et directeur de l'Institut de recherche criminelle de la gendarmerie, le colonel Touron s'interroge par exemple sur les défectuosités possibles de la preuve technique et explique en particulier comment sa valeur peut être quantifiée « grâce à un rapport de vraisemblance » fruit du calcul d'une « probabilité de coïncidence fortuite[140] ». Précaution salutaire qui récuse le principe du tiers exclu dans un domaine où il est pourtant coutumier de le rencontrer, mais précaution qui nous semble toutefois ne sécuriser que partiellement la preuve technique : si l'on comprend bien la nécessité de garantir un calcul intégrant des variables incertaines, on reste plus sceptique devant un processus de garantie passant lui aussi par un calcul intégrant de nouvelles variables finalement souvent incertaines elles aussi. Qui mériterait alors d'être lui-même sécurisé par un calcul intégrant encore quelques autres variables incertaines ? Ainsi par exemple des formules de pondération, parfois appliquées en matière génétique pour tenir compte des effets de sous-population, avec lesquelles l'insécurité nous semble résulter moins des formules elles-mêmes que des critères sur la base desquels peut-être prise la décision de les appliquer et dans quelle proportion. Aucun des critères envisageables ne saurait en effet tenir compte des multiples situations humaines où un effet de sous-population pourrait exister à l'insu des enquêteurs. La même réserve n'est par ailleurs pas dissipée par le recours croissant que la criminalistique fait des statistiques bayésiennes lorsqu'elle doit présenter un résultat d'expertise devant une juridiction. Pour pallier aux imprécisions langagières (« je suis certain », « il est vraisemblable », etc.) et à une utilisation erronée des statistiques quand elles tiennent compte des effets et non des causes attachés à une trace (innumérisme

[140] TOURON Patrick, *Les forces et les faiblesses de la preuve technique et scientifique*, Paris, Revue de la Gendarmerie nationale, n° 216, sept. 2005.

également connu sous le nom de « sophisme du procureur »), l'interprétation bayésienne des résultats propose en effet de calculer la probabilité des causes (la cause proposée par l'accusation : telle trace vient de M. X... ; la cause proposée par la défense : cette même trace vient d'un autre que M. X) en affectant aux chances *a priori* de réalisation de ces causes un rapport de vraisemblance calculé par l'expert, le résultat du calcul étant les chances *a posteriori* de réalisation des causes. Pourtant, d'une part il n'est pas certain que les mathématiques probabilistes de l'interprétation bayésienne soient très limpides pour les magistrats et jurés et de ce point de vue l'effet recherché est donc nul (faute d'explications intelligibles, l'intime conviction de chacun se forgera selon ce qu'il croira comprendre des explications de l'expert, les imprécisions langagières ayant finalement été remplacées par d'hermétiques développements mathématiques), d'autre part le calcul des chances *a priori* de chaque cause et le rapport de vraisemblance sont rarement des données certaines mais beaucoup plus souvent des évaluations, ce qui affaiblit la valeur probante du résultat final en lui conférant une marge d'incertitude non calculable et souvent non mentionnée. Poincaré lui-même ne déclarait-il pas que « Pour entreprendre un calcul quelconque de probabilité, et même pour que ce calcul ait un sens, il faut admettre comme point de départ une hypothèse ou une convention qui comporte toujours un certain degré d'arbitraire[141] » ? Ce qui ne nous empêche pas de reconnaître la fiabilité et la robustesse habituelle de la preuve technique, mais tout en proclamant la nécessité cruciale de toujours se souvenir du caractère relatif de cette fiabilité, et donc de valider l'idée que le recours à l'information judiciaire ne conduit pas à une opposition de type « (fiabilité de la criminalistique) *vs* (fragilité de l'information judiciaire) = (séparation des deux domaines) » mais plutôt à une équation de type « (fragilité relative de la criminalistique) + (fragilité relative de l'information judiciaire) = (convergence des deux domaines) ».

Toujours en quête d'apprécier la valeur indiciale des éléments d'information, on peut ensuite quitter le domaine de la statistique pour l'appréciation de la validité des prémisses utilisés par le raisonnement policier mais à nouveau on pénètre sur un territoire presque entièrement laissé pour compte, ce qui ne peut d'ailleurs pas vraiment surprendre : le raisonnement policier lui-même n'étant pas un sujet d'étude retenu par les sciences criminelles, la pertinence logique des propositions qui peuvent le composer et des relations établies entre elles sauraient difficilement faire l'objet de recherches. Rapporter la preuve pénale restera pourtant un exercice incertain aussi longtemps qu'un état de l'art n'aura pas été dressé en la matière. Seules sont en effet vraiment connues et abordées dans la formation des professionnels du monde judiciaire les modalités pratiques de recueil et d'exploitation de l'information, sans réelle différenciation selon la forme qu'elle peut prendre, ainsi que les règles procédurales à lui appliquer. Rien en

---

[141] POINCARÉ Henri, *La Science et l'hypothèse*, Paris, Flammarion, 2014.

revanche sur l'optimisation de la recherche de l'information en fonction du contexte criminel, rien sur la congruence entre les besoins en enquête et les procédés probatoires, rien sur des méthodologies d'investigation spécifiquement élaborées pour s'ajuster à des formes déterminées de délinquance, rien sur l'inadéquation entre tel ou tel acte d'enquête et le contexte dans lequel on le réalise, etc. Un vide dont on peut éventuellement se satisfaire en aval du processus d'investigation, pendant l'audience où la règle de l'intime conviction confère une souplesse suffisante pour s'y adapter. Mais quel gâchis en amont, pendant la phase policière, qui voit des enquêteurs et des magistrats choisir leur démarche probatoire par intuition, par habitude ou par défaut, sans qu'aucune base ou étude sérieuses ne les renseigne sur la pertinence de cette démarche par rapport à la situation à laquelle ils sont confrontés.

Faute de disposer d'une typologie des procédés probatoires (qu'a esquissé d'une certaine manière la typologie des marqueurs de sérialité que nous avons émise précédemment) et faute également d'indications sur la valeur indiciale de ces procédés dans les différents contextes où ils peuvent prendre place, les enquêteurs procèdent aujourd'hui par intuition, par imagination, par raisonnement ou par imitation, et opèrent le plus souvent leur choix entre ces quatre modalités par habitude, par expérience ou par routine, ce qui revient souvent au même. Une situation qui est en réalité la porte ouverte aux points de vue subjectifs, aux opinions personnelles, aux interprétations abusives et donc finalement aux erreurs d'appréciation. Faut-il rappeler que même en matière génétique et digitale, ces alpha et oméga actuels de la police judiciaire, la « probabilité de coïncidence fortuite » ou plus encore l'erreur humaine occupent toujours une place, marginale mais réelle ? On se souviendra par exemple des deux traces d'ADN relevées sur une pièce à conviction dans l'affaire du double meurtre de Géraldine Giraud et Katia Lherbier[142] : cet ADN inconnu qui avait conduit à l'arrestation d'un suspect en Pologne avait finalement été identifié pour provenir d'un policier, à la suite d'une vraisemblable pollution des scellés. Concernant les empreintes digitales, on citera le cas de Brandon Mayfield, citoyen américain incarcéré pendant deux semaines comme suspect des attentats terroristes commis à Madrid en 2004 sur la foi d'une trace lui correspondant découverte sur un sac manipulé par les terroristes. Après l'identification du véritable « propriétaire » de cette trace, il est apparu que Brandon Mayfield avait été victime d'une coupable légèreté des experts mais aussi de la ressemblance effective de son empreinte digitale avec celle de la trace[143]. Dans les deux cas, les erreurs commises ont été

[142] Disparues le 1er novembre 2004, les deux victimes avaient été retrouvées plus d'un mois plus tard au fond d'un puits. Les traces d'ADN avaient quant à elles été relevées sur du ruban adhésif identique à celui utilisé par l'auteur lors de la commission des faits et découvert au domicile d'un suspect.

[143] L'empreinte digitale de Brandon Mayfield présentait 15 points de concordance avec celle de la trace (mais aussi des points de dissemblance qui auraient dû suffire à l'innocenter).

découvertes en raison de la gravité des affaires dans lesquelles elles s'inscrivaient et de l'importance toute particulière des moyens engagés dans les investigations. De ce point de vue, on ne peut faire semblant de croire que d'autres erreurs ne subsisteraient pas dans des dossiers moins sensibles et exposés.

Dès lors, il s'impose forcément que n'importe quelle analogie mise en lumière par l'exploitation de l'information judiciaire, *a fortiori* quand elle n'a pas la robustesse d'une empreinte génétique ou digitale, ne peut jamais constituer au mieux qu'une piste de travail, et que toute piste de travail suppose justement qu'il y soit travaillé. Quand il est orienté dans son enquête par un recoupement de données multiples, quelque ressemblance ou quelque similarité qu'elles présentent, quelque déduction qu'elles permettent, l'OPJ n'en a pas moins la charge de confronter ces éléments à ceux de son dossier pour rapporter des preuves concordantes directement et exclusivement issues de celui-ci. Souffrir des exceptions dans ce domaine semblerait une raison suffisante pour militer par principe contre l'existence de toute base de données judiciaires, qu'elle soit alimentée par des procédés de police technique ou par tout autre moyen. Et l'on rejoint bien là la nécessité d'une approche éthique de l'information judiciaire, en particulier, et de la matière probatoire en général. Les angles sous lesquels on peut envisager une affaire sont d'une telle variété et le champ de l'investigation d'une telle dimension qu'il sera en effet presque toujours possible, pour un enquêteur, de trouver une justification au moins apparente à l'utilisation pernicieuse ou trop extensive d'une information en réalité déconnectée de l'effet qu'on lui attribue ou n'ayant pas la portée qu'on lui prête. Le risque dans ce domaine n'est pas que théorique et il est régulièrement illustré par trop d'erreurs, de cafouillages ou de ratages pour qu'on en minore l'importance : l'information judiciaire est un matériau hautement inflammable, tout à fait propre à consumer la vérité elle-même – ou si l'on préfère, la réalité – un matériau à l'égard duquel les capacités de recoupement automatisé, donc « inhumain », de l'ordinateur peuvent facilement jouer le rôle d'allumette. L'enquêteur est justement là pour prévenir tout incendie par l'interprétation intelligente qu'il doit faire des recoupements soumis par les systèmes d'information et garantir, dans chaque enquête où il s'en rencontre, la corroboration de ces recoupements dans le cadre d'une véritable démarche probatoire. C'est d'ailleurs au stade de l'investigation la complétude de cette démarche, relevant répétons-le d'une posture intellectuelle sous-tendue par un facteur éthique, qui évitera au moment du jugement que l'intime conviction puisse être entamée par des failles ou des manquements dans la démonstration de la culpabilité.

Rappelons qu'en France 12 points de concordance (sans point de dissemblance) sont considérés comme une garantie suffisante contre le risque d'erreur et qu'ils suffisent donc pour incriminer et condamner une personne.

B/ Diversité de l'information judiciaire

a/ Classement selon les sources de l'information judiciaire

A ce stade de l'étude, le caractère diversifié de l'information judiciaire n'est certes pas une surprise : il nous est déjà largement apparu lorsque nous avons examiné ses limites ou le champ qu'elle recouvre. Cette diversité apparaîtrait d'ailleurs tout aussi bien si l'on classait les informations judiciaires selon les procédés ou protocoles de leur exploitation, ou même selon la manière dont elles alimenteraient le raisonnement policier. Pour aller plus loin dans l'analyse de cette diversité, l'approche la plus naturelle est maintenant certainement d'explorer l'information judiciaire selon sa provenance, et non pas cette fois de la même manière conceptuelle que nous avons utilisée pour identifier l'infraction et l'auteur comme sources, mais d'une façon très pragmatique et pour tout dire très matérielle. D'un point de vue purement pratique, l'identification des différentes provenances possibles des données d'information judiciaire est d'ailleurs une étape indispensable pour qui voudra en rationaliser le recueil. En outre, cette approche généalogique présente l'intérêt de s'opérer sur la base d'un critère unique et tout à fait élémentaire : celui de l'endroit, au sens propre, d'où provient l'information. Or, la variété dans ce domaine n'est finalement peut-être pas aussi grande qu'on peut l'imaginer.

Le premier de ces endroits possibles est naturellement la scène de crime. Précisons cependant que l'existence d'une scène de crime identifiée n'est pas systématique, comme par exemple dans le cas des disparitions inquiétantes ou des crimes sans cadavre où les enquêteurs sont souvent privés à la fois de scène de crime et de corps du délit. D'autres circonstances peuvent être problématiques du point de vue de la scène de crime, soit qu'elle soit inexistante (menaces, proxénétisme, etc.), soit qu'elle soit virtualisée (banqueroute, escroquerie par carte bancaire sur Internet, etc.), ce qui toutefois ne fait pas forcément obstacle à des opérations de constatation (interception téléphonique dans le cas de menaces, surveillances dans le cas du proxénétisme, flux financiers dans le cas de la banqueroute, données informatiques dans le cas de l'escroquerie, etc.).

Hors ces cas particuliers, la scène de crime présente pour principale particularité qu'y seront essentiellement recueillies des informations de nature technique : constatations médico-légales s'il y a lieu, film et photographie des lieux, relevé des traces et indices, etc. Autant d'informations dont la collecte s'effectue sous la direction du coordinateur des opérations criminalistiques (COCRIM) dans les affaires les plus graves, qui sont aussi les plus rares, sous celle d'un technicien en identification criminelle dans les cas moyens, plus fréquents, et sous celle de l'OPJ ou de l'APJ chargé de l'enquête dans les affaires les plus élémentaires, qui sont les plus nombreuses. Au moins dans les deux premiers cas, cette collecte d'indices techniques potentiels fait l'objet de protocoles, en tout cas d'une méthodologie, qui en garantit la qualité. Le foisonnement de traces matérielles sur la scène de crime ne doit toutefois pas faire oublier – ce qui est pourtant souvent le cas – qu'elle est la source d'autres informations, plus abstraites ou dont l'intérêt n'est pas toujours évident en début d'enquête, et qui justifieraient d'autant plus à ce titre de voir leur recueil normalisé : données géographiques précises en vue d'une exploitation géo-criminelle, inscription de la scène de crime dans son environnement, facteurs influant la prise de risque, etc. Toutes informations de contexte dont la systématisation et la normalisation du recueil profiteraient en outre aux nombreuses autres occasions – émergeant progressivement au fil des investigations, notamment dans les affaires les plus graves ou complexes – où s'imposent des constatations de même nature que sur une scène de crime : lieu de découverte d'un indice, lieu de perquisition, lieu supposé d'un acte lié à l'infraction, etc.

En dehors de la scène de crime puis des lieux physiques avec lesquels un lien sera établi, l'information judiciaire est de provenances dont la variété, d'un point de vue typologique, est plus apparente que réelle et leur inventaire ne pose guère de difficulté : les officiers de police judiciaire ne disposent en effet pas d'un nombre illimité de voies pour dérouler leurs investigations. Trois d'entre elles concentrent d'ailleurs à elles seules une immense majorité des possibilités ouvertes à l'enquête.

Tout d'abord, l'audition par procès-verbal : audition de la victime, audition des témoins directs, audition des témoins indirects[144], audition de personnes pouvant fournir des informations utiles à l'enquête, audition de personne suspectée, autant d'actes de procédure qui sont d'abord des actes de recueil d'information judiciaire. On reste d'ailleurs rêveur en pensant que cet acte fondamental de l'enquête n'a fait l'objet pendant des siècles d'aucun enseignement au bénéfice de ceux qui le pratiquent, hors naturellement ce qui concerne les règles de procédure pénale qui lui sont applicables. Sur la préparation d'un interrogatoire ? Rien ! Sur la façon de le conduire ? Rien ! Sur l'influence du contexte socio-culturel ? Rien ! Sur les paramètres à prendre en compte pour s'adapter à l'interlocuteur ? Rien ! Sur le décryptage, même élémentaire, du langage non-verbal ? Rien ! Sur la gestion des questions (ouvertes, fermées), des silences, des émotions, etc. ? Rien ! Ce n'est qu'à la fin du siècle précédent qu'a été initiée dans ce domaine une réflexion approfondie, largement teintée de sciences humaines, notamment à l'étranger, en particulier outre-Atlantique puis dans quelques autres pays dont certains européens. En France, cette piste tardivement explorée a débouché

[144] « Témoin » s'entend donc bien là au sens des art. 61 et 78 CPP, c'est-à-dire non pas seulement pour désigner des personnes témoignant de faits auxquels elles ont directement assisté mais en visant plus largement toute personne « susceptible de fournir des renseignements sur les faits ou sur les objets et documents saisis » ou dont la convocation est motivée par « les nécessités de l'enquête ».

sur la mise en place récente de timides ajouts aux programmes de formation initiale des policiers et gendarmes et aux programmes de formation continue dont ne bénéficient cependant qu'un nombre limité d'enquêteurs et sur lesquels on ne dispose pas encore d'un recul suffisant pour juger de leur efficacité[145]. Hors ces programmes, l'apprentissage continue de se faire comme il se fait depuis toujours, sur le tas, à l'imitation des collègues et à l'intuition. D'où la récurrence de scènes aussi ahurissantes que celles qui voient de juvéniles fumeurs de joints cuisinés à l'ancienne et sur le mode du grand banditisme, des témoins rudoyés comme s'ils étaient suspects, des suspects tutoyés et entrepris de manière strictement uniforme quelle que soit leur situation vis-à-vis de la procédure et les éléments rassemblés contre eux, des homosexuels presque systématiquement traités à la légère et à la rigolade, sans parler des victimes de viol interrogées d'un air quasi-salace pour savoir si finalement elles ne l'ont pas *un peu* cherché, ou si elles n'étaient pas *un peu* consentantes[146]. L'autisme institutionnel sur cette question laisse forcément ceux qui le constatent *un peu* décontenancés : depuis des décennies, police et gendarmerie s'échinent à colmater les brèches dans leur taux d'élucidation sans s'être jamais vraiment avisées que l'acte judiciaire dont provient l'essentiel du matériau de cette élucidation, l'acte le plus fréquemment pratiqué par les enquêteurs, ne leur a en réalité jamais été enseigné, ni n'a jamais fait l'objet d'aucune étude digne de ce nom. Une désinvolture qui conduit à ce que l'acte fondamental consistant à reproduire par écrit les déclarations verbales d'une personne dans un procès-verbal qui engage à la foi la parole de la personne et l'assermentation de l'enquêteur, cet acte continue d'être conduit partout en France dans des conditions d'amateurisme routinier qui n'étonnent plus personne tant elles sont la règle au lieu d'être l'exception. Des millions d'affaires ne doivent sans doute pas aller chercher plus loin la cause de l'échec des investigations qui les concernent. Et les auditions recueillies dans ces conditions ont pourtant été pendant des décennies la première source d'alimentation des logiciels ou traitements automatisés d'information judiciaire existants et sera également celles des systèmes en cours de déploiement.

La consultation de tels traitements et fichiers, justement, est une seconde source privilégiée d'information judiciaire. En simplifiant les choses[147], quatre

---

[145] Pour approfondir la question, cf. GUENIAT Olivier et BENOIT Fabio, *Les secrets des interrogatoires et des auditions de police, traité de tactiques, techniques et stratégies*, Lausanne, Presses polytechniques et universitaires romandes, 2012.

[146] Malgré les efforts réels pour améliorer l'accueil des victimes, de tels débordements continuent d'être rapportés, notamment par les associations de lutte contre les atteintes sexuelles, avec une fréquence qui témoigne qu'un long chemin reste encore à faire dans ce domaine.

[147] La réalité est en effet un peu plus compliquée que dans cette présentation sommaire. Il convient notamment de toujours se souvenir qu'une règle générale impose deux conditions pour consulter un fichier : d'une part une habilitation pour y accéder, d'autre part le besoin d'en

catégories de fichiers peuvent être distinguées selon les conditions juridiques réglementant leur accès : ceux directement détenus par la police et la gendarmerie (en particulier les fichiers d'antécédents) ; ceux détenus par d'autres services de l'Etat mais auxquels les enquêteurs ont librement accès (fichier national des immatriculations, système national des permis de conduire, etc.) ; ceux détenus par des services de l'Etat, y compris la police et la gendarmerie, mais auxquels les enquêteurs n'ont accès que par réquisition judiciaire (fichier du suivi des personnes sans domicile ni résidence fixe, administration fiscale, sécurité sociale, etc.) ; ceux enfin relevant de détenteurs privés que les enquêteurs ne peuvent également interroger que par réquisition judiciaire (banques, assurances, organismes de prêt, opérateurs de téléphonie ou d'Internet, etc.). Le nombre de ces traitements, en outre en augmentation continue, donne à lui seul une idée de la ressource qu'ils constituent. Ce n'est pourtant pas pour l'ampleur de cette ressource qu'ils sont qualifiés de source privilégiée, mais plutôt en raison de la fréquence à laquelle ils sont interrogés – rares sont les enquêtes à ne pas entraîner la consultation d'au moins un fichier – et parce qu'ils fournissent souvent, sur le plan quantitatif, un matériel sans commune mesure avec les autre sources. Qu'on en juge. La simple surveillance des appels entrants et sortants d'un relais de téléphonie mobile pendant vingt-quatre heures fournira communément, selon les endroits, un listing de quelques à plusieurs dizaines de milliers de numéros. Dans certaines affaires importantes ou de longue haleine, ce sont couramment des centaines de milliers de numéros qui peuvent se trouver exploités dans le cadre d'une même procédure. Les fichiers STIC et JUDEX, qui ont recensé pendant plus d'une trentaine d'années la délinquance commise et les personnes qu'elle concernait, stockaient dans leur mémoire près de 50 millions d'affaires ainsi que l'identité de 7,7 millions de personnes mises en cause et celle de plus de 33 millions de victimes (une même victime pouvant être comptabilisée à plusieurs reprises). A lui seul, le STIC a fait l'objet de près de 14 millions de consultations en 2007[148]. Des chiffres à rapporter aux 60 millions de personnes de la population française. Des chiffres qui donnent le vertige mais qui surtout interpellent, par leur dimension, sous deux angles contradictoires : d'une part, un tel volume de consultations atteste du besoin policier d'accéder à ces fichiers ; d'autre part il soulève inévitablement des

connaître, expression signifiant que la consultation n'est possible que dans le cadre d'un besoin officiel et légitime. Cette règle s'applique y compris aux enquêteurs pour les fichiers détenus par la police et la gendarmerie, au moins en théorie car la pratique est plus floue ainsi qu'en témoignent régulièrement des affaires de consultation massive et illégale par des fonctionnaires au bénéfice le plus souvent d'anciens collègues travaillant eux-mêmes pour le monde de l'entreprise. La traçabilité des interrogations, implémentée de façon systématique dans les traitements automatisés modernes, limitera toutefois fortement ces abus.

[148] BAUER Alain, SOULEZ Christian et VENTRE André-Michel (Groupe de contrôle des fichiers de police et de gendarmerie), *Mieux contrôler les fichiers de police pour protéger les libertés, Paris,* La Documentation Française, 12 décembre 2008.

questions sensibles en matière de protection des libertés. Par l'importance que la consultation des fichiers prendra dans notre approche sérielle, nous serons d'ailleurs amenés à revenir sur cette contradiction.

Enfin, dernière voie importante pour la collecte d'information judiciaire, l'investigation humaine, ou en d'autres termes la constatation directe d'un fait par les enquêteurs au cours d'opérations d'observation, de filature, d'écoute ou de sonorisation[149]. Certes nettement moins productive en volume que les deux sources précédentes – encore que dans certaines affaires, les surveillances et écoutes pléthoriques constituent l'essentiel du dossier – cette investigation humaine tire tout son intérêt d'abord d'une fiabilité à laquelle arrive rarement l'audition, ensuite d'une lisibilité dont peut rarement se prévaloir la consultation des fichiers. Les conversations d'une personne interceptées sur son téléphone, ses déplacements et agissements directement observés, photographiés ou filmés, sont non seulement directement parlants ou au moins aisément interprétables, mais ils ont en outre sur le plan probatoire toute la force d'éléments dont la réalité est attestée par les OPJ ou APJ eux-mêmes.

On l'a donc maintenant bien compris, les sources auxquelles puise l'information judiciaire sont non seulement variées, mais prolifiques. Ainsi que nous l'avons déjà souligné, dans nombre d'enquêtes, ce n'est pas la carence d'informations qui gêne le directeur d'enquête, mais bien plutôt une surabondance qui l'oblige à discriminer ces informations en fonction d'une valeur qu'il leur affecte de façon empirique, selon un processus professionnalisé par l'expérience mais d'essence subjective. Nous reviendrons donc également, pour traiter de l'approche sérielle, sur cette discrimination intelligente qui est le cœur même du processus d'investigation. Mais l'on peut d'ores et déjà affirmer qu'avant tout choix du directeur d'enquête pour s'orienter dans ce maquis informatif, la qualité de l'information dans laquelle il triera sera conditionnée par la capacité à la rassembler rapidement, efficacement et exhaustivement. Rapidement, car l'enquête est toujours une urgence, ne serait-ce que dans un souci d'optimisation des ressources ; efficacement, car il s'agit de ne retenir que l'information qui pourra être utile aux investigations, en évitant de se faire polluer par des données superflues ; exhaustivement parce qu'en revanche il est interdit de passer à côté d'une information nécessaire et que ce sont bien toutes les données utiles à l'enquête qui doivent être ratissées.

Rapidité, efficacité, exhaustivité : trois critères dont dépend finalement la valeur de l'information judiciaire et qui soulignent l'intérêt d'envisager les éléments qui la composent selon leur provenance. En classifiant les sources d'information sur ce critère, on peut en effet avantageusement éclairer la mise

---

149 L'interception sur un système de communication (téléphone, réseau numérique) est en effet distincte, techniquement mais aussi juridiquement de l'écoute sur un lieu dans lequel on a préalablement placé un dispositif de sonorisation (dont cette technique tire donc son nom).

en place, en dehors de toute enquête, des procédures et des dispositifs permettant d'assurer, au bénéfice de tous les enquêteurs de France, un recueil d'information répondant au mieux à ces trois critères. Où s'adresser, dans l'urgence, pour savoir à quel véhicule, ou au moins à quel type, modèle, série, année de mise en circulation, couleur, etc. correspond le numéro gravé sur le delco d'une voiture que l'enquêteur a sous les yeux et qu'il soupçonne d'être maquillée ? A qui demander – dans l'urgence, toujours dans l'urgence – l'indentification et la géolocalisation du téléphone d'un homme appelant au secours depuis le coffre du véhicule dans lequel il vient d'être enfermé après avoir été enlevé[150] ? Comment vérifier à 3h30 du matin l'immatriculation d'un véhicule étranger ? Quelle procédure suivre et à qui adresser les réquisitions judiciaires pour savoir si et où est scolarisé un enfant enlevé à l'issue d'un droit de visite par le parent séparé qui n'en avait pas la garde ? Quelle possibilité pour intercepter et lire les échanges entre deux suspects correspondant sur Internet via un réseau privé virtuel[151] ? Quel meilleur moyen technique pour surveiller les allées et venues aux parages d'un box souterrain dans une cité ? Les exemples pourraient être multipliés à l'infini : mille informations différentes, mille correspondants et protocoles distincts pour les récupérer, chacun nécessitant d'être connu et organisé à l'avance. En gendarmerie, l'institut de recherche criminelle pour l'information criminalistique et le service central de renseignement criminel (SCRC, anciennement service technique de recherches judiciaires et de documentation STRJD) pour tout le reste de l'information sont chargés de centraliser ces correspondants et procédures, au bénéfice de toutes les unités de France, y compris évidemment de la police au besoin. En police, en effet, la centralisation est moins organisée, chaque office central et chaque laboratoire[152] conservant, parfois un peu jalousement, la gestion de ses sources. Ici ou là, des manuels et répertoires peuvent en outre assister les enquêteurs dans leur recherche du chemin le plus adapté vers une information. L'interface vers l'international est assurée pour tous les services par la division des relations internationales de la direction centrale de police judiciaire. Un tel travail d'inventoriage pratique n'est d'ailleurs jamais terminé, son enrichissement et son actualisation permanente étant la première

---

[150] Le cas est réel.

[151] Plus connu sous l'abréviation VPN pour *Virtual Private Network.* Cette technique désigne un réseau artificiellement créé entre deux terminaux communiquant par Internet, donc de façon publique, selon un protocole de chiffrement et d'authentification assurant le caractère (relativement) privé de leurs échanges.

[152] Rappelons que si la gendarmerie a fait le choix d'un laboratoire unique rassemblant toutes les techniques criminalistiques (IRCGN), la police a fait le choix contraire de les répartir entre cinq laboratoires de police scientifique (LPS de Lille, Lyon, Marseille, Paris et Toulouse) complétés par le laboratoire de toxicologie de la Préfecture de Police. Les deux formules, centralisation ou déconcentration, présentent des avantages et inconvénients dont la balance dépasse l'objet de cet ouvrage.

condition de son efficacité. A ce titre, à l'heure où l'on ne parle pourtant que d'économies d'échelle et de communautarisation des moyens, on ne peut que s'étonner que ne soit pas poussée à son terme, dans ce domaine, la logique d'une centralisation d'ensemble des vecteurs d'information dans une entité unique, commune à la police et à la gendarmerie et uniformément ouverte, 24h/24, à tous leurs enquêteurs.

b/ Classement selon les procédés d'exploitation de l'information judiciaire

Bien qu'on puisse le rapprocher de la segmentation à laquelle elle se prête (cf. *infra* § C, b), ce qui sera dénommé ici « caractère catégorisable de l'information judiciaire » n'y est pas assimilable : c'est pour son identité propre qu'un élément informatif sera rattaché à une entité géographique ou thématique ; c'est en revanche l'approche d'investigation, et les choix qui y sont opérés, qui vont décider des conditions de son exploitation. Toutes les données, en effet, ne se prêtent pas aux mêmes modalités de traitement, et une même donnée peut tout à fait se prêter simultanément à plusieurs entre lesquelles il faudra parfois arbitrer.

En première analyse, il tombe sous le sens qu'une empreinte digitale, l'existence d'une relation amoureuse révélée par un témoin, une trace de peinture et une extraction du fichier national des immatriculations n'appellent pas des procédés d'exploitation identiques. Pourtant, bien que tous puissent être traités selon des modalités qui leur sont spécifiques, les éléments génériques d'information judiciaire se partagent également très souvent certaines autres techniques d'exploitation. Ces procédés communs constituent alors autant de critères permettant de regrouper les informations, en fonction de la façon dont elles peuvent être exploitées, pour former des sous-ensembles d'information qui ne se recoupent pas avec ceux que nous avons pu établir précédemment. Par exemple, dans une enquête, les informations relatives aux communications téléphoniques – on parle génériquement de la « téléphonie » du dossier, d'une personne, d'un lieu, etc. – et aux mouvements bancaires ne proviennent pas des mêmes sources et ne s'inscrivent pas dans une même démarche probatoire, mais ils se prêtent en revanche tout à fait à un même traitement informatique pour leur tri et leur recoupement, et ensuite à une exploitation dans un même schéma événementiel d'analyse criminelle opérationnelle pour comparer leur chronologie, ou d'un même schéma relationnel pour établir des liens entre des personnes ou des évènements différents.

Si l'on examine de plus près les regroupements qui peuvent s'opérer à partir de ce critère du mode d'exploitation, on découvre qu'ils ressortissent de trois grandes catégories qui ne font d'ailleurs pas obstacle à d'autres, moins répandues, ou à des exceptions.

La première et la plus évidente de ces catégories est celle des indices matériels dont l'exploitation appelle des procédés scientifiques qui sont mis en œuvre soit directement dans un laboratoire de police ou une structure spécialisée, soit par sous-traitance à un établissement privé.

La seconde catégorie, à peine moins évidente, est celle des données dématérialisées dont l'exploitation se fait aujourd'hui très souvent à l'aide de programmes informatiques, notamment pour l'analyse de données de masse telles que dans les téléphonies ou la surveillance d'Internet. La part humaine reste cependant très présente par exemple pour l'exploitation de l'image (vidéosurveillance, tapissages, etc.) ou des signaux sonores (interceptions téléphoniques, sonorisation, etc.)[153]. Sauf dans de rares cas particuliers, les informations relevant de cette catégorie sont exploitées directement par les institutions policières.

La troisième catégorie, beaucoup plus floue et particulièrement mouvante, est celle concernant des données hétérogènes, ayant souvent déjà fait séparément l'objet d'une première exploitation, sélectionnées en vue et juste pour le temps d'un processus par lequel un cerveau humain cherche à *comprendre* l'infraction, c'est-à-dire par lequel il vise à ré-amalgamer ces données en un ensemble cohérent et non contradictoire avec tous les autres éléments du dossier. Dans cette entreprise récurrente et itérative à laquelle se livrent en réalité tous les enquêteurs et que nous avons identifiée comme un raisonnement abductif, on peut trouver une aide, soit à nouveau dans des programmes dédiés comme c'est le cas pour l'analyse criminelle opérationnelle, soit dans d'autres instruments comme les typologies de comportements criminels telles qu'y ont recours certaines écoles d'analyse comportementale. Laissant encore une large part à l'intelligence de l'homme, ce processus est obligatoirement mis en œuvre par le directeur d'enquête, et après ou en même temps que lui par le juge d'instruction si une information est ouverte – le parquet étant en revanche, dans la plupart des cas, réceptionnaire d'un « produit fini » dont il s'assure juste de la cohérence et de la rectitude procédurale. Ce processus, en réalité, constitue le principe même de l'investigation et il trouve sa réalisation parfaite dans un raisonnement incorporant sans contradiction la totalité des éléments probatoires d'un dossier pour établir l'identité et la culpabilité de l'auteur.

Cette catégorisation de l'information judiciaire selon ses modalités d'exploitation n'aurait toutefois d'autre intérêt qu'intellectuel si elle ne débouchait pas sur des pistes concrètes permettant d'améliorer son traitement. En déterminant à l'avance le mode d'exploitation le plus approprié pour chaque catégorie d'élément informatif, on pourrait en effet :

---

[153] Cette part humaine tend en revanche à être remplacée par des dispositifs automatisés de reconnaissance (d'image, de parole, etc.) et il est inéluctable que cette tendance gagne progressivement la police judiciaire.

- d'une part mettre en place les procédures nécessaires pour que chaque élément relevant de cette catégorie soit effectivement aiguillé vers le mode d'exploitation correspondant ;
- d'autre part identifier et normaliser les procédés d'exploitation correspondant à ce mode, puis en optimiser la mise en œuvre y compris en les encadrant pas des protocoles d'assurance-qualité propres à favoriser leur admissibilité sociale ;
- enfin définir et conduire les actions de formation nécessaires permettant de disposer d'une ressource adaptée de personnels compétents pour ces procédés tout en veillant à l'efficience de la chaîne logistique qui pourvoira les besoins matériels correspondants.

Ainsi, ce n'est rien moins que la bonne adéquation entre le flux des informations judiciaires d'une part, le dispositif général appelé à les traiter d'autre part, qui pourrait être obtenue grâce à cette approche en exploitabilité qui, à notre connaissance, n'a pourtant jamais été envisagée de façon réellement globale en France, ni par la police, ni par la gendarmerie. C'est d'ailleurs parce qu'une telle réflexion sur cette adéquation entre les besoins et les moyens en matière probatoire n'est pas réalisée que l'on constate régulièrement des tensions ou des défaillances qui impactent directement le fonctionnement de la chaîne pénale, comme on l'a par exemple vu même pour le fonctionnement de fichiers aussi emblématiques que ceux des empreintes digitales ou génétiques. Naturellement, ce qui est vrai pour les deux grands fichiers FAED et FNAEG l'est également pour d'autres procédés plus confidentiels. Par exemple, le délai de rendu des expertises est dans tous les cours et tribunaux une antienne trop bien connue des magistrats.

C/ Plasticité de l'information judiciaire

Nous avons maintenant suffisamment avancé dans notre connaissance de l'information judiciaire pour avoir compris qu'elle ne s'offre pas aux enquêteurs de façon uniforme et monolithique mais qu'elle constitue, bien au contraire, un ensemble particulièrement hétérogène de données d'une extrême diversité. Face à un assemblage aussi hétéroclite, on aurait tout à fait pu craindre qu'il présente une certaine rigidité, mais c'est exactement l'inverse qui se produit : par sa variété autant que par celle des liens pouvant associer les éléments informatifs à l'infraction ou à son auteur, l'information judiciaire fait preuve d'une plasticité remarquable à plus d'un titre.

Avant toute chose, il convient toutefois de souligner une caractéristique, que l'information judiciaire partage d'ailleurs aujourd'hui avec la plupart des autres types d'information et qui non seulement participe à cette plasticité, ou même la renforce, mais qui surtout accroit son potentiel dans des proportions autrefois inimaginables. Nous faisons évidemment là allusion au fait que l'information judiciaire est numérisable, ou le sera à courte échéance pour ceux de ces éléments qui ne le sont pas encore, ce qui lui a ouvert toutes grandes les capacités de traitement automatisé qu'offre l'informatique moderne. Certes, cette numérisation n'est pas forcément rétroactive, ou alors à un coût prohibitif, et la police judiciaire a ainsi dû consentir au fil des ans à se séparer d'une mémoire devenue indéfendable au regard de la loi. Tous les fichiers « papier » devenus illégaux faute de remplir les conditions légales notamment en matière de mise à jour de leurs données, et dont la numérisation ne pouvait être assurée, ont ainsi été perdus. Pour autant, ce virage est désormais à peu près pris, ainsi que nous le verrons ultérieurement, et la numérisation de l'information judiciaire va inévitablement dans le sens d'une centralisation – ou d'une capacité centrale de regroupement et de recoupement – qui devrait en favoriser le partage et l'efficacité. Encore s'agira-t-il que ce mouvement de centralisation s'accompagne simultanément d'une capacité accrue de contrôle puisqu'il augmente évidemment le danger que peut représenter toute information. Mais revenons-en à la plasticité de l'information judiciaire.

a/ Evolutivité de l'information judiciaire

Tout d'abord, cette information est évolutive en ce sens qu'elle n'est pas un ensemble théorique et immuable mais une addition conjoncturelle d'éléments qui s'enrichit au fur et à mesure que les investigations dévoilent de nouvelles données. Cette évolutivité permanente de l'information judiciaire se constate pour chaque enquête particulière, et donc évidemment aussi pour l'ensemble global qui en constitue la somme, ainsi que pour chaque sous-ensemble imaginable en son sein. De tels sous-ensembles peuvent notamment se rencontrer dans un même dossier (pour les enquêtes même d'une moyenne importance, la téléphonie, les flux financiers, la chronologie, les relations interpersonnelles, etc. sont souvent l'objet de traitements séparés avant que leur résultat soit fusionné) ou correspondre à des bases de données ou modes d'exploitation spécifiques (fichier des immatriculations, fichier des auteurs d'infractions sexuelles, fichiers d'empreintes, etc.). Par ailleurs, le caractère évolutif de l'information judiciaire est renforcé par la volatilité de la plupart de ses constituants. Tous les indices ne sont pas immuables, et en réalité très peu le sont, à commencer par la mémoire humaine, sans parler des indices matériels sur scène de crime dont la dégradation au fil du temps est plus ou moins rapide selon leur nature. Même une donnée apparemment aussi robuste que la géographie physique d'un lieu est soumise à variation. Quant aux fichiers nominatifs, ils sont soumis à certaines conditions légales d'effacement, soit à la demande de personnes, soit à l'expiration d'un délai. D'une manière générale l'urgence des investigations, qui est une contrainte *a priori*, ne répond d'ailleurs souvent à rien d'autre qu'à la nécessité de combattre cette volatilité des informations pour offrir à l'enquête une image aussi proche que possible de celle qui avait cours lors de la commission des faits.

Un autre facteur contributif de l'évolutivité de l'information judiciaire résulte indirectement de l'insatiabilité que nous avons déjà eu l'occasion de relever à son égard. Matière ayant une tendance naturelle à l'expansion dans un objectif conservatoire dont nous avons souligné la nécessité, cette information judiciaire manifeste en effet un appétit féroce pour les données directement ou indirectement nominatives, ce qui n'est guère surprenant puisque c'est toujours sur des personnes qu'elle enquête au final. Témoignant ainsi d'une inclination prononcée pour la sphère privée, elle cherche évidemment à déborder vers celle-ci dans les dossiers d'enquête, ce qui n'est pas problématique dès lors que les conditions de légalité et d'opportunité le justifient. Mais dans un mouvement général, et permanent, elle cherche également à ouvrir toujours plus largement le champ que lui ouvre justement cette condition de légalité, ce qui n'est pas sans soulever des objections du point de vue de la protection des libertés. Ainsi l'histoire de l'information judiciaire se confond d'une certaine manière avec celle des débats qui agitent périodiquement la société et la classe politique quant à l'opportunité d'autoriser ou pas la police judiciaire[154] à détenir telle ou telle catégorie d'information. De ce point de vue, les perspectives d'identification biométrique promettent par exemple des controverses sans doute aussi passionnées que celles soulevées en son temps par le fichier des empreintes génétiques et par l'extension régulière de son périmètre.

b/ Segmentabilité de l'information judiciaire

Dernière caractéristique que l'information judiciaire tire de sa plasticité et que nous avons en fait déjà relevée en évoquant les différents traitements dont elle peut être l'objet : l'information judiciaire est segmentable, ce dont elle a largement tiré profit à l'époque où le caractère manuel des fichiers obligeait à en limiter la taille. Tout d'abord, elle est segmentable géographiquement, ce qui présente évidemment l'intérêt de pouvoir travailler avec elle à des échelles adaptées à chaque approche considérée. Par exemple, toute recherche de l'activité d'un tueur en série s'étendra immédiatement au niveau national, voire au-delà des frontières. En revanche, telle unité confrontée à de petits cambriolages présentant un même mode opératoire et *a priori* imputables à des acteurs locaux privilégiera une information judiciaire délimitée à ce niveau local, ou plus vraisemblablement à l'échelle d'un département voire des départements limitrophes. Une telle segmentation géographique ne

[154] Le même débat existe évidemment avec les fichiers de renseignement de la police administrative mais il y est à la fois plus discret (des impératifs de secret ou de sécurité autorisant cette discrétion sous certaines conditions) et plus animé : en effet, la nature préventive de cette police ne lui apporte pas la même justification que le trouble causé par une infraction mais elle ne subit pas de ce fait un handicap aussi important qu'on pourrait le croire, le renseignement ayant vocation à prévenir des actes d'une gravité telle, au premier rang desquels bien sûr les attentats terroristes, qu'on lui confère en réalité bien plus de pouvoirs qu'à la police judiciaire.

présente cependant pas que des avantages. Pour intéressante qu'elle soit par la délimitation plus précise qu'elle permet du périmètre des investigations, elle fait en effet courir le risque d'exclure des informations extérieures à ce périmètre et qui, dès lors, ne viendront pas nourrir ces investigations alors qu'elles auraient peut-être pu y contribuer.

Enfin, en plus d'être segmentable géographiquement, l'information judiciaire l'est également thématiquement, et cette propriété a également été très exploitée : c'est elle qui explique en effet la multiplication des traitements automatisés judiciaires. Ici, un fichier pour les véhicules et objets volés, là un fichier pour les infractions, leurs auteurs et leurs victimes, ailleurs un fichier pour certaines infractions violentes aux personnes, encore ailleurs un fichier pour la grande criminalité, ou un fichier pour les auteurs d'infractions sexuelles, etc. On imagine facilement que cette segmentation thématique, en plus d'être une cause de redondance possible et de multiplier les coûts de maintenance, fait courir comme la segmentation géographique le risque d'une investigation excluant de son périmètre des informations qui auraient pourtant pu lui être utiles mais qui se situent malheureusement dans un fichier que les enquêteurs n'auront pas consulté, ou auquel ils n'ont pas accès.

Par ailleurs, à la segmentation géographique ou thématique décidée institutionnellement s'en ajoute une nouvelle chaque fois qu'un échelon de police judiciaire décide unilatéralement, et souvent secrètement, de créer un traitement à son seul bénéfice.

2/ Caractéristiques extrinsèques de l'information judiciaire

Par-delà celles qu'elle tire de sa propre nature, l'information judiciaire présente au moins deux caractères qui ne tiennent pas seulement à elle mais également au contexte, judiciaire et policier, dans lequel elle évolue et à la valeur que lui confèrent les institutions correspondantes.

A/ L'information judiciaire, objet juridique

Nous avons déjà eu l'occasion d'évoquer largement la relation très intime que l'information judiciaire entretient avec le procès pénal auquel elle doit sa raison d'être – son intervention dans la démarche probatoire – et le dimensionnement de son contenu par le cadre général que le droit trace autour d'elle. Cependant, du point de vue de ce rôle actif qu'elle joue dans la procédure, l'information judiciaire y apparaît *stricto sensu* plutôt comme un adjuvant qui adopterait par capillarité le régime juridique de la procédure qui l'héberge. Or, il n'est pas inutile de revenir plus longuement sur son rapport avec certaines dispositions dont elle est le dessein spécifique et qui la délimitent également pleinement en qualité de pur *objet* juridique. En ce qu'elle porte souvent sur des données nominatives, l'information judiciaire relève en effet globalement d'un appareil juridique particulier, codifié aux articles 230-6 et suivants du Code de procédure pénale. Le fichier national d'empreintes génétiques et celui des auteurs d'infractions sexuelles ou violentes relèvent quant à eux de dispositions particulières[155]. Enfin, dans les cas où elle se présente sous une forme qui ne trouve pas dans ces dispositions un régime adapté, c'est évidemment la loi générale « Informatique et libertés » de 1978 qui s'applique. Ce régime, empreint du contexte technologique de l'époque de son élaboration, il y a une quarantaine d'années, est toutefois aujourd'hui largement dépassé par l'évolution qu'a connue la technologie depuis cette période. Non encore totalement matures sur le plan technique, ou matures mais tenus secrets par leurs propriétaires en raison des intérêts financiers ou de pouvoir étatique qu'ils confèrent, les procédés nouveaux de recueil, de stockage et de traitement de données de masse ont en effet ouvert depuis plus d'une décennie des portes dans lesquelles le droit peine à s'engouffrer au même rythme que certains acteurs publics et surtout privés.

a/ Régime actuellement applicable aux données

C'est donc tout d'abord vers la loi « Informatique et libertés » de 1978 qu'il convient de se tourner pour y trouver quelques définitions essentielles quant aux traitements de données qui sont l'outil privilégié d'alimentation et d'exploitation de l'information judiciaire. La loi a ainsi précisé les notions de traitement et de fichier et il est important de rappeler à cet égard qu'entrent dans son champ d'application tous les traitements, qu'ils soient informatisés ou non (art. 2). Précision utile tant sont encore nombreux les professionnels de la galaxie policière à penser, y compris à des niveaux élevés de responsabilité, qu'un fichier « papier » est exclu par nature de ce champ d'application, quelque sensible soit l'information qu'il contient. Ce qui est évidemment faux. Quant à la différence entre traitement et fichier, elle est en revanche de peu d'importance du fait du caractère quasi tautologique des définitions qu'en donne la loi : est un traitement toute opération (collecte, enregistrement, conservation, consultation, etc.) portant sur des données que ladite opération va donc constituer *de facto* en fichier ; est un fichier tout ensemble stable de données se prêtant à un traitement. Ce qui explique sans doute que l'on parle généralement, par métonymie, de traitement pour évoquer un fichier aussi bien que de fichier pour évoquer un traitement. Quant à la notion de logiciel, faute que la loi qui l'a introduite en 2011[156] en donne une définition, il n'est pas possible de la voir autrement que comme un nouveau synonyme désignant lui aussi un traitement de données au sens de la loi de 78.

Le même article 2 de la loi de 78 précise par ailleurs que ne sont visés par elle que les traitements portant sur des données à caractère personnel, étant immédiatement stipulé que ce caractère personnel peut évidemment découler

---

[155] Respectivement art. 706-54 et s. et art. 706-53-1 à 706-53-12 CPP.

[156] Loi n° 2011-267 du 14 mars 2011 d'orientation et de programmation pour la performance de la sécurité intérieure créant les art. 230-20 et ss. constituant le chapitre III « Des logiciels de rapprochement judiciaire » du titre IV, Livre Ier du CPP

d'un lien direct, mais également indirect, entre la donnée et une personne. De ce point de vue, le droit est donc particulièrement limpide : tout élément d'information permettant d'identifier de façon individuelle la personne qu'il concerne, par quelque détour que ce soit, constitue une donnée à caractère personnel entrant dans le champ de la loi. Ainsi du numéro de sécurité sociale, d'un numéro de téléphone, d'un numéro d'immatriculation, d'une adresse IP[157], etc.

Enfin, l'article 8 de la loi de 78 particularise le régime juridique applicable à certaines informations en raison de leur sensibilité et définit les catégories de données éligibles à ce régime. Ces données sensibles, ainsi désignées habituellement bien que la loi n'utilise jamais cette expression, sont celles portant sur l'origine raciale ou ethnique des personnes, leurs opinions politiques, philosophiques ou religieuses, leur appartenance syndicale, leur santé ou leur vie sexuelle.

Il n'est évidemment pas besoin de longues explications pour comprendre que l'information judiciaire telle que nous l'avons délimitée agglomère des données non nominatives (p. ex. les circonstances de l'infraction), nominatives directement (p. ex. l'identité *in extenso* telle qu'elle figure en ouverture d'un procès-verbal d'audition) ou indirectement (p. ex. les numéros sur un listing téléphonique) et parfois des données sensibles (p. ex. les informations sur la sexualité d'une personne dans le cadre d'une affaire de mœurs).

Sur cette base, aux termes mêmes du Code de procédure pénale, les fichiers d'antécédents, les fichiers d'analyse sérielle et les logiciels de rapprochement judiciaire doivent faire l'objet d'une autorisation par décret en Conseil d'État après avis de la Commission nationale de l'informatique et des libertés (CNIL). Il en va d'ailleurs de même pour tout autre traitement ayant pour objet « la prévention, la recherche, la constatation ou la poursuite des infractions pénales » et relevant alors du régime général de l'article 26 de la loi 78 qui subordonne également leur mise en œuvre à une autorisation délivrée par décret en Conseil d'État après avis motivé et publié de la CNIL.

Pour émettre son avis, la CNIL se réfère aux conditions fixées notamment par l'article 6 qui l'amèneront à vérifier le caractère non excessif du traitement par rapport à la finalité qui lui est assignée, les modalités pour garantir l'exactitude – donc la mise à jour – des données ainsi que les dispositions assurant leur effacement dès que leur conservation n'est plus justifiée au regard de la finalité initiale. Autant de critères permettant à la CNIL de jouer un rôle légitime de censeur à l'encontre de velléités policières toujours possibles pour dépasser la limite fixée par le législateur. Mais également autant de sujets d'inquiétude pour des institutions policières soucieuses de

[157] Adresse IP pour *Internet Protocol* : numéro d'identification affecté, de façon permanente ou non, à un appareil exploitant une connexion Internet.

disposer de traitements adaptés aux difficultés de leur travail et à l'exigence de résultats qu'on fait peser sur elles.

La loi conférant par ailleurs à la CNIL un pouvoir de contrôle à l'égard des détenteurs des fichiers – aussi théorique soit ce pouvoir compte tenu des moyens qui y sont concrètement alloués – nous tenons là toutes les conditions pour des relations empreintes au mieux de méfiance, au pire d'hostilité, entre la Commission et la police. Une situation ne pouvant qu'engendrer du côté de la police d'une part la tentation de ne pas déclarer – et donc de faire fonctionner dans l'illégalité – les plus litigieux de ses traitements, d'autre part celle d'obtenir des dispositions spéciales lui permettant de déroger aux règles générales édictées par ailleurs. Nous verrons ultérieurement qu'à aucune de ces deux tentations il n'a été résisté.

Au terme de ces considérations, on mesure mieux à quel point l'objet juridique que constitue l'information judiciaire se situe au cœur de la problématique de protection des libertés. Dans la pratique, pourtant, on constatera que l'exploitation de l'information judiciaire comprenant des données nominatives s'est faite, depuis des décennies, pour l'essentiel hors le cadre de la loi, ce qui est évidemment antinomique avec les règles de la démocratie quand bien même les pouvoirs publics et même le législateur ont fait preuve de beaucoup de mansuétude à cet égard (Cf. *infra* Ch. 7, § 1, C). Compte tenu des enseignements que l'histoire a dispensés sur les excès auxquels peuvent se prêter les mécanismes de fichage, cette bienveillance tient clairement d'un laxisme totalement déplacé, comme si n'avaient servi à rien les leçons du passé. En la matière, mieux vaut donc prêcher que l'information de police judiciaire doit être soumise, plus que toute autre dès lors que sont en jeu des données sensibles relevant de l'art. 8 de la loi de 78, à une surveillance stricte et à des modalités d'exploitation et de contrôle permettant d'exclure tout abus d'usage ou détournement de ces données.

b/ Perspectives proches

Par ailleurs, tant la notion de donnée que celle de cadre juridique à appliquer à ces données doivent être considérés comme éminemment évolutifs, donc relativement éphémère. On peut en prendre pour preuve deux changements majeurs récents ayant affecté l'univers des données personnelle, l'un technique et l'autre juridique.

- D'une part, les notions de données nominatives ou indirectement nominatives ou non nominatives sont d'ores et déjà bousculées par des techniques de traitement des megadonnées, qui sera longuement exposée dans quelques paragraphes, et qui permettent de faire disparaître l'anonymat résultant du caractère non nominatif de certaines données et la protection qu'offraient les données indirectement nominatives. De fait, dans le monde numérique et globalisé que nous connaissons, la mise en évidence de l'identité d'une personne à partir de données anonymes ou indirectement nominatives n'est plus un challenge mais une réalité quotidienne.

- D'autre part, pour accompagner cette évolution technologique qui révolutionne la protection de la vie privée des personnes, le droit européen a dû réviser le droit applicable aux données dont il est question, et même revenir sur la définition même de donnée. Dans un règlement général en date du 27 avril 2016 (cf. *infra* Ch. 8, § 1, B, b) sur la protection des données adopté après plusieurs années de négociations, le Parlement européen a ainsi érigé de nouvelles règles applicables aux traitements des données, règles qui devront être transposées dans leur droit interne par les pays européens dans les deux ans. Malgré les réserves qu'il appelait de la part de certains commentateurs avant son adoption[158], ce texte actualise de façon claire les règles de protection des données et, comme pour tout règlement-fleuve, ce sera cependant le temps qui en révèlera les failles.

Assurément et pour bienvenue qu'elle est, cette prise en compte d'une réalité nouvelle par l'Europe doit donc être regardée avec une attention toujours soutenue : non seulement elle est récente, alors que les évolutions technologiques qu'elle vise sont déjà vieilles de plusieurs années, mais elle est assurément appelée à être dépassée très rapidement. En matière de protection de la vie privée et des libertés individuelles, il faut prendre conscience que le droit, et notamment le droit européen soumis à des impératifs de consensus qui allongent de façon notable les procédures d'élaboration, aura vraisemblablement toujours une longueur de retard sur les évolutions techniques et fonctionnelles des traitements de données.

B/ Caractère patrimonial de l'information judiciaire

Quels que soient les obstacles pour faire reconnaître l'existence officielle d'un traitement, la tentation de ne pas le déclarer et de le faire fonctionner de façon occulte trouvera cependant rarement son origine dans de seules motivations juridiques. Si un ministère a d'ailleurs en France, et depuis de nombreuses années, la capacité de promouvoir le vote d'un droit adapté à son fonctionnement, c'est bien celui de l'Intérieur, la prégnance des questions d'insécurité lui servant de meilleur argument. Ses réticences ou ses maladresses sur ce terrain (cf. *infra* Ch. 7, § 1, C) sont ainsi significatives d'une culture faisant en réalité dans cette matière autant de place au secret qu'à la légalité. Nul doute donc que d'autres raisons, pas forcément plus avouables, militent dans certains esprits pour l'opacité des traitements de police judiciaire. C'est que l'information judiciaire, comme toute information,

---

[158] FRADIN Andréa, *Joie ! Nos données seront bientôt mieux protégées*, Rue 89, 14 avril 2016, http://rue89.nouvelobs.com/2016/04/14/leurope-veut-proteger-donnees-ca-va-changer-263757#xtor=EPR-1-%5BObsActu8h%5D-20160415 (accédé le 28/11/16).

confère un pouvoir à celui qui la détient, mais un pouvoir qui naturellement se dilue au même rythme que se diffusent les données dont il procède. Tout propriétaire d'une information est à ce titre fatalement confronté à une douloureuse alternative : conserver ses données par devers lui et bénéficier seul du pouvoir qu'elles octroient, ou les diffuser pour le bien commun mais alors écorner ce pouvoir, voire le perdre. Par cet enjeu nouveau qu'elle révèle, l'approche patrimoniale de l'information judiciaire est donc un élément fondamental pour comprendre l'incertitude permanente relative à son contenu réel, et les fantasmes qui en naissent.

Que de la maîtrise de l'information dépende le pouvoir, c'est là une vérité séculaire que n'ont évidemment pas abolie, bien au contraire, les techniques modernes de sa transmission et de son exploitation. Et en matière de police, cette vérité s'est toujours d'autant mieux vérifiée que l'information y assoit le contrôle des gouvernés par les gouvernants. Par chance, de toutes les formes de police et sauf dans certains cas particuliers, la police judiciaire n'est pas la plus appropriée à un tel contrôle étatique, ce qui diminue d'autant la pression sur elle. Mais elle est tout de même un moyen privilégié pour le recueil d'informations sur les citoyens, et même aujourd'hui pour le recueil d'une information de masse dont le détournement de finalité potentiel fait une arme puissante. Tous les tenants de la protection des droits et des libertés – qui ne sont pas forcément les idéalistes dogmatiques pour lesquels on essaie souvent de les faire passer – ne s'alarment donc pas pour rien. Pour qui en douterait, les brèches déjà ouvertes pour permettre une exploitation à finalité administrative des fichiers de police judiciaire témoignent que le changement légal de leur finalité n'est pas seulement un fantasme orwellien[159]. Par l'attrait qu'elle exerce inévitablement sur des responsables dont elle conditionne directement le pouvoir ou dont elle peut arbitrer la carrière, l'exclusivité de la détention de cette puissance est donc une première raison de garder seuls la maîtrise de l'information recueillie qui par son ministère, qui par son administration, qui par ses services.

Cette raison se double de surcroît de la concurrence bien réelle entre les différents intervenants de la police judiciaire. Dans cette confrontation où les points marqués sont les succès affichés dans la lutte contre le crime, l'information judiciaire joue un rôle moins important que la communication ou que le marketing de l'action policière, mais ce rôle est tout de même déterminant. Derrière l'affichage d'une complémentarité et d'une

---

[159] Aux termes de l'art. L234-1 du code de la sécurité intérieure et de l'art. 17-1 de la loi n° 95-73 du 21 janvier 1995 d'orientation et de programmation relative à la sécurité, la consultation des fichiers judiciaires d'antécédents est autorisée pour des enquêtes administratives relatives notamment à la délivrance de l'agrément nécessaire pour exercer certains emplois, à la délivrance des titres de séjour ou à l'acquisition de la nationalité française. De même, aux termes de l'art. 706-53-7, l'accès au fichier judiciaire national informatisé des auteurs d'infractions sexuelles ou violentes est ouvert à l'autorité administrative pour certaines décisions relatives à des professions ou activités impliquant un contact avec des mineurs.

collaboration de pure façade règne donc pour la maîtrise de l'information une compétition qui n'épargne aucun niveau et que facilitent les capacités de segmentation géographique ou thématique que nous avons évoquées. D'un côté, c'est « A moi les données sur les criminels sériels ! ». De l'autre ce sera « A moi celles du grand banditisme ! », ou « A moi celles des trafics de stupéfiants ! », « A moi celles de la lutte anti-terroriste ! » et tout à l'avenant. Et de ce point de vue, la partie se joue partout. Entre la police et la gendarmerie à l'échelon central mais aussi à chaque niveau administratif où se concrétise la dualité de ces deux institutions de PJ : commissariat de police et compagnie de gendarmerie d'une même ville, section de recherches de gendarmerie et service régional de police d'une même cour d'appel, etc. En outre, les coups fourrés ne manquent pas non plus entre les services et unités au sein de leur propre institution : en gendarmerie, entre sections et brigades de recherches, au sein de la police entre offices centraux et directions interrégionales de PJ ou entre services régionaux et commissariats. Et l'on peut évoquer aussi la concurrence féroce qu'entretiennent la direction centrale de la police judiciaire (DCPJ) et la police judiciaire de la gendarmerie (SDPJ) ou celle de la préfecture de police (PJPP) de Paris, à l'instar de l'antagonisme non moins acharné entre cette même DCPJ et les autres grandes directions de la Police nationale – renseignement intérieur (DCRI), sécurité publique (DCSP), coopération internationale (DCI) ou police aux frontières (DCPAF) – moins impliquées dans la police judiciaire mais néanmoins détentrices et demandeuses d'information. Ou encore la compétition avec les douanes (le long combat retardateur de la Police nationale contre l'instauration de la qualité d'OPJ aux douaniers...). Dans ces luttes fratricides, juste suffisamment policées pour que l'écho ne s'en échappe que rarement du sérail, seuls comptent le résultat obtenu et le discrédit jeté sur l'adversaire, deux domaines où justement la pertinence de l'information maitrisée fait souvent la différence. Une deuxième bonne raison, donc, de l'accaparer du mieux possible, à l'idéal jusqu'au monopole.

Enfin, l'information est également une marchandise – l'information générale n'est-elle pas achetée, échangée et vendue par les agences et organes de presse ? – et constitue en PJ comme ailleurs une monnaie d'échange dont la valeur est directement liée à la confidentialité. Aux yeux des autorités, des autres services et d'éventuels correspondants extérieurs, une structure n'a d'autre poids que celui conféré par la qualité de l'information qu'elle détient et dont ils sont demandeurs. En matière d'international par exemple, derrière le paravent d'un affichage interservices voire interministériel, le monopole jaloux exercé depuis des décennies par la DCPJ en matière de coopération policière internationale, l'exclusivité qu'elle a toujours entendu conserver dans les relations bilatérales ou avec Interpol, le soin qu'elle met systématiquement à n'ouvrir dans ce domaine à d'autres acteurs que des postes subalternes qu'elle s'assure en outre de vider au mieux de leur substance, toute cette détermination à être l'interlocuteur unique de l'étranger en matière de police judiciaire n'a pas d'autre sens que ce pouvoir qu'elle en tire en s'érigeant ainsi en acteur unique, donc incontournable. Acteur incontournable pour la satisfaction de toute demande adressée à la France, y trouvant une commode justification officielle pour tenter de siphonner l'information de ses concurrents. Et par réciprocité acteur incontournable pour être la seule réceptrice, donc au final la seule bénéficiaire, de l'information en provenance de ces acteurs étrangers dont elle s'assure qu'ils n'aient jamais d'autre interlocuteur qu'elle. Quand la criminalité s'internationalise puis se mondialise plus vite que n'importe quelle autre branche d'une activité nationale, l'enjeu à nouveau est d'importance et, qu'on ne s'y trompe pas, suffisamment sensible pour que la hiérarchie policière préfère généralement ne pas satisfaire la demande d'un service étranger plutôt que de courir le risque d'un lien direct entre ce service étranger et un autre interlocuteur qu'elle. Pure logique de pouvoir, chaque pan égratigné d'un monopole ne l'étant jamais que de haute lutte, et vécu comme une défaite par celui qui est obligé de concéder ainsi. Logique de système, car en réalité, tous les acteurs que nous venons de citer sont finalement animés par ce même appétit d'information exclusive. Logique d'institutions également, ou plutôt d'organismes centraux, car les échelons de terrain – qu'ils soient policiers, gendarmes mais aussi douaniers – sont les premiers à souffrir de l'exclusivité informationnelle que s'octroient lesdits organismes centraux avec une égale indifférence pour cet intérêt général incontestable qui commanderait le partage là où ils ne raisonnent qu'en termes de chasse gardée.

De ces multiples luttes d'influence où tous les coups sont permis, il aurait d'ailleurs été totalement illusoire d'espérer voir germer une telle culture du partage des données, pourtant la seule susceptible de les faire fructifier au mieux de leurs possibilités. C'est donc au contraire très jalousement que chacun s'ingéniait hier à conserver dans le secret la totalité de son information. Et aujourd'hui que la pression de l'efficacité s'est faite trop forte pour continuer de refuser tout partage, c'est avec un même soin jaloux que chacun s'ingénie à conserver sous le boisseau au moins les informations qu'il juge les plus prometteuses. Ainsi, levier de pouvoirs à un triple égard, l'information judiciaire se voit-elle instrumentalisée au bénéfice de ces pouvoirs bien avant d'être l'outil de lutte contre la délinquance qu'elle devrait être uniquement, et toutes les qualités que nous avons pu lui trouver, jusque même cette qualité inégalable d'être une entité juridiquement encadrée, pourront être repoussées au second plan par cette instrumentalisation déviante. Un état de fait que tout processus méthodique d'exploitation devra prendre en compte afin d'en surmonter, ou au moins d'en limiter, les effets.

Conclusion – Vers une définition de l'information judiciaire

Au terme de ce parcours qui nous a vu d'abord tenter de délimiter l'information judiciaire, puis d'en inventorier les caractères, on perçoit bien sûr plus clairement la richesse de cette matière, mais on mesure également beaucoup mieux la pauvreté de la réflexion dont elle fait l'objet. Dans les conditions qui viennent d'être évoquées, victime collatérale de la théorisation exceptionnellement indigente sur les pratiques policières en France, l'information judiciaire aurait difficilement pu tracer les voies claires et rectilignes qu'on attendrait d'elle pour conduire à des solutions dans la lutte contre la délinquance. Mais quel gâchis ! Les éléments d'information dont la police judiciaire extirpe une vérité, sinon la vérité, cette matière première de l'enquête et du procès pénal mériterait assurément une approche autrement scientifique et approfondie que celle des pages précédentes. Comment peut-on d'ailleurs rêver de marges de progression de l'investigation criminelle sans passer par ce préalable indispensable ? Car c'est pourtant bien là, et uniquement là, que puise cette investigation : dans l'exploitation des traces de toute nature dont nous venons de brosser un tableau encore sommaire. Bien sûr, cette exploitation s'effectue selon les cas à des échelles très différentes, depuis l'affaire unique jusqu'au phénomène d'ampleur internationale. Bien sûr elle passe par des procédés eux-mêmes très divers, sans toutefois que cela change rien à la démarche générique qu'ils doivent tous respecter : identification et délimitation de l'élément informatif en tant que tel ; préservation et relevé ou enregistrement ; exploitation et interprétation ; recollement du résultat obtenu avec les autres résultats du cas d'espèce, etc. Selon l'effet recherché, cette exploitation pourra d'ailleurs être conduite sur un axe syntagmatique – pour la résolution d'un dossier et pour sa mise en mémoire « collective » – ou paradigmatique – pour une approche sérielle ou une étude. Mais dans tous les cas, c'est bien là qu'est le matériau de base de l'enquête, dans cette information judiciaire dont les termes d'un libellé commencent enfin à se dégager. Ainsi en conclusion de cette approche, pouvons-nous au moins en proposer la définition suivante :

> *L'information de police judiciaire est l'ensemble des éléments informatifs de toute nature, matériels ou immatériels, nominatifs ou non, ayant un lien direct ou indirect au moins potentiel avec la commission d'une infraction et s'inscrivant dans le cadre juridique autorisant leur recueil et leur utilisation par des procédés techniques ou de recoupement répétables et réfutables au service d'un raisonnement qui les articule entre eux pour identifier puis incriminer ou innocenter l'auteur présumé d'un comportement criminel effectif.*

2ème Partie

Sérialité et police judiciaire

Un mode d'appréhension de la délinquance hérité d'un autre âge et qui érige l'individualité du fait criminel en contrainte presque indépassable, ne laissant que bien trop peu de place au caractère sériel, pourtant dominant, de cette délinquance : ce n'est certainement pas là l'unique cause de la médiocre efficacité du dispositif policier français, mais tout de même certainement l'un de ses contributeurs principaux.

La piste que nous allons donc explorer dans les pages suivantes est évidemment celle d'une meilleure exploitation du caractère sériel de la délinquance, tel qu'il a été postulé puis partiellement démontré en première partie, en vue d'une amélioration des résultats judiciaires. Mais, on l'a déjà compris, cette réflexion ira forcément de pair avec la nécessité d'amender cette culture de l'individualisation du fait criminel que nous avons décrite, de l'amender de toutes les habitudes mais aussi de toutes les facilités qui en résultent. Exercice déjà délicat par lui-même, et dont la difficulté va ici se trouver renforcée par l'obligation de ne toucher en rien aux principes juridiques qui ont fondé cette culture, barrière infranchissable tant ces principes sont absolument essentiels dans un État de droit, surtout quand le droit y vacille comme il peut vaciller autour de nous, y compris sous les coups – surtout sous les coups – de l'autorité chargée de garantir les conditions de sa bonne application. On aurait pu croire, on le croit d'ailleurs souvent dans les années qui suivent les bancs de la faculté, que ces principes étaient nécessairement protégés par leur filiation avec des droits fondamentaux, tels le droit à un procès équitable ou les droits de la défense. L'actualité se charge hélas maintenant presque journellement de nous montrer, d'écoutes téléphoniques illégales en conditions indignes de garde à vue, d'atteintes à la présomption d'innocence des faibles en abus de présomption d'innocence au bénéfice des forts, de dévoiement de l'immunité pénale en détournement des services de l'Etat au bénéfice des intérêts privés de ses édiles, que ces droits fondamentaux, tout théoriquement protégés qu'ils soient par leur position au sommet des normes juridiques, sont fragiles. Le droit, il est vrai, ne s'impose qu'à ceux qui croient en ses vertus et à la nécessité de la justice, ou encore à ceux qui le transgressent en admettant toutefois d'être soumis à ses rigueurs s'ils se font prendre, mais évidemment pas aux dominants à qui leur pouvoir attribue de se placer au-dessus des lois.

Pour autant, ce n'est pas dévaluer ces principes que de constater qu'ils génèrent des contraintes aux échelons où l'on ne peut se dispenser de leur respect, et ce n'est pas non plus les violer que de poser la question d'un aménagement des pratiques pour diminuer l'impact de ces contraintes sur l'efficacité générale du système. En ce domaine il ne peut se concevoir de militant convaincu de la nécessité de moderniser nos techniques de police judiciaire qui ne le soit pas également de l'exigence éthique et légale qui doit encadrer ces techniques. Rien ne peut donc être proposé en la matière qui ne puisse s'inscrire dans les limites juridiques, morales et déontologiques existantes. D'ailleurs, il sera même nécessaire d'en tracer parfois de plus sévères, chaque fois qu'un outil proposé semblera porteur de risques aggravés par rapport à l'existant. Remarquons au passage qu'il ne sera pas possible sur une telle ligne de s'inspirer du dispositif retenu dans le cadre de la loi dite « du renseignement » dont les insuffisantes garanties apportées à la protection des libertés individuelles sont notoires. Un jour, peut-être, le pouvoir exécutif – et le pouvoir législatif croupion de notre monarchie républicaine – apprendront-ils qu'il n'est nulle atteinte à ces libertés qu'un dispositif ne puisse, et ne doive, contenir et contrôler. Cette philosophie n'est cependant pas celle à l'œuvre mais c'est tout de même celle qui sera retenue dans les pages suivantes.

D'un point de vue technocratique, l'approche sérielle se situe donc clairement dans une démarche d'optimisation des modes d'action. D'un point de vue citoyen, elle présente en revanche un tel risque pour les libertés qu'elle ne pourra se concevoir sans les modalités précises et incontournables d'un strict respect de la lettre et de l'esprit de la norme qui les encadre. Mission impossible ? Certainement pas, mais travail d'Hercule, oui, sans doute, ce qui n'est cependant qu'une raison supplémentaire de ne pas le différer plus longtemps.

Chapitre 5

Principes de l'approche sérielle en police judiciaire

En tant que théorie dont le caractère scientifique n'est pas démontré *stricto sensu* mais tout de même fortement présumé dans cet ouvrage, celle de l'analyse sérielle appliquée à la police judiciaire est un ensemble de principes et notions, tirés de l'observation ou de l'expérience, dont la combinaison peut être organisée en vue d'un effet recherché – ici l'identification d'un auteur d'infractions. Théorie empiriste ne reniant rien de sa dépendance aux évidences, mais aussi à d'éventuelles impasses, elle entretient fatalement des relations particulièrement étroites avec le domaine de sa mise en œuvre, l'investigation policière. C'est à ce titre qu'elle inclura comme facteurs concrets de son bon fonctionnement l'optimisation des critères de sa réussite d'une part, la meilleure minoration possible des obstacles à cette réussite d'autre part.

Appréhendée et explicitée en tant que fait observable dans le premier chapitre, la sérialité de la délinquance n'est en effet qu'une notion en même temps que l'une des multiples caractéristiques de cette délinquance. Mais c'est justement en la combinant avec d'autres caractéristiques – elles-mêmes théorisées en notions – qu'il devient possible de dégager à partir de l'idée de sérialité un principe exploitable d'analyse dans le domaine de la police judiciaire.

1/ La sérialité de la délinquance : conséquences en termes d'investigation policière

Par opposition à l'unicité du fait, dont nous avons précédemment vu l'emprise sur le droit pénal et la pratique policière, la délinquance sérielle impose immédiatement ce qui l'en distingue : la répétition. Ce qui ne saurait évidemment être neutre sur le plan de l'investigation.

A/ La répétition des actes : l'auteur.

Sur le plan de la pure théorie, donc de façon générique, envisager la relation de l'auteur avec plusieurs faits qu'il aurait commis débouche sur une apparente tautologie : « auteur sériel : auteur ayant commis plusieurs faits constitutifs d'une série criminelle » ; « série criminelle : ensemble des faits relevant d'un même auteur que l'on qualifie alors d'auteur sériel ». Pour sortir de cette tautologie, le plus simple est encore de quitter brièvement le terrain de la théorie pour celui de la pratique : quand il est initialement confronté à un crime ou à un délit, c'est-à-dire avant toute enquête et même avant toute constatation, quand il prend simplement connaissance de l'existence d'une infraction, l'enquêteur ne peut pas savoir, encore moins démontrer, que l'auteur de celle-ci a d'autres crimes ou délits à se reprocher. En revanche, il peut toujours le postuler, rien ne le lui interdit aussi longtemps que des éléments objectifs ne viendront pas confirmer ou infirmer cette hypothèse et qu'elle n'outrepassera pas les droits de personne. L'idée de la pluralité d'actes n'est ainsi finalement qu'une hypothèse supplémentaire, au même titre que l'hypothèse de l'unicité du fait, ou que celles de l'unicité et de la pluralité d'auteurs. Mais ce postulat, cette hypothèse de la pluralité d'actes, ne sont pas gratuits pour autant : soudain, ils ouvrent en effet à l'enquête un nouvel horizon dont relèvent des investigations spécifiques, des investigations propres à la répétition des actes. De même que le champ des suspects s'étend pour l'enquêteur, par nature comme nous l'avons montré, à toutes les personnes dont il ne peut écarter la possible participation à l'infraction, le champ des possibles envisagé sous l'angle de la répétition infractionnelle s'étend tout à coup à toutes les infractions dont il ne peut écarter qu'elles aient été commises par le même auteur que celui du fait particulier dont il vient d'être saisi.

Naturellement, il doit être concédé que l'ensemble du raisonnement qui vient d'être décrit est au départ seulement fondé sur une présomption, mais nous avons justement déjà eu l'occasion d'expliquer comment la démarche policière est présomptive par essence. Nous ne sommes donc là qu'en présence d'une extension dans une direction nouvelle de cette démarche présomptive. Là où l'approche d'enquête pour un fait unique s'exerce par recherche et addition de personnes corrélables à ce fait, qui seront autant de suspects, l'approche d'enquête fondée sur la possible répétition des faits s'exercera par recherche et addition d'autres infractions elles aussi corrélables à ce fait. Bien entendu, les deux approches ne sont nullement exclusives l'une de l'autre et elles auront même tout intérêt à être conduites conjointement.

A ce stade, il n'est en revanche pas encore expliqué selon quelles modalités s'exercera cette tentative de corrélation entre des infractions distinctes, mais il est aisé en revanche d'en préciser le corrélat le plus évident, c'est-à-dire l'auteur (ou le même groupe d'auteurs), « cause » unique des infractions corrélées.

Ainsi la répétition des actes qui est le critère premier d'une délinquance sérielle permet-elle au moins d'ajouter à la démarche policière une hypothèse de travail supplémentaire : l'auteur inconnu de chaque crime ou délit est susceptible, dans certains cas, d'en avoir commis d'autres pour lesquels il constitue un point commun. Non pas l'unique point commun, mais le point commun originel et donc celui vers lequel il s'agira de remonter. Précision utile : en formulant cette notion qui n'a rien d'une découverte, il ne s'agit évidemment pas d'insulter l'intelligence et l'expérience d'enquêteurs qui n'ont attendu personne pour avoir présente à l'esprit cette hypothèse de la pluralité des faits, ni pour tenter de la mettre en évidence au fil des enquêtes selon que celles-ci s'y prêtaient ou pas. Mais cette démarche empirique qui est la leur ne leur pas été enseignée car elle n'a jamais dépassé le statut d'acquis de la logique et de l'expérience de terrain, ce qui ne lui garantit pas le meilleur rendement, ou en tout cas pas celui auquel elle pourrait prétendre en s'inscrivant dans une démarche d'investigation systématisée, théorisée sous forme d'une méthodologie de recoupement assortie de protocoles propres à en maximiser les résultats.

B/ La répétition des actes : l'information disponible

La désignation de l'auteur en tant que corrélat entre des infractions distinctes n'est pas la seule conséquence identifiable à partir de la notion de répétition des actes. Il suffit pour s'en convaincre de revenir au principe très fondamental de Locard, dont la portée a déjà été débattue quelques pages plus haut : sur chaque scène de crime, l'auteur a laissé des traces, ou bien il en a emportées sur lui, prélevées de cette scène. Et il ne s'agit pas là de logique d'enquêteur ou d'expérience de terrain mais d'un principe dont le caractère scientifique n'est pas contesté[160], fondateur de la criminalistique, dont les conséquences peuvent s'évaluer, ainsi que nous l'avons montré, bien au-delà des traces physiques auxquelles on le confine trop paresseusement.

Dès lors que l'on se situe dans le cadre d'une répétition d'actes criminels, on peut donc affirmer que chacune des scènes de crimes d'une même série est riche de traces – au sens le plus général de ce mot – générées par un même auteur. Ainsi qu'on l'a vu, nombreuses parmi ces traces seront celles pouvant être des marqueurs de sérialité, parfois individualisants, comme dans le cas de l'empreinte ADN, ou non individualisants, en tout cas pas par eux-mêmes, comme l'empreinte d'une chaussure vendue en milliers d'exemplaires et ne présentant pas de signe distinctif particulier.

Dès ce stade du raisonnement, il est évident que de mêmes marqueurs individualisants établiront de façon formelle une relation entre la personne individualisée et les différentes scènes où elle aura laissé, au sens propre, sa marque. Et ceci que la trace individualisante servant de marqueur sériel corresponde à une personne dont l'identité est connue (cas d'une correspondance entre des traces ADN et une empreinte figurant dans le FNAEG), ou qu'elle ne corresponde à aucune identité établie (cas de traces ADN

---

[160] Sur la scientificité du principe de LOCARD, cf. CRISPINO Franck, *Le principe de Locard est-il scientifique ? Ou analyse de la scientificité des principes fondamentaux de la criminalistique* Thèse de doctorat, Lausanne, Université de Lausanne, 2006.

matchant entre elles mais ne correspondant à aucune empreinte présente au sein du FNAEG). Dans le premier cas, il y aura simultanément identification de la série et d'un auteur potentiel ; dans le second cas il y aura seulement identification de la série et de la présence sans identification immédiate de l'auteur potentiel. Enfin, dans le cas de traces non individualisantes, aucun lien ne pourra être établi directement entre des affaires à partir de chaque trace prise séparément, mais la conjonction de plusieurs de ces traces pourra parfois les porter au statut de marqueur sériel et valoir présomption d'une série criminelle. Ainsi par exemple le cas imaginaire mais tout à fait possible de cinq viols, commis entre 21h00 et 23H00, cinq lundis avec chaque fois un même nombre de semaines d'intervalle, dans des parkings souterrains situés dans un rayon de 500m, par un auteur unique, cagoulé, agissant en silence sous la menace d'un couteau et perpétrant le viol à l'aide de son pénis en utilisant un préservatif qu'il remporte avec lui : aucune des traces spatio-temporelles ou opératoires ici mentionnées ne sont individualisantes et elles ne sont porteuses séparément que d'un sens très limité. Leur conjonction constitue en revanche un marqueur sériel car il signe indubitablement la possibilité d'une série de cinq viols par un même auteur.

Ce que ces exemples indiquent, c'est donc que la simple possibilité de la répétition oblige, au moins en théorie, à étendre le champ de l'information exploitée par l'enquête. Il ne s'agira en effet plus seulement de se préoccuper de l'information disponible dans une infraction I^1 mais de toute l'information disponible dans tous les faits I^2, I^3, I^4... I^x tant qu'il ne sera pas établi l'impossibilité de la commission de ces faits I^2, I^3, I^4... I^x par le même auteur que pour le fait I^1, ce qui représente naturellement un nombre tout à fait considérable et en fait non évaluable d'infractions.

Nombre considérable et non évaluable mais qui n'est finalement, dans le domaine de l'information judiciaire, que la conséquence logique de la possibilité d'un même auteur corrélant plusieurs infractions : l'information propre à chacune des affaires d'une même série mérite naturellement d'être versée dans un même pot commun ; dans l'hypothèse où aucun signe, indice, trace, marqueur, ne vient borner la série, c'est-à-dire quand rien ne renseigne sur les affaires pouvant être concernées par une même corrélation, l'information éligible à la recherche de corrélation doit tout naturellement s'étendre à toute l'information disponible dans toutes les affaires existantes, exceptées celles pour lesquelles un élément objectif permet de les exclure de cette corrélation (dans le cas imaginaire des cinq viols qui vient d'être mentionné et d'un point de vue théorique dans l'exemple, l'élément « pénis » permet d'exclure du champ de la corrélation potentielle toute l'information disponible relevant de femmes, ce qui ne serait pas forcément le cas si les viols avaient été commis avec un objet).

Ainsi, le concept de sérialité-répétition engendre mécaniquement celui d'auteur-corrélat qui permet lui-même ensuite une extension des ressources d'investigation à un champ d'information judiciaire aussi large que permet de l'envisager le principe de Locard tel qu'il a été précédemment revisité, c'est dire étendu bien au-delà des seules traces matérielles. Evidemment, le champ d'information judiciaire ainsi délimité sera dans la plupart des cas gigantesque – cela sera fonction des traces disponibles dans les affaires que l'on cherche à corréler, mais nous avons vu il y a quelques pages que les traces effectivement relevées ne sont en réalité pas si nombreuses, notamment dans le domaine de la petite et moyenne délinquance de masse. Néanmoins, dès lors que ce champ d'information correspond à des millions d'affaires, il induit nécessairement un volume d'éléments informationnels disponible qui se mesurera très vite en milliards de traces, formant *a priori* autant de marqueurs sériels potentiels. Un pareil volume peut naturellement donner le vertige. N'écoutons pourtant pas, le temps de quelques pages, les critiques qui verraient dans ce gigantisme d'information une raison suffisante pour en éluder l'exploitation et répondons-leur simplement à cette étape que c'est justement un tel gigantisme qui justifie la définition d'une méthodologie de recoupement et de protocoles d'optimisation propre à le réduire, tels qu'évoqués il y a quelques lignes.

2/ La notion de masse critique

Concédons en revanche qu'au stade où il a été amené, le raisonnement débouche sur un champ informationnel dont la dimension dépasse de loin les capacités humaines et qu'en dehors des matches « trace-empreinte » ou « trace-trace » du FNAEG et du FAED (qui n'ont pas eu besoin de littérature pour faire leurs preuves sur le plan qualitatif, ni non plus pour se heurter aux limites quantitatives qui en restreint grandement la portée), ce raisonnement n'est encore productif d'aucun résultat, même théorique. Bonne occasion de revenir au but qui lui a été assigné en en-tête de chapitre : la recherche sérielle, combinaison de principes et notions organisée en vue de l'identification d'un auteur d'infractions.

A/ Individualisation et identification

Identifier : en droit, le mot n'a pas d'autre sens que d'établir « du point de vue de l'état-civil l'identité d'une personne ou d'un cadavre[161] ». Mais dans un sens plus policier, on préfèrera nettement une définition infiniment moins restrictive : « reconnaître à certains traits, à certaines caractéristiques non équivoques, comme ne faisant qu'un avec telle personne [...][162] ».

La nuance n'est pas cosmétique : on ne condamne jamais une personne dont l'état-civil n'a pas été solidement établi mais on peut en revanche enquêter et même instruire contre X, et dans la réalité c'est d'ailleurs ce qui se pratique le plus fréquemment. Or, autant l'état-civil ne se discute pas du point de vue de ses éléments constitutifs (patronyme, prénom(s), date et lieu

[161] Définition Centre National de Ressources Textuelles et Lexicales.
[162] Idem.

de naissance, filiation), autant la définition policière ouvre des perspectives beaucoup plus larges, même s'il s'agira toujours de conclure par recollement de ces perspectives, donc de la personne qu'elles auront permis d'individualiser policièrement, à un état-civil qui seul permet la mise en œuvre des poursuites.

On s'aperçoit donc bien ainsi que si les notions d'identification et d'individualisation vont de pair, elles ne se confondent pas. Identifier au sens le plus strict, on vient de le dire, c'est découvrir sans risque d'erreur les éléments de l'état-civil d'une personne. Individualiser, en revanche, c'est réunir, hors état-civil, suffisamment de caractéristiques relatives à cette personne pour la distinguer de façon certaine parmi l'ensemble de ses semblables dans un contexte donné. Le contexte le plus large que l'on puisse imaginer est naturellement celui où l'individualisation est recherchée parmi l'ensemble de la population humaine, mais selon la manière dont les investigations auront circonscrit le champ des recherches, on s'aperçoit que les enquêteurs seront presque toujours en présence de contextes plus étroits : individualiser parmi une famille, parmi le personnel d'une entreprise, parmi les familiers d'un lieu précis, parmi les personnes ayant pu avoir accès à telle ou telle information, parmi la population masculine d'une localité, etc.

Ainsi les deux notions sont-elles clairement délimitées : la personne identifiée est celle dont on dispose de l'état-civil, ce qui de surcroit l'individualise ; la personne individualisée, en revanche, reste anonyme aussi longtemps que les enquêteurs ne parviennent pas à opérer le recollement entre les éléments d'individualisation et l'état-civil. Dans certains cas, ce recollement est facile (trace ADN laissée par une personne présente dans le FNAEG), parfois il est moins aisé (trace ADN d'une personne non présente dans le FNAEG, ce qui peut par exemple conduire les enquêteurs à prélever l'ADN de toute la population d'un village ou d'une collectivité donnés) et il arrive enfin que l'enquête ne parvienne pas à opérer ce recollement. Les enquêteurs restent alors sans autre recours que de chercher ou d'attendre un élément supplémentaire conduisant de l'individu à son identité. Le cas est par exemple fréquent d'auteurs de vols à main armée agissant à visage découvert et dont les enquêteurs disposent du portrait extrait d'images vidéo, parvenant par ce biais à définir une série de braquages commis par cet auteur, mais sans pour autant parvenir à son identité.

B/ L'individualisation

Dans une telle approche, le concept d'individualisation ouvre donc des perspectives beaucoup plus larges que celui de l'indentification par l'état-civil qui est loin d'être seul à caractériser une même personne même si cette identification par état-civil est naturellement l'objectif ultime de toute enquête. En termes d'individualisation viennent à nouveau immédiatement à l'esprit les incontournables empreintes génétiques et digitales. Derrière elles, se profilent toutefois également toutes les autres données biométriques dont la science a établi l'univocité avec des coefficients de spécificité de l'ordre de 1 pour plusieurs milliards ou dizaines de milliards d'individus : iris de l'œil, empreintes palmaires, empreintes d'oreille, etc. Même si elles ne couvrent qu'un spectre encore étroit du fait que leur recueil est plutôt embryonnaire – qu'il s'agisse du recueil des empreintes d'individus ou des traces correspondantes sur scène de crime – ces données fortement individualisantes ont au moins le mérite d'être connues et d'une mise en œuvre maîtrisée.

Plus en « surface » encore des personnes, se trouvent de multiples éléments d'information permettant de les caractériser, sinon de les individualiser. L'illustration la plus triviale peut en être trouvée dans les séquences où l'on aligne un suspect parmi quelques figurants, chacun porteur de son petit panneau numéroté, en vue de le faire reconnaître par une victime ou un témoin. Ces parades d'identification, également appelées tapissages, sont après tout le meilleur signe que l'aspect physique nous caractérise suffisamment en tant qu'individus, hors tout prélèvement de police technique et scientifique, jusqu'à pouvoir être présenté en justice comme élément de preuve. Mieux encore, c'est-à-dire encore plus éloignées de la précision chirurgicale de l'état-civil ou de la biométrie, quelques données descriptives très simples peuvent à elles seules être déjà suffisamment discriminantes pour présenter un intérêt policier en termes d'identification. Ainsi, la description « le type faisait dans les 1,80m, il était mince avec le teint mat et les cheveux noirs » ne prête-t-elle pas à confusion avec « un petit blanc aux cheveux blonds, grassouillet ». Naturellement, il ne viendrait à aucun tribunal l'idée de prononcer une condamnation sur le seul fondement d'une description aussi lapidaire, mais elle peut tout à fait avoir à elle seule toute son utilité s'il s'agit de seulement distinguer entre des individus bien déterminés, par exemple entre deux co-auteurs, celui qui faisait le guet près de la porte et celui qui braquait le pompiste, celui qui violentait la victime et celui qui cherchait les bijoux, etc. Ainsi, même les descriptions les plus sommaires peuvent encore trouver leur utilité en investigation, même si elles seront naturellement maniées avec précaution. Nous sommes d'ailleurs aujourd'hui parvenus dans ce domaine à une véritable frontière au-delà de laquelle les traits physiques des individus, qui n'étaient pas exploités jusque-là autrement qu'au travers d'une reconnaissance visuelle directe (par un témoin des faits, par des enquêteurs ayant effectué une mission de surveillance, par un technicien exploitant une vidéosurveillance, etc.), sont sur le point d'être absorbés par une technologie bientôt assez mature pour permettre la reconnaissance faciale automatisée des personnes.

En la matière, le bertillonnage moderne, c'est-à-dire devenu biométrique, informatisé, micrométrique, a assurément de beaux jours devant lui, et également les incontournables bases de données qui en sont le prolongement naturel. Nul doute d'ailleurs que nous ne sommes plus si loin du moment où un évènement particulièrement dramatique offrira au lobby sécuritaire le prétexte et l'occasion de réclamer l'interconnexion, ou même la fusion de ces bases de données en un seul fichier rassemblant l'ensemble des données d'identification des personnes. D'un point de vue pratique autant qu'éthique, cette perspective est suffisamment plausible pour justifier qu'on envisage cette démarche en amont d'un tel prétexte, c'est-à-dire à tête reposée, dans un cadre judiciaire précis issu d'une réflexion sur l'investigation et assorti en termes de libertés individuelles de toutes les garanties que justifie la sensibilité du sujet. La culture judiciaire française laisse hélas à penser que la démarche sera au contraire conduite au hasard de l'actualité, dans la précipitation et sous le coup de l'émotion dont on sait pourtant combien elle émousse le sens critique.

Enfin, quittant le domaine des caractéristiques corporelles de la personne, on peut retenir comme éléments d'individualisation un certain nombre de données – parmi lesquelles de nombreuses sont immatérielles – dont la liste exhaustive ne saurait être établie et qui constituent en quelque sorte autant de prolongements plus ou moins directs de l'individu : son numéro de téléphone, ses appels, sa géolocalisation, son adresse, ses données bancaires, ses numéros d'abonnement à des services, l'immatriculation de sa voiture ou même simplement la marque et le modèle de celle-ci, sa tenue vestimentaire, son surnom, ses habitudes, son adresse IP, son adresse e-mail, ses pseudos sur Internet, les photos qu'il aurait publiées sur Facebook ou Instagram, etc. Ces innombrables éléments, que leur caractère à la fois commun et volatil peut souvent faire croire insignifiants – c'est-à-dire porteurs d'insuffisamment de sens en termes d'identification – ont au contraire une portée insoupçonnable qui multipliera clairement leur intérêt ainsi que nous le verrons dans quelques lignes.

C/ La masse critique d'éléments d'information

C'est par analogie à sa définition dans le domaine scientifique de la physique, où elle est la quantité d'une matière fissile nécessaire au déclenchement d'une réaction nucléaire en chaîne, que l'on peut retenir l'expression de « masse critique » pour désigner, en investigation judiciaire, les éléments d'information dont le regroupement produira au moins l'un des deux effets suivants :

- la mise en évidence d'un élément commun à plusieurs affaires, pouvant servir de corrélat entre elles de façon suffisamment discriminante pour inscrire ces affaires au sein d'une même série imputable à un même auteur, identifié ou non ;
- l'émergence, par addition d'éléments d'information caractérisant une personne, de son identification ou au moins de son individualisation au regard soit des faits d'une même série, soit de l'un de ces faits.

Notons bien que l'on ne parle à ce stade que « d'éléments d'information caractérisant une personne » et non « caractérisant l'auteur ». La démonstration probatoire de la participation de cette personne aux faits investigués est en effet, dans la phase de police judiciaire, une étape nécessairement distincte, et ceci aussi bien dans le cas d'une enquête sur un fait unique que sur une série de faits.

Eu égard à la très grande diversité des éléments d'information judiciaire, au grand nombre de combinaisons auxquels ils se prêtent et à l'effet recherché, la masse critique ainsi définie ne peut pas être invariable. Elle résultera donc de l'agencement spécifique d'éléments informationnels qui dépendront eux-mêmes, étroitement, au cas par cas, de la matière à disposition des enquêteurs et de ce qu'ils en auront retenu sur le plan indicial. C'est selon la nature de ces éléments – qui conditionne leur caractère plus ou moins discriminant – selon leur distribution dans la population, leur répartition spatio-temporelle, etc. qu'une masse critique d'information pourra être atteinte plus ou moins facilement, ou ne pas être atteinte du tout. En outre, il convient de considérer plusieurs cas de figure selon ce que cette masse critique sera en mesure de révéler.

Imaginons, pour illustrer ces cas de figure, l'enquête consécutive à un meurtre commis dans un domicile concomitamment à un vol de bijoux, l'auteur ayant pénétré dans les lieux en fracturant une porte-fenêtre à l'aide d'un pied-de-biche, avec à chaque fois des éléments informationnels légèrement différents.

<u>Cas n° 1</u>

Une caméra de vidéosurveillance montre le passage en direction des lieux, avant l'heure des faits, d'une voiture Clio blanche dont le numéro n'est pas lisible ; plus tard, un voisin a vu distinctement sortir du jardin de la victime et partir en Clio blanche un homme qu'il ne connaît pas mais qu'il décrit avec précision et qu'il serait capable de reconnaître si on le lui présentait.

Les informations formant la masse critique sont :

« Utilisation Clio blanche »

\+ « Description d'un homme »

\+ « Possibilité de reconnaissance par un témoin »

= Individualisation de l'auteur mais sans identification de celui-ci.

<u>Cas n° 2</u>

Même cas que le précédent, mais la marque du pied-de-biche a laissé sur le bois de la porte-fenêtre une ébréchure très caractéristique en forme de W qui a déjà été relevée sur le lieu de plusieurs cambriolages commis au cours des mois précédents, dont l'un a déjà été accompagné de violences graves sur la victime.

Les informations formant la masse critique sont :

« Utilisation Clio blanche »
+ « Description d'un homme »
+ « Possibilité de reconnaissance par un témoin »
+ « Autres faits avec similitude de mode opératoire »
+ « Autres faits avec trace caractéristique du pied de biche »
= Individualisation sans identification de l'auteur, mais avec indices d'une série criminelle.

Cas n° 3

Une caméra de vidéosurveillance montre le passage en direction des lieux, avant l'heure des faits, d'une voiture Clio blanche dont le numéro n'est pas lisible mais il se trouve qu'un ancien employé de la victime en possède une et la géolocalisation de son téléphone portable le situe à proximité géographique du lieu du meurtre, dans un horaire compatible avec celui-ci ; les bijoux volés sont retrouvés au cours de la perquisition chez cet individu, ainsi que le pied de biche correspondant à la trace d'effraction.

Les informations formant la masse critique sont :

« Ancien employé »
+ « Propriété Clio blanche »
+ « Géolocalisation à proximité du meurtre »
+ « Détention des bijoux volés »
+ « Possession du pied de biche »
= Individualisation et identification de l'auteur.

Cas n° 4

Même cas que le précédent, mais la marque du pied-de-biche a laissé sur le bois de la porte-fenêtre une ébréchure très caractéristique en forme de W qui a déjà été relevée sur le lieu de plusieurs cambriolages commis au cours des mois précédents, dont l'un a déjà été accompagné de violences graves sur la victime.

Les informations formant la masse critique sont :

« Ancien employé »
+ « Propriété Clio blanche »
+ « Géolocalisation à proximité du meurtre »
+ « Détention des bijoux volés »
+ « Possession du pied de biche »
+ « Autres faits avec similitude de mode opératoire »
+ « Autres faits avec trace caractéristique du pied-de-biche »
= Individualisation et identification avec indices d'une série criminelle.

Remarquons au passage que la quantité d'information formant masse critique n'est « fermée » dans aucun des quatre cas. Au contraire, au gré d'autres éléments ajoutés à cette liste par la suite des investigations, le résultat obtenu pourra s'enrichir soit de l'identification de l'auteur quand elle n'a pas encore été obtenue, soit par l'extension de la série présumée, soit simplement par un renforcement probatoire de sa culpabilité.

Par ailleurs, les informations utilisées par les enquêteurs ne sont pas figées et certaines d'entre elles vont évoluer dans le temps. Ainsi, dans les deux premiers cas, l'information « reconnaissance possible par un témoin » va perdre en qualité au fil des jours, des mois ou des années, au même rythme que la mémoire du témoin va s'altérer. Dans les cas n° 3 et 4, la détention des bijoux par le suspect ne durera que le temps pour lui de s'en débarrasser, etc.

Enfin, ne dissimulons pas que les enquêteurs ne pratiquent pas autrement sur le terrain, de toute éternité, que par accumulation et recoupement d'informations, généralement désignées par l'expression « traces et indices », jusqu'à en disposer de suffisamment pour identifier l'auteur des infractions qu'ils constatent. Pour les affaires les plus graves, le processus exploite même une forme d'analyse répondant à des règles méthodologiques, l'analyse criminelle opérationnelle, surtout mise en œuvre dans la gendarmerie, peut-être parce que la grande dispersion de ses unités a inscrit dans l'ADN de celle-ci, bien plus que dans celui de la police, la culture du regroupement, du recoupement et de l'analyse d'informations. Mais l'analyse criminelle, pas plus que les traitements de données actuellement en œuvre (TAJ, CORAIL, etc. cf. Ch. 7, § 1, B et § 2), ne sont adaptés à une recherche sérielle d'envergure qui est donc embryonnaire dans le meilleur des cas et inexistante dans tous les autres. Sans même parler d'analyse sérielle, il n'existe aujourd'hui en France aucune démarche systématique d'exploitation de l'ensemble de l'information disponible dans la totalité des crimes et délits enregistrés. Pourtant, sur le fondement des notions qui ont été explorées jusqu'ici, il est au moins possible d'énoncer une véritable théorie de l'approche sérielle.

3/ Enoncé de la théorie

Rappelons donc les différentes notions émises à ce stade susceptibles d'être opérantes dans une approche sérielle de la délinquance.

- En premier lieu, l'hypothèse, à laquelle toute infraction serait éligible par principe, que l'auteur d'un délit peut avoir commis auparavant d'autres infractions à l'égard desquelles il serait donc le corrélat originel. Si elles existent effectivement ces infractions constitueraient une série mais, d'un point de vue policier, cette série n'est au départ que virtuelle puisqu'il ne s'agit alors que d'une hypothèse.
- En second lieu, à l'intérieur de cette hypothèse, donc de cette série virtuelle imputable à un même auteur, se délimite en application du principe de Locard un ensemble théorique de traces, ou plutôt d'éléments informationnels, correspondant *a minima* à l'addition

de tous les éléments relevés pour chaque fait de la série, et *a maxima* à l'ensemble de ces éléments relevés auxquels il convient d'ajouter ceux qui n'ont pas été recueillis par les enquêteurs, soit que ces derniers les aient écartés, soit qu'ils ne les aient pas remarqués.

- En troisième lieu, la possibilité que certains de ces éléments, séparément ou additionnés entre eux, pourront constituer des corrélats entre certaines infractions de la série (qui cesserait alors d'être seulement virtuelle) et pourront également concourir à l'individualisation et l'identification de la personne ayant commis ces traces.
- Enfin, l'idée logique que l'analyse sérielle sera sur ces bases une opération de recoupement d'information afin :
  - dans un premier temps de délimiter parmi toute la délinquance enregistrée un ensemble déterminé d'infractions (lesquelles ne sont pas choisies au hasard mais sur le fondement de présupposés retenus par les enquêteurs : par ex. tous les vols de fret dans des entrepôts commis dans telle région à telle période) ;
  - dans un deuxième temps d'isoler des séries possibles au sein de cet ensemble (par ex. tous ceux des vols qui ont été commis la nuit, après neutralisation du système d'alarme à l'aide de mousse expansive) ;
  - dans un troisième et dernier temps de confirmer la série par mise en lumière d'autres éléments communs aux différents faits ;
  - enfin dans un dernier temps d'individualiser et d'identifier le ou les auteurs de la série en regroupant les éléments *ad-hoc* présents dans ces différents faits.

Bien entendu, au sein de chacune de ces quatre étapes, la démarche n'est pas linéaire mais itérative, la reproduction en boucle de mêmes opérations pour dégager les résultats les plus significatifs n'étant rien d'autre que le procédé de tâtonnement propre à l'investigation policière. Cependant, si le tâtonnement reste la règle, il n'est évidemment pas conduit de la même manière selon que l'investigation informationnelle menée par l'enquêteur conjecture qu'il est en présence d'une unique infraction ou au contraire que l'auteur inconnu de cette infraction en a commis d'autres, inconnues elles aussi. Non seulement l'enquêteur ne procède pas de la même manière mais, en élargissant son champ de vision il multiplie mécaniquement les possibilités de résultats.

Hypothèses	**H1 : Infraction unique I^1**	**H2 : Ensemble d'infractions $S = I^1 + I^2 + I^3 + \dots I^s$**
	↓ Auteur(s) unique(s)	↓
Corrélat originel	Sans objet	Auteur(s) valant corrélat entre les infractions de l'ensemble S
Information générée	J^1	
Phase préparatoire à l'investigation	Sans objet	L'enquêteur constitue un corpus d'infractions S, série possible délimitée par des critères présupposés pertinents par rapport au mode opératoire d'I^1. Création de J, ensemble de l'information judiciaire relative au corpus S.
Démarche d'investigation	↓ Exploitation de J^1	↓ Recoupement de J^1 au sein de J
Résultat a	↓ Non individualisation Non identification	↓ Non individualisation Non identification
Résultat b	Individualisation(s) sans identification pour l'infraction I^1	Individualisation(s) ne matchant pas dans J et sans identification
Résultat c	Individualisation(s) sans identification pour l'infraction I^1	Individualisation(s) valant, au sein de J, marqueur sériel d'une série $S^1 \leq S$ mais sans identification
Résultat d	Identification(s) pour I^1	Identification(s) sans marqueur sériel
Résultat e	Identification(s) pour I^1	Identification(s) avec, au sein de J, marqueur(s) sériel(s) d'une série $S^1 \leq S$

Figure 5 : Hypothèses ouvertes par l'investigation selon que celle-ci s'effectue sur une infraction isolée ou sur une série potentielle.

Sans surprise véritable, on note de façon très claire que la démarche de l'hypothèse H2 offre un surcroit de résultat par sa capacité à mettre en évidence une série d'infractions (résultats c et e du tableau), et ceci sans être moins efficace que la démarche de H1 face à un auteur n'ayant pas commis de série d'infractions (ou en tout cas pas de série décelable à partir de l'information générée par l'infraction initiale). Il est par ailleurs nécessaire de souligner que l'identification d'une série, en permettant d'additionner tous les éléments informationnels de chaque infraction de la série, multiplie évidemment les chances que se dégage parmi ces éléments une masse critique permettant une meilleure connaissance du type de délinquance de l'auteur de la série et finalement son identification. En se fondant seulement sur les correspondances trace/trace dans une base ADN, Olivier Ribaux exprime ainsi ce potentiel : « le lien [entre deux traces relevées sur deux évènements différents] signifie qu'un transfert de matériel biologique s'est produit entre une surface et la même personne dans deux lieux différents. Ce raisonnement conduit à l'hypothèse d'une activité délictueuse du même délinquant. Cette information [...] permet régulièrement de lier des affaires supposées *a priori* distinctes. La synthèse des informations disponibles oriente alors les investigations fusionnées vers l'auteur des faits répétitifs[163] ». On est bien là devant un processus d'analyse sérielle, même s'il ne place que dans l'hypothèse de l'exploitation de matériel biologique. Olivier Ribaux précise encore : « Ce genre de renseignements forme une base qui sert à décrire une vaste gamme d'activités criminelles répétitives traçogènes[164] ».

[163] RIBAUX Olivier, *Police scientifique, le renseignement par la trace*, *op. cit.*, p. 93.
[164] *Ibid* p. 94.

Conclusion – Vers une définition de l'analyse sérielle

Dès lors, il devient possible de se hasarder à synthétiser ces différentes notions concourant à l'analyse sérielle pour proposer une définition de celle-ci sur la base de deux postulats.

Premier postulat.

Le ou les auteurs d'une infraction, même inconnus, peuvent par hypothèse avoir commis antérieurement d'autres faits criminels au cours de l'exécution desquels ils auront été vraisemblablement productifs de traces informationnelles de toute nature.

Second postulat.

D'une infraction sur l'autre au sein de la série commise, ces traces informationnelles seront parfois différentes, parfois similaires au moins partiellement.

Définition.

L'analyse sérielle est le procédé de recoupement méthodique de toutes les éléments informatifs issus d'un ensemble d'infractions en vue d'une part de détecter l'éventuelle similitude entre certains de ces éléments de façon à corréler ainsi des faits constituant alors une série criminelle, d'autre part de réaliser la conjonction de la totalité des éléments et des corrélats dans cette série afin d'atteindre une masse critique d'information permettant l'individualisation et l'identification de son ou ses auteurs.

Chapitre 6

Recherche sérielle : facteurs contributifs et obstacles

Ainsi qu'il a été dit, c'est avec l'investigation policière que la recherche sérielle entretient les liens les plus étroits, même si elle a pour vocation naturelle et finale de soutenir, devant un tribunal ou une cour, l'accusation d'un ou plusieurs auteurs d'infractions multiples. De façon concrète, elle cherchera l'obtention d'une masse critique d'information qui soit propre à établir soit une sérialité d'infractions, soit l'identification d'une personne ou au moins son individualisation, soit les deux. Les deux conditions génériques nécessaires et suffisantes à sa bonne mise en œuvre sont donc les mêmes que dans toute démarche technique : optimiser les facteurs contributifs à la bonne conduite de cette démarche et abolir ou au moins minorer l'effet de ceux qui y font opposition. Dans le cas d'espèce de la technique d'analyse sérielle, l'identification *a priori* de ces facteurs ne pose pas de réelle difficulté mais elle est naturellement une étape importante pour la structuration de la démarche.

1/ Les facteurs contributifs à la réussite de l'analyse sérielle

De façon très classique pour une démarche d'analyse, la recherche sérielle sera non seulement efficace, mais surtout efficiente, d'une part si elle arrive à une collecte exhaustive et adéquate de la matière première dont elle se nourrit, d'autre part si elle dispose des outils conceptuels et techniques adaptés pour que cette matière soit traitée de façon optimale du point de vue de l'effet recherché. S'agissant de la matière première, et des conditions dont il est nécessaire d'organiser son recueil, il convient naturellement de revenir à la brique élémentaire de cette matière : la trace.

A/ La collecte d'éléments informationnels : retour à la trace

Retour à la trace, en effet, et évidemment dans la définition « large » qui a en a été donnée au chapitre 2, c'est-à-dire en tant qu'élément d'information environnant une infraction et pouvant se prêter à une lecture indicielle, soit par lui-même, soit par combinaison avec d'autres éléments d'information et ceci dans le cadre de l'infraction ayant permis son recueil aussi bien qu'en corrélation avec d'autres infractions qui lui seraient liées par au moins un marqueur de sérialité. Dès lors qu'on les envisage sous cet angle de leur collecte, c'est-à-dire dès lors qu'on se préoccupe des règles encadrant cette collecte pour assurer l'efficience de la démarche, des contraintes se dégagent qui sont parfois également des limites et qui, en tout état de cause, permettent d'affiner le cadre pratique de l'ensemble que constitue l'information judiciaire envisagée comme matière première d'une recherche méthodique et systématique en sérialité.

Il a été suffisamment insisté sur la nature possible, si diverse, de ces éléments d'information qui intéressent au premier chef une approche sérielle – traces physiques, indices présentiels, données contextuelles, mode opératoire, marqueurs comportementaux – pour n'y pas revenir. Mais il s'agit maintenant d'envisager ces éléments informationnels non plus en tant que trace individuelle mais en tant que l'ensemble qu'ils doivent former à la disposition de l'investigation sérielle.

a/ Légalité de la collecte

Le caractère d'objet juridique de l'information judiciaire a déjà été affirmé précédemment, et les principales dispositions légales qui lui sont applicables ont été esquissées. Inutile donc de répéter ces dispositions si ce n'est pour préciser qu'elles s'imposent à la collecte des éléments d'information et que la marge de manœuvre des enquêteurs en ce domaine est évidemment inexistante. La précision n'est pas de pure forme pour autant.

D'une part, ainsi que nous le verrons dans le chapitre suivant, l'habitude a été largement prise par le ministère de l'Intérieur, au cours des dernières décennies, d'organiser le recueil et le traitement de données, y compris nominatives ou sensibles aux termes de la loi de 78 – surtout nominatives et sensibles – dans la plus grande illégalité, à charge pour les OPJ de « blanchir » les informations retenues en procédure quand elles y présentaient un intérêt. Pour parler franchement, cette pratique au-delà des marges de la loi est même presque une marque de fabrique des traitements de données de police judiciaire depuis 1978. Exit donc la culture de l'illégalité : envisagée sur une grande envergure, la recherche sérielle ne peut pas obliger ceux qui la pratiquent à opérer en permanence sur le fil du rasoir.

D'autre part, toute donnée dont le recueil sortirait de la légalité mettrait naturellement en péril tout ou partie de la procédure sérielle à laquelle il contribuerait et un tel risque, déjà exclu même dans le contexte le plus étroit, ne peut pas être couru dans le cadre d'une démarche qui envisage d'être mise en œuvre à grande échelle. En effet, ainsi que nous allons le voir, la collecte de données gagnera à être automatisée aussi souvent que cela sera possible et la vérification de la légalité des données ne se fera donc pas pour chaque donnée individuelle mais par catégorie de données. Dans ce contexte, il ne peut naturellement pas être question d'envisager la collecte de catégories entières d'informations illégales.

b/ Exhaustivité dans les limites de l'effet recherché

En premier lieu, il y aura lieu de considérer que la collecte des éléments d'information devra être exhaustive, en tout cas aussi exhaustive que possible. En effet, s'agissant de croiser entre elles des données relevant de plusieurs infractions, et même d'un très grand nombre d'infractions, la collecte des traces sur une scène de crime n'aura plus pour unique objectif de retenir celles les plus propres à élucider ce crime mais aussi celles susceptibles de se recouper avec le matériel indiciel et probatoire issu de nombreuses autres infractions non encore identifiées. En d'autres termes, aucune trace ne pourra plus être écartée ou éludée au motif qu'elle semble sans objet direct et raisonnablement prometteur dans l'investigation avec laquelle elle est en rapport direct. Chaque trace recueillie, aussi peu signifiante qu'elle puisse paraître dans une infraction, sera de fait toujours un marqueur sériel potentiel, ou bien on pourra espérer qu'elle finisse par se combiner avec une autre trace collectée dans une autre infraction pour atteindre une masse critique d'individualisation ou d'identification. Ce qui doit guider la collecte, ce n'est donc plus le potentiel de la trace par rapport à son infraction d'origine, mais par rapport à toutes les infractions dans des ensembles qui seront toujours très volumineux, voire dans la totalité des infractions d'une nature si particulière qu'elles forment un sous-ensemble réduit et spécifique de criminalité (par exemple le sous-ensemble des homicides, celui des viols avec actes de torture et de barbarie, celui des viols avec arme blanche, etc.). En fait, de la même manière que le font le FAED et le FNAEG respectivement pour les empreintes digitales et génétiques, il s'agit d'étendre le champ théorique d'investigation de chaque trace, quelle que soit sa nature, à la totalité des infractions (comme c'est le cas pour le FAED) ou au moins à une partie significative des infractions (comme c'est le cas pour la FNAEG dont le champ d'application a été étendu à de nombreuses reprises depuis sa création mais qui ne peut être encore mis en œuvre dans la totalité des délits).

On ne doit pas s'y tromper, une telle exhaustivité serait (sera ?) une véritable révolution culturelle pour une criminalistique actuellement trop restrictive et dont on a eu l'occasion de montrer comment elle se focalisait aujourd'hui essentiellement sur les traces physiques, et que même pour ces traces les techniciens s'inscrivaient dans une démarche de sélection avant recueil, sans que les critères de cette sélection soit toujours très clairement exprimés ou même définis. L'extension du champ de la criminalistique aux traces de toute nature, indépendamment des modalités de leur exploitation (en laboratoire ou non), n'a pas d'autre sens que d'initier cette révolution culturelle afin que l'importance d'une trace ne soit pas seulement envisagée à partir de son potentiel d'élément informationnel isolé mais aussi des capacités qu'elle ouvre en termes de combinaison avec des millions d'autres traces.

En second lieu, il est nécessaire de s'interroger sur les limites de l'exhaustivité envisagée. De prime abord, la question semble incongrue puisque l'idée d'exhaustivité ne laisse aucune marge de manœuvre : la recherche sérielle se devrait de relever toutes les traces envisageables dans le cadre de n'importe quelle infraction. Dans les faits, ce raisonnement devra cependant être assorti de quelques restrictions.

- Restriction tout d'abord dans le cas des traces dont le recueil requiert une maîtrise technique induisant une intervention humaine directe. On a déjà vu que des limites bien réelles (contingentement en raison des coûts induits, choix opérés par le technicien essentiellement en fonction de son expérience et de l'idée préconçue qu'il se fait de la scène de crime et, partant, de l'intérêt relatif des traces) pesaient sur le recueil des traces : chaque relevé est le fruit d'un choix subjectif du technicien. Or, même dans le cadre d'une recherche sérielle préconisant l'exhaustivité, il est inenvisageable de faire tomber ces limites : les coûts et le regard propre de chaque technicien seront toujours un obstacle qui obligera à laisser de côté un certain nombre de traces et donc de déroger à la notion d'exhaustivité.
- Restriction par ailleurs dans le cas des traces dont il aura été démontré que le recueil ne présente d'intérêt ni dans le cas particulier de l'infraction où elles ont été « commises », ni dans le cadre d'un éventuel recoupement avec d'autres traces issues d'autres infractions. Par exemple, dans le cas d'un vol à l'arraché, la recherche de traces d'ADN pourra être considérée comme sans intérêt sauf circonstance particulière. A l'opposé de la précédente, cette restriction devra être rendue plus objective et ne s'appliquer qu'après qu'une réflexion voire une étude aura préalablement apporté la démonstration de l'inintérêt d'une trace dans un contexte donné. A ce titre, on pourra parler d'exhaustivité dans les limites de l'effet recherché pour le cas de figure en présence.

c/ L'automatisation de la collecte des traces

On a déjà pu souligner le volume, important pour une infraction et gigantesque à l'échelle de la totalité de la délinquance, que va représenter celui des traces à collecter si l'on retient de la trace la définition très large qui en a été donnée précédemment. Dès la phase de collecte, un tel volume dépasse évidemment les capacités humaines et il s'agira donc d'organiser un recueil le plus transparent à l'égard des enquêteurs, chaque fois que cela sera possible, c'est-à-dire dans tous les cas où une automatisation au moins partielle de la collecte pourra être mise en place. L'idée dans ce cas est de ne pas polluer l'enquêteur par des actes chronophages et répétitifs qui sont aujourd'hui sont lot quotidien.

Si l'on prend par exemple la liste des crimes et délits dans lesquels il sera acquis que la téléphonie environnant telle infraction doit être recueillie, le système judiciaire aura tout intérêt à définir une bonne fois pour toutes les bornes géographiques et temporelles « type » de ce recueil puis de mettre en place une procédure automatique de collecte de ces informations téléphoniques sans autre intervention de l'équipe d'enquête que la validation du déclenchement de la procédure automatique. Bien entendu, avant, pendant puis après cette validation, une telle procédure automatisée, pour chaque cas où elle sera mise en œuvre, devra laisser au directeur d'enquête la possibilité de modifier, en tant que de besoin, les bornes définies par défaut.

Une telle automatisation, sous réserve d'être conçue de façon à éviter le piège d'une rigidité gênante voire paralysante pour les enquêteurs, est loin d'être anecdotique. Au contraire, dans tous les cas où elle sera envisageable, il sera nécessaire de la mettre en place tant la recherche sérielle sera dépendante de la quantité d'information disponible pour mettre en évidence l'existence de marqueurs sériels ou pour atteindre la masse critique d'information permettant l'individualisation ou l'identification. A ce titre, l'adage selon lequel « trop d'information tue l'information » peut être résolument écarté, le « trop d'information » étant au contraire un paramètre minorant le risque de « silence », étant posé que les inconvénients liés à la masse d'information seront quant à eux compensés par des techniques de traitement appropriées pour éviter le « bruit »[165].

d/ La nécessité d'une typologie des traces, puis du rapport traces/infractions

Extension du champ de la criminalistique aux traces de toute nature ; exhaustivité dans les limites de l'effet recherché en termes sériels ; automatisation de la collecte selon la nature des traces et de l'infraction : toutes ces notions nouvelles ne peuvent voir leurs modalités d'application apparaître par génération spontanée. Il a déjà été plaidé pour une recherche scientifique qui dresserait (enfin) une véritable typologie des traces mais un tel exercice ne trouvera son sens véritable qu'une fois utilisé pour améliorer le processus de police judiciaire. Ainsi qu'il a déjà été indiqué, une telle typologie permettrait déjà d'optimiser le recueil des indices, notamment pour tous ceux qui ne relèvent pas de la PTS actuelle et qui ne sont donc soumis à aucun protocole de collecte. Une telle protocolisation du recueil serait déjà à elle seule un facteur de bonne alimentation de l'information judiciaire.

---

[165] En termes d'information, on parle de « silence » quand le système de traitement ne propose pas, dans le résultat d'une requête, des réponses pertinentes pourtant présentes dans la base de données ; on parle en revanche de « bruit » quand le traitement propose des réponses non-pertinentes susceptibles de dissimuler aux yeux de l'opérateur les réponses pertinentes qui y sont mêlées. Dans les deux cas, ce sont les requêtes d'interrogation de la base de données qui sont en cause et non la dimension de cette base.

Pourtant, le véritable potentiel de la typologie envisagée résiderait en réalité ailleurs, dans son mariage avec la typologie des infractions. Un tel mariage permettrait en effet, en amont de tout crime ou délit, de définir les contours précis de l'information judiciaire à recueillir pour optimiser les chances d'élucidation de ce crime ou de ce délit.

Dans une telle approche, les limites à l'exhaustivité de la collecte dont il a été question il y a quelques lignes présenteraient naturellement tout leur intérêt : chaque binôme trace/infraction – il y en a un nombre considérable – devenant une question posée aux criminalistes pour arbitrer de son utilité potentielle ou au contraire de son inutilité assurée, et dans le doute, le recueil serait naturellement de rigueur. Le résultat d'un tel travail pourrait alors n'être ni plus ni moins qu'un catalogue, à la disposition des enquêteurs, les guidant – sans les contraindre – dans le recueil des éléments d'information intéressant leur affaire.

Ainsi, pour toutes les traces de la typologie des traces, et pour chaque infraction, serait établi un protocole prenant la forme suivante.

Infraction : vol à l'arraché		
Trace informationnelle	**Recueil**	**Eléments complémentaires**
Nombre d'auteurs	Oui/Non	Si disponible, description
- Taille auteur 1	Oui	
- Corpulence auteur 1	Oui	
- Etc.	Etc.	
Utilisation véhicule	Oui/Non	Si disponible, description
- Genre véhicule 1	Oui	
- Modèle véhicule 1	Oui	
- Couleur véhicule 1	Oui	
- Etc.	Etc.	
Recherche ADN auteur sur la victime	Non	
Recherche trace papillaire sur victime	Non	
Téléphonie	Oui	Relais du lieu d'infraction 30' avant et après les faits
Etc.	Etc.	Etc.

Figure 6 – Exemple d'un extrait de protocole possible d'exploitation des traces dans le cadre d'une typologie des traces établie selon l'infraction ayant donné lieu à leur relevé.

Notons au passage que nombre des informations indiquées, quand elles sont leur source parmi les victimes et témoins ou qu'elles relèvent d'un mode opératoire identifié, sont de toutes façons recueillies dans la procédure et que l'ensemble « information judiciaire » pourrait être directement alimenté sur ces points par extraction depuis des bases de données policières déjà existantes ou, à défaut, par datamining[166] des procès-verbaux. Quant aux éléments d'information plus techniques, tels que téléphonie, images de vidéo-surveillance, identification des véhicules, paiements bancaires, etc. ils pourraient naturellement être soumis, comme il a été dit, à des protocoles automatisés.

e/ Le regroupement des traces

Si une partie des informations éligibles à une recherche sérielle sont déjà collectées dans des traitements de police judiciaire, on peut et on doit forcément s'interroger sur l'opportunité de les dupliquer dans une nouvelle base de données et d'introduire de ce fait dans la détention d'information une redondance dont on voit mal ce qu'elle pourrait offrir en termes d'efficacité alors qu'elle sera forcément sujette à suspicion quant au contrôle effectif de l'utilisation faite de cette information. A ce stade, il est donc nécessaire de préciser la différence entre la démarche déjà existante et celle qui est ici proposée.

Ainsi que nous le verrons au chapitre suivant, les bases de données policières de dimension les plus significative sont orientées sur la notion de détention (p. ex. fichier des automobiles) ou d'antécédents (p. ex. fichier national des auteurs d'infractions sexuelles) et ont pour finalité essentielle de mémoriser certains faits, objets ou témoignages, etc. en leur faisant correspondre l'identité des personnes qu'ils concernent. C'est d'ailleurs ce caractère nominatif des données qui a confronté depuis des décennies ces bases de données aux impératifs de la loi de 78 à l'intérieur desquelles elles se trouvaient souvent trop à l'étroit. En l'occurrence et d'une manière générale, si les identités des personnes mises en cause[167] et des victimes étaient éligibles à un enregistrement, il n'en allait pas de même pour toutes les autres personnes environnant la procédure (témoins, suspects non mis en cause, etc.), à quelque titre que ce soit.

En l'occurrence, la démarche qui nous occupe est bien différente puisqu'il s'agit de mémoriser des traces plutôt que des personnes (tout en se souvenant cependant que certaines traces peuvent correspondre à des empreintes –

[166] Le datamining est une technique informatique consistant à extraire de façon automatisée d'un texte sous forme numérique des informations dont les critères ont été préalablement définis

[167] La notion de « mis en cause » ayant elle-même été un intarissable sujet de difficultés dans les traitements STIC et JUDEX en ce qu'elle ne répondait pas à des critères très précis et qu'elle pouvait persister quelles que soient les suites données par la procédure ou même par les décisions de justice.

digitale, génétique, rétinienne, irienne, etc. mais aussi n° d'immatriculation, adresse IP, etc. – indirectement révélatrices de l'identité). Mais, de fait, la recherche sérielle n'est pas prioritairement orientée vers la recherche d'une identité, même si celle-ci en est naturellement l'objectif ultime. Rappelons en effet que ce que la démarche de sérialité place en son cœur, c'est d'abord :

- La mise en évidence de marqueurs sériels, donc de marqueurs individualisants, permettant de lier entre elles des infractions jusque-là considérées de façon distincte, et ceci sans considération pour le caractère plus ou moins directement nominatif ou non du marqueur ;
- L'identification d'éléments informationnels issus d'infractions distinctes et non nominatifs isolément mais dont le regroupement est susceptible de former un ensemble pertinent pour conclure à son caractère individualisant ou identifiant.

On voit donc bien la différence de la démarche qui consiste là à mémoriser des individus, et ici à collecter dans un même ensemble des traces essentiellement anonymes ou indirectement nominatives plutôt que des personnes. Des traces et seulement des traces, donc, mais alors toutes les traces imaginables et considérées pertinentes dans le cadre de chaque infraction sur les critères que nous avons dégagés jusqu'ici. Le pari, on l'a compris, est que l'identité finisse par jaillir de l'anonymat mais ne mettons pas la charrue avant les bœufs : les questions attachées à ce caractère plus ou moins directement nominatif de certaines traces seront abordées dans le chapitre suivant. Pour l'heure, il suffit de déjà bien rappeler que la démarche sérielle n'est pas prioritairement orientée vers la recherche d'une identité mais vers l'émergence de faits commis en série.

B/ La mise en évidence de la sérialité : de nécessaires outils spécialisés

L'occasion nous a déjà été donnée de dire qu'en tant que pratique professionnelle, la mise en évidence de sérialités, ou au moins la mise en évidence de certaines répétitions à l'intérieur d'une même enquête ou entre des enquêtes distinctes, n'est pas une nouveauté et que la police de terrain n'a pas attendu qu'elle soit théorisée pour la mettre en pratique de façon plus ou moins artisanale et avec plus ou moins de succès. On peut d'ailleurs citer à l'appui de cette pratique certains outils, faisant aujourd'hui un peu figure d'ancêtres, ayant pour capacité – parfois secondaire – d'aider à la détection de faits sériels.

Ainsi, il est possible de distinguer chronologiquement :

- La base de données JUDEX de la gendarmerie, datant des années 70 et aujourd'hui disparue, traitement semi-automatisé d'affaires et d'antécédents (mémorisation des mis en cause et des victimes) qui se proposait principalement d'opérer des rapprochements sur la base de mots indexés dans un champ « mode opératoire ». La base de données STIC de la Police nationale, elle aussi désormais disparue, était privée de cette indexation de la manière d'opérer et n'avait quant à elle d'autres capacités de rapprochement que sur les éléments d'état-civil et de nature d'infraction.

- Le logiciel Analyst Notebook™, plus connu sous le nom d'Anacrim, principalement déployé par la gendarmerie à partir des années 90 et utilisé fréquemment dans le cadre d'enquêtes importantes d'homicide ou de criminalité violente ou organisée, plus rarement dans le cadre d'affaires multiples. Egalement mis en œuvre par l'entité Europol de La Haye et exploitant des informations nominatives afférentes aux suspects, aux victimes et aux simples témoins, ce logiciel est surtout conçu pour déceler et visualiser des répétitions ou des anomalies entre les déclarations des uns et des autres.
- Le logiciel SALVAC, repéré au début des années 2000 au cours de contacts auprès de la police belge et de la gendarmerie royale du Canada par le bureau de la police judiciaire de la direction de la gendarmerie et importé sur la proposition de celle-ci au sein d'une entité commune à la direction centrale de la police judiciaire de la Police nationale. Fondé lui aussi sur la répétition probable des modes opératoires lors des crimes violents, ce logiciel greffé au sein d'une structure policière peu convaincue par les approches par croisement de données n'a produit en France aucun autre résultat significatif que par approfondissement de détections de sérialités préalablement mises en évidence par des unités de terrain.
- Le logiciel CORAIL, développement interne et original de la PJ de la préfecture de police de Paris, adapté aux spécificités de celle-ci et ayant pour objectif de travailler sur la répétition de certaines infractions ciblées, choisies pour leur violence et les aspects souvent spécifiques de leur mode opératoire.

Il sera revenu dans quelques paragraphes (cf. *infra* Ch. 7, § 2) sur ces quatre outils qui ne sont cependant pas cités là de façon anodine. D'une part, leur existence atteste en effet que la répétition des infractions est bien une réalité qui a été pragmatiquement prise en compte par certains services de police judiciaire, de façon certes imparfaite mais ayant le mérite d'exister, dès que les possibilités nouvelles de l'informatique ont mis au service des enquêteurs une capacité de traitement adaptée.

D'autre part, le principe policier ayant servi de base au cahier des charges de JUDEX, SALVAC et CORAIL, ainsi qu'à l'utilisation d'Anacrim quand il s'agissait de confronter des affaires entre elles, a toujours été celui de la similitude de mode opératoire qui a longtemps semblé le seul critère susceptible de relier des affaires entre elles (hors les matchs trace/empreinte ou trace/trace du FAED et du FNAEG). Pour logique qu'elle puisse sembler à l'aube des recherches sérielles, cette approche révèle maintenant combien elle était lacunaire dès lors qu'il est admis que de nombreux éléments informationnels ou combinaisons d'éléments informationnels peuvent atteindre la capacité individualisante de marqueur sériel.

Enfin, et surtout, la mise en place de ces traitements témoigne d'entrée de jeu que la répétition d'infractions graves – on ne parlait pas encore de sérialité générale de la délinquance – a dès le début été envisagée comme une démarche dépassant les limites humaines de rapprochement et qui nécessitait donc la mise en place d'outils informatiques spécialisés. Hors toute autre considération, c'est naturellement cette nécessité qui retient ici l'attention. Pour ce qui est de la sérialité de la délinquance et de la capacité à relier entre elles des affaires à l'aide de marqueurs sériels, il en a déjà été largement parlé et ces deux points ne portent plus réellement à discussion. L'élément nouveau – nouveau en tant qu'élément clairement présenté, car il est en réalité sous-jacent de la démonstration depuis longtemps – c'est que la recherche sérielle n'est pas directement réalisable mais qu'elle doit en passer par la conception d'un traitement de données capable de travailler à une échelle suffisamment large pour ne laisser sur le bord de la route aucune des innombrables traces disposant d'un potentiel sériel. En plus d'être un processus de sélection et d'alimentation en données, puis de recoupement de ces données, la recherche sérielle est donc également cela : un processus complexe justifiant de la réalisation d'un cahier de clauses techniques et fonctionnelles supposant en amont une réflexion véritable sur les modalités de la recherche en sérialité, la première de ces modalités, qui saute aux yeux, étant de ne pas répartir les traces entre de multiples traitements mais au contraire de les regrouper en un seul. L'échec des précurseurs est ainsi également leur véritable apport à une modernisation de la démarche : la démonstration que face à des éléments d'information aussi nombreux que discrets et disséminés, la seule solution réside dans la mise en place non pas d'outils spécialisés de détection mais d'un outil unique de détection, fatalement un traitement automatisé de données à spectre large, ce qui n'est évidemment pas neutre sur le plan de sa compatibilité aux normes juridiques actuelles, ou même sur celui de son admissibilité sociale. Bien entendu, nous y reviendrons.

2/ Les obstacles à une approche policière en sérialité

Une partie non négligeable de la délinquance imputable à des auteurs d'habitude ; l'existence potentielle, entre infractions commises par un même auteur, de traces identiques qui signent sa sérialité ; la diversité presque infinie de ces traces ; la multiplication des possibilités d'individualiser et d'identifier un auteur en combinant entre elles des traces émanant d'infractions différentes mais reconnues comme relevant d'une même série ; l'obligation du recours à l'informatique pour mémoriser toute cette information et la nécessité d'un traitement unique pour majorer les possibilités de recoupement ; l'impératif d'une réflexion juridique et même d'admissibilité sociale d'un tel système : une fois qu'elles sont énoncées – certaines l'ont été bien avant ce livre – ces notions se parent instantanément des vertus de l'évidence. Mais face à ces évidences, la question se pose immédiatement : pourquoi n'existe-t-il pas encore en France, assortie de garanties la protégeant contre toute dérive, une démarche globale et méthodique pour attaquer la délinquance sous son angle sériel ?

Malheureusement, les (mauvaises) raisons pour répondre à cette question ne manquent pas : inertie naturelle du modèle pénal, résistances culturelles des institutions, logiques de niche héritées de la segmentation de l'information, enjeux de pouvoir et de carrière qui se dissimulent derrière la détention monopolistique des fichiers, etc. En la matière, comme souvent, les enjeux et les obstacles se superposent pour que personne n'ait finalement de véritable intérêt à faire évoluer un système pourtant inefficace et dépassé.

A/ L'inertie du modèle pénal

a/ Inertie du niveau central

Pour expliquer cette inertie au niveau central, rappelons tout d'abord la frugalité de la recherche scientifique : nous avons vu (Cf. *supra* Ch. 1, § 2, A) à quel point la criminologie est malmenée et comment les sciences criminelles sont globalement mal aimées en France, loin derrière bien des pays qui en ont fait des sciences incontournables dans leur combat contre la délinquance. Non seulement les chercheurs doivent-ils travailler avec des moyens trop limités, mais ils opèrent en outre sur un terrain que leur disputent non sans soutien au sein de l'appareil d'État, ainsi que nous l'avons vu, des intérêts mercantiles, idéologiques ou de chapelle. Par ailleurs, une recherche étranglée, c'est également la condamnation du monde judiciaire à se trouver privée des pistes, des réflexions, des données et des conclusions qui pourraient stimuler et éclairer son évolution et sa bonne adaptation aux évolutions de la délinquance et de la science. D'entrée, le contexte n'est donc pas favorable, mais il ne s'agit toutefois que du contexte. Les exemples existent dans l'histoire de structures ayant su défricher elles-mêmes leur chemin scientifique, au moins en partie, et s'affranchir des obstacles sur leur route. Assurément, la justice en France depuis plus d'un siècle n'est pas portée au niveau central par un tel courant de volontarisme avant-gardiste.

S'agissant du modèle pénal, le niveau central c'est bien entendu le ministère de la Justice, et en son sein la direction des affaires criminelles et des grâces (DACG), le sommet de la pyramide pénale. Hélas, et ce n'est pas lui faire injure puisque tous les ministères fonctionnent sur le même modèle, les décisions à ce niveau relèvent le plus souvent de technocrates avérés (conseillers divers et membres du cabinet du ministre, souvent issus de l'énarchie et ayant déjà donné, d'où qu'ils viennent, le témoignage de leur allégeance au sein de l'appareil politique) n'ayant pas d'expérience du travail de base, n'ayant par exemple jamais instrumenté en qualité de substitut ou de juge d'instruction. Et quand ils n'ont pas rejoint la haute administration directement à la sortie de leur grande école, les décideurs de la DACG sont généralement des fonctionnaires issus du terrain, y ayant déjà occupé des postes de niveau honorable, attentifs à ce que leur passage en administration centrale serve eu mieux le déroulement de leur carrière, ce qui se paye en règle générale par une docilité de bon aloi envers les orientations du ministre. Coupés des réalités au bénéfice desquelles ils sont censés travailler – quand au moins ils ne dédaignent pas de réfléchir à ces réalités – ces fonctionnaires ne sont finalement occupés qu'à trois missions qui occupent le devant de la scène :

- Fournir au ministre des éléments de langage lui permettant d'affronter institutionnellement (par exemple lors de la séance des questions à l'assemblée) ou plus souvent médiatiquement (en réponse à une affaire sensible) le flot de questions qui se déverse soudain sur lui, sans préavis et parfois même sans lien direct avec la politique pénale.
- Gérer l'adaptation nécessaire des normes, soit pour les mettre en conformité avec d'autres normes (notamment européennes), soit pour les faire coïncider avec les annonces politiques subites du ministre, du premier ministre ou du président de la république (le propre de ces annonces étant le plus souvent d'apporter une réponse de pure communication à un évènement dramatique, et ceci sans étude préalable d'adéquation entre l'évènement et la mesure préconisée et bien sûr sans avoir fait l'objet d'études d'impact et de faisabilité).
- Arbitrer, lors de réunions, entre des propositions soumises par des directions ou services, de leur ministère ou pas, mais sans toujours la connaissance du détail des dossiers ou des enjeux sous-jacents, se rendant ainsi tributaires de questions de forme ou d'apparence plus que de fond et d'efficacité finale.

Dans les trois cas, l'action ministérielle se caractérise par l'urgence de la parole (on n'ose parler d'urgence de l'action) et l'insuffisance de la réflexion, la place la plus déterminante étant occupée non par les techniciens ou praticiens mais par des conseillers en communication. Comme au ministère de l'Intérieur, comme aux directions de la police et de la gendarmerie, les échelons supérieurs du ministère de la Justice se soucient donc moins d'amélioration du dispositif pénal que de maîtrise de la parole dans un double objectif de communication teintée de marketing et de court-termisme. Pour ce qui est des petites mains, souvent plus proches des réalités quotidiennes de leur ministère, inutile de préciser qu'elles n'ont pas voix au chapitre : entre la strate exécutante et la strate décisionnelle, la circulation de l'information intelligente est inexistante, toujours soigneusement verrouillée par quelques apparatchiks ne pouvant imaginer leur intérêt autrement que dans la répétition incantatoire du discours ministériel et attentifs à s'assurer que rien ne puisse émaner de leur sous-structure dont ils ne soient certains à l'avance que cela respecte la ligne du parti, c'est-à-dire le plan de carrière de leur ministre et le leur. Le constat est douloureux mais il est devenu la règle : les cabinets des ministères, surtout ceux des ministères régaliens ou emblématiques, sont devenus des agences de communication qui cultivent le plus souvent une indifférence non dénuée d'arrogance pour la pratique professionnelle de subordonnés qu'ils envisagent d'ailleurs comme subalternes bien plus que comme collaborateurs.

Quant à la contrainte budgétaire qui pourrait expliquer certaines rigidités ou certaines réticences face au changement, il ne s'agit pas de la nier mais pas non plus d'en surestimer l'impact : l'inertie qui caractérise l'action ministérielle est en effet une question de budget mais pas seulement de budget. Plus que financière, elle tient d'abord à la philosophie sous-tendant l'action politique. D'ailleurs, même les adversaires les plus résolus de Mme Taubira sur le plan idéologique reconnaissent que la contrainte budgétaire n'a pas empêché celle-ci d'envisager et de conduire des réformes jugées avant elle impossibles ou contre-productives et ne consistant pas, comme trop souvent, à simplement supprimer l'existant par mesure d'économie, même si cette dernière démarche est évidemment parfois nécessaire. L'inertie du niveau central en matière pénale est ainsi, avant tout, une absence de volonté politique vieille de nombreuses décennies (on pourrait même dire une absence de volonté d'avoir une volonté) et qui a façonné la chaîne décisionnelle en système immobiliste de la non-décision. De ce point de vue, il faut d'ailleurs souligner que le budget de la Justice n'est pas une donnée imposée par un *deus ex machina* anonyme et invisible mais qu'il procède de décisions et d'arbitrages publics rendus au sein des gouvernements de tous bords qui se sont succédés depuis des lustres avec une même volonté impassible de maintenir financièrement la place Vendôme sous perfusion et soins palliatifs, politique en laquelle certains observateurs ne craignent pas de voir la volonté de gouvernants de se maintenir à l'abri d'un pouvoir judiciaire à l'égard duquel ils ont peu de considération et beaucoup de crainte.

Malgré que la contrainte budgétaire s'y fasse moins sentir, les choses ne sont d'ailleurs guère différentes au ministère de l'Intérieur. Dans un précédent ouvrage[168], nous avons montré comment la lutte contre la délinquance a été impunément instrumentalisée pendant toute une décennie, de 2002 à 2012, au prix d'une falsification de grande envergure des statistiques policières, pour alimenter une communication politique au service d'ambitions et d'intérêts personnels et il est à craindre que la plupart des indicateurs de falsification n'aient guère bougé de la zone rouge depuis l'alternance de 2012. Ainsi que nous l'avons déjà évoqué, la sécurité est aujourd'hui en France un enjeu happé par le discours politicien en raison de ses retombées électorales avec pour conséquence de réduire les données du problème à un simplisme

[168] IMPINI Jean-François, *Un mensonge d'Etat, l'imposture sécuritaire*, *op. cit.*

confondant[169] et sans que les responsables aux affaires cherchent le moins du monde à assurer la connexion entre leur discours et l'action policière réelle. Une telle politique, qui contamine par capillarité les hautes sphères policières, se solde évidemment par une déconnection croissante entre l'évolution de l'action policière et celle de l'action délinquante, et comment imaginer que cette déconnection puisse ne pas impacter la justice par ricochet ? Nous reviendrons d'ailleurs en fin d'ouvrage (Cf. *infra* Ch. 8, § 2, B) sur cette question de la volonté politique qui, au bout du compte, conditionne l'échec ou le succès de toute mesure et conditionnera donc l'avenir de la démarche de détection sérielle comme elle a d'ailleurs conditionné son échec depuis une petite dizaine d'années.

b/ Inertie des échelons décentralisés

S'agissant des échelons décentralisés, l'analyse précédente ne fonctionne naturellement pas, ou presque pas. Bien sûr, il pourra se trouver ici ou là, au sommet des plus importantes juridictions, quelques magistrats appelés à de plus hautes fonctions en administration centrale et qui en ont déjà épousé les défauts. Ce n'est cependant pas le cas le plus fréquent, greffiers et magistrats ayant déjà bien assez à faire pour gérer au mieux – au moins mal – le flux d'affaires submergeant qui leur parquet, qui leur cabinet, qui leur audience. La première cause de l'inertie de ces échelons de terrain n'est pas ailleurs : ils ont à faire d'autres choses, plus urgentes, qu'à réfléchir aux grandes réformes susceptibles d'améliorer leur quotidien, ce qui n'empêche d'ailleurs pas toujours les échelons locaux d'être à l'origine d'adaptations ingénieuses étendues ensuite à la France judiciaire toute entière.

L'état de plus ou moins grande misère ou d'opulence dans lequel un pays maintient cette fonction pourtant régalienne, la Justice, est un impitoyable indicateur de l'idée que s'en font ses édiles – une Justice au-dessus de laquelle ils estiment d'ailleurs, le plus souvent, avoir le droit de se placer. En France, la Justice manque d'outils, de magistrats, de greffiers. A lui seul, le sujet mériterait un livre et il en a d'ailleurs suscité plus d'un, mais avec si peu de retentissement. Dans une époque soumise comme elle l'est à la dictature du consumérisme et de l'individualisme, la population estime prioritaire de défendre sa capacité à gagner pour consommer et à faire fructifier son intérêt plutôt que de se soucier du quotidien des palais de Justice. Erreur fatale : même pour un accès équitable aux salaires, aux biens de consommation, à l'équilibre personnel, même pour la défense des intérêts les plus individuels ou les plus égoïstes, tout passe par des règles qui ont elles-mêmes été déclinées

[169] Que valent par exemple, en termes de politique de sécurité, le discours qui a pu être tenu sur la nécessaire karchérisation des banlieues, les déclarations enflammées sur l'éradication du banditisme et des trafics dans certaines zones ou quartiers où ils continuent pourtant de prospérer, le si pratique amalgame (pourtant totalement faux) entre délinquance et immigration ?

de droits fondamentaux appartenant à tous et à chacun, et rien ne peut se bâtir d'impartial sans la possibilité de recourir à des diseurs de droit indépendants des intérêts entre lesquels on leur demande d'arbitrer. Sans doute, ce pouvoir régulateur n'est pas bien perçu dans un modèle qui ne veut d'autre régulation que celle du marché, et c'est sans doute là la première raison pour laquelle on prive les magistrats des moyens élémentaires de leur travail. Car la vérité est hélas bien connue, elle a été dénoncée par bien des autorités, elle transparaît régulièrement, comme on l'a montré, dans le rang lamentable qu'occupe la France dans les classements des pays européens en matière de justice : notre Justice est d'un autre âge. Unis par des liens d'active complicité qui s'étalent sans timidité au grand jour, les pouvoirs législatif et exécutif s'entendent en effet comme larrons en foire, même en période de cohabitation, pour empêcher le troisième pouvoir d'opposer sa voix modératrice à la doxa dominante qui n'a que faire de citoyens défendeurs de leurs droits et leur préfère nettement des travailleurs consommateurs au large temps de cerveau disponible[170]. Dans toute approche de lutte contre la délinquance, cet arrière-fond ne doit donc jamais être oublié : nous vivons dans un pays dont la justice de terrain va mal parce qu'on ne lui donne délibérément pas les moyens d'aller mieux.

S'il est un bouc émissaire que nous ne dénoncerons pas, c'est donc bien celui-là : les personnels de Justice qui travaillent dans leurs palais souvent désuets dans des conditions le plus souvent incompatibles avec le résultat qu'exige d'eux l'injonction démocratique, pris qu'ils sont en étau entre leur éthique bien réelle et des conditions de travail qui ne leur permettent pas de la respecter. Il a été question précédemment, en traitant du concept de sérialité, de l'aliénation du droit pénal aux notions légales de récidive et de réitération (Cf. *supra* chapitre 1, § 2, C), mais comment pourrait-il en être autrement ? Les juges n'exercent pas leurs fonctions en purs esprits mais en agents tenus d'apporter la plus juste réponse pénale à une situation, et ne peuvent pour cela que se tourner vers les règles qui trouvent à s'appliquer à cette situation. D'où tiendraient-ils le droit, sans parler du temps, d'orienter leur action vers la recherche d'autres infractions commises par un quelconque mis en cause alors que rien dans leur formation ni dans les codes qu'ils appliquent ne leur parle de sérialité ?

L'affaire Emile Louis, dans laquelle le maréchal-des-logis chef Jambert avait apporté, en vain, tous les éléments de recoupement étayant la suspicion d'une série bien réelle de meurtres serait de ce point de vue caricaturale si elle

---

[170] Montesquieu revenant aujourd'hui en France distinguerait-il le pouvoir exécutif d'un pouvoir législatif qui entérine sans réelle contestation et parfois sans véritable débat les orientations présidentielles et gouvernementales ? Parlerait-il de troisième pouvoir au vu d'un corpus législatif et réglementaire devenu si touffu, que des juges délibérément trop peu nombreux ne peuvent réellement plus l'appliquer ? Que dirait-il d'ailleurs également d'un quatrième pouvoir tout entier ou presque entre les mains de puissances financières représentant une part écrasante de la richesse mais une part infime de la population ?

n'était pas d'abord dramatique. Sauf dans le cas – on en voit régulièrement, par exemple quand une équipe d'enquêteurs « suit » une équipe de malfrats sur la durée, ou lorsqu'une perquisition particulièrement fructueuse révèle des faits inattendus – où les enquêteurs amènent d'entrée des éléments irréfutables de l'action sérielle d'un mis en cause, la règle reste donc celle de l'unicité du fait et de l'individualisation des poursuites. On a d'ailleurs déjà évoqué la résistance au regroupement de procédures de la part de magistrats croulant sous les dossiers, et on imagine bien leurs réticences face à toute démarche de rapprochement d'information pouvant multiplier de tels regroupements, avec en plus le risque que ces regroupements s'opèrent trop souvent au bénéfice empoisonné des mêmes juridictions déjà les plus chargées.

Ainsi l'inertie du modèle pénal est-elle aujourd'hui un facteur pesant suffisamment lourdement pour entamer toute illusion sur la capacité de la Justice à tenir sa place dans une réforme de grande ampleur de la procédure, que ce soit aux échelons de direction ou à ceux d'exécution. D'une certaine manière, on pourrait presque croire que l'immobilisme a été greffé dans l'ADN de la magistrature, et les mauvais procès et amalgames ne manquent pas depuis le début du XXIème siècle pour en alimenter l'idée. Alors, s'agissant de l'approche sérielle de la délinquance, qu'attendre d'un ministère sclérosé, à coup sûr incapable d'absorber les énormes bouleversements à prévoir dans la prise en compte des infractions et des délinquants par la machinerie judiciaire ?

Qu'attendre ? Eh bien, au risque de surprendre, le meilleur, ou en tout cas certainement pas le pire comme on l'entend parfois véhiculer jusqu'au plus haut niveau de l'Etat. Car la vision quelque peu désespérante que donne souvent d'elle-même la justice n'est pas forcément équitable, quand bien même on peut souvent lui reprocher ses lenteurs, ses erreurs et parfois ses faillites. En effet, aller dans ce sens ne reviendrait qu'à confondre pénurie de moyens et oubli du service public. Or, il faut avoir exercé longtemps comme OPJ sous la direction et le contrôle de magistrats, puis avoir ensuite longuement travaillé avec eux, et parfois contre eux, au niveau interministériel, pour savoir quelle ressource d'intelligence, de clairvoyance, de précision et de sens de l'État recèle le corps judiciaire. L'inertie du modèle pénal ne sera un obstacle qu'aussi longtemps qu'on l'entretiendra, à coup de budgets misérables et de sujétions insupportables, dans une situation qui ne permet aux juridictions que d'arbitrer entre les urgences ou de soigner le cancer avec de l'aspirine. Et la place Vendôme ne regimbera qu'aussi longtemps qu'on tentera, comme c'est trop souvent la coutume, de faire passer par-dessus sa tête des réformes où elle aurait tout son mot à dire. « Là où il y a une volonté, il y a un chemin », et la volonté de bien remplir leur mission ne manque pas chez les personnels judiciaires. Difficile de savoir si on a la justice que l'on mérite, mais ce qui est certain c'est qu'on ne peut avoir la justice que l'on ne se donne pas les moyens d'avoir, quand bien même ce crédo a tendance à se perdre dans la rumeur du monde. L'analyse sérielle, aussi efficace qu'elle pourrait se montrer, ne produira des effets significatifs que si la chaîne pénale se montrer capable d'absorber ensuite les procédures sans doute plus lourdes qu'elle générera. En la matière, pas de recette miracle : aucun outil de modernisation de la police judiciaire ou d'accroissement de son efficacité n'a de sens si elle n'avance pas au coude à coude avec une Justice à laquelle on aura enfin donné tous les moyens d'exister dans les conditions que l'on peut attendre d'une grande démocratie moderne.

B/ La segmentation de l'information et ses conséquences

Ainsi que cela a été brièvement expliqué précédemment (Cf. Ch. 4, 1, C, b), l'information judiciaire tient de sa nature d'être une matière très plastique, et donc segmentable, permettant qu'on délimite dans l'ensemble global qu'elle constitue des sous-ensembles construits selon les critères les plus variés. Au choix d'enquêteurs mus par des raisons propres à la démarche particulière d'investigation qu'ils conduisent, il serait par exemple facile de délimiter, au sein de toute la délinquance enregistrée, le sous-ensemble des infractions à caractère sexuel commises par des hommes dans le département des Hauts de Seine entre 1995 et 2005, ou celui des vols de véhicules commis par car-jacking dans l'Ile de France au cours de l'année 2015, etc.

A l'époque pré-informatique, cette possibilité de segmentation a même été un atout véritable, pour ne pas dire la condition indispensable pour la création de fichiers de police judiciaire. Sauf à la diviser selon des critères les plus objectifs possible, ou au moins les plus pragmatiques, comment aurait-il été envisageable de mémoriser, sans ordinateur, année après année, les caractéristiques principales des infractions, de leurs auteurs, de leurs victimes, etc. ? Et ceci à l'échelon de la France entière ? La démarche aurait accouché d'un monstre inexploitable, ou plutôt n'en aurait pas accouché car on peut douter des chances de réussite d'une telle opération.

L'affaire est donc dite, la segmentation de l'information judiciaire en est une caractéristique précieuse qui va permettre d'en faciliter l'exploitation et elle va même être, ainsi que nous le verrons dans quelques pages, le procédé élémentaire auquel il sera le plus recouru pour étendre et affiner des recherches de sérialité tout en les maintenant dans un cadre juridique et sociétal acceptable. Mais toute médaille a son revers et, dans certaines circonstances, la segmentabilité de l'information judiciaire peut être génératrice d'inconvénients majeurs. De fait, elle l'a d'ailleurs été depuis ses tout premiers jours.

a/ Logique de niche géographique

On ne doit pas l'oublier, la transmission numérique de données est une technique récente à l'échelle d'une police judiciaire dont l'âge se mesure en siècles. Il y a moins d'une centaine d'années, les données de la Creuse restaient dans la Creuse parce qu'il n'existait pas de moyen souple et commode de faire autrement. Ce regroupement géographique dérangeait d'ailleurs d'autant moins que les moyens de déplacement n'étaient pas ce qu'ils sont aujourd'hui et que les populations, y compris délinquantes, étaient essentiellement locales et sédentaires : les données de la Creuse avaient d'autant plus intérêt à y rester que les malfaiteurs creusois en faisaient autant.

Il ne faut pas chercher plus loin la principale cause d'apparition de ce que l'on pourrait appeler des niches géographiques : chaque échelon géographique de regroupement d'une structure de police judiciaire, qui avait tout intérêt à disposer d'un fichier adapté à ses besoins, c'est-à-dire d'un fichier couvrant son ressort, n'avait aucune raison de ne pas constituer un tel fichier. Ainsi se sont multipliés au fil des décennies, en toute innocence et à cette époque en toute légalité, une pléthore de fichiers évidemment manuels : pour faire simple, chaque unité avait le sien. Dans la gendarmerie, chacune des milliers de brigades territoriales essaimées sur le territoire disposait de son fichier alphabétique de renseignements (FAR), fichier à la fois administratif et judiciaire[171] qui avait pour but parfaitement et ouvertement avoué de ficher la totalité des résidents de la circonscription. Les procédures de mise à jour du FAR faisaient l'objet d'une méthodologie précise, connue de tous, rigide, et il n'y avait pas intérêt à y déroger : la hiérarchie veillait. Ainsi qu'on l'a indiqué, la nature réelle du fichier était par ailleurs très… exhaustive. Y figuraient aussi bien l'identité et l'adresse des personnes que celles de leur famille, leurs antécédents connus (sans considération des suites données par le tribunal, une personne déclarée innocente par la Justice continuant de figurer en qualité de mis en cause dans le FAR), et aussi des détails sur leurs fréquentations, leur personnalité évidemment appréciée de façon très subjective (violent, sournois, etc.), ou au besoin leur orientation religieuse, politique, syndicale, sexuelle, etc. Un outil très hégémonique, comme on le constate, mais ne nous voilons pas hypocritement la face à son sujet : hautement liberticide selon les légitimes critères de notre temps, ce fichier était inscrit dans la culture de fichage de son siècle pendant lequel il a rendu d'innombrables services peut-être pas toujours avouables. Bien entendu, dans les villes, les commissariats ne procédaient pas autrement : avec une vision très extensible de ce qui pouvait troubler l'ordre et la tranquillité publique, on fichait la population dont on devait assurer la protection et la surveillance, les deux notions ayant parfois tendance à quelque peu se mélanger. Nous verrons d'ailleurs ultérieurement que cette notion de l'équilibre entre protection et surveillance est toujours d'actualité, ô combien, et qu'elle est même finalement la seule question à se poser en matière de police

---

171 Tout en ne nous intéressant qu'aux fichiers judiciaires, il n'est pas possible d'écarter des fichiers qui accueillaient sans aucun filtre tous types d'informations : judiciaires mais aussi administratives, privées, etc. Pour autant, ces fichiers ne doivent pas être confondus avec ceux, proprement administratifs, existant à la même époque (DST, RG, etc.) qui n'entrent pas dans le cadre de cet ouvrage.

judiciaire comme dans tous les autres domaines de fichage de la population, et dieu sait qu'ils sont nombreux et évidemment toujours animés des meilleures intentions.

Retenons en tout cas deux leçons de cette époque où les distances géographiques imposaient leurs contraintes aux gestionnaires de fichiers (époque que l'on aurait tort de croire éloignée : le FAR n'a été mis en sommeil par la gendarmerie qu'à l'aube du XXIème siècle, sous la pression de la CNIL, quand la légitimité juridique de son existence ne pouvait réellement plus être défendue quand bien même son potentiel d'utilité pratique était encore élevé).

- La première de ces leçons enseigne que la géographie a longtemps délimité autant de fichiers qu'il y avait de territoires judiciaires, et que les détenteurs de ces fichiers s'en estimaient forcément les propriétaires puisqu'ils étaient également « propriétaires » de la circonscription correspondante (une brigade, un commissariat ont LEUR circonscription, ce qui conditionne d'ailleurs en partie l'engagement que consentent leur personnel pour assurer la paix publique dans cette circonscription). Ce qui induit naturellement qu'ils étaient donc également les décideurs tout désignés de la diffusion des informations qu'ils détenaient, et aussi les bénéficiaires naturels de tout succès que le fichier était susceptible de permettre ou de faciliter.
- La seconde leçon, infiniment plus dramatique, est là pour nous rappeler que les fichiers (ou traitements informatiques ou bases de données, etc. peu importe le nom qu'on leur donne aujourd'hui), sont des instruments puissants dotés d'un redoutable efficacité mais que leur pouvoir se met de façon « neutre » entre les mains de ceux qui les détiennent, pour le meilleur quand l'effet recherché est conforme au droit et aux principes fondamentaux garantissant les libertés individuelles, et hélas pour le pire quand on exploite leur capacité de nuisance en foulant aux pieds ces droits et principes. Un fichier n'est ainsi qu'un instrument, un « bras armé » souvent nécessaire, parfois indispensable mais utilisable indifféremment au service des objectifs poursuivis par ceux qui en acquièrent la propriété. Précis, globaux, détaillés, actualisés, le FAR et ses semblables ont assurément contribué à l'efficacité de la sécurité publique en France pendant des décennies. Mais ils ont été également l'outil qui a permis de désigner nombre de victimes de l'holocauste, ou ensuite de sympathisants de l'indépendance de l'Indochine puis de celle de l'Algérie, etc.

b/ Logique de niche thématique

Si la logique de niche géographique est un pur produit de la répartition territoriale des structures chargées de la police judiciaire, la logique de niche thématique va quant à elle résulter de la plus ou moins grande spécialisation de ces structures. Ainsi, la frontière est-elle cette fois-ci le domaine d'activité du service concerné, indépendamment de sa circonscription d'action. On vient de voir comment les unités en charge de la police générale s'étaient constituées les fichiers généralistes répondant à leur besoin. Aux services d'enquête plus spécialisés, il a paru tout aussi logique de constituer des fichiers correspondant plus finement à leur domaine d'action. Pour la brigade des mœurs, un fichier de prostituées, de proxénètes voire de clients habitués. Pour la brigade de répression du banditisme, un fichier des braqueurs et grands voyous, et de leurs accointances ou antagonismes, dans le premier cas pour identifier d'éventuelles équipes en action, dans le second pour y voir plus clair en cas de règlement de comptes. Etc.

Bien entendu, logique thématique et logique géographique s'additionnent entre elles : le fichier des mœurs à Marseille n'a donc pas plus à voir avec le fichier des stups de sa ville qu'avec le fichier des mœurs de Lille. A ce stade pré-informatique, l'idée de mise en commun de toute cette information n'est naturellement pas envisagée. Personne ne lui aurait d'ailleurs trouvé un intérêt suffisamment grand pour éclipser les difficultés et lourdeurs qu'aurait générées un tel partage. Et quand une unité A du sud de la France avait besoin d'informations sur des malfaiteurs issus de la ville de B dans le nord, elle interrogeait le service correspondant en B, qui répondait selon ses propres intérêts du moment et personne n'y redisait rien parce que c'était la règle.

Cette logique de fichiers thématiques a en outre été fortement encouragée par la structuration même de la délinquance : l'âge d'or des fichiers manuels que nous évoquons est en effet celui d'avant et d'après-guerre, quand les criminels et équipes faisaient preuve d'une certaine stabilité géographique et fonctionnelle dans leurs agissements. Par ailleurs, la petite et moyenne délinquance n'avaient alors ni le statut ni l'ampleur ni le retentissement qu'elles allaient acquérir au fil des décennies. A voyous spécialisés, donc, on avait toutes les raisons de répondre par des structures spécialisées dont les plus emblématiques étaient déjà naturellement les offices centraux de police judiciaire, structures thématiques par nature. Plus encore que la logique de niche géographique, la logique thématique qui offre une valeur ajoutée apparente bien supérieure va ainsi structurer à la fois profondément et durablement l'information judiciaire en France tout au long de la seconde moitié du XXème siècle. Pour imaginer l'ampleur du phénomène, il suffit d'ailleurs de se souvenir que la fonction la plus élémentaire d'un fichier est de pallier aux défaillances de la mémoire des hommes, et aussi à leurs allées et venues au gré de leurs affectations ou départs en retraite. Les fichiers sont donc avant tout une sorte d'enquêteur à part entière, aux souvenirs presque inaltérables, dans chaque unité où ils ont été constitués. Autant dire que chaque brigade ou service de France est naturellement porté à constituer son fichier géographique (dans les unités généralistes) ou géo-thématique (dans les unités spécialisées) et à s'en sentir l'unique et légitime propriétaire.

Examinée du point de vue des fichiers qui peuvent la contenir, on constate donc que l'information judiciaire a surtout subi, depuis sa naissance jusqu'à nos jours, un extrême morcellement dans une logique exactement contraire à celle dont la nécessité a été au contraire soulignée lorsqu'il a été question de recherche sérielle : avoir à sa disposition une information aussi riche que possible, c'est-à-dire rassemblée dans un ensemble le plus global qui puisse être.

C/ Les résistances culturelles : la logique d'appropriation

L'inertie du modèle pénal, la segmentation en niches géographiques et thématiques, au moins s'agit-il là de contraintes externes dont l'information judiciaire subit mécaniquement les effets au moment même où elle se constitue en fichiers ou, de façon aujourd'hui plus moderne, en traitements de données. Mais ces contraintes externes, qui font pour ainsi dire partie de l'ADN de chaque traitement, ne sont pas les seules à opérer. Aucun fichier n'existe *in abstracto* et tous au contraire participent de la volonté d'aider à la lutte contre la délinquance, qu'ils aient une finalité explicitement judiciaire ou qu'il s'agisse de fichiers administratif utilisés dans une finalité judiciaire. Dès lors, ces traitements sont nécessairement entre les mains de gestionnaires de leur contenu, et ces gestionnaires ont la haute main sur la façon d'accéder au traitement, de le modifier, d'en extraire des données, etc. En un mot, ils sont les garants de son bon fonctionnement, c'est-à-dire de son fonctionnement d'une façon conforme au droit ou au moins aux règles d'emploi fixés par la hiérarchie dont ils dépendent. Et l'on se trouve alors confronté, bien entendu, à d'autres contraintes relevant, non plus de la constitution du fichier, mais de son emploi. En d'autres termes, après les contraintes externes, les contraintes internes, que génèrent les acteurs eux-mêmes de l'emploi des fichiers. Sur ce point, le terrain a déjà été largement défriché lors de l'étude du caractère patrimonial de l'information judiciaire (cf. *supra* Ch. 4, § 2, B) mais il est maintenant possible d'y regarder de plus près, notamment pour voir par quels moyens concrets services et institutions exploitent à leur profit cette plasticité patrimoniale de l'information.

a/ L'appropriation discrète et le principe de non-partage

Selon une sorte d'axiome non écrit et qui mériterait d'ailleurs d'être vérifié et étudié, un fichier serait d'autant plus efficace qu'il serait secret et discret. Secret quant à son existence, et il s'agit même d'une condition théoriquement nécessaire quand le fichier est illégal, même si un secret très relatif sauvant discrètement les apparences sera souvent suffisant dans un tel cas d'illégalité. Discret quant à son contenu, car il est toujours préférable, en termes de potentialités, de détenir des informations sur une personne ignorante de cette détention : moins un individu en sait sur ce que l'on sait de lui, moins il sera prudent dans des agissements auxquels il préfèrerait ne pas se voir associé.

Sans donc s'attarder à la démonstration de cet axiome, on peut cependant affirmer sans grande crainte d'erreur qu'un traitement dont l'existence et le contenu seraient totalement publics y perdrait nécessairement du potentiel – et y perdrait même son existence en cas de non-conformité avec ce qu'autorise la loi. Intuitivement, les gestionnaires des traitements de données agissent donc très naturellement pour minorer le risque encouru dans ce domaine et mettent tout en œuvre pour couvrir leur activité d'une chape de silence aussi épaisse que possible, lors de la collecte des données, bien sûr, puis ensuite pendant toute la durée où ces données sont conservées en vue d'une possible exploitation.

Concernant la phase initiale du recueil des données, il n'y a évidemment pas de meilleur moyen d'être discret qu'en taisant au maximum les détails de ce recueil. Sur ce sujet, un raisonnement parfaitement précis justifierait d'ailleurs de distinguer le cas des fichiers légaux, c'est-à-dire déclarés et conformes aux règles de la CNIL, de celui des traitements créés en toute opacité et sans que la CNIL soit jamais mise – en tout cas officiellement – au courant de leur existence. Nous reviendrons dans quelques pages sur ce distinguo mais au stade où nous en sommes, il n'a pas l'importance que l'on pourrait croire : dans les deux cas, en effet, les gestionnaires ont toujours adopté une même attitude que nous qualifierons d'appropriation discrète. En termes simples il s'agit, dans le choix des informations ciblées, dans leur recueil puis lors de leur entrée dans le fichier, de procéder de la façon la plus subreptice possible. L'information des justiciables sur l'existence du fichage dont ils sont en train de faire l'objet, sur leur droit de communication, de rectification et d'effacement des données les concernant est aussi peu apparente que possible, quand elle n'est pas carrément éludée. La nature des données éligibles est généralement envisagée par les gestionnaires de façon très extensible, les champs du type « renseignements complémentaires » ou « informations diverses » étant de ce point de vue de véritables mines de données abusivement collectées, souvent d'ailleurs des données sensibles. La valeur d'un fichier augmentant avec le volume d'information qu'il contient, les gestionnaires se sont d'ailleurs presque toujours sentis légitimes à procéder de la sorte pour atteindre une meilleure efficacité, et cela au nom d'un raisonnement qui a longtemps associé cette efficacité à la quantité plutôt qu'à la qualité de l'information amassée.

Créés dans de telles conditions, les fichiers n'étaient pas toujours sans objet défendable, n'étaient pas toujours non plus sans intérêt, mais leur existence incertaine s'exerçait par contre rarement du bon côté des marges de la loi avec lesquelles ils étaient de toute façon toujours en train de flirter, ainsi que nous le verrons dans le chapitre suivant. A leur décharge, reconnaissons toutefois que les détenteurs et les gestionnaires de ces fichiers n'étaient pas toujours conscients du caractère illégal de leur activité – les conditions de l'application aux fichiers publics de la loi de 78 sur l'informatique et les libertés n'a jamais fait l'objet d'une très grande considération, ou même d'une très grande publicité au ministère de l'Intérieur. En revanche, ces gestionnaires et détenteurs étaient unanimement convaincus d'avoir tout à perdre à diffuser leur information en dehors du champ géo-thématique du service d'enquête dont ils relevaient. En matière de police judiciaire et quels que soient les discours officiels pétris de bonnes intentions tenus sur la question, le modèle coopératif dominant n'a jamais été celui de l'échange gratuit d'information entre services ou entre enquêteurs. A la base même de l'activité d'investigation, entre OPJ, le moindre tuyau est affecté d'une valeur d'échange qui n'est jamais égale à zéro. Or, chaque donnée engrangée dans un fichier est en puissance un tuyau selon le contexte, toute enquête nouvelle pouvant soudain lui conférer un prix qu'elle n'avait pas avant celle-ci. Dans de telles conditions, et disons-le tout net dans une telle culture policière, le principe d'appropriation discrète des données était infailliblement appelé à se doubler d'un principe de non-partage de ces données. Il n'est pas possible de quantifier le nombre d'affaires qui auraient pu être résolues ces trente ou quarante dernières années si, dans une démarche radicalement contraire à celle décrite, la règle en matière de fichier avait été d'un partage transparent de l'information, mais cette ignorance est assurément salutaire : le nombre de cas restés irrésolus du fait de la culture du non-partage est en toute certitude vertigineux et le monde judiciaire aurait d'autant plus de mal à l'assumer.

Logique de niche du fait de la segmentation géographique et thématique, principe de l'appropriation discrète et culture du non-partage, on comprend bien que tous les ingrédients étaient en place pour favoriser la prolifération des fichiers, dès la naissance du procédé de fichage, à tous les niveaux, dans tous les domaines. Informatisation aidant, le phénomène s'est ensuite amplifié : à chacun son petit traitement de données répondant à ses impératifs propres, à chacun ses choix en termes de conformité aux règles légales, et tout le monde était content, ou en tout cas trouvait suffisamment de raisons d'être content du système pour ne pas envisager de l'amender. Avec pour résultat une structuration complètement essaimée de l'information radicalement opposée à celle que nous avons préconisée pour l'alimentation de la recherche sérielle. Mais heureusement pour cette idée d'une structuration plus globale de l'information, d'autres résistances culturelles sont à l'œuvre qui, sans pouvoir annihiler totalement les effets des précédentes, ont permis d'en limiter les dégâts, quitte d'ailleurs à en créer d'autres.

b/ Monopole des canaux d'information et enjeux de pouvoir institutionnels

On l'a compris, contrairement à la logique des niches géographiques et thématiques qui était au moins en partie soumise à des impératifs objectifs, ou en tout cas exempts d'arrière-pensées patrimoniales, l'appropriation discrète et la culture du non-partage sont quant à elles étroitement liées à la valeur « marchande » spécifique de l'information judiciaire. Qu'il en soit ainsi n'a rien pour étonner : en tous domaines, il est constant que celui qui détient l'information détient le pouvoir. Mais dans cette matière très particulière qu'est la police judiciaire – particulière notamment en ce qu'elle relève à la fois d'un pouvoir régalien, de l'application de règles juridiques élevées dans la hiérarchie des normes ainsi que d'un objectif répressif et d'assujettissement socialement validé – la règle « information = pouvoir » trouve encore mieux à s'appliquer car elle va souvent être en position d'impacter directement et à elle seule la réussite d'un service au détriment d'un autre, ou même de conditionner l'échec d'un service concurrent. S'il en fallait un exemple, il suffirait de se souvenir des effets dramatiques de la non-circulation d'information entre police et gendarmerie belges lors de l'affaire Dutroux pour mesurer le type de dommages que la PJ peut faire encourir à la collectivité quand elle s'exerce de façon outrancièrement individualiste, et ces effets n'ont d'ailleurs pas été sous-estimés par les autorités belges qui y ont trouvé une raison suffisante pour fusionner les deux institutions.

Dès lors, on devine que directions et états-majors n'allaient pas éluder la question et délaisser le sort de l'information judiciaire envisagée pour sa valeur en termes de potentialités propres et de monnaie d'échange. Moins que de pallier *stricto sensu* à l'essaimage des fichiers et de l'information, la question a cependant plutôt été pour ces directions et états-majors de trouver comment réduire cet essaimage, au moins en partie, mais sans rien abandonner, ou presque, des prérogatives qu'ils avaient sur LEUR information. Dans certains cas, la volonté de maîtrise de l'information l'a même tellement emporté sur la nécessité de partage qu'elle s'est traduite par la dissimulation de certains traitements de données. Nous y reviendrons. Mais d'une manière générale, l'accès à l'information des autres tout en assurant la protection de ses propres données s'est traduite par une confrontation souterraine qui a souvent tourné au jeu de dupes.

Il suffit tout d'abord de bien comprendre qu'aucune unité, aucun service et même aucune institution ne pouvait revendiquer de devenir l'unique et officiel propriétaire de tel ou tel segment de l'information judiciaire. Cette impossibilité s'est d'ailleurs très consensuellement traduite par l'application tacite d'une règle fonctionnelle de liberté de création des fichiers chez tous les intervenants de la galaxie PJ, chacun restant libre de sa petite cuisine dans son coin aussi longtemps qu'il ne dénonçait pas celle des autres : je te tiens, tu me tiens, par la barbichette… Ainsi, ce n'était pas autour des fichiers eux-mêmes que pouvait vraiment se cristalliser la lutte pour l'information judiciaire, et le combat s'est alors reporté sur la maîtrise des canaux qu'empruntaient cette information dans certaines circonstances particulières. C'est que dans la seconde partie du XXème siècle, pour répondre à l'internationalisation de diverses formes de criminalité et de terrorisme et à la circulation de plus en plus facile des personnes et des marchandises, les Etats ont institué des procédures de coopération internationale qui ont aussitôt requis la mise en place, en France, de dispositifs propres à assurer le respect des engagements internationaux pris, et ceci aussi bien pour satisfaire les interrogations adressées par des pays étrangers à la France que pour exprimer les demandes nationales aux pays partenaires. Dans un tel contexte, se positionner comme interlocuteur officiellement désigné pour tel ou tel type d'opérations de coopération et d'échange d'information induisait automatiquement de prendre connaissance de cette information au passage, et donc de faire échec au principe de non-partage. Bien entendu, le bénéfice était d'autant plus grand si l'on parvenait à obtenir le monopole des opérations d'échange. Et ainsi, une logique d'appropriation des canaux d'échange dans le cadre des accords signés par la France a pu venir faire partiellement échec à ces autres logiques d'appropriation qu'étaient les principes d'appropriation discrète et de non-partage.

Notre objet n'est pas pour autant de dresser la liste de tous les organes et protocoles qui ont été partie prenante de cette lutte plus ou moins avouée et assumée qui s'est jouée pendant plusieurs décennies autour de la maîtrise de la circulation d'information dans le cadre de la coopération internationale, d'autant que les règles en la matière ont largement évolué après le rattachement de la Gendarmerie nationale au ministère de l'Intérieur[172]. Pour autant, ce rattachement récent et les évolutions qu'il a engendrées ne doivent pas faire oublier le passé, car c'est ce passé qui a tracé les lignes de force autour desquelles s'est structurée l'information judiciaire telle qu'elle existe encore aujourd'hui. Interpol, Europol, bureaux SCOPOL et SIRENE dans le cadre des accords de Schengen, postes de liaison policière et judiciaire dans les ambassades françaises, structures spécialisées, etc. ont été autant de champs de bataille sur lesquels se sont étripés les acteurs de la police judiciaire dans un affrontement à la fois feutré et violent, même si sa forme est très éloignée de la guerre de polices ou de la guerre des services telles que se les imagine le grand public.

Et ce combat où l'on ne se faisait pas de quartier n'était évidemment pas celui des unités élémentaires mais celui des institutions elles-mêmes ou au moins de leurs services à compétence nationale, dans un mouvement général où la gendarmerie cherchait à entamer le quasi-monopole de la police, historiquement mieux placée sur ce terrain du fait de son monopole et de ses savoir-faire incontestables dans la lutte contre la grande criminalité et pas toujours en tort de vouloir les protéger contre l'appétit de pandores soucieux de grandir même quand ils n'avaient pas nécessairement les moyens de leur ambition. Quelque légitimes que s'en soient sentis les acteurs, ce combat recouvrait en tout cas un enjeu qui ne doit en outre pas être minoré. Avoir le monopole d'un canal d'échange est en effet la garantie de devenir l'interlocuteur privilégié, et souvent très vite l'interlocuteur unique, des correspondants étrangers concernés, position à partir de laquelle il est aisé de

---

[172] Pour les dispositions actuelles dans ce domaine, cf. les articles D8 et ss. du CPP.

trier l'information générale qu'il ne coûte rien de diffuser à tout le monde et les renseignements privilégiés prometteurs de résultats juteux et que l'on conserve donc soigneusement pour son propre bénéfice ou au moins pour celui de son écurie. A ce stade, la segmentation de l'information se fait ainsi directement sur le critère de son potentiel immédiatement perceptible – et non d'un potentiel inconnu – et l'évasion informationnelle qui en résulte est d'autant plus dommageable puisque ce sont les renseignements les plus riches qui se retrouvent les moins partagés. Situation ironique, car dans cette recherche de la meilleure place possible dans les circuits de l'information, l'enjeu n'est même plus – ou alors exceptionnellement – l'avantage immédiat que l'on va pouvoir retirer d'une information mais carrément le positionnement institutionnel au sein de la galaxie policière nationale et internationale : il s'agissait d'être le partenaire naturel pour une assistance nationale, surtout si elle était complexe ; il fallait être le représentant de la France sur une thématique donnée, celui et celui-là seul avec lequel on devait négocier pour obtenir ce que l'on souhaitait. Ce positionnement dans les circuits de l'information est alors affligé d'une double résistance au niveau national : la tentative pour se placer en situation monopolistique et l'enjeu institutionnel que représente d'être l'interlocuteur naturel sur tel ou tel sujet. Ce qui, une fois de plus, va dans le sens contraire de celui d'un réservoir unique d'information judiciaire en vue d'une recherche sérielle dont on devine, dans de telles conditions, qu'elle n'a pas dû avoir la part belle jusque-là et qu'il ne sera vraisemblablement pas aisé de faire évoluer la situation à court ou même moyen terme.

Chapitre 7

Recherche sérielle : des origines à 2016

Le tableau est maintenant plus qu'esquissé : à l'idée d'une délinquance et d'une criminalité sérielles on a pu ajouter celle de marqueurs de sérialité potentiellement capables de relier entre elles les infractions susceptibles d'avoir été commises par un même auteur. Ces marqueurs ont eux-mêmes conduit à une vision très complète de l'information judiciaire, suffisamment exhaustive pour que soient minorés les risques de laisser échapper de tels liens entre les infractions. Ensuite ont été dégagées empiriquement les caractéristiques et les limites de cette information judiciaire, de façon à ce que soit correctement bornée une démarche de recherche de sérialité en police judiciaire. Enfin, il a pu être ébauché les grandes lignes d'une méthode pour une telle recherche ainsi que les facteurs susceptibles de l'optimiser ou au contraire d'en altérer le potentiel.

Tous les éléments théoriques sont ainsi réunis pour s'intéresser maintenant aux outils dont dispose concrètement la police judiciaire française en termes d'investigation sérielle et, plus important encore, pour ébaucher les éventuelles perspectives qui sont ouvertes dans ce domaine notamment avec la numérisation croissante de notre société – donc de nos vies – et l'arrivée sur le marché de techniques à peu près opérantes de surveillance de masse. Toutefois, même si elle n'a jamais été l'objet d'une étude détaillée et spécifique suivie de la création d'une méthodologie et de l'invention des outils nécessaires à sa mise en œuvre de façon systématique, la recherche sérielle n'a pas toujours été absente de la pratique d'investigation. Et dans tous les cas où elle a ainsi existé à l'état embryonnaire, elle a été fondée sur le recoupement de données entre les infractions soupçonnées d'être sérielles, c'est-à-dire qu'elle correspondait déjà à un travail d'exploitation de l'information judiciaire qui ne date donc pas d'aujourd'hui et sur lequel il n'est pas inutile de jeter un regard rétrospectif.

1/ Cheminement historique

Ainsi que nous l'avons vu, hors les cas où des enquêteurs parvenaient à rapprocher des affaires par le seul jeu de circonstances particulièrement évidentes (par exemple, trois cambriolages commis le même matin dans un même lotissement) ou par celui de leur mémoire (mais avec, dans ce cas, la nécessité que les infractions concernées contiennent des éléments suffisamment caractéristiques pour que le souvenir puisse en revenir un certain temps plus tard), le rapprochement d'infractions n'a jamais pu passer que par le recoupement d'informations contenue dans des fichiers. D'un point de vue historique, il est donc intéressant de regarder de quelle façon les institutions ont envisagé la structuration de leur dispositif d'information judiciaire, puis les fichiers, légaux ou pas, qui ont constitué ces dispositifs. Auparavant, il n'est cependant pas inutile de signaler que la capitalisation de l'information judiciaire éveillait l'intérêt depuis pratiquement le bertillonnage et que le sujet n'est pas absent du Code de procédure pénale.

C'est en particulier en se tournant vers la partie réglementaire de ce code que l'on trouve les dispositions juridiques les plus éloquentes organisant le regroupement des informations judiciaires en vue de leur recoupement au niveau central. L'article D 8 du CPP dispose en particulier que « Les services de la Police nationale et les unités de la Gendarmerie nationale informent les offices centraux de police judiciaire et les organes de coopération internationale policière [... qui ont] la charge d'assurer, dans les matières relevant de leurs compétences respectives, la centralisation, la coordination et la diffusion nationales de l'information ». Bien sûr, les aspects purement techniques de ces opérations de centralisation sont assurés par un autre service de la DCPJ[173] mais la partie fonctionnelle relève donc bien, sur le papier, des offices centraux de police judiciaire. Malheureusement, en police comme en gendarmerie, ces services n'assurent leur mission dans ce domaine qu'au bénéfice d'un tout petit nombre d'affaires : celles qu'ils sont en mesure de traiter eux-mêmes sur le plan opérationnel. En d'autres termes, concentrant leurs efforts sur une fraction minime de la criminalité, ils en négligent par ailleurs tout le reste, et aussi la totalité de la moyenne et petite délinquance. Bien sûr, on ne peut que reconnaître que leurs modestes effectifs les incitent à pratiquer un tel élitisme, *a fortiori* quand il est aussi valorisant pour l'image de marque, mais cette vision très aristocratique de leur rôle est évidemment une catastrophe en matière de centralisation et de redistribution de l'information. Pour le dire très clairement, les offices centraux n'ont aucun désir d'assumer la plénitude de cette mission, et même d'autant moins que les parquets et parquets généraux chargés du contrôle de leur activité judiciaire se désintéressent également de la question et ne constituent donc pas l'aiguillon qu'ils pourraient être sur le sujet. Il ne peut d'ailleurs en aller autrement dès lors que dans les chaînes hiérarchiques parties prenantes de la PJ, le traitement de l'information est considéré comme une tâche subalterne et dévalorisante. Ainsi, exit la centralisation et la coordination de l'information par les offices centraux qui la passent à la trappe sans l'ombre d'un regret. Mais dès lors,

[173] Le Service central de documentation criminelle (SCDC), sis à Ecully.

comment les institutions se sont-elles organisées pour suppléer à cette déficience des services emblématiques ?

A/ La démarche des institutions

Physiquement et dans quelque institution que l'on regarde, ce sont évidemment des petites fiches cartonnées que l'on trouve en priorité, et des pages 21x29,7 notamment en anthropométrie, ainsi que des clichés photographiques. En un temps moins éloigné sont parfois apparues des microfiches de celluloïd requérant un lecteur avec écran pour l'agrandissement des données photographiées. Des fichiers manuels, donc, qui posaient naturellement des difficultés faciles à imaginer : problème pour regrouper ou centraliser les données, volume des fichiers, erreurs de transcription ou de classement, ou même perte de fiches, importantes ressources en personnel requises pour simplement maintenir les fichiers à jour, etc. Pour ce qui concerne le classement, un choix était également à opérer entre le classement alphabétique qui semble tomber sous le sens mais qui n'était pas la seule solution disponible. Pour éliminer les risques d'entrées multiples liés à l'orthographe des noms (monsieur Ohran ou monsieur Horan, par exemple) on aurait pu envisager un classement purement phonétique, plus difficile à mettre en œuvre mais source de moins d'erreurs, et la gendarmerie avait d'ailleurs fait un choix médian avec un classement alpha-phonétique pour son fichier – aujourd'hui disparu – des personnes nées à l'étranger (FPNE) où l'orthographe des noms posait souvent problème.

Parmi toutes ces contraintes, celles de la procédure d'alimentation et du volume des fichiers s'imposaient le plus directement, impactant d'ailleurs en aval la plus ou moins grande lourdeur des modalités d'exploitation et de maintenance. Dans ces conditions, il n'est pas surprenant que police et gendarmerie, dont l'architecture sur le terrain n'avait pas grand-chose en commun, aient été amenées à des choix structurels très différents pour la constitution de leurs fichiers.

Dotée de ses offices centraux de police judiciaire ayant une compétence nationale dans des segments particuliers de la criminalité (grand banditisme, stupéfiants, proxénétisme, etc.), la police a très logiquement choisi à ce niveau la constitution d'autant de fichiers thématiques nationaux qu'elle comptait d'offices, avec un fichier thématique nouveau à chaque création d'un nouvel office (ce qui n'arrivait pas si souvent jusqu'à la fin du XXème siècle). La préfecture de police de Paris et les services régionaux de police judiciaire, également organisés en brigades ou en groupes spécialisés selon les mêmes segments de l'activité criminelle, ont eux aussi constitué leurs fichiers thématiques et d'une manière générale, à tous niveaux, la Police nationale a eu naturellement tendance à privilégier de tels fichiers spécialisés qui correspondaient, dans les villes et les zones urbaines où elle avait compétence, à une criminalité elle-même très segmentée. Globalement, jusqu'à la création du fichier informatisé STIC dont nous parlerons dans quelques lignes, la culture policière en matière de fichiers était donc d'abord une culture à priorité thématique au sein de sous-ensembles géographiques.

La Gendarmerie nationale, quant à elle, riche de ses milliers de brigades dispersées dans une France encore très rurale, faisait face à plus de délinquance que de criminalité, et pendant longtemps aucune de ses unités n'a eu une dimension ou une activité suffisantes pour justifier la création de fichiers thématiques en son sein. L'outil de travail quotidien et redoutable était d'ailleurs, à raison d'un dans chaque brigade, le fichier alphabétique de renseignements évoqué il y a quelques paragraphes, aussi administratif que judiciaire et qui assurait une connaissance et une mémoire approfondie de la population locale. Néanmoins consciente d'évolutions qui drainaient des flux de population en augmentation constante dans les zones périurbaines où elle était en charge de la sécurité, et également confrontée à une délinquance de plus en plus forte, puis à la même criminalité classique, de plus en plus mobile, que connaissaient les villes, la gendarmerie a créé à partir de la fin des années 60 cinq centres régionaux (CRRJ) et un centre national (CNRJ) de renseignements judiciaires chargés de constituer des fichiers adaptés à ces évolutions. Par regroupements successifs dans le centre national, ces fichiers ont fini par constituer la matière première d'un service technique de renseignements judiciaires et de documentation (STRJD) au moment de la mise en place du fichier informatisé JUDEX sur lequel nous allons revenir. Contrairement au mouvement décrit dans la Police nationale, celui dont est empreint la culture des gendarmes en matière de fichiers a donc été celui d'une logique géographique qui s'est progressivement élargie jusqu'à la centralisation en un fichier national unique, donc non thématique.

Notons toutefois que dans chacune des deux institutions, la structuration de l'information judiciaire ne favorisait pas les facteurs contributifs à une recherche sérielle tels qu'ils ont été identifiés au chapitre précédent, ou alors d'une manière encore trop artisanale pour être vraiment efficace. En revanche, cette structuration laissait le champ largement libre à la logique d'appropriation de l'information, notamment en police (le monopole des offices centraux est d'ailleurs inscrit au CPP) puis progressivement en gendarmerie au fil de l'implication croissante de celle-ci dans la lutte contre la grande criminalité. Ajoutée à des systèmes dont aucun ne pouvait prétendre à la satisfaction totale des besoins des unités en matière d'information, l'appropriation par les uns ou les autres et les situations monopolistiques qui en découlaient ont inévitablement généré un état croissant de « frustration informationnelle » dans bien des services de terrain, et nombre d'entre eux ont fini par y remédier en se créant leurs propres fichiers, généralement sans validation hiérarchique et en toute illégalité. Au tournant du XXIème siècle, le paysage des fichiers de police judiciaire se partageait ainsi en deux groupes :

celui des fichiers légaux, ou qui étaient au moins connus de la CNIL, et celui des fichiers totalement illégaux.

B/ Les outils légaux ou connus de la CNIL

Nous avons déjà longuement évoqué les fichiers des empreintes digitales et génétiques, ainsi que leur capacité de détection sérielle en cas de rapprochements « trace/trace » quand les deux traces concernées proviennent de scènes de crime différentes. Mais nous avons également dû souligner les limites quantitatives de ces deux outils qui n'opèrent que sur une fraction très réduite de la délinquance du fait d'un goulet d'étranglement au niveau du relevé des traces par la conjugaison de deux facteurs :

- l'impossibilité matérielle pour la PTS de traiter toutes les scènes d'infraction ;
- les précautions prises par les malfaiteurs pour éviter de laisser des traces.

Dans la gamme des outils précédant la génération actuelle et dont l'utilisation était envisageable pour une recherche sérielle à grande échelle, deux fichiers se dégagent alors, en fait les deux premiers traitements de données informatisés de police judiciaire à vocation nationale : STIC dans la police et JUDEX dans la gendarmerie.

a/ STIC : Système de Traitement des Infractions Constatées

Initié en 1985, le projet de Système de Traitement des Infractions Constatées (STIC) a été progressivement déployé au cours de la décennie suivante pour finir par entrer complètement en fonction à la fin des années 90, avec pour objet d'enregistrer les données relatives :

- aux personnes interpellées par la police pour des crimes, des délits et pour certaines contraventions de 5ème classe ;
- aux victimes ;
- aux objets volés ou détournés, à condition bien sûr qu'existent des éléments suffisants d'identification de ces objets.

Comportant peu d'éléments significatifs et détaillés sur les caractéristiques propres des infractions, notamment sur la description des auteurs non-identifiés ou même sur le mode opératoire, STIC ne se prêtait pas, à grande échelle, à des recherches multicritères du type de celles qui sont nécessaires dans la recherche sérielle, se contentant plutôt d'être une mémoire de la police pour les infractions qu'elle constatait et pour les antécédents des personnes dont l'état-civil était établi. Sa richesse, en revanche, était proportionnelle à l'activité de la Police nationale dans la constatation des infractions : en 2011, un rapport de l'Assemblée Nationale indiquait que le fichier contenait ainsi l'identité de 6,5 millions de personnes mises en cause et de 38 millions de victimes[174], mais le rapport soulignait également le nombre très élevé d'erreurs dans le fichier. De fait, la CNIL avait alerté le gouvernement dès 2009 dans un rapport indiquant que seules 17% des fiches de STIC relatives aux personnes contenaient des informations totalement exactes[175]. Par ailleurs, STIC a régulièrement subi les foudres de la CNIL, pour son fonctionnement illégal au début de son existence – le décret de déclaration du traitement n'a été pris qu'en 2001 – puis en raison d'un taux d'erreurs persistant mais qui devenait d'autant moins admissible que le fichier a été ouvert en 2001 à des consultations effectuées dans le cadre d'enquêtes administratives sur le recrutement ou l'agrément de personnes candidatant à des emplois liés à la sécurité. Inévitablement, eu égard au nombre de données erronées ou périmées dans le fichier, ces interrogations à finalité administrative se sont trouvées à l'origine de nombreuses décisions faisant grief à des particuliers.

b/ JUDEX : JUDiciaire EXploitation

Plus familiarisée avec la logique de rapprochements d'éléments disparates d'information, peut-être en raison d'une culture professionnelle inévitablement marquée du sceau de la dilution de ses unités sur l'ensemble du territoire, la gendarmerie a quant à elle résolument conçu son système Judiciaire de Documentation et d'Exploitation (JUDEX) avec une vocation de recoupement des données. Mis en place à partir de 1985, JUDEX recouvrait un périmètre identique à celui de STIC (infractions, personnes mises en cause ou victimes, objets identifiables) mais le traitement offrait en supplément la possibilité d'enregistrer des informations détaillées relatives au mode opératoire et à la description de personnes inconnues. Ces données étaient réparties dans un certain nombre de champs, soit à partir d'un thésaurus très riche et évolutif, soit dans des champs libres. JUDEX offrait ainsi la possibilité de requêtes complexes, multicritères, à grande échelle, permettant le rapprochement d'infractions présentant des caractéristiques particulières identiques ou même simplement proches. Alimenté par un protocole qui exigeait la validation des données au niveau départemental ou central avant leur intégration dans la base de données, JUDEX connaissait par ailleurs un taux d'erreurs ou d'omissions infiniment moins élevé que son homologue STIC. En revanche, l'existence de champs libres et l'évolutivité du thésaurus des données a permis d'intégrer au fil du temps, dans certaines fiches, des données personnelles sensibles (par exemple, dans une affaire de mœurs, on pouvait rencontrer des indications sur l'orientation sexuelle d'une personne) relevant de l'article 8 de la loi de 78. Alors que JUDEX était bien connu de la

---

174 BATHO Delphine et BENISTI J. Alain, *Rapport d'information sur la mise en œuvre des conclusions de la mission d'information sur les fichiers de police*, Paris, Assemblée Nationale, n° 4113 du 21 décembre 2011.

175 Rapport de « Conclusions du contrôle du système de traitement des infractions constatées » par la CNIL, remis au Premier ministre le 20 janvier 2009.

CNIL qui y procédait d'ailleurs à des contrôles réguliers dans le cadre du droit d'accès indirect, cette difficulté liée aux données personnelles est sans doute l'une des raisons qui ont amené la gendarmerie à ne déclarer JUDEX qu'en 2006, soit une vingtaine d'années après sa création et alors que son remplacement par son successeur était non seulement programmé mais même imminent.

c/ Limites de STIC et de JUDEX

Deux outils, donc, impressionnants par le volume des données collectées et la richesse apparente que constituait ce volume, mais deux outils finalement affectés de tares qui en limitaient singulièrement l'intérêt opérationnel :

- Du côté de STIC, des limitations techniques qui le rendaient, à grande échelle, peu apte aux rapprochements les plus pertinents en termes d'investigation, c'est-à-dire principalement à partir du mode opératoire détaillé et de la description précise des auteurs inconnus.
- Du côté de JUDEX, un potentiel de rapprochement plus élevé mais complexe dans sa mise en œuvre, et surtout de plus en plus lourd au fur et à mesure que grossissait le fichier dont la maintenance opérationnelle constitua un casse-tête grandissant au fil des ans jusqu'à ce qu'il finisse par devenir insoluble.
- Pour STIC comme pour JUDEX, une conception technologique pratiquement contemporaine de la naissance du droit des fichiers et qui, de ce fait, n'avait pas pris en compte les implications juridiques nouvelles de ce droit, condamnant les deux traitements à vivre au grand jour mais en marge de la légalité, ce qui n'était guère satisfaisant même si cela n'a jamais véritablement ému le ministère de l'Intérieur. En la matière, les deux difficultés principales rencontrées étaient celle d'une mise à jour particulièrement laborieuse voire irréalisable des données et de l'impossible adaptation des traitements aux évolutions juridiques. Notons que cette question de la légalité des données allait pourtant forcément devenir un problème au moment de démarrer le successeur de STIC et JUDEX et d'en verser le contenu dans TAJ, la base nouvelle dont le démarrage était souhaité avec des données conformes au droit.
- Enfin, pour un traitement comme pour l'autre, une véritable incapacité à satisfaire toutes les attentes des unités qui pouvaient y avoir recours, et derrière cette incapacité une frustration qui a conduit nombre de structures à créer, sur mesures, de petites bases de données locales répondant à leur besoin mais en dehors de tout cadre légal et même souvent à l'insu des administrations centrales.

C/ Un foisonnement de traitements illégaux

En 2011, une mission parlementaire d'information sur les fichiers de police, la mission Batho/Bénisti a pu faire dans son rapport cette déclaration objectivement incroyable : « L'augmentation du nombre de fichiers utilisés par rapport à 2009 [date de la mission d'information précédente] est principalement imputable à la découverte de fichiers qui existaient déjà à cette date, mais dont l'existence n'avait pas été portée à la connaissance de la mission d'information, malgré ses demandes[176] ». Rassurons-nous, l'émotion de la mission Batho/Bénisti ne dépassera pas cette déclaration pourtant surréaliste, prenant donc acte qu'il n'y avait finalement rien de très grave à ce que le ministère de l'Intérieur ait ainsi pu délibérément dissimuler, deux ans plus tôt, certains fichiers aux représentants du Parlement. On reste évidemment coi devant une telle apathie des élus, ou en tout cas devant la sobriété de leur indignation, et l'on comprend mieux que la philosophie de la police judiciaire en matière de fichiers ait souvent pu se prévaloir, en toute impunité, de l'adage « Pour vivre heureux, vivons cachés » : quand une conduite déviante est dénoncée avec autant de mansuétude, sans même parler de l'éventualité d'une sanction qui n'a visiblement pas effleuré l'esprit de la mission Batho/Bénisti, on voit mal ce qui pourrait inciter la police judiciaire à se corriger. Nul étonnement donc à ce que la situation résultant de cette mollesse ait été une joyeuse cacophonie.

FBS (fichier des brigades spécialisées) pour la lutte contre le grand banditisme dans les offices centraux, les DIPJ et SRPJ ; LUPIN (logiciel d'uniformisation des procédures d'identification) pour la lutte contre les cambriolages dans la police de sécurité publique ; fichiers Généatique et MENS (minorités ethniques non sédentarisées) dans la gendarmerie pour le suivi des gens du voyage et l'identification des divers clans et familles de cette communauté ; fichier des travailleurs saisonniers dans la gendarmerie en région de Lyon ; CORAIL (cellule opérationnelle de rapprochement et d'analyse des infractions) à la préfecture de police de Paris pour faciliter les rapprochements des faits violents et des cambriolages ; fichiers de groupes (VAMA, atteintes sexuelles, escroqueries, etc.) ou fichier expérimental PERICLES sur l'analyse sérielle au STRJD de la Gendarmerie nationale ; fichier des Roms dans la gendarmerie dont l'évocation par la presse a mis, en 2009, la CNIL en émoi au point de déclencher, à nouveau au STRJD, un contrôle qui a tourné à la farce quand les opérateurs de la gendarmerie effaçaient la nuit les données litigieuses qui devaient faire l'objet le lendemain d'un examen annoncé par les contrôleurs de la CNIL ; ou même le logiciel Analyst Notebook™ utilisé un peu partout pour faire de l'analyse criminelle. Loin

---

[176] BATHO Delphine et BENISTI J. Alain, *Rapport n° 4113 d'information sur les fichiers de police*, *op. cit.* p. 10.

d'être exhaustive, cette liste pourrait être démesurément plus longue et, grossièrement, recouvre deux réalités distinctes.

- Celle d'applications et traitements connus des administrations centrales, voire initiés par elles, parfois même connus de la CNIL et fonctionnant hors tout cadre légal pendant leur développement puis leur expérimentation et finalement pas déclarés du tout soit en raison de l'absence d'un cadre juridique approprié, soit par simple habitude.
- Celle de fichiers développés localement, triomphes de la logique de niche et de la segmentation géographique, sans aucune intention de leurs administrateurs et détenteurs de jamais les déclarer (de toute façon, ils sont le plus souvent juridiquement non déclarables) ni d'ailleurs de partager leur contenu.

Pour expliquer l'existence de tels fichiers illégaux, on voit donc que concourent trois raisons le plus souvent cumulatives : *primo* l'existence d'une contrainte ou d'un besoin bien réels que ces fichiers parviennent à satisfaire, *secundo* leur fréquente inadéquation au droit applicable (généralement en raison de leur finalité trop large ou trop floue et de la nature des données stockées) (cf. *infra* Ch. 7, § 3) et *tertio* la volonté toute relative des hiérarchies policières à appliquer en leur sein la loi de 1978. Sur ce point, la crainte d'essuyer un avis négatif de la CNIL, signant concrètement l'obligation de supprimer le traitement, a assurément été un puissant moteur vers l'illégalité mais aussi le révélateur du dialogue très difficile entre la commission nationale et le ministère de l'Intérieur ou celui de la Défense quand la gendarmerie était encore fonctionnellement rattachée à ce dernier. L'évidente nécessité d'améliorer ce dialogue a d'ailleurs été soulignée à deux reprises par les rapports des missions Batho/Bénisti.

De plus, indépendamment de cette situation juridique absolument pas satisfaisante, les fichiers occultes ont invariablement un caractère pervers qui échappe souvent à leurs propriétaires. En effet, du fait de la logique de niche dont ils procèdent, ces fichiers sont généralement très efficaces dans la connaissance d'un milieu spécifique et ils produisent à ce titre de véritables succès plus qu'assez gratifiants pour justifier leur persistance. Malheureusement, leur illégalité interdit de les mettre en œuvre au grand jour, ce qui fait obstacle à leur extension ou à leur généralisation, donc à l'accroissement de leur efficacité. Pire encore, cet enfermement des données dans des niches est contraire à toute logique de recoupement de données, donc contraire à toute détection de sérialité. Parmi bien d'autres, les affaires Francis Heaulmes dans la gendarmerie et Guy Georges dans la police parisienne ont pourtant montré de longue date ce qu'il peut en coûter de ne pas permettre le partage et le recoupement de données afférentes à des infractions pourtant particulièrement graves et répétées selon des modes opératoires relativement significatifs. Ce n'est pas pour une autre raison que l'affaire Heaulmes n'a dû sa découverte qu'à l'acharnement de l'adjudant Abgrall qui, pour aboutir, a notamment dû avoir recours à un détournement de finalité de données du FPR (fichier des personnes recherchées)[177]. Dans l'affaire Georges, c'est la presse qui a rapproché la première les différentes agressions imputables au tueur, et la pression publiquement exercée par les journaux n'a ensuite pas été pour rien dans les moyens judiciaires mis en œuvre pour identifier Guy Georges même si la police cite aujourd'hui, par un incroyable retournement de l'histoire et de la vérité des faits, cette affaire comme un exemple de réussite alors qu'elle stigmatisait pourtant à elle seule toutes les défaillances des règles de partage et de recoupement de l'information au sein de la police judiciaire.

Mentionnons enfin que la presse a régulièrement souligné, au fil des décennies et de petits scandales, l'illégalité de certains fichiers ou même des détournements de données venus à sa connaissance. En réponse à quoi le ministère de l'Intérieur a montré en juin 2006 sa volonté de réformer les choses en nommant un groupe de travail sur les fichiers de police, initiative en réalité plutôt destinée à gagner le temps nécessaire pour que la pression médiatique sur cette question redescende à un niveau supportable plutôt qu'à éclaircir la situation. La désignation à la présidence de ce groupe de Alain Bauer, pilier plutôt très fidèle et conciliant de Nicolas Sarkozy alors aux affaires, signait d'ailleurs d'entrée le faux-semblant que constituait cette manœuvre qui, de fait, s'est bien montrée la montagne accouchant d'une souris que l'on attendait d'elle.

2/ Traitements d'information actuels

S'agissant d'outils à vocation nationale, plusieurs traitements déclarés dans le cadre du droit actuel sont aujourd'hui en œuvre en France – certains déployés très récemment – dont l'alimentation et l'exploitation sont généralement mutualisées entre la police et la gendarmerie. Malheureusement et ainsi que nous allons le voir, ces traitements sont d'un périmètre limité, essentiellement pour des raisons juridiques, ou bien ils sont architecturés selon une approche fonctionnelle dépassée, ou alors encore ils cumulent les deux défauts et, en tout état de cause, se montrent bien moins efficaces dans le domaine de la détection sérielle que ce que le progrès technologique permettrait d'espérer aujourd'hui.

A/ TAJ : Un traitement d'antécédents plus que d'investigation.

TAJ, pour traitement des antécédents judiciaires, est le dernier rejeton de la lignée STIC et JUDEX, passé par les projets intermédiaires JUDEX-NG (JUDEX Nouvelle Génération) puis ARIANE avant d'être rebaptisé de son nom actuel. Accouché d'un cahier de clauses techniques dont les premières spécifications avaient été élaborées une douzaine d'années avant son déploiement, TAJ se

---

[177] Par une interrogation spéciale, l'adjudant Abgrall a obtenu l'historique des dates et lieux en France où avait été contrôlé Francis Heaulmes, et il a ensuite comparé son itinéraire à une carte des homicides jusqu'à trouver les différents points de concordance entre les deux.

propose de corriger toutes les insuffisances de JUDEX et d'offrir, sous une interface moderne, des fonctionnalités de rapprochement nouvelles et de mise en œuvre facilitée. Il recueille ainsi, pour tous les crimes et délits et pour certaines contraventions de 5ème classe, sur l'ensemble du territoire national, des données relatives :

- aux infractions commises, avec une attention particulière pour le mode opératoire et la description des auteurs ;
- à l'identité du ou des mis en cause quand elle est connue ;
- à l'identité de la ou des victimes.

Doté de meilleurs outils d'analyse que JUDEX, offrant à chaque opérateur un espace de travail individuel et des fonctions élémentaires pour un bon recoupement des données, TAJ est bien un outil des antécédents (nature de l'infraction couplée à l'identité de l'auteur et de la victime) mais il est tout autant un outil de recoupement (notamment sur les particularités en matière de description des auteurs, de qualité des victimes et de mode opératoire), les fonctionnalités offertes dans ce domaine étant globalement du niveau que l'on peut attendre de ce type d'outil. A ce titre et dans les faits, TAJ est incontestablement un outil permettant la détection de faits sériels et il est quotidiennement utilisé à cette fin. Ainsi, toute particularité du mode opératoire (par exemple, cambriolage commis de nuit dans un immeuble par escalade de la façade en s'aidant des balcons), de la description de l'auteur (par exemple, tatouage d'une tour Eiffel sur le dos de la main) ou de la qualité de la victime (par exemple, prostituée racolant sur Internet et recevant à son domicile) est susceptible de matcher avec les mêmes particularités relevées sur des faits commis dans un espace-temps délimité à volonté par l'opérateur. Outil de détection sérielle, donc, mais dans un périmètre de données limité au triptyque infraction/auteur/victime, ce qui exclut naturellement toutes les traces directement ou indirectement nominatives environnant l'infraction dès lors qu'elles ne sont pas liées à l'auteur ou à la victime. En d'autres termes, les témoins et personnes présentes à proximité de l'infraction sont exclues de TAJ.

Enfin, mentionnons la récupération par TAJ, à sa naissance, des données contenues dans STIC et JUDEX. Médiocrement nettoyé de ses informations erronées ou illégales[178], ce stock a certes concouru à une capacité opérationnelle immédiate de TAJ, mais il a également contaminé dès le départ le traitement d'une partie des tares et reproches adressés à ses deux prédécesseurs.

---

[178] Le travail qui aurait été requis pour le « nettoyage » de ces données était en réalité insurmontable en termes de coût, à plus forte raison dans le délai imparti. En outre, cette opération fastidieuse obligatoirement conduite de façon manuelle aurait été inévitablement assortie d'un important taux d'erreur qui n'aurait même pas assuré une conformité parfaite des données.

B/ SALVAC : coup d'épée dans l'eau contre les crimes violents

Inventé aux Etats-Unis sous l'acronyme VICLAS (Violent Crime Linkage Analysis System), le logiciel est francisé au Canada sous le nom de SALVAC (Système d'analyse de liens dans la violence associée aux crimes) et il est adopté au début des années 2000 par la Gendarmerie nationale qui est aussitôt rejointe par la police pour en envisager une utilisation mutualisée, ce qui correspond tout à fait à la vocation de SALVAC de prendre en compte certains types de criminalité à l'échelon national.

Les infractions concernées par SALVAC sont les crimes les plus violents, soit majoritairement des homicides et atteintes sexuelles. Le principe de fonctionnement du logiciel est de constituer une base de données particulièrement riche à partir d'un questionnaire de 262 items rempli par les unités amenées à constater des infractions éligibles à SALVAC. Contrairement à ce qui est parfois dit, SALVAC n'est pas un logiciel d'analyse comportementale en ce sens qu'il n'est pas structuré pour une approche psycho-criminologique et que son emploi fait l'impasse sur des éléments indispensables de l'analyse comportementale, à commencer par le transport de l'analyste sur la scène de crime. En revanche, la richesse et la précision des informations relatives à l'environnement de l'infraction et à son mode opératoire permettent, selon des procédés d'analyse criminelle opérationnelle, une détection d'éventuelles sérialités de façon beaucoup plus fine qu'avec des outils généralistes.

Sur le papier – et dans d'autres pays – SALVAC a ainsi été une arme performante contre certaines formes graves de criminalité. En France, malheureusement, le logiciel n'a obtenu que de maigres résultats, en outre souvent contestables dans la mesure où le centre SALVAC comptabilisait comme résultats positifs des séries dont il n'avait à connaître qu'après avoir été alerté par des unités de terrain les ayant détectées. Ce succès très relatif de SALVAC dans notre pays s'explique, une fois de plus, par une combinaison de facteurs.

- En premier lieu, le traitement a été installé à l'office central de répression des violences aux personnes OCRVP, malgré les réticences de cet office en matière d'analyse criminelle. A l'OCRVP, le département SALVAC n'a ainsi jamais été reconnu comme un outil potentiellement efficace et son action s'en est trouvée notablement marginalisée, sauf sur le terrain médiatique où il était facilement poussé en avant pour l'image moderne et innovante qu'il donnait de la police judiciaire : on retrouve là tout le paradoxe de responsables ne croyant pas aux vertus de l'analyse criminelle et n'en favorisant pas le déploiement, voire le combattant au nom d'autres priorités, tout en s'en faisant officiellement les défenseurs.
- En second lieu, corrélativement à ce manque de reconnaissance par la hiérarchie, la formation des analystes a été traitée *a minima*, ce qui

entraîne évidemment un manque de compétence dans l'activité d'analyse.

- Enfin, mieux sensibilisées et culturellement plus habituées au regroupement et au partage de l'information les unités de gendarmerie ont atteint un taux acceptable de remontée des questionnaires mais cette remontée a en revanche toujours été plus lacunaire en police où les services déconcentrés sont souvent peu enclins à se plier aux instructions des offices centraux. Il s'en est naturellement ensuivi un taux d'attrition suffisamment important pour impacter la base de données de façon significative, jusqu'à lui faire perdre une bonne part de ses possibilités.

En guise de consolation de ce mode de fonctionnement perverti essentiellement par le manque d'intérêt porté à SALVAC par la hiérarchie, il est cependant possible de se dire que le temps a passé et que cet outil conceptuellement daté de la fin des années 80 peut être aujourd'hui concurrencé par des techniques plus élaborées et plus performantes.

C/ CORAIL : un traitement sous-dimensionné à l'échelle de la délinquance

Aux termes même de la direction générale de la police quand elle argumenté auprès de la CNIL pour la déclaration de CORAIL – cellule opérationnelle de rapprochements et d'analyse des infractions – sans passer par le Code de procédure pénale, ce traitement n'effectuerait que des rapprochements « manuels et non automatiques ». Nous aurons l'occasion de montrer dans quelques pages la fable que constitue une telle déclaration et la coupable complaisance de la CNIL qui a fait mine de croire en cette fable mais il est quelque part heureux qu'un outil déployé au cours des toutes dernières années n'en soit plus à fonctionner de façon manuelle.

Sur le plan de son fonctionnement, CORAIL reçoit l'information puisée dans les télégrammes « 10 points » ou « 11 points » par lesquels les unités de terrain signalent les infractions graves dans leur circonscription. Des fiches « affaires » sont éditées sur la base de cette information qui se trouve ensuite enrichie des données tirées d'autres faits entrant en rapprochement avec celui ou ceux d'une fiche affaire. Cette information structurée est ensuite redistribuée aux unités de terrain.

Conçu à l'origine pour la ville de Paris et les départements de la petite couronne, CORAIL souffre évidemment d'un sous-dimensionnement si on voulait en faire un traitement national et c'est donc plutôt un déploiement décentralisé qui a été choisi. De ce fait, CORAIL est destiné à la gestion des rapprochements à un niveau local élargi mais ne saurait être employé au-delà. Ne disposant par ailleurs d'aucun outil logiciel propre à l'établissement de liens, à leur visualisation et à leur approfondissement, CORAIL ne peut pas être vu autrement que comme un traitement encore artisanal de rapprochement, au périmètre et aux fonctions trop limités pour qu'on puisse envisager de faire avec lui de l'analyse sérielle au niveau national.

D/ LUPIN

LUPIN (Logiciel d'Uniformisation des Procédures d'Identification) est quant à lui alimenté de toutes les traces de police technique et scientifique relevées sur les lieux de cambriolages et de certains vols par ruse ou avec violence, ainsi que par les données relatives au mode opératoire détaillé des faits enregistrés. Les rapprochements sont effectués sur la base de ces modes opératoires et par les concordances trace/trace ou trace/empreinte dans le FAED et le FNAEG.

Initialement conçu pour les besoins d'unités de police urbaine ou de sécurité publique, uniquement sur le registre des cambriolages et de certains vols, LUPIN est comme CORAIL bâti sur une architecture qui ne peut lui permettre de fonctionner avec plus de quelques dizaines de milliers d'affaires et ce logiciel s'inscrit lui aussi dans la phase artisanale qui a précédé la prise de conscience de la nécessité d'un outil de grande dimension pour traiter la délinquance sérielle.

E/ Anacrim : l'analyse criminelle opérationnelle

Déjà évoquée, l'analyse criminelle opérationnelle est pratiquée essentiellement avec le logiciel Analyst Notebook™, également connu sous le sigle ANB, conçu pour effectuer des recoupements entre des données structurées dans une base de données classique. Le logiciel est en outre doté de fonctions permettant plusieurs modes de visualisation des données et il est ainsi un excellent gestionnaire de la complexité. A ce titre, il répond aux besoins d'analyse pour des affaires complexes ou pour quelques affaires déjà mises en rapprochement sériel et qui seront dès lors traitées comme un dossier unique[179].

Techniquement limité, Analyst Notebook™, n'a aucune vocation à être un outil de détection ou même de traitement de la sérialité au-delà de la petite échelle pour laquelle il a été conçu (quelques dossiers à la fois).

F/ ATRT

Envisagé comme complément d'ANG (analyse nouvelle génération), ATRT (Application de Traitement des Relations Transactionnelles) est un logiciel spécialisé pour le traitement des données très structurées fournies par les fadettes des opérateurs de téléphonie. Cette capacité à traiter des données très structurées le rend également apte au traitement d'autres sources : numéros

[179] Analyst Notebook™ est également l'outil d'analyse d'Europol.

d'immatriculation de véhicules, données bancaires, hash de fichiers numériques (type MD5, CRC32, SHA-1, etc.)[180], etc.

Par sa capacité à absorber des volumes très significatifs de données, ATRT peut être considéré comme un outil moderne de recoupement et de rapprochement, nonobstant bien sûr sa limite à ne traiter que des données alphanumériques « simples » et structurées. Contemporain de l'invention d'ANG, il est techniquement interfaçable sans difficulté avec ce logiciel d'analyse sérielle.

G/ Analyse comportementale

Né aux Etats-Unis, dans les locaux du FBI à Quantico, adopté ensuite par de nombreux pays, le *profiling* a été institutionnellement introduit en France au début des années 2000 par la gendarmerie qui a préféré franciser cette technique sous le nom d'analyse comportementale plutôt que sous le terme profilage[181]. Loin d'être seulement sémantique, la différence patronymique signe également une vision différente de cette technique d'enquête : là où la méthode américaine privilégie une approche déductive essentiellement typologique (les éléments d'une scène de crime sont confrontés à une typologie des criminels ayant commis un crime de même nature, à partir de quoi sont déduits les traits probables de l'auteur par similitude avec tous les auteurs de la typologie), le département des sciences du comportement (DSC) de la gendarmerie a préféré opter pour une approche abductive, donc moins « mécanique » mais itérative comme doit l'être tout démarche d'investigation et laissant plus de place à une interprétation psycho-criminologique des éléments relevés sur la scène de crime en vue d'obtenir du criminel un profil personnalisé qui soit le plus probable. Ce choix semblait en effet le plus adapté pour remplir les missions prioritaires initialement assignées au département : aide à l'identification des auteurs de crimes sexuels (principalement homicides et viols) et validation de la détection – opérée par d'autres moyens – de crimes sexuels sériels. Pour majorer le potentiel du département en lui assurant une capacité d'intervention 24h/24 et 365 jours par an, la gendarmerie l'a en outre armé de six officiers, soit quatre analystes comportementales, recrutées au terme d'études de droit ou de psychologie, et de criminologie, et

---

180 Le hash est une suite alphanumérique calculée par un algorithme à partir d'un fichier numérique et constituant la signature unique de ce fichier. La moindre modification apportée au fichier entraîne mécaniquement une modification de cette signature recalculée par l'algorithme.

181 La police nationale a également recruté, à l'Office central de répression des violences aux personnes, quelques personnels pour une approche de type comportemental mais cet embryon, qui ne respecte pas le cadre d'intervention élaboré par le ministère de la Justice, ne peut intervenir sainement dans les procédures où son action pourrait être visée par des requêtes en annulation facilitées par le non-respect d'un cadre qui ne s'impose pas en tant que norme mais tout de même tracé au terme d'un long processus de d'analyse juridique par la DACG.

deux officiers au cursus classique chargés de faciliter le lien entre le département et les unités de terrain.

Si le DSC a connu depuis sa naissance une activité ininterrompue, d'abord au STRJD pour élaborer sa méthode, puis à l'IRCGN pour l'encadrer de rigueur scientifique, et enfin à nouveau au STRJD/SCRC pour la mettre définitivement en œuvre conformément à la condition juridique formulée par la Chancellerie – que l'analyse soit conduite sous le statut d'OPJ – il est pourtant difficile de dresser un bilan de son action. Avec maintenant un recul de bientôt quinze ans d'existence, on aurait en effet pu s'attendre à ce que le département subisse une évaluation indépendante et approfondie de son efficacité et de l'apport qu'elle peut représenter pour les enquêteurs. Malheureusement cette démarche n'a pas été conduite. On verra dans quelques lignes le caractère dommageable d'une telle absence, mais il est cependant incontestable que l'une des deux missions qui avaient conduit la gendarmerie à s'orienter vers cette technique est aujourd'hui maîtrisée. La méthode originale d'analyse de profil spécifique élaborée par le DSC a en effet réussi à faire la preuve d'une part de sa bonne adéquation aux scènes de crime, d'autre part de la crédibilité des conclusions auxquelles elle parvient. En outre, elle a été appréciée positivement par des scientifiques non suspects de partialité ainsi que par des profileurs étrangers auxquels elle a été présentée et qui ont été convaincus autant par la rigueur du cadre d'analyse que par sa bonne prise en compte des facteurs psycho-criminologiques à l'œuvre dans les comportements criminels. Les échanges avec ces spécialistes sont d'ailleurs réguliers. Enfin, l'approche dans le domaine de l'analyse de profil a fait l'objet de plusieurs publications scientifiques qui en étayent la crédibilité. Sans doute encore améliorable mais déjà efficiente en l'état, l'analyse comportementale est donc aujourd'hui une approche consolidée, même si elle a été confrontée au fil des ans, comme toute innovation dans un univers souvent rétif au changement, à bien des obstacles dont deux au moins n'ont pas encore été surmontés : le manque d'investissement de la hiérarchie judiciaire dans le pilotage opérationnel du DSC et la difficulté de créer une passerelle méthodologique entre son action et celle des enquêteurs.

- Sur le premier point, le DSC est plutôt envisagé par la hiérarchie de la DGGN comme un outil conférant *a priori* une étiquette avant-gardiste à l'action judiciaire, ce qui est vrai, mais il est de ce fait souvent confiné en haut lieu à cette fonction d'image. Plutôt attendu, dans une telle perspective, pour sa capacité à être rapidement projeté sur le terrain quand les nécessités de la communication le requièrent, c'est-à-dire quand la sensibilité d'un dossier conduit la gendarmerie à montrer qu'elle met en œuvre ses moyens les plus innovants pour le conclure[182], le DSC n'est en revanche et malheureusement pas toujours

[182]182 Cette limitation des exigences hiérarchiques à une fonction secondaire (mais non anecdotique) de l'analyse comportementale ne dirime cependant pas avec une doctrine générale

engagé sur des dossiers moins médiatiques mais pour lesquels son intervention aurait pu sembler justifiée par des éléments objectifs de la scène de crime conjugués à de faibles perspectives d'élucidation rapide. La rédaction en cours d'une circulaire par la DGGN pourrait toutefois corriger cette sous-exploitation des capacités réelles du département.

- Corollaire de ces interventions à l'utilité parfois discutable et de l'insuffisante attention de la chaîne hiérarchique à ses capacités de fond, le DSC souffre de l'image brouillée que renvoie de lui une politique de saisine finalement peu lisible depuis le terrain et se trouve alors soumis au bon vouloir de directeurs d'enquête ayant toute latitude pour révoquer discrétionnairement sa présence ou pour ne simplement pas tenir compte de ses recommandations. La notion de concurrence n'est en outre pas absente de ces difficultés comme en témoigne qu'elles s'estompent sur les *cold case* où le DSC, ultime recours dans des dossiers épuisés, est très souvent mieux reçu et considéré. Dans un tel cadre trop flou d'engagement, il y a régulièrement peine à traduire en actes d'investigations, dans le meilleur temps de leur utilité, les enseignements tirées de l'analyse psycho-criminologique. Vraisemblablement, les choses ne s'amélioreront d'ailleurs en la matière que par la réduction de l'apriorisme dont souffre la discipline quant à la rigueur de ses méthodes et de ses conclusions. Imagine-t-on dans un cas finalement très similaire – car l'analyse comportementale n'est pas un procédé aléatoire – que les investigations consécutives à une concordance de traces d'ADN ou à un résultat biologique positif soient facultatives et soumises au bon désir d'un directeur d'enquête ?

Mais revenons à la sérialité, seconde mission initialement assignée à l'analyse comportementale. Car dans ce domaine, l'effet de l'investissement mal calibré de la hiérarchie et des difficultés de méthodologie générale en phase opérationnelle ne doit pas être sous-estimé : en n'offrant pas au département des occasions suffisamment fournies d'expérimentation, c'est la validation par l'expérience d'un protocole d'analyse comparative de cas qui n'a pu être conduite malgré 15 années de fonctionnement, et un tel protocole est pourtant indispensable pour une validation comportementale efficace d'éventuelles séries d'homicides ou d'atteintes sexuels. Bien sûr, la nature y compris humaine ayant horreur du vide, les analystes ont su diversifier leur activité : démarches pour une activité à l'international, travaux de recherches, etc. les terrains d'exploration ne manquent jamais pour les disciplines neuves. En a par exemple profité le dépistage des fausses allégations de viol, donnant lieu à l'élaboration d'un protocole aujourd'hui pleinement opérant pour

---

d'emploi qui, en matière de police judiciaire, impartit aux institutions une obligation de moyens mais non une obligation de résultat par nature impossible à garantir.

permettre l'interrogatoire de la personne dans les meilleures conditions, c'est-à-dire de façon à ménager sa qualité de victime potentielle tout en la plaçant sans faiblesse devant les contradictions psycho-criminologiques sous-tendant la matérialité défaillante de ses assertions. En matière de syndrome du bébé secoué dont il a été question précédemment justement pour déplorer sa mauvaise prise en compte en France et dans la plupart des pays, le DSC est également en mesure de proposer aujourd'hui son aide pour les auditions. Mais il n'en reste pas moins qu'en matière de validation de sérialité des crimes sexuels le tableau des scores reste vierge, et celui aussi d'une méthodologie de travail spécifique éprouvée dans cette matière. Un vide regrettable puisqu'a été souligné précédemment comment la criminalité sexuelle au sens large peut être riche sur le plan sériel, comment les traces comportementales, par leur nature très spécifique et souvent étrangère aux autres procédés de police technique, restent silencieuses aussi longtemps qu'on ne les soumet pas à une grille de lecture psycho-criminologique, et enfin comment, de toutes les traces, ce sont finalement celles dont l'auteur a le moins la maîtrise et donc les plus propres à le trahir à son corps défendant. Un vide qui deviendra de surcroit réellement dommageable le jour où des techniques de détection efficaces permettront de soumettre à l'analyse comportementale des séries présumées sans que cette discipline ait encore les outils pour les confirmer, les infirmer ou les amender. Ainsi, sans décourager une diversification toujours utile, il est certainement à souhaiter que soit redonné tout son allant à la trajectoire qui permettrait à l'analyse comportementale d'acquérir le statut de technique emblématique face aux crimes sériels pour laquelle a été créé le DSC, ne serait-ce que par parallélisme avec le tueur en série qui en est la figure emblématique du côté de la commission des faits et dont elle est l'adversaire logique du côté de l'investigation.

H/ Autres fichiers

La liste que nous venons d'explorer n'est évidemment pas exhaustive, mais il est conforme à l'intention de départ de ce livre de le limiter aux fichiers utilisables dans un but de recherche sérielle, ou qui auraient pu s'y prêter. Les autres fichiers judiciaires – le FIJAIS[183], le FPR[184], le FVV[185], etc. – déployés en France n'ont pas été retenus précisément parce qu'ils ne répondent d'aucune manière à cet objectif d'analyse sérielle.

3/ Le cadre juridique des traitements automatisés de police judiciaire

A l'issue de ce tour d'horizon des principaux traitements de données utilisés par la police judiciaire en France, on note donc l'existence d'outils variés mais dont aucun ne regroupe les capacités techniques et les données

183 Fichier judiciaire automatisé des auteurs d'infractions sexuelles.
184 Fichier des personnes recherchées.
185 Fichier des véhicules volés.

globales nécessaires pour une analyse sérielle. Cette situation lacunaire n'a toutefois rien de surprenant bien au contraire : elle traduit en réalité très fidèlement des atermoiements où se conjuguent le manque de vision du ministère de l'Intérieur, notamment à la DGPN (la DGSI a en effet été autrement en phase avec les techniques actuelles de traitement d'information en promouvant la loi « renseignement »), la réticence d'intérêts privés soucieux de préserver un marché de la sécurité générateur de confortables bénéfices, et enfin l'inadéquation du cadre juridique applicable aux fichiers de police. Une inadéquation qui ne va pas manquer de surprendre : d'une part parce qu'il est évidemment dimensionnant des capacités des traitements qui relèvent de lui, et d'autre part parce qu'après tout ce cadre ne date que de 2011 et qu'il a été élaboré dans un contexte où l'analyse sérielle était au centre des préoccupations de la gendarmerie, artisan parmi d'autres du texte qui sera finalement voté.

A/ 1978 – 2010 : l'indolence

1978, c'est donc l'année de l'avènement d'une protection juridique des citoyens face à l'émergence des possibilités offertes par l'informatique en matière de fichage. Il n'est d'ailleurs pas inutile de noter que la loi dite « informatique et libertés[186] » n'est pas issue d'une initiative ordinaire et spontanée de la puissance publique mais, au contraire, du scandale soulevé par un projet SAFARI conçu par cette puissance publique et qui n'envisageait rien moins, au début des années 70, que l'interconnexion du fichier du NIR (n° INSEE de sécurité sociale), du fichier de la caisse nationale d'assurance vieillesse et du fichier de la carte d'identité géré par le ministère de l'Intérieur. C'est donc en fait en réponse au mouvement de protestation de la société civile contre ce projet tentaculaire et potentiellement très liberticide que le Parlement votera, sur proposition du gouvernement, la loi de 78 qui place alors la France dans le trio de tête des pays européens légiférant contre les dérives possibles du fichage et pour la nécessité d'en préserver les populations.

Naturellement, dès la mouture initiale du texte, la spécificité des finalités judiciaires leur valent des dispositions particulières applicables aux fichiers de police, par la conjugaison notamment des articles :

- 15, qui dispose que les traitements opérés pour le compte de l'Etat « sont décidés par un acte réglementaire pris après avis motivé de la commission nationale de l'informatique et des libertés » ;
- 27, qui dispense l'Etat de recueillir l'accord des personnes concernées par un traitement dès lors que celui-ci a pour objet « la collecte des informations nécessaires à la constatation des infractions » ;
- 30, précisant que « les juridictions et autorités publiques [...] peuvent seules procéder au traitement automatisé des informations

[186] Loi n° 78-17 du 6 janvier 1978 relative à l'informatique, aux fichiers et aux libertés.

nominatives concernant les infractions, condamnations ou mesures de sûreté » ;

- 31, énonçant l'interdiction « de mettre ou conserver en mémoire informatisée, sauf accord exprès de l'intéressé, des données nominatives qui, directement ou indirectement font apparaître les origines raciales ou les opinions politiques, philosophiques ou religieuses ou les appartenances syndicales des personnes » mais précisant qu'il pouvait être fait exception à cette interdiction « pour des motifs d'intérêt public [...et] sur proposition ou avis conforme de la commission par décret en Conseil d'État ».

On le voit immédiatement, le cadre légal tracé par le Parlement – légiférant, rappelons-le, sur initiative du gouvernement – énonçait dès le départ des obligations claires pleinement applicables à la police et à la gendarmerie quand elles mettront en place, des années plus tard, les deux grands traitements fondateurs du fichage de police judicaire, STIC et JUDEX. Pourtant, ainsi que nous l'avons mentionné précédemment, non seulement ces deux traitements ne seront pas déclarés dans un délai raisonnable après leur déploiement, mais ils seront très rapidement utilisés d'une manière telle qu'ils contreviendront largement à la loi de 78. Le moins que l'on puisse dire rétroactivement, c'est que ni la police, ni la gendarmerie, ni les directions juridiques de leurs ministères de tutelle[187] ne se sont le moins du monde souciées de respecter cette loi à laquelle, dans un premier temps, elles ne prêtèrent d'ailleurs pratiquement pas attention. Ce n'est en effet que sous la pression de la CNIL, celle-ci alertée par des justiciables voulant exercer leur droit d'accès ou s'émouvant d'être maintenus dans le traitement après une décision de classement sans suite de leur affaire, que la hiérarchie policière se saisira de la question. STIC sera ainsi tardivement déclaré par décret[188] en 2001, sur le fondement notamment des articles 15, 31, 36 et 37 (ces deux derniers articles traitant du droit d'accès des personnes) de la loi de 78, sans cependant que cela l'empêche de maintenir un taux particulièrement élevé d'erreur et d'illégalité de ses données.

Dès lors conscient qu'il ne pouvait ignorer plus longtemps la problématique de la légalité de ses fichiers, le ministère de l'Intérieur a ensuite fait voter en 2003, dans la loi pour la sécurité intérieure dite LSI, un article 21 traçant un cadre spécifique pour les traitements automatisés ayant pour objet de « faciliter la constatation des infractions à la loi pénale, le rassemblement

[187] La direction des libertés publiques et des affaires juridiques du ministère de l'Intérieur (pour la Police nationale) et la direction des affaires juridiques du ministère de la défense (pour la Gendarmerie nationale).

[188] Décret n° 2001-583 du 5 juillet 2001 pris pour l'application des dispositions du troisième alinéa de l'article 31 de la loi n° 78-17 du 6 janvier 1978 relative à l'informatique, aux fichiers et aux libertés et portant création du système de traitement des infractions constatées

des preuves de ces infractions et la recherche de leurs auteurs »[189]. C'est en visant notamment cet article 21 que sera déclaré JUDEX en 2006, plus de vingt ans après sa mise en place[190] et quelques mois avant qu'il soit remplacé par TAJ.

Malheureusement, l'article 21 de la loi de 2003 montre très rapidement toutes ses limites quand apparaît la nécessité de déclarer SALVAC, installé en 2004 en France par les canadiens, propriétaires du logiciel, qui exigent au titre de la crédibilité de leur démarche que leur outil soit mis en œuvre dans des conditions légales. Or, pour son bon fonctionnement, SALVAC exige la collecte d'informations nominatives relatives à une catégorie de personnes (les témoins au sens du Code de procédure pénale) qui n'entre pas dans le champ de l'article 21. Par ailleurs, la finalité « recherche sérielle » n'est pas non plus évoquée par cet article 21 qui ne permet donc pas la déclaration de SALVAC. Dans une certaine précipitation, le gouvernement fait donc voter en 2005, profitant d'une loi sur la récidive pénale, une modification de la loi sur la sécurité intérieure de 2003 qui se trouve alors enrichie d'un article 21-1 permettant une déclaration de SALVAC avec sa finalité consistant à « faciliter la constatation des crimes et délits présentant un caractère sériel, d'en rassembler les preuves et d'en identifier les auteurs, grâce à l'établissement de liens entre les individus, les événements ou les infractions pouvant en mettre en évidence ce caractère sériel » [191]. SALVAC sera ainsi autorisé en 2009 sur le fondement de cet article nouveau[192]. Las, soucieuse de protéger *a priori* son monopole en inspirant un texte le plus restrictif possible, la DGPN a préféré promouvoir un article 21-1 taillé à l'usage étroit et précis de SALVAC, sans considération pour les demandes formulées par la DGGN qui souhaitait un texte plus général permettant la déclaration des fichiers traités par informatique dans le cadre de l'analyse criminelle opérationnelle qu'elle pratique alors de façon très large avec le logiciel Analyst Notebook™, plusieurs services de police l'utilisant également mais à une moindre échelle.

Ainsi, l'encre de l'article 21-1 n'est même pas encore sèche que le ministère de l'Intérieur se trouve déjà en situation d'avoir utilisé deux lois à deux ans d'intervalle pour accoucher d'un dispositif juridique en deux articles qui ne couvre que trois traitements (STIC, JUDEX – ainsi que leur successeur en préparation, TAJ – et SALVAC) et qui laisse sur le bord de la route – donc dans l'illégalité – tous les autres fichiers de police judiciaire destinés à du

---

[189] Loi n° 2003-239 du 18 mars 2003 pour la sécurité intérieure.

[190] Décret n° 2006-1411 du 20 novembre 2006 portant création du système judiciaire de documentation et d'exploitation dénommé « JUDEX ».

[191] Loi n° 2005-1549 du 12 décembre 2005 relative au traitement de la récidive des infractions pénales, art. 30 créant l'art. 21-1 de la loi n° 2003-239 du 18 mars 2003 pour la sécurité intérieure.

[192] Décret n° 2009-786 du 23 juin 2009 autorisant la mise en œuvre d'un traitement automatisé de données à caractère personnel dénommé « Système d'analyse des liens de la violence associée aux crimes ».

recoupement d'information : FBS, CORAIL, LUPIN, Anacrim, etc. Deux philosophies s'opposent d'ailleurs radicalement à cette époque : celle de la direction de la police d'une part, très influencée sur ce point par la DCPJ, qui professe volontiers de ne déclarer les traitements que sous la pression de la CNIL ou des médias, chaque traitement nouveau faisant alors l'objet d'un article de loi spécifique adapté à son seul usage ; radicalement opposée d'autre part à une telle pratique (dite du mille-feuilles) qui consiste à empiler les articles au rythme d'invention et d'apparition des traitements automatisés, la gendarmerie souhaite quant à elle une loi plus générique, traçant les contours de grandes catégories de traitements (antécédents, recherche sérielle, analyse criminelle) et renvoyant le détail de ces traitements à des décrets d'autorisation pris en Conseil d'État après avis de la CNIL.

En tout état de cause, le *statu quo* souhaité et entretenu par la DGPN, et surtout par sa DCPJ, ne pouvait pas raisonnablement durer très longtemps, les fichiers de police concentrant sur eux des regards et des commentaires de plus en plus agacés, notamment en provenance du ministre de l'Intérieur, voire du chef du gouvernement, à chaque découverte et dénonciation publique d'un nouveau fichier illégal. Particulièrement exposée en raison du nombre de ses unités et de leur dilution sur le territoire, la gendarmerie sera ainsi régulièrement mise en cause publiquement et y trouvera d'ailleurs un argument supplémentaire pour promouvoir une évolution du droit. Indépendamment des intérêts en cause, une refonte des textes applicables aux traitements automatisés de police judiciaire était donc déjà incontournable dès les années 2000 et la démarche allait pourtant mettre de longues années à aboutir. Des années jalonnées d'innombrables tractations, avancées et reculades.

B/ 2011 : Un toilettage cosmétique

2006-2007 : outre la nécessité dans laquelle elle se trouve de régulariser la situation de son dispositif d'analyse criminelle, la gendarmerie tire les premiers enseignements de son expérimentation de recherche de séries criminelles (baptisée Windev™ du nom du logiciel utilisé) et commence sur cette base l'élaboration du cahier des charges d'un traitement de détection sérielle baptisé PERICLES (cf. *infra* Ch. 8, § 1, A). Dans ce contexte, elle énonce clairement au ministère de l'Intérieur que la situation juridique des traitements automatisés ne peut perdurer sous l'empire des seuls articles 21 et 21-1 de la loi du 18 mars 2003. La préfecture de police de Paris (PP), qui souhaite quant à elle officialiser l'existence de son traitement CORAIL, et la direction de la sécurité publique, qui dispose également de quelques traitements litigieux à régulariser, dont LUPIN, vont dans le même sens que la direction de la gendarmerie. Par ailleurs, la direction des libertés publiques et des affaires juridiques (DLPAJ) du ministère de l'Intérieur, naturellement concernée par la légalité des outils policiers et pour la bonne rédaction des textes à proposer au Parlement[193], ne peut qu'encourager une initiative visant à mettre enfin au clair la situation des traitements illégaux. Dans une telle configuration et un tel rapport de forces la DGPN et la DCPJ, trop isolées pour s'y opposer, laissent s'engager la démarche de modification juridique souhaitée par les autres parties prenantes. S'ensuivent donc de longs mois de réunions au fil desquels s'opposent assez frontalement les représentants de la police judiciaire de la police et ceux de la gendarmerie, chacun arcbouté sur la ligne qu'il s'est tracé depuis 2003. Ainsi, les débats se cristallisent souvent entre deux visions opposées :

- Celle défendue par la DGGN et son service technique de recherches judiciaires et de documentation, convaincus que de permanentes avancées scientifiques offriront régulièrement de nouvelles modalités de traitement informatique, y compris pour des données non encore exploitées, et qui persistent donc à défendre l'idée d'un texte fixant un minimum de catégories génériques de traitements distinguées en fonction de leur finalité, les détails spécifiques de chaque traitement au sein d'une catégorie étant renvoyés à des décrets d'application, conformément d'ailleurs à la répartition des attributions entre la loi (qui fixe des principes) et le règlement (qui en fixe les modalités d'application) ;
- Celle de la DGPN et de la DCPJ renforcée par son service central de documentation criminelle (SCDC) qui militent quant à eux toujours aussi âprement pour la technique du « mille-feuilles » consistant à faire correspondre un article de loi particulier et détaillé pour chaque traitement, éludant cependant que ce choix ne pourrait, sur la durée, qu'indisposer les parlementaires tenus de revenir régulièrement sur la question des fichiers de police.

Les deux partis ne trouveront en réalité jamais de réel terrain d'entente mais il serait évidemment bien naïf de ne voir dans leur antagonisme qu'une différence d'approche juridique, la DGPN sachant aussi bien que tout le monde que le Parlement ne légifère pas sur un sujet pour qu'on le lui présente à nouveau l'année suivante, puis encore la suivante, et ainsi de suite, la DGGN taisant quant à elle qu'elle comptait bien utiliser son avance sur le terrain de l'analyse sérielle pour faire sa place au sein du ministère qu'elle venait tout juste de rejoindre et dans lequel elle peinait à exister. Au-delà des arguments techniques, les enjeux étaient donc clairs. Ce qui rebutait en réalité certains policiers dans l'idée de catégories génériques de fichiers, c'était bien la souplesse qui en résulterait pour déclarer des traitements nouveaux par simple décret en Conseil d'État, démarche qui aurait évidemment donné une bien plus grande autonomie à ses « concurrents » (préfecture de police de Paris, offices

[193] La gendarmerie ayant été rattachée entretemps au ministère de l'Intérieur, la direction des affaires juridiques du ministère de la défense n'avait plus à participer.

centraux de la gendarmerie, STRJD, sécurité publique, etc.) pour déployer des traitements de données qui leur seraient propres. Et derrière une opposition qu'ils disaient de principe, l'enjeu du débat était en réalité d'empêcher à tout prix la gendarmerie de continuer dans la voie de son projet PERICLES, les représentants de la police assumant sans complexe le paradoxe consistant à nier l'utilité de la recherche sérielle tout en s'opposant par les moyens les plus variés à ce qu'elle soit mise en œuvre à grande échelle. Pendant ce temps et avec tout autant d'arrière-pensées, la gendarmerie instrumentalisait avec beaucoup d'opportunisme le besoin réel d'évolution législative pour faire avancer un outil technique de nature à lui donner des années d'avance dans l'élucidation des affaires de moyenne délinquance. En réalité, le combat feutré mais acharné autour des textes refondant le droit des fichiers opérationnels était donc tout à fait emblématique du conflit violent et permanent que se livrent, à l'échelon central plus encore que sur le terrain, la police et la gendarmerie dans le domaine de la police judiciaire. Pour cette seule raison, il est déjà intéressant de s'attarder sur cet épisode.

Bloquée pendant plusieurs mois par le différent « mille-feuilles *vs* catégories génériques » la négociation n'évoluera finalement qu'à la fin 2007 et au printemps 2008, quand le directeur général de la police, Frédéric Péchenard, grand défendeur de CORAIL qu'il avait longuement eu l'occasion de pratiquer à la PP, se montrera suffisamment convaincu par une présentation du projet PERICLES, d'une part pour envisager explicitement d'en doter la Police nationale dès que le traitement serait fonctionnel, d'autre part pour demander à la DCPJ de revenir sur sa position de blocage dans les négociations en cours. Le principe d'une loi énonçant des catégories génériques de fichiers étant dès lors validé unanimement, le combat se reporta aussitôt sur le périmètre de ces catégories au sujet desquelles il fut longuement atermoyé, avec pour pierre d'achoppement systématique la catégorie relative aux traitements d'analyse sérielle dont relevait PERICLES. En effet, ce traitement avait vocation à s'adosser à un texte énumérant une liste somme toute habituelle des personnes qu'il concernait – mis en cause, victimes[194] et témoins envisagés au sens des articles 62, 78 et 101 du Code de procédure pénale – mais ajoutait à cette liste les personnes qui se trouvaient dans l'environnement soit fonctionnel, soit spatial et temporel de l'infraction au moment de sa commission, même si aucun élément ne semblait les relier à celle-ci. L'exemple le plus typique de cette catégorie est celui des personnes dont le téléphone portable est localisé dans la zone de couverture du ou des relais couvrant le ou les lieux reliés à l'infraction. De projets de rédaction incomplets en projets de rédaction édulcorés, de propositions irrecevables en

[194] Dans un but d'allégement du texte, la catégorie « victime » désigne également ici les personnes faisant l'objet d'une disparition inquiétante ou d'une procédure pour recherche des causes de la mort. Naturellement, ces deux items qui font l'objet de dispositions particulières dans le CPP sont spécifiquement mentionnés dans les textes relatifs aux fichiers.

propositions insuffisantes, plusieurs mois s'écoulèrent au fil desquels le projet PERICLES fut cependant présenté, sous l'autorité du directeur général de la gendarmerie, à un panel d'autorités parmi lesquelles des parlementaires et monsieur Alex Turk, président de la CNIL, qui encouragea, comme les autres personnalités, la démarche d'analyse sérielle. Au-delà même des perspectives encourageantes qui se dessinaient en matière d'élucidation, le projet était en effet loué autant pour son esprit innovant que pour la transparence dans laquelle il était conduit en amont de sa réalisation – notamment vis-à-vis de la CNIL – ce qui n'était guère dans les lignée des procédures habituelles du ministère de l'Intérieur sur la question des fichiers. Ainsi raisonnablement soutenu par la plupart des parties concernées, le travail d'élaboration législative finit par accoucher, un peu avant l'été 2008, d'un projet de texte relatif à tous les fichiers de police judiciaire, conforme aux besoins de PERICLES et répondant par ailleurs aux nécessités des autres traitements dont la déclaration était en attente d'un support juridique. Néanmoins, ce projet étant à inclure dans le texte d'une loi d'orientation et de programmation pour la performance de la sécurité intérieure (LOPPSI) [195] qui n'était pas encore arrivé à maturité, sa soumission au Parlement n'était pas envisagée avant 2010 au plus tôt. Un tel délai d'attente aurait naturellement justifié une attention toute particulière de la gendarmerie – et de l'équipe de projet désignée entretemps – pour conserver la maîtrise du texte. Malheureusement, cette attention ne fut pas suffisante pour empêcher que le projet de loi soit largement retouché, sans trop de logique, avant qu'il arrive à l'assemblée nationale, en 2011. De fait, le texte présenté eut tout du brouillon mal ficelé.

Concrètement, la LOPPSI de 2011 procéda en introduisant dans le livre 1er titre IV du Code de procédure pénale deux chapitres respectivement dont le premier articulé en deux sections :

- un chapitre II (codifié par l'article 11 de la LOPPSI) intitulé « Des fichiers de police judiciaire » articulé en une section 1 pour les fichiers d'antécédents et une section 2 pour les fichiers d'analyse sérielle,
- un chapitre III intitulé « des logiciels de rapprochement judiciaire » (codifié quant à lui par l'article 14 de la LOPPSI),

Ainsi, le CPP se trouve-t-il architecturé, pour tout ce qui concerne les fichiers et logiciels de rapprochement, d'antécédents et d'analyse sérielle de la façon suivante.

[195] Loi d'orientation et de programmation pour le renforcement de la sécurité intérieur n° 2011-267 du 14 mars 2011.

LOPPSI	CPP
Art. 11	- Partie législative - Livre Ier : De la conduite de la politique pénale, de l'exercice de l'action publique et de l'instruction - Titre IV : Dispositions communes **- Chapitre II : Des fichiers de police judiciaire** **- Section 1 : Des fichiers d'antécédents** - Articles 230-6 à 230-11
Art. 11	**- Section 2 : Des fichiers d'analyse sérielle** - Articles 230-12 à 230-18
Art. 14	**- Chapitre III : Des logiciels de rapprochement judiciaire** - Articles 230-20 à 230-27

Figure 7 : Extrait de la table des matières du CPP - Traitements de police judiciaire.

La volonté du législateur est donc très claire en ce qui concerne la différence à opérer entre les fichiers qui sont l'objet du chapitre II et les logiciels objet du chapitre III bien que la distinction ne paraisse pas forcément très pertinente : les logiciels de rapprochement judiciaire du chapitre III ne sont évoqués qu'en raison des fichiers sur lesquels il opèrent, et ce sont donc à ce titre des fichiers de police judiciaire… relevant du chapitre II. Un même manque de pertinence peut d'ailleurs être relevé entre « analyse sérielle » et « rapprochement judiciaire », l'analyse sérielle envisagée au chapitre II étant par nature une opération de rapprochement faisant également appel à un logiciel, ce qui la rendrait tout aussi bien éligible au chapitre III. D'une manière générale, que l'on parle de traitement ou de fichier, on est enfin toujours en présence d'un ensemble constitué par un logiciel exécutant des instructions sur un fichier de données : la distinction entre les deux n'était donc pas des plus pertinente.

A ce titre, rappelons également que la loi de 1978 distingue clairement dans son article 2 entre les fichiers d'une part, ensembles structurés et stables de données accessibles selon des critères déterminés, et les traitements d'autre part, opération ou ensemble d'opérations portant sur des données, quel que soit le procédé utilisé (collecte, enregistrement, conservation, etc.), les logiciels n'étant pour leur part pas définis par cette loi. La même remarque vaut pour le règlement européen adopté en 2016 dont l'article 4 (§ 2 et 6) définit les traitements et les fichiers mais n'évoque en aucune façon les logiciels. Ce qui conduit à souligner maintenant les difficultés terminologiques qui semblent avoir été rencontrées par les rédacteurs qui parlent des « fichiers d'antécédents » dans le titre de la section 1 mais qui les qualifient aussitôt de « traitements » dans le texte (article 230-6), puis évoquent ensuite les « fichiers d'analyse sérielle » dans le titre de la section 2, aussitôt désignés eux aussi comme « traitements » (article 230-12) et parlent enfin des « logiciels de rapprochement judiciaire » qualifiés eux aussi un peu plus tard de « traitements » (article 230-23), cette joyeuse confusion tendant à indiquer que les trois termes « fichier », « traitement » et « logiciel » ont été plus ou moins retenus dans un sens identique par le législateur, en tout cas dans la LOPPSI et le Code de procédure pénale. Au bout du compte, il aurait assurément été plus clair de ne recourir qu'au terme « traitement », qui contient par métonymie celui de « fichier » (répétons-le, les opérations ou ensemble d'opérations qui caractérisent un traitement ne relèvent de la loi qu'en raison besoin qu'elles ont nécessairement d'un fichier pour être opérantes) et assimilable au « logiciel » en ce qu'il pratique justement ces opérations ou ensembles d'opérations sur des données.

Ces considérations seraient toutefois anecdotiques si les différences entre les catégories définies par la LOPPSI relevaient nettement et sans discussion possible du critère de leur finalité. Et c'est le cas de prime abord, car ces finalités des traitements-fichiers-logiciels sont en effet bien distinctes et semblent donc pertinentes pour distinguer entre les trois types d'outils, ainsi que semble en témoigner le tableau suivant.

Traitement concerné	**Article CPP**	**Finalité du traitement**
Fichiers d'antécédents	230-6	« Faciliter la constatation des infractions à la loi pénale, le rassemblement des preuves de ces infractions et la recherche de leurs auteurs »
Fichiers d'analyse sérielle	230-12	« Rassembler les preuves et identifier les auteurs grâce à l'établissement de liens entre les individus, les événements ou les infractions, des crimes et délits présentant un caractère sériel »
Logiciels de rapprochement judiciaire	230-20	« Rassemblement des preuves des infractions et [...] identification de leurs auteurs [par la mise en œuvre] de logiciels destinés à faciliter l'exploitation et le rapprochement d'informations sur les modes opératoires »

Figure 8 : Finalité des différentes catégories de traitements de police judiciaire.

Trois traitements, trois finalités, tout semble aller pour le mieux dans la meilleure des lois. Las, la clarté ne va pas au-delà du prime abord car ces finalités théoriques dissimulent une réalité ainsi que des superpositions et des contradictions bien différentes.

- Le principal fichier d'antécédents, TAJ, déclaré sur le fondement des articles 230-6 à 230-11 et qui est par ailleurs le seul traitement à recouvrir la quasi-totalité du spectre de la délinquance (crimes, délits et certaines contraventions de 5ème classe), comprend un champ « mode opératoire » qui est utilisé pour des opérations automatisées de rapprochement et de recoupement entre les infractions, ce qui en fait donc également à la fois un fichier d'analyse sérielle défini à l'article 230-12 et surtout un logiciel de rapprochement judiciaire tel que défini par l'article 230-20. Notons bien que ces opérations de rapprochement/recoupement ne sont pas subalternes dans TAJ puisqu'elles sont au contraire sa fonction principale à égalité avec sa capacité de mémorisation des antécédents. En outre, cet état de fait n'est pas inconnu de la CNIL qui évoque, dans la présentation de TAJ sur son site Internet, ses « outils d'analyse et de rapprochement des données permettant de faire des recherches d'éléments communs dans des procédures différentes ou reconnaissance faciale à partir de la photographie des personnes ». *Stricto sensu*, TAJ est donc un hybride qui aurait dû être considéré comme un fichier/logiciel d'analyse sérielle, ou au moins comme un fichier de rapprochement judiciaire, plutôt que comme un simple fichier d'antécédents.
- De leur côté, les fichiers d'analyse sérielle posent un autre problème, définitionnel également, en ce que le champ d'application tracé par leur finalité est de « rassembler les preuves et identifier les auteurs grâce à l'établissement de liens [...] des crimes et délits présentant un caractère sériel », ce qui semble supposer que les infractions sérielles ont déjà été sélectionnées avant la démarche d'établissement de liens. Dans la pratique, les enquêteurs délimiteraient donc en amont de leur utilisation du fichier d'analyse sérielle un corpus étroit d'infractions dont ils auraient déjà déterminé la sérialité, et ils traqueraient ensuite les liens entre elles pour identifier l'auteur ou les auteurs de la série. Contresens complet car en réalité, c'est précisément l'objet de ces fichiers d'analyse sérielle de détecter la sérialité de certains faits parmi un ensemble indéfini d'infractions de toute nature. En ce sens, la démarche la plus opérationnelle en matière sérielle, comme on l'a vu, est de ne surtout pas opérer de sélection en amont mais au contraire de rechercher des liens parmi une part la plus large possible de la criminalité et de la délinquance pour y déceler des séries de faits. Ce n'est que dans un second temps que les enquêteurs peuvent regrouper, pour chaque série ainsi détectée, l'information relative à

toutes les infractions de la série, ce qui accroit le nombre d'éléments susceptibles de permettre l'identification de l'auteur. Par exemple, le logiciel (*sic*) CALIOPE (comparaison et analyse logicielle des images d'origine pédopornographique) mentionné dans la délibération de la CNIL relative aux fichiers d'analyse sérielle[196] tire tout son intérêt de sa capacité à repérer des similitudes, donc des liens, parmi les images qui sont versées dans la base générale d'images qui constitue le fond documentaire de CALIOPE. L'identification de l'auteur est quant à elle une étape suivante de la démarche qui ne fait pas nécessairement appel aux liens identifiés dans les images. De façon lapidaire, la loi parle donc d'utiliser des liens pour rassembler des preuves et identifier l'auteur d'une série, sans préciser comment cette série a bien pu être établie, les rédacteurs n'ayant pas pris en compte que le premier but d'un traitement d'analyse sérielle est justement de déceler les séries parmi un grand nombre d'infractions.

- Quant aux logiciels de rapprochement judiciaire de l'art. 230-20 CPP, on remarque immédiatement que leur finalité, à savoir « faciliter [...] le rapprochement d'informations sur les modes opératoires » correspond en réalité à l'une des deux fonctionnalités principales des fichiers d'antécédents de l'art. 230-6 CPP. La confusion ne s'arrête pas là, bien au contraire. Cette notion de rapprochement d'informations sur les modes opératoires ne peut naturellement se comprendre que dans le cas de logiciels traitant de plusieurs infractions, à défaut de quoi on se trouverait dans le cas d'une infraction unique donc d'un mode opératoire qu'on ne pourrait rapprocher de rien. A ce titre, toute opération de rapprochement est donc également une recherche de sérialité entre des infractions distinctes. Et ainsi, les logiciels de rapprochement judiciaire apparaissent pour ce qu'ils sont, au moins dans certains cas : des outils d'analyse sérielle... qui font pourtant l'objet d'une autre section du CPP. Le Conseil constitutionnel ne s'est d'ailleurs pas trompé sur la confusion entretenue entre les articles et sur les dangers que faisait naître cette fonction de recherche de sérialité entre les infractions. Ainsi a-t-il jugé bon de s'attarder sur les logiciels de rapprochement pour remarquer qu'ils pouvaient être mis en œuvre, aux termes même du projet de loi, sur « toutes les catégories d'infractions quelle que soit leur gravité[197] ». Bien évidemment, les sages ont aussitôt relevé que la recherche des auteurs d'infractions, nécessaire à la protection de principes et de droits de valeur

[196] Délibération n°2012-321 du 20 septembre 2012 de la commission nationale de l'informatique et des libertés portant avis sur un projet de décret relatif à la mise en œuvre de fichiers d'analyse sérielle dénommés « bases sérielles de police judiciaire ».

[197] Décision n° 2011-625 DC du 10 mars 2011 du Conseil constitutionnel sur la loi d'orientation et de programmation pour la performance de la sécurité intérieure. al. n° 70.

constitutionnelle, devait tout de même être conciliée avec le respect de la vie privée et des autres droits et libertés constitutionnellement protégés. C'est donc sur ce fondement, eu égard à « la généralité de l'application de ces logiciels [de rapprochement] [que le conseil a estimé qu'ils] ne sauraient avoir pour effet de permettre la mise en œuvre d'un traitement général des données[198] » et qu'ils ne pourraient au contraire être utilisés « que dans le cadre d'une enquête ou d'une procédure déterminée portant sur une série de faits[199] ». Concrètement, les logiciels de rapprochement judiciaire se retrouvent confinés à n'agir que sur une ou quelques infractions, celles-ci déjà regroupées dans le cadre d'une investigation unique regroupant des faits dont le caractère sériel a été mis en évidence avant le recours au logiciel de rapprochement. En d'autres termes, les logiciels ayant pour objet, entre autres, le rapprochement entre des infractions distinctes ne peuvent être mis en œuvre... qu'après que le rapprochement de ces infractions ait été opéré par d'autres moyens. Ubu dans le monde des fichiers de police judiciaire. Mais l'on aurait toutefois tort de critiquer la position du Conseil constitutionnel. Cette instance était en effet pleinement dans son rôle en émettant une telle réserve de constitutionnalité. La véritable critique est là aussi à infliger aux rédacteurs du projet de loi qui ne pouvaient ignorer la sanction à laquelle ils s'exposaient en ne fixant aucun plancher de peine encourue pour les infractions éligibles aux logiciels de rapprochement judiciaire, ce qui donnait à ces logiciels une compétence universelle évidemment trop large pour être acceptable.

En plus du chaos sémantique – fichiers-traitements-logiciels – qui procède à leur désignation, les fichiers de police judiciaire du chapitre II et les logiciels de rapprochement judiciaire du chapitre III apparaissent donc très confus si on les considère sous l'angle de leur finalité. En réalité, il est même impossible d'ignorer que ces finalités se superposent parfois, et se recoupent largement quand elles ne se superposent pas. C'est donc ailleurs que dans leur désignation et dans leur finalité qu'il faut aller rechercher les critères d'une distinction véritablement opérante. Cette distinction, c'est finalement en étudiant les infractions et les personnes visées par chaque catégorie de traitement que l'on parvient à l'opérer.

---

[198] *Ibid.* al. n° 71.

[199] *Ibid.*

Traitement	Infractions visées	Personnes visées
Fichiers d'antécédents	Crimes, délits, certaines contraventions de 5ème classe, procédures de recherche des causes de la mort ou d'une disparition	- Mis en cause[200] - Victimes
Fichiers d'analyse sérielle	Crimes, délits punis d'au moins cinq ans d'emprisonnement ainsi que recherche des causes de la mort ou d'une disparition	- Mis en cause - Victimes - Témoins au sens des articles 62, 78 et 101 du CPP et dont l'identité est citée dans la procédure
Logiciels de rapprochement	Tous crimes, délits, contraventions ainsi que recherche des causes de la mort ou d'une disparition	Toute personne mentionnée dans la procédure c'est-à-dire : - Mis en cause - Victimes - Témoins, y compris désignés nominativement mais de façon indirecte

Figure 9 : Infractions et personnes visées par les différentes catégories de traitements de police judiciaire.

Distinction opérante, donc, puisque les trois catégories de fichiers correspondent à un périmètre infractionnel et visent des personnes différents pour chaque catégorie. Et distinction qui en tant que telle révèle les véritables objectifs poursuivis par les rédacteurs de la loi. Des objectifs qui touchent en réalité à la fonctionnalité la plus prometteuse des traitements automatisés : le rapprochement de données.

Les fichiers d'antécédents, tout d'abord, n'apportent pas de véritable surprise, reprenant les fondamentaux de STIC et JUDEX tels qu'ils avaient été fixés par l'article 21 de la loi de sécurité intérieure de 2003, avec cet avantage de viser la quasi-totalité du spectre des infractions (crimes, délits et certaines contraventions sur l'ensemble du territoire). Concernant les données (directement ou indirectement nominatives), ces fichiers sont toutefois limités

200 Mis en cause : à entendre comme personne à l'encontre de laquelle existent soit des indices graves ou concordants rendant vraisemblable sa participation à l'infraction, soit des raisons sérieuses de soupçonner qu'elles a commis ou tenté de commettre l'infraction.

puisqu'ils ne mémorisent que celles relatives aux mis en cause et aux victimes. Ainsi que nous l'avons déjà indiqué et indépendamment de cette fonction de mémorisation des antécédents, ils sont cependant utilisables pour des rapprochements sur le mode opératoire de l'infraction. Grâce à cette fonctionnalité, ils peuvent servir à délimiter un corpus d'infractions en vue d'une analyse sérielle (par exemple, l'ensemble des viols commis sous la menace d'un couteau dans une région et un créneau de temps donnés), voire à procéder à une telle analyse sérielle sur la totalité du territoire si elle est fondée sur des éléments très caractéristiques de ce mode opératoire (par exemple, auteur ayant un papillon tatoué sur le dessus de la main). En tout état de cause, la capacité de rapprochement des fichiers d'antécédents est, la plupart du temps, tout de même trop basique pour permettre mieux qu'un dégrossissage en termes de rapprochements mais cette capacité de dégrossissage est en revanche bien réelle.

Les fichiers d'analyse sérielle, quant à eux, sont limités à un champ infractionnel incluant les crimes et les délits punis d'au moins cinq ans d'emprisonnement, limite adaptée pour concilier la nécessaire protection des libertés et de la vie privée des personnes et l'atteinte à cette vie privée que peuvent constituer ces traitements. Sont éligibles au traitement les mis en cause, les victimes et les témoins au sens des articles 62, 78 et 101 du CPP[201] dont l'identité est citée dans la procédure. Il n'est pas inutile de noter cette précision qu'ont voulu apporter les rédacteurs du texte : « dont l'identité est citée dans la procédure ». A défaut de sa lettre – le mot « cités » ne dit finalement rien du caractère direct ou indirect de la citation – l'esprit de l'expression semble ne vouloir retenir que les personnes citées nominativement de façon directe, ce qui exclut par exemple un simple listing de numéros de téléphone qui ne livre qu'indirectement l'identité des titulaires de ces numéros. La précision, on s'en doute, est loin d'être innocente puisque l'analyse sérielle la plus fine, notamment celle conçue dans le projet PERICLES de la gendarmerie (cf. *infra* Ch. 8, § 1, A), s'appuie largement sur les données nominatives indirectes. Ainsi, la rédaction revendiquée par la gendarmerie en 2008, un temps acceptée par tous les intervenants mais toujours combattue en sous-main par la DCPJ, visait « les personnes apparaissant de façon directement ou indirectement nominative dans la procédure » ou, dans une autre proposition de rédaction, « les personnes situées dans l'environnement de l'infraction ». En obtenant qu'il soit revenu sur ces propositions un temps validées dans un consensus apparent, les rédacteurs finaux s'assuraient que la

---

[201] Les avis divergent souvent sur le sens à apporter à cette expression : les témoins au sens des articles 62, 78 et 101 du CPP. Précisons que l'article 62 vise « les personnes à l'encontre desquelles il n'existe aucune raison plausible de soupçonner qu'elles ont commis ou tenté de commettre une infraction », que l'article 78 renvoie à l'article 62 et que l'article 101 vise « toutes les personnes dont la déposition [...] paraît utile ». Ces trois articles du CPP n'exigent donc pas que l'identité des témoins soit directement indiquée dans la procédure.

gendarmerie ne pourrait obtenir la déclaration de PERICLES devant la CNIL et le Conseil d'État. L'intérêt du support juridique des articles 230-12 et suivants pour la création de fichiers d'analyse sérielle est donc inexistant, ne permettant que le fonctionnement de fichiers de type SALVAC (dont on a souligné comment il ne donnait pas de résultat probant du fait de l'étroitesse des données traitées et également comment il était conceptuellement dépassé) et faisant en réalité juridiquement obstacle à toute initiative d'analyse sérielle.

Enfin, les logiciels de rapprochement judiciaire auraient pu offrir un palliatif juridique permettant la déclaration des traitements d'analyse sérielle puisque la possibilité leur est en effet ouverte de traiter des données indirectement nominatives. Cette possibilité a cependant été verrouillée par la légitime réserve de constitutionnalité du Conseil constitutionnel. On se demande d'ailleurs bien quel objectif ont poursuivi les rédacteurs en soumettant un texte particulièrement sensible sur le plan des libertés tout en lui donnant un champ d'application étendu jusqu'aux contraventions de 1ère classe, comme si on allait faire du rapprochement judiciaire sur les infractions au stationnement ou à la pêche à la ligne. En réalité, il était totalement incohérent de proposer que, parmi tous les traitements de police judiciaire, celui qui était potentiellement le plus liberticide (celui qui pouvait viser le plus grand nombre de personnes) dispose du champ d'application le plus large (toutes les infractions). La manœuvre est donc tellement grossière qu'elle ne pouvait être que préméditée et, de fait, le Conseil constitutionnel a évidemment interdit qu'un tel traitement puisse avoir une portée générale en termes d'affaires analysées : c'est donc avec la plus grande logique qu'il a prescrit que l'utilisation du logiciel ne puisse s'étendre au-delà de quelques procédures déjà reliées entre elles. Exit donc la capacité étendue prévue pour le traitement PERICLES. Encore cette restriction n'était-elle pas totalement rédhibitoire, quelques aménagements techniques pouvant permettre de s'y conformer sans sacrifier trop de fonctionnalités de rapprochement. Il n'en va pas de même, en revanche, avec la disposition suivante. Le rapprochement des données indirectement nominatives, autorisé pour les logiciels de rapprochement, perd en effet beaucoup de son intérêt par une disposition de l'article 230-21 qui prévoit que l'état-civil correspondant aux données nominatives ne peut être dévoilé qu'à condition qu'elles entrent en concordance avec d'autres éléments de la procédure (concrètement, M. DUBOIS pourra être indirectement présent dans le fichier par son numéro de téléphone et par le numéro d'immatriculation de son véhicule sans que le logiciel puisse mettre cette concordance en évidence). A nouveau, en d'autres termes, ces logiciels de rapprochement sont largement bridés et ne pourront en aucun cas être utilisés pour une recherche sérielle raisonnablement efficace, faute de pouvoir concerner un nombre suffisamment importants de dossiers et de personnes.

Bien sûr, tous ces développements sur l'environnement juridique de l'analyse sérielle sont bien austères. Mais ils sont nécessaires pour faire prendre conscience d'une très triste réalité : en France, un auteur peut aujourd'hui commettre un meurtre en un point du territoire avec son téléphone allumé dans la poche, puis un autre, ailleurs, plus tard, avec sa voiture dont le numéro sera filmé par des caméras de vidéosurveillance, et le rapprochement entre les deux numéros ne pourra pas être fait, cet auteur ayant la garantie que tout a été mis en œuvre afin qu'aucun traitement de police judiciaire ne puisse indiquer aux enquêteurs sa présence dans l'environnement pourtant immédiat des deux meurtres qu'il a commis. Et cet exemple des meurtres n'est pas extrême : de la même manière, un même individu peut apparaître de façon indirectement nominative dans des dizaines de procédures de crimes mais aussi de « simples » délits sans qu'aucun traitement ne puisse le signaler aux enquêteurs. Ainsi, essentiellement par la volonté de rédacteurs arcboutés sur la façon dont se faisait la police judiciaire au siècle précédent, des rédacteurs en outre peu convaincus des possibilités nouvelles de recoupement d'information, c'est tout le dispositif policier français qui se trouve empêché de les mettre en œuvre, la volonté d'une fraction rétrograde ayant ainsi réussi à faire prévaloir la vision préhistorique qui qualifie la police judiciaire française parmi les moins efficace des pays développés pour ce qui concerne la lutte contre la moyenne délinquance.

De fait, alors que la LOPPSI porte explicitement dans son intitulé la volonté d'agir pour la « performance de la sécurité intérieure », aucun traitement nouveau n'a été conçu et déclaré depuis sa promulgation, aucun traitement qui serait susceptible d'améliorer un tant soit peu la performance policière. Plus ironique encore, quand la police a voulu déclarer son traitement CORAIL, elle s'est aperçue que les dispositions fraichement et spécialement introduites au CPP pour couvrir l'existant... ne le permettaient pas. Rappelons tout d'abord que CORAIL – Cellule Opérationnelle de Rapprochement et d'Analyse des Infractions Liées – a été conçu à la préfecture de police de Paris, puis qu'a été décidé son déploiement dans tous les services territoriaux d'investigation de police judiciaire et de sécurité publique. Le traitement étant mis en œuvre au sein d'une circonscription pour toutes les infractions qui y sont commises, et non pour quelques infractions traitées dans une même procédure, il ne pouvait pas être déclaré comme logiciel de rapprochement judiciaire des articles 230-20 et suivants, pourtant taillés à son intention mais émasculés par la réserve de constitutionnalité émise par le Conseil constitutionnel. Engrangeant par ailleurs les crimes, mais aussi tous les délits (donc ceux punis de moins de 5 ans d'emprisonnement) et certaines contraventions, il ne pouvait pas non plus être déclaré comme logiciel d'analyse sérielle des articles 230-12 et suivants. Enfin, les personnes visées par le traitement étant entre autres des témoins, il n'était pas possible d'envisager une déclaration sur le fondement des articles 230-6 et suivants relatifs aux fichiers d'antécédents, ce que CORAIL n'est d'ailleurs pas. Ainsi, par une sorte d'ironie, la police avait réussi à fermer la voie à PERICLES mais se retrouvait avec CORAIL dans une situation tout aussi compliquée et pour le moins risible : au lendemain même du jour où la LOPPSI avait enfin codifié les dispositions qui allaient permettre la légalisation des fichiers de police, le plus emblématique d'entre eux au sein de la Police nationale était toujours condamné à rester dans l'illégalité.

Une telle situation était évidemment intenable, et la direction de la police a donc fini par se résoudre, trois ans après la LOPPSI, à une déclaration de CORAIL directement sur le fondement de l'article 26 de la loi de 78. Un tel recours à la loi générale plutôt qu'à la loi spéciale mise en place pour les fichiers de police ne pouvait évidemment passer inaperçu. Une manœuvre savoureuse par son côté combinard a donc été élaborée et l'on peut lire, dans la délibération de la CNIL, cette analyse quelque peu surréaliste : « Le fonctionnement du traitement CORAIL pouvait suggérer[202] que ce traitement relevait des dispositions relatives aux fichiers d'analyse sérielle, voire même (*sic*) de celles relatives aux logiciels de rapprochement judiciaire. Toutefois, le ministère a précisé que les rapprochements sont manuels et non automatiques. Dès lors, la Commission prend acte que [...] CORAIL ne constitue pas un fichier d'analyse sérielle ou un logiciel de rapprochement judiciaire[203] ». En réalité, la Commission aurait tout aussi bien pu écrire qu'elle prenait hypocritement acte. Ainsi, un traitement informatique dont le nom de baptême mentionne on ne peut plus clairement les concepts de « rapprochement » d' « analyse » et d' « infractions liées » ne relèverait ni des logiciels d'analyse des infractions reliées entre elles, ni des fichiers de rapprochement, et ceci au motif que les rapprochements effectués seraient manuels et non automatiques. Justification aussi grandiose qu'abracadabrante : à commencer par TAJ, le plus important d'entre eux, l'immense majorité des traitements à effectuer des rapprochements le font évidemment à la suite d'une requête manuelle d'un opérateur, mais cette requête n'est manuelle qu'en ce sens que l'opérateur se sert d'un clavier pour interroger le système. La prise en compte de la requête par le traitement, le recoupement des informations et l'édition du résultat sont évidemment réalisés par l'informatique du système, pour CORAIL comme pour les autres traitements. Dans son avis pour le projet de loi de finances pour 2011, le Sénat avait d'ailleurs relevé au sujet de CORAIL, dans un paragraphe consacré aux logiciels de rapprochement judiciaire, que « les enquêteurs peuvent effectuer des requêtes dans la base de données en fonction de critères tels que le lieu de commission de l'infraction, la manière dont une entrée par effraction s'est déroulée, les outils utilisés, etc. **Les résultats de ces requêtes permettent de**

---

[202] Nous soulignons

[203] Délibération n° 2013-039 du 14 février 2013 de la CNIL portant avis sur un projet de décret relatif à la mise en œuvre de traitements de diffusion de l'information opérationnelle au sein des services et unités de la police et de la Gendarmerie nationales.

constituer des ensembles d'infractions dont il est plausible qu'elles aient été commises par une même personne ou un même groupe de personnes, dont l'enquêteur dispose alors de plusieurs éléments pour retrouver la trace[204] ». Les sénateurs avaient eux-mêmes choisi de mettre en gras ces phrases où ils indiquent que CORAIL peut « constituer des ensembles d'infractions dont il est plausible qu'elles aient été commises par une même personne… » : si on n'est pas là en plein dans une démarche automatisée de rapprochement et d'analyse sérielle, où est-on ? Peu regardante, la CNIL, qui ne pouvait pourtant être dupe, a cependant accepté de se laisser tromper par ce procédé contestable qui a permis d'autoriser CORAIL au détriment des règles de l'Etat de droit, ce qui n'est ni à la gloire de la commission, ni rassurant pour la façon dont elle protège les citoyens des excès auxquels peut se livrer la puissance publique avec la complicité des institutions qui devraient les en préserver. Au demeurant, cette acrobatie juridique ne change rien aux limites techniques et opérationnelles de CORAIL qui n'est donc, ainsi que cela a déjà été dit, qu'un outil artisanal de rapprochement, un filet aux mailles si larges qu'il ne peut que laisser échapper la plupart des recoupements disponibles au sein de la masse d'information judiciaire disponible pour l'analyse dans les dossiers qui lui sont soumis.

Que retenir de toutes ces tribulations ? Que penser de l'interminable élaboration d'un cadre juridique pour les fichiers de police, soit plusieurs années de négociations et de préparation qui ont fini par accoucher d'une loi-souris périmée au jour même de sa promulgation ? Que penser de l'incapacité de décideurs judiciaires arrivistes à se défaire d'une vision élitiste de la police judiciaire consistant en la réalisation annuelle de quelques coups fumants surtout bons à tresser leur couronne de lauriers médiatiques ? Que penser de l'inconséquence de la DGPN quand elle abandonne son pouvoir décisionnaire en matière de PJ à une direction centrale extrêmement spécialisée et n'ayant de ce fait à connaître que d'une partie dérisoire de la délinquance ? Que penser de la faiblesse chronique de la DGGN, aussi incapable de défendre durablement ses intérêts que de faire valoir ses options, toujours prête à plier en silence devant les passages en force de sa rivale policière ? La triste conclusion à tirer de ces jeux et tractations dérisoires ne parle en réalité que de l'impuissance de l'Etat à imposer sa volonté à la bureaucratie de Beauvau et aux aigles du 11 de la rue des Saussaies[205]. En tout état de cause, le cadre juridique aujourd'hui applicable à un éventuel traitement sériel est bien celui qui a été voté en 2011, aussi inadapté soit-il aux réalités que devraient pourtant intégrer les

---

[204] Avis du Sénat sur le projet de loi de finances 2011 : Sécurité – Immigration, asile et intégration, n°116, fait par MM Courtois et Buffet au nom de la commission des lois, déposé le 18 novembre 2010 - 1ère partie, II, A, 2 « Les progrès attendus des logiciels de rapprochement judiciaire ».

[205] La rue des Saussaies délimite le côté sud-est du ministère de l'Intérieur et le 11 de cette rue est l'entrée de la DCPJ.

traitements automatisés de police judiciaire, nonobstant que ces réalités ont de plus été enrichies depuis 2011 par le dévoilement des données de masse.

C/ 2011-2015 : le dévoilement des données de masse

Ce panorama de l'environnement dans lequel pourrait prendre place un véritable traitement d'analyse sérielle serait en effet incomplet si on ne l'élargissait pas à un domaine voisin qui fait lui aussi appel à une information de masse au service d'une mission de police. Il est bien sûr question ici de l'action des services de renseignement. Confrontée à une menace à la fois moins fréquente dans ses actions que ne l'est la délinquance, mais plus violente et barbare puisqu'elle opère par le moyen d'un terrorisme animé de la volonté de frapper en nombre des représentants de l'Etat, voire de simples citoyens, la communauté du renseignement a en effet bien pris en compte l'évolution des moyens d'investigation. Deux exemples suffiront à le montrer : les révélations d'Edward Snowden sur le programme américain de surveillance de masse et le dispositif français en la matière, de ses outils occultes aux récentes lois de « programmation de la défense » et du « renseignement ». Dans les deux cas, nous nous attacherons à dégager les dispositifs technico-juridiques à l'œuvre, car là où la police judiciaire de droit commun traîne des pieds de façon incompréhensible, le monde plus occulte du renseignement a quant à lui pris dès le départ le train des nouvelles capacités d'investigation ouvertes par les percées technologiques en matière de traitement de données de masse.

a/ Les révélations d'Edward Snowden

Il est aujourd'hui bien connu que les Etats-Unis ont accru leur action dans le renseignement électronique après les attentats du 11 septembre 2001, d'ailleurs sans véritable considération pour le fait que cette technique avait été inopérante pour détecter et empêcher l'attaque des *Twin Towers*. Le renforcement sans précédent du dispositif de recueil d'informations et de communications privées n'a toutefois pas fait l'objet d'un débat public et ni les conditions ni l'ampleur de cette action n'auraient été connues sans les révélations du lanceur d'alerte Edward Snowden.

Né le 21 juin 1983, Joseph Edward Snowden est un informaticien américain, expert en cyber-sécurité, successivement employé à la Central Intelligence Agency (CIA) et à la National Security Agency (NSA) où il a eu à connaître de plusieurs programmes de surveillance de masse mis en œuvre par les services américains et britanniques et qui a jugé de son devoir d'en révéler la teneur au grand public en raison des atteintes qu'ils constituaient aux règles de la vie démocratique et de l'État de droit.

Après avoir secrètement pris contact avec deux journalistes, Glenn Greenwald et Barton Gellman, et une documentariste, Laura Poitras, fin 2012 et début 2013, Edward Snowden a obtenu par leur entremise la publication, notamment dans le *Guardian* et le *Washington Post*, de documents confidentiels de la NSA, à partir du 5 juin 2013. Les premières révélations avaient pour objet la collaboration de l'opérateur téléphonique Verizon (et vraisemblablement celle d'autre opérateurs) pour fournir quotidiennement à la NSA les métadonnées des appels téléphoniques transitant dans son réseau vers l'étranger mais aussi à l'intérieur des États-Unis[206]. Ensuite ont été révélés les systèmes d'écoute et de surveillance d'Internet mis en œuvre par les services américains (au premier rang desquels le programme PRISM mais aussi les programmes XKeyscore, Boundless Informant et Bullrun) et britanniques (programmes Tempora, Muscular et Optic Nerve). Pour ces publications qui vont se poursuivre quasi journellement, Edward Snowden a été inculpé aux Etats-Unis d'espionnage, de vol et d'utilisation illégale de biens gouvernementaux dès le 22 juin 2013, ce qui ne ralentira d'ailleurs pas le rythme de ses révélations.

Dans un premier temps, le volume des documents en possession d'Edward Snowden a été estimé par le journaliste Glenn Greewald à 9 à 10.000 mais ce chiffre sera régulièrement réévalué à la hausse au fil des mois suivants. Le 15 décembre 2013, un officier de la NSA indiquera ainsi sur CBS, lors d'un reportage du magazine 60 minutes, que le nombre de documents compromis s'élevait en réalité à 1,7 million, dont 31.000 dossiers ultrasecrets – désignés par l'expression « clés du royaume » – relatifs aux savoir-faire de la NSA en matière de surveillance globale et à ses lacunes, informations pouvant être utilisées par des pays tiers pour savoir entre autres comment se mettre à l'abri de la surveillance américaine.

Parmi les premières informations révélées figurait une présentation PowerPoint, destinée aux employés de la NSA, détaillant le fonctionnement du programme PRISM qui permet au FBI et à la NSA de surveiller les internautes. La surveillance s'opère dans ce cas en empruntant des *portes d'entrée cachées*[207] (*backdoors*) dans les logiciels fabriqués par les principales entreprises informatiques américaines. En outre, PRISM permet d'accéder directement aux serveurs des principaux géants du Net : Microsoft (à partir de 2007, mais de solides soupçons plaident pour une collaboration dès 1999), Yahoo! (2008), Google, YouTube et Facebook (2010), Apple et Skype (2011), et cette liste n'était évidemment pas exhaustive.

Dès le 8 juin 2013, le *Guardian* mentionnait également l'existence du programme Boundless Informant de la NSA qui édite automatiquement un tableau de bord actualisé en temps réel des informations recueillies par l'ensemble des systèmes d'écoute (SIGAD) de l'agence, auxquelles le tableau

---

[206] Cf. https://fr.wikipedia.org/wiki/R%C3%A9v%C3%A9lations_d%27Edward_Snowden (accédée le 17/12/2015) page wikipédia sourçant la plupart des révélations faites par Edward Snowden et publiées en sources ouvertes.

[207] Faille de sécurité délibérément insérée dans un appareil électronique ou un logiciel pour permettre un accès aux données présentes dans cet appareil à l'insu de son propriétaire.

agglomère les données quantitatives provenant de programmes aux noms peu évocateurs : PRISM, Tempora, Fairview, EVILOLIVE, LITHIUM, OAKSTAR et STORMBREW, chargés du recueil de mails, d'envoi de formulaires avec les mots de passe qu'ils contiennent, d'historiques de navigation web, de conversations par chat ou sur des forums de discussion, de diffusion de photos et vidéos, ainsi que des échanges téléphoniques de « cibles » (au nombre de 117 675 dans PRISM en avril 2013), etc. Toutes ces informations étaient obtenues par partenariat avec les sociétés informatiques mentionnées au paragraphe précédent mais aussi avec des sociétés de télécommunication américaines (Vodafone, Verizon Communications, Level 3, Interoute, AT&T, etc.) ou étrangères (British Telecom, Belgacom, etc.). En outre, Boundless Informant permet de connaître le niveau de surveillance appliqué aux différents pays surveillés. Ainsi, le tableau de bord indiquait en mars 2013 que les 97 milliards de données recueillies sur les réseaux téléphoniques et internet au cours des 30 jours précédents provenaient de l'Iran (14 milliards de données), du Pakistan (13,5 milliards), de la Jordanie, 12,7 milliards), de l'Égypte (7,6 milliards) de l'Inde (6,3 milliards). Les pays européens n'échappaient pas non plus à cette surveillance, la NSA ayant par exemple reçu quotidiennement, en janvier 2013, 60 millions de données téléphoniques en provenance d'Allemagne (pays d'Europe le plus surveillé) et 7 millions en provenance de la France. Boundless Informant montrait enfin que la NSA disposait en mars 2013 de 504 stations d'écoute réparties dans le monde entier, y compris aux États-Unis.

Le 30 août 2013, c'est le *Washington Post* qui dévoilait une collaboration NSA-CIA pour le programme GENIE, d'un budget de 652 millions de dollars, consistant à implanter des logiciels espions dans des dizaines de milliers d'ordinateurs, de routeurs ou de pare-feux partout dans le monde. La phase suivante de ce programme, dite système « TURBINE », devait être capable de gérer potentiellement le déploiement de millions de logiciels espions.

Concernant le contournement du cryptage de leurs échanges par les utilisateurs, le *Guardian*, le *New York Times* et *ProPublica* révélaient le 5 septembre 2013 que la NSA et le *Government Communications Headquarters* anglais (GCHQ) étaient capables de décoder pratiquement tous les systèmes de chiffrement de communications sur internet. Est à l'œuvre dans ce domaine le programme Bullrun qui conjugue trois axes de travail : le contrôle de l'établissement des normes internationales de chiffrement ; la collaboration avec les sociétés proposant des solutions de chiffrement pour qu'elles y insèrent des *backdoors* ; le recours aux fournisseurs de services Internet pour qu'ils livrent tout ou partie de leurs certificats de chiffrement. Par ailleurs, la NSA utilise des supercalculateurs pour casser les chiffrements par la technique dite de « force brute » (consistant à essayer toutes les clés de chiffrement possibles) ou par des cyberattaques. Les capacités additionnées de toutes ces techniques permettaient ainsi à la NSA de déchiffrer à la volée la plupart des échanges cryptés qu'elle interceptait. Pour s'assurer la pérennité de ces capacités, la NSA travaillait d'ailleurs, comme l'a révélé le *Washington Post* en janvier, à la construction d'un calculateur quantique capable de craquer tout chiffrement et qui permettrait alors de violer toutes les protections en matière de secret bancaire, médical, industriel ou gouvernemental à travers le monde.

Les documents livrés par Edward Snowden indiquaient en outre que les Etats-Unis pouvaient compter, dans leur démarche d'espionnage, sur la complicité active de pays amis, au premier rang desquels leur allié historique du Royaume Uni. Ainsi, le GCHQ anglais travaillait-il de longue date main dans la main avec la NSA et selon les mêmes procédés qu'elle pour l'interception de communications Internet et téléphoniques. En matière de décryptage, il déployait un programme Edgehill équivalent au Bullrun américain. Sur la base de cette surveillance généralisée et des métadonnées de trafic Internet qu'elle permet de recueillir, le GCHQ a même développé un système, dit Karma Police (police de la pensée), cherchant à établir « soit un profil de navigation internet de chaque utilisateur visible sur Internet [soit] un profil d'utilisateur pour chaque site web visible sur Internet[208] ». A elle seule, en 2012, cette mission amenait le GCHQ à stocker chaque jour dans un dépôt de données appelé Black Hole environ 50 milliards de métadonnées de communications et de navigation, capacité qui devait être portée à 100 milliards par jour d'ici la fin de 2012. Une autre application, Social Anthropoid (anthropoïde social) analysait quant à elle les métadonnées issues des communications via messagerie instantanée, courriels, appels Skype, SMS, localisation des appels téléphoniques, ainsi que les interactions sur les réseaux sociaux. Le programme Marbled Gecko (gecko marbré) repère les recherches dans *Google Maps* ou *Google Earth* ; Infinite Monkeys (infinité de singes [savants]) analyse les forums en ligne et Memory Hole (trou de mémoire) enregistre les recherches effectuées dans les moteurs de recherche, tous ces outils étant au service d'un profilage d'utilisateurs pour la plupart non spécifiquement ciblés pour des activités terroristes ou autres.

Ainsi se dessine l'image d'une surveillance véritablement globale concernant les communications téléphoniques, les échanges et consultations sur Internet, chiffrés ou pas, l'utilisation des moyens de paiement y compris en bitcoins, monnaie pourtant virtuelle sur Internet, l'information transitant par les câbles sous-marins ou les liaisons satellitaires, celle recueillie par des actions de piratage informatique, d'interception des échanges mails ou sur les réseaux sociaux, etc. ou celle collectée par des *backdoors* dans toutes sortes de logiciels y compris les logiciels antivirus, les routeurs, les serveurs, les appareils connectés (notamment de téléphonie mobile), sans oublier la pose de micros, le décryptage à l'aide de supercalculateurs, l'interception de

---

[208] GALLAGHER Ryan, *Profiled - From Radio to Porn, British Spies Track Web Users' Online Identities, The Intercept*, 25 septembre 2015, et *Karma Police, la surveillance de masse à la sauce britannique*, Rue89, 28 septembre 2015.

données de géolocalisation de centaines de millions de portables, etc. et tout ceci en collaboration avec de nombreux pays occidentaux, y compris certains qui sont eux-mêmes l'objet du programme de surveillance américain. Les cibles comprennent ainsi des pays sensibles comme la Chine, la Syrie, le Pakistan jusqu'à des pays alliés comme la Grèce, l'Italie, l'Espagne, la France, l'Allemagne etc. Sont également visées les institutions de l'UE, l'ONU, l'OPEP, le G20, des dirigeants étrangers, des multinationales, des entreprises majeures (technologiques, pétrolières, industrielles, bancaires, financières, etc.), des journalistes, des fabricants de matériel informatique (ordinateurs, disque durs, cartes SIM pour récupération des clés de chiffrement, etc.), des plateformes de diffusion ou de téléchargement, etc.

Un tel programme nécessitait évidemment un budget conséquent et le *Washington Post* a ainsi indiqué le 29 août 2013, sur la base d'un document budgétaire de 178 pages[209] détourné par Edward Snowden, que les 16 agences de renseignement américaines impliquées dans le programme de surveillance disposaient d'un budget secret de 52,6 milliards de dollars auquel il convenait d'ajouter 23 milliards de dollars du budget du renseignement militaire du Pentagone, soit un total de plus de 75 milliards de dollars. Le même article et le même document révélaient que 128 875 personnes étaient employées à l'ensemble de ces activités (dont 827 employés avec une compétence linguistique francophone)[210].

Mêmes secrètes, autant d'opérations d'une telle sensibilité et requérant un tel budget et un tel effectifs ne pouvaient être conduites à l'insu des responsables politiques qui ont plus ou moins cherché à leur donner une base légale, ne serait-ce que pour assurer leur protection ainsi que celle des sociétés et opérateurs civils ayant accepté de collaborer avec la NSA. A ce titre, la sénatrice Dianne Feinstein, présidente de la commission du renseignement du Sénat américain, a indiqué dès 2013 qu'une ordonnance de justice secrète, renouvelée tous les 3 mois, obligeait les opérateurs à fournir leurs données depuis au moins 7 ans, soit depuis 2006, ce qui fut largement confirmé par la suite[211]. Le 20 juin 2013, le *Guardian* dévoilait par ailleurs les procédures confidentielles de la FISA Court (*Foreign Intelligence Surveillance Act*), statuant en application des FISA *Amendments Acts* de 2008 et autorisant les opérations d'interception de la NSA au niveau mondial (y compris aux États-Unis) sans autorisation préalable d'un juge[212]. Cette Cour fédérale précisait en particulier que les procédures de minimisation mises en place pour limiter le

---

209 http://apps.washingtonpost.com/g/page/national/inside-the-2013-us-intelligence-black-budget/420/ page 1 (accédé le 28/11/16).

210 *Ibid*, p. 70.

211 http://www.theguardian.com/world/2013/jun/27/nsa-data-mining-authorised-obama (accédé le 28/11/16).

212 Glenn Greenwald et James Ball, « *The top secret rules that allow NSA to use US data without a warrant - FISA Court submissions show broad scope of procedures governing NSA's surveillance of Americans' communication* », *The Guardian*, 20 juin 2013 (accédé le 28/11/16).

recueil de données relatives à des citoyens américains permettaient de valider les opérations de surveillance par rapport au quatrième amendement de la Constitution des États-Unis.

Sur ce plan juridique et politique, Edward Snowden expliquait cependant les limites de la légalité du programme en précisant qu'il « est important de comprendre que les services de renseignement n'agissent pas toujours en vertu de ce qu'on pourrait considérer comme un ''vrai'' mandat, comme ceux, par exemple, utilisés par la police. Les ''mandats'' qu'ils utilisent ont davantage l'aspect d'un formulaire que quelqu'un remplit et envoie ensuite à un juge avec un tampon[213] », ce qui n'est certes pas la forme la plus légaliste que l'on puisse imaginer pour des activités de surveillance d'une population. Dans la même séance de réponses aux questions d'internautes, Edward Snowden a indiqué que « si la NSA, le FBI, la CIA, la DIA [*Defense Intelligence Agency*] et d'autres veulent interroger des bases de données brutes de renseignement électronique, ils peuvent 'entrer' et obtenir ce qu'ils veulent [...] Les restrictions portées à cet accès sont de nature politiques, et non techniques[214] ». Dans un entretien publié le 7 juillet 2013 par l'hebdomadaire Der Spiegel, Edward Snowden a également indiqué que la NSA travaillait main dans la main avec les Allemands (« *the NSA people are in bed together with the Germans*[215] ») et avec la plupart des autres États occidentaux, précisant que le partenariat avec ces pays était organisé de façon à protéger leurs dirigeants politiques de l'indignation publique si la façon dont ils violaient largement la vie privée dans le monde était rendue publique (« *He also exposes a noteworthy detail about how government decision-makers are protected by these programs [and how] the partnerships are organized in a way so that authorities in other countries can "insulate their political leaders from the backlash" in the event it becomes public "how grievously they're violating global privacy"*[216] ».

De fait, les réactions des pays occidentaux ou amis des Etats-Unis quand ont été rendus publics l'espionnage dont ils étaient victimes et la surveillance opérée sur leurs populations se sont signalées par une grande tiédeur, c'est le moins que l'on puisse dire. Les documents publiés par Edward Snowden ne laissent de toute façon aucun doute sur la collaboration active qui a été offerte à la NSA par les agences de renseignement de ces pays. En outre, la plupart d'entre eux avaient d'autant moins intérêt à monter sur leurs ergots qu'ils mettaient eux aussi en œuvre des programmes de surveillance et

---

213 Edward Snowden : "Le FBI, la NSA et la CIA peuvent obtenir tout ce qu'ils veulent" - Le Monde reprenant la transcription du *Guardian* d'un dialogue d'Edward Snowden répondant en direct à des questions d'internautes, 17 juin 2013, http://www.lemonde.fr/technologies/article/2013/06/17/edward-snowden-s-explique-en-direct-sur-le-site-du-guardian_3431672_651865.html (accédé le 28/11/16).

214 *Ibid.*

215 http://www.spiegel.de/international/world/whistleblower-snowden-claims-german-intelligence-in-bed-with-nsa-a-909904.html (accédé le 28/11/16).

216 *Ibid.*

d'interception, à l'extérieur de leurs frontières mais aussi sur leur propre sol : trop durement mis en cause par leurs alliés, les américains auraient très probablement réagi en dévoilant discrètement les turpitudes de leurs détracteurs. La surveillance de masse, ce jeu où tout le monde se tient par la barbichette… Ainsi les révélations d'Edward Snowden mettent-elles en lumière plusieurs problématiques qui pourront nous éclairer pour la suite de notre propre travail.

- Pour peu que l'enjeu leur semble en valoir la peine (et dans ce domaine, le curseur peut énormément se déplacer en fonction de l'actualité, de l'idéologie, des garde-fous mis en place, etc.), aucun des Etats en capacité de la conduire ne résiste à l'attrait de la surveillance électronique de masse, quelque discours moralisateur qu'il puisse tenir par ailleurs et quelle que soit sa culture en matière de protection de la vie privée (l'Allemagne, grande surveillée mais aussi grande surveillante, a pourtant une culture de protection de la sphère privée beaucoup plus rigide et protectrice qu'en France).
- Le nécessaire voile posé sur ces dispositifs dont l'avance technologique et la performance tiennent pour beaucoup à leur discrétion est clairement utilisé par les autorités pour justifier l'absence d'un débat public autour de leur déploiement.
- Le recueil des données de la surveillance de masse peut être opéré directement par l'organisme qui est chargé de leur exploitation, mais cet organisme est également largement alimenté par des entreprises civiles qui lui font profiter, à l'insu des utilisateurs, des informations qu'elles collectent.
- L'inexistence d'un appareil juridique encadrant ces pratiques et organisant leur contrôle ne doit pas être perçue par le citoyen comme un rassurant obstacle à leur mise en œuvre mais plutôt comme une marge de liberté dont profiteront les gouvernements pour agir en toute illégalité.
- Tous les discours pour la mise en place d'une technologie permettant de protéger la collectivité contre les interceptions illégales – à l'instar de celui de la présidente brésilienne Silma Roussef à la tribune de l'ONU en octobre 2013 – doivent être considérés au mieux comme irréalistes, au pire comme d'hypocrites paravents, les dispositifs de surveillance ayant précisément pour objectif de préparer en amont le contournement de telles technologies, principalement en les infiltrant.
- La diversité des procédés, matériels ou logiciels, qui peuvent contribuer à la surveillance de masse est telle qu'il ne fait pas de doute que l'interdiction ou le blocage effectifs d'une technique particulière serait inopérant, la redondance des procédés assurant en toute certitude la continuité des interceptions en cas de perte de l'un d'entre eux.

b/ Le dispositif français de surveillance de masse et la loi « renseignement »

Très discrète sur ses capacités – comme les Etats-Unis avant le sale tour que leur a joué Edward Snowden – la France ne figure pourtant pas dans le peloton de queue des pays pratiquant la surveillance de masse, même si le sujet reste en grande partie spéculatif. En 2010 toutefois, dans une volonté de dorer le blason des services de renseignement français par rapport à leurs homologues étrangers, le directeur technique de la DGSE, Bernard Barbier affirmera lors d'un symposium[217] que « la France faisait partie du Top 5 (avec les Etats-Unis, la Grande-Bretagne, Israël et la Chine) des pays en terme de "renseignement technique"[218] » (tout en avouant également une dizaine d'années de retard dans la lutte informatique offensive). Quelques mois plus tard lors d'un colloque[219], le même Bernard Barbier donnera d'autres précisions sur les capacités de la DGSE en vantant ses savoir-faire dans la (dé)cryptographie et en indiquant que son service « était numéro 2 (en Europe) derrière le GCHQ [anglais, pour sa capacité à] gérer des dizaines de pétaoctets[220] dans des bases de données[221] », la chaleur dispensée par les supercalculateurs utilisés permettant même de chauffer les locaux du boulevard Mortier[222]. A lui seul, l'usage par la DGSE de supercalculateurs renseigne de toute façon sur de réelles capacités en termes de décryptage et de recoupement des données, Bernard Barbier n'ayant cependant pas précisé que ces opérations se déroulaient en dehors d'un cadre juridique défini pour elles, donc dans la plus grande illégalité. Par ailleurs, on se souvient que grâce à ses territoires et départements d'outre-mer, sans oublier quelques pays amis en Afrique, la France dispose en termes d'interception d'une très bonne couverture mondiale servie par des stations d'écoutes essaimées sur le globe entier[223]. Qu'on en juge : stations de la « presqu'île de Giens, Domme, Les Alluets le Roi - Feucherolles, Solenzara (Corse), Saint Laurent de la Salanque, Dieuze, Nice, Mutzig, Fort du Mont Valérien, Hotel des Invalides, Plateau d'Albion, Le Cap d'Agde, Creil, plus celles de Boullay les Troux (station de l'ex-DST) [...]La Tontouta (Nouvelle Calédonie), Saint Barthélemy, Kourou, Mayotte, l'Ile de la Réunion, Papeete, Djibouti, Bouar (Centrafrique)[224] ».

---

[217] Symposium sur la sécurité des technologies de l'information et de la communication organisé du 9 au 11 juin 2010 à Rennes.

[218] http://bugbrother.blog.lemonde.fr/2010/10/02/frenchelon-la-dgse-est-en-1ere-division/ (accédé le 28/11/16).

[219] Colloque organisé par l'association des réservistes du chiffre et de la sécurité de l'information le 30 septembre 2010 à Paris

[220] 1 pétaoctets = 1 million de gigaoctets.

[221] http://bugbrother.blog.lemonde.fr/2010/10/02/frenchelon-la-dgse-est-en-1ere-division/ (accédé le 28/11/16).

[222] Siège de la DGSE à Paris.

[223] Réseau baptisé Frenchelon, par la presse, par référence au dispositif anglo-saxon Echelon.

[224] http://bugbrother.blog.lemonde.fr/2009/06/16/frenchelon-la-carte-des-stations-espion-du-renseignement-francais/ (accédé le 28/11/16).

Enfin, on peut rappeler que la France est membre du club très fermé des pays dont les services secrets disposent d'une capacité satellitaire en propre, sans parler de la possibilité de mettre en place des dérivations sur les câbles sous-marins internationaux qui transitent par le littoral français[225] (rappelons que 99% du trafic mondial d'Internet est véhiculé par de tels câbles dont certains font plus de 20.000 km de long)..

Par ricochet, les révélations d'Edward Snowden ont naturellement contribué en 2013 à attiser la curiosité de la presse française un peu plus qu'elle ne l'avait été par les confidences de Bernard Barbier ou les alertes de quelques journalistes, au premier rang desquels Jean-Marc Manach, grand spécialiste de la question. Le moins que l'on puisse dire est que l'indignation sera des plus frileuse, les journaux évoquant plutôt le sujet comme un désagrément inévitable et le grand-public leur emboitant le pas avec des marques d'intérêt particulièrement mesurées. Enfin, les attentats de janvier 2015 en région parisienne ont précipité le vote d'une loi dite « loi renseignement » en préparation depuis 2014, adoptée en première lecture à l'assemblée nationale par 438 voix contre 86 et 42 abstentions (ce qui montre le consensus des grands partis sur la question), validée pour l'essentiel par le Conseil constitutionnel le 23 juillet 2015, promulguée le 24 juillet 2015, qui a légalisé des pratiques de surveillance devenues un secret de polichinelle, au moins chez les experts.

Aux termes de cette loi, six services se partagent au principal, dans notre pays, le droit de porter atteinte au « respect de la vie privée, dans toutes ses composantes, notamment le secret des correspondances, la protection des données personnelles et l'inviolabilité du domicile[226] » : la direction générale de la sécurité extérieure (DGSE), la direction générale de la sécurité intérieure (DGSI), la direction du renseignement militaire (DRM), la direction de la protection et de la sécurité de la défense (DPSD), la direction nationale du renseignement et des enquêtes douanières (DNRED) et le service de traitement du renseignement et de l'action contre les circuits financiers clandestins (Tracfin). Cette liste relativement limitative est toutefois complétée par un décret qui autorise vingt-quatre autres services, non spécialisés dans le renseignement, susceptibles de bénéficier du dispositif érigé par la loi renseignement[227]. Critiquée pour cette large ouverture qui met à la portée de trop d'entités des outils hautement attentatoires aux libertés individuelles, le texte l'est également pour l'insuffisance des contrôles mis en place. De fait,

---

225 http://www.lefigaro.fr/secteur/high-tech/2015/07/01/32001-20150701ARTFIG00339-les-cables-sous-marins-ces-autoroutes-du-web-prisees-par-les-espions.php (accédé le 28/11/16).

226 Loi n° 2015-912 du 24 juillet 2015 relative au renseignement, article 1.

227 Décret n° 2015-1639 du 11 décembre 2015 relatif à la désignation des services autres que les services spécialisés de renseignement, autorisés à recourir aux techniques mentionnées au titre V du livre VIII du code de la sécurité intérieure, pris en application de l'article L. 811-4 du code de la sécurité intérieure.

le seul contre-pouvoir aux capacités données à l'exécutif est une commission nationale de contrôle des techniques de renseignement (CNCTR) remplaçant l'ancienne commission nationale des interceptions de sécurité (CNIS) dont elle reprend les attributions en matière d'écoutes téléphoniques administratives en même temps qu'elle embrasse le dispositif d'interceptions de masse, notamment sur Internet, autorisé par la loi renseignement. Comptant dans ses membres quatre parlementaires et quatre magistrats ainsi qu'un membre désigné par l'autorité de régulation des communications électronique et des postes (ARCEP), cette commission n'est toutefois pas tant suspectée de dépendance que d'insuffisance de moyens malgré que la loi précise que « la commission dispose des moyens humains et techniques nécessaires à l'accomplissement de ses missions ainsi que des crédits correspondants ». Réalité ou vœu pieux ? Jean-Marie Delarue, dernier président de la CNIS, n'a en tout cas pas souhaité être membre de la nouvelle CNCTR essentiellement en raison de ses inquiétudes quant à « l'affaiblissement des contrôles [résultant de la nouvelle loi] quoi qu'on ait réellement voulu et quoi qu'on ait pu affirmer sur ce point[228] », alors même qu'il s'était déjà déclaré préoccupé dans son dernier rapport à la CNIS de l'infléchissement récent de la politique du premier ministre en soulignant que « la part des avis défavorables [émis par la commission] qui n'ont pas été suivis par le premier ministre s'est accrue plus que substantiellement[229] » pendant les quatre premiers mois de 2015. Une déclaration effectivement inquiétante dans la mesure où l'avis de la CNCTR n'est que consultatif, sans compter qu'est explicitement évoquée par le ministère de l'Intérieur la possibilité d'un contrôle par simple sondage dans le cas où l'activité en matière d'interceptions serait trop soutenue[230]. Un contrôle pas nécessairement effectif, donc, et un magistrat sans doute par trop indépendant dont les déclarations ont agacé jusqu'au premier ministre qui ne désirait pas le voir reconduit dans ses fonctions. Pour le moins, la CNCTR n'est donc pas portée sur les fronts baptismaux avec tous les pouvoirs et toute la sérénité que l'on aurait souhaités pour une telle autorité, le gouvernement ne semblant pas avoir compris, une fois de plus, que seules des instances et des procédures de contrôle réellement adaptées et draconiennes sont de nature à rassurer la société civile sur les pouvoirs mis en œuvre pour l'exécution des missions régaliennes. En l'occurrence, on ne peut au contraire que craindre que les attentats de janvier, suivis de ceux du 13 novembre 2015, aient été

---

[228] http://www.lemonde.fr/pixels/article/2015/09/15/jean-marie-delarue-ecarte-du-controle-du-renseignement-par-le-gouvernement_4757706_4408996.html (Accédé le 28/11/16).

[229] *Ibid.*

[230] « Quand bien même, du fait de l'augmentation sensible de ces autorisations, le contrôle de la CNCTR s'en trouverait alourdi, celle-ci aura tout à fait la possibilité d'exercer un contrôle effectif du respect de leur mise en œuvre, par sondage ou bien aussi souvent qu'elle le souhaitera ».
http://www.interieur.gouv.fr/Actualites/L-actu-du-Ministere/Projet-de-loi-sur-le-renseignement-quels-controles (accédé le 28/11/16).

instrumentalisés par le gouvernement et le Parlement pour obtenir la mise en place, dans une démarche inspirée de la stratégie du choc[231], de capacités de surveillance outrancières si on les compare aux mesures de contrôle qui leur seront appliquées. D'une certaine manière, on peut même penser que tout le monde aurait été gagnant à ce que le public en sache moins sur les techniques de surveillance (algorithmes de surveillance, *Imsi-Catcher*[232], etc.) dès lors qu'il aurait pu se reposer sur la certitude que des procédures d'autorisation et de contrôle indépendantes, dotées de pouvoirs réels et faisant toute sa place au juge judiciaire, protégeaient sa liberté. Un tel choix aurait été de nature à satisfaire à la fois la communauté du renseignement, qui a besoin de capacités autant que de secret, et la population qui doit pouvoir faire confiance à ses dirigeants dans l'usage qu'ils font de ces capacités. Le moins que l'on puisse dire est que le terrain n'est vraiment pas favorable pour engendrer aujourd'hui une telle relation de confiance.

L'intérêt des Etats pour les données et métadonnées de tous les types d'échanges captables dans un monde numérique et globalisé est donc aujourd'hui une réalité qui n'épargne aucun individu, depuis l'homme occidental hyper-connecté jusqu'au hadji isolé dans le désert irakien, et il est certain que cette réalité n'a aucune chance de se démentir à court et moyen terme. Mais si l'hydre de la surveillance de masse a d'abord pris ses quartiers dans notre quotidien à notre insu, puis sans que nous ayons la présence d'esprit de lui résister comme nous y convoquaient pourtant quelques esprits lucides, nul ne peut plus ignorer à ce jour combien fragile est l'enveloppe de notre vie privée. Au titre de la lutte contre le terrorisme, dont les dangers et les horreurs ne peuvent évidemment pas être niés mais au nom de quoi on oublie de les relativiser, les gouvernements de tous bords – et cette unanimité devrait à elle seule nous alerter – convainquent les uns après les autres les populations du monde de la nécessité, et pourquoi pas des bienfaits, d'une telle pénétration de leur intimité. De ce point de vue, en nous interdisant de rester les yeux fermés devant le sort fait à notre vie privée, les divulgations d'Edward Snowden seront certainement retenues par l'Histoire comme l'avènement d'une ère nouvelle : celle d'un espionnage numérique mondialisé à base de captation de données de masse non triées en amont, donc concernant l'ensemble de la population, espionnage consenti par des peuples pas forcément bien éclairés, au risque selon l'aphorisme de Benjamin Franklin

---

[231] Thèse soutenue par Naomie Klein, journaliste altermondialiste, selon laquelle les désastres (catastrophes naturelles, crises politiques majeures, etc.) sont mis à profit par les tenants de l'ultra-libéralisme pour obtenir, au nom de l'urgence et de l'efficacité, des réformes économiques privatisant des pans de l'économie qui relevaient jusque-là de la collectivité. KLEIN Naomie, *La stratégie du choc : La montée d'un capitalisme du désastre,* Leméac/Actes Sud, 2013.

[232] Dispositif portatif simulant une antenne GSM et recueillant les données de tous les téléphones connectés dans sa zone de couverture.

qu'ils y sacrifient un peu de liberté contre un peu de sécurité pour finir par n'avoir plus ni l'une ni l'autre.

Chapitre 8

La recherche sérielle à l'épreuve du réel

Ainsi qu'on peut facilement le deviner, cette longue excursion sur les terres du renseignement n'a pas été gratuite : la recherche sérielle, ainsi qu'on va le voir, ferait avec délectation son miel de données de masse, même si elle ne viserait pas forcément les mêmes que l'anti-terrorisme ou le contrôle des populations. La proximité entre les deux démarches est toutefois suffisante pour que les erreurs de la trajectoire technico-juridique retenue pour la communauté du renseignement puissent être riche d'enseignements dans la recherche d'une réelle acceptabilité sociale d'une collecte éventuelle de données sur le terrain judiciaire de l'analyse sérielle.

1/ Le passé récent : tâtonnements et temporisations

A/ Années 2000 : le défrichage

Comme l'appétence pour des données de masse, le concept de sérialité de la délinquance est une idée récente dont les contours se laissent deviner assez clairement mais dont on peine encore à identifier les modalités pratiques. Rien de vraiment surprenant à cela : une recherche sur Internet montre par exemple que les expressions « sérialité de la délinquance », « analyse sérielle », etc. n'apparaissent qu'après – et souvent bien après – l'année 2000 et qu'elles ne correspondent le plus souvent qu'à quelques articles et paragraphes de livres et revues souvent spécialisés, notamment en psycho-criminologie ou psychopathologie. Pour autant, un travail d'enquête sur des infractions en série était déjà pratiqué de façon relativement moderne depuis l'apparition de l'analyse criminelle opérationnelle et il n'est pas inutile de s'attarder sur sa méthodologie avant de regarder de plus près l'invention (avortée) d'une analyse sérielle à grande échelle telle a été imaginée à dans le fort de la gendarmerie à Rosny-sous-Bois à la fin de la décennie 2000.

a/ L'analyse criminelle opérationnelle comme analyse sérielle

Ainsi qu'on l'a expliqué précédemment, l'analyse criminelle opérationnelle a pour première vocation l'aide à la résolution d'infractions graves générant de très nombreux actes de procédure pouvant eux-mêmes contenir des centaines ou des milliers de données, voire plus si l'on prend en considération les données de téléphonie. Un tel volume d'informations justifiait naturellement d'être traité par informatique et, dès que celle-ci a proposé des outils adéquats, les enquêteurs ont eu recours à eux notamment pour mettre en évidence des similitudes ou des contradictions entre les éléments recueillies. Si l'on excepte quelques tentatives artisanales (mais ayant joué un rôle précurseur), le premier logiciel utilisé en France a été Analyst Notebook™ qui a, en particulier, été déployé à grande échelle par la gendarmerie jusqu'à ce que celle-ci dispose d'un réseau riche de plusieurs centaines d'analystes.

L'analyse criminelle opérationnelle, généralement désignée par l'abréviation Anacrim, est donc un outil de recherche et de gestion de liens, puis de représentation des données ainsi reliées sous forme graphique (par exemple dans des frises chronologique, des schémas relationnels, etc.). On n'est toutefois pas là dans le registre de l'analyse sérielle qui ne débute qu'une fois mises en jeu plusieurs infractions faisant l'objet de plusieurs procédures. A cet égard, il est important de noter que l'analyse criminelle opérationnelle n'est d'aucune utilité pour la détection des sérialités en raison d'une « puissance » limitée ne lui permettant pas de travailler sur des échantillons de centaine ou milliers d'affaires, voire (beaucoup) plus. Une démarche d'analyse sérielle avec les méthodes de l'analyse criminelle opérationnelle sous Analyst Notebook™ nécessite donc que soit préalablement identifié, par d'autres moyens, un corpus d'une dizaine ou quinzaine d'affaires entre lesquelles a été établi au moins un lien, même ténu, laissant supposer que ces affaires peuvent avoir été commises par le même auteur. Dès lors, l'agrégation des données des différentes procédures peut commencer, puis la recherche de liens entre elles et la schématisation à laquelle ils peuvent se prêter.

Bien adaptée à des circonscriptions policières réduites confrontées à une délinquance relativement limitée, l'analyse criminelle opérationnelle a notamment été utilisée en Suisse dans cette fonction d'analyse sérielle, non sans succès, et l'intéressante thèse d'un jeune chercheur de l'université de Lausanne, Stéphane Birrer, est venue fort opportunément présenter cette utilisation de façon à en rendre compte dans son contexte et selon les méthodologies qui s'offraient à elle[233]. Pas réellement significatives pour notre propre travail en raison d'une différence d'échelle vraiment trop importante, les réflexions et conclusions de Stéphane Birrer sont en revanche très éclairantes quant à la structuration du raisonnement d'analyse mis en œuvre.

---

233 BIRRER Stéphane, *Analyse systématique et permanente de la délinquance sérielle : place des statistiques criminelles ; apport des approches situationnelles pour un système de classification ; perspectives en matière de coopération, op. cit.*

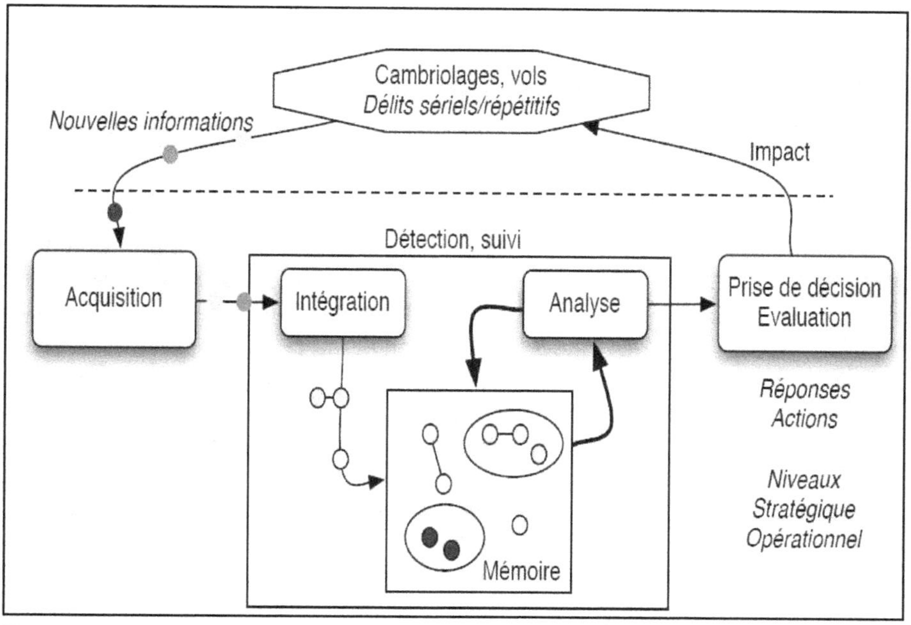

Figure 10 : "Processus d'analyse permanente et systématique de la délinquance itinérante et sérielle, inspiré de Ribaux et Margot, 2003"[234]

A l'appui de ce schéma, Stéphane Birrer précise que « Les principaux processus d'analyse sont déclenchés par une demande externe, généralement par un enquêteur ou un décideur confronté à un problème[235] », ce qui distingue bien la démarche dans laquelle il s'inscrit de celle que pourra requérir un plus grand pays où le travail de détection et d'analyse sérielle doit s'effectuer sans attendre l'expression d'un besoin particulier mais au contraire de façon réellement systématique, au fil de l'eau, proactivement, sur une base d'infractions la plus large possible couvrant la totalité du territoire ou au moins un grande partie de celui-ci. De fait, la forte granulométrie des échantillons sur lesquels s'opèrent les analyses dans les exemples de M. Birrer ne sont pas transposables aux centaines de milliers d'actes transgressifs que peut enregistrer la France, chaque année, dans certaines catégories d'infractions. Ainsi ces exemples fondent-ils, pour l'essentiel, leur démarche sur des particularités de mode opératoire, ce qui serait nettement moins probant en France où la multiplication des auteurs se traduit forcément par une plus grande uniformisation de ces modes opératoires. A ces réserves près, le raisonnement d'analyse de M. Birrer est cependant tout à fait applicable à une recherche sérielle et, pour des phénomènes locaux, l'efficacité policière dans notre pays gagnerait assurément à ce qu'ils soient mis en œuvre à certains

[234] *Ibid*, p. 28.
[235] *Ibid.*

échelons déconcentrés. En outre, la chaîne itérative « acquisition → intégration → analyse → prise de décision-évaluation » est effectivement le modèle de base de toute recherche de sérialité.

b/ L'expérimentation Windev™ de la gendarmerie

Principalement conduite au cours des années 2006-2007, l'expérimentation dite Windev™[236] menée par la gendarmerie dans son service technique de recherches judiciaires et de documentation (STRJD, aujourd'hui rebaptisé service central de renseignement criminel – SCRC) ne visait pas encore à déceler de façon globale et systématique des séries potentielles d'infractions. Une telle détection aurait en effet nécessité une base nationale plus souple et plus riche que JUDEX et STIC afin que les enquêteurs puissent élaborer un programme de requêtes pré-formatées. L'expérimentation ne s'est donc pas donné d'autre objectif que de prouver qu'une corrélation entre des affaires possiblement imputables à un même auteur était un réel facteur d'amélioration de l'élucidation. Techniquement, deux processus inverses ont été mis à l'épreuve, que vont illustrer deux exemples assez emblématiques de ces processus.

- Dans le premier, les enquêteurs[237] ont commencé par sélectionner dans la base JUDEX un auteur récemment identifié et interpellé pour plusieurs infractions de même nature commises à un intervalle de temps raisonnable (de l'ordre de quelques mois). Précisément, cet individu avait été mis en cause quelques semaines plus tôt en Rhône-Alpes pour trois agressions sexuelles (1 viol et 2 tentatives) dont la dernière avait conduit à son interpellation en flagrant délit. Ce cas avait également été retenu pour le mode de vie itinérant de l'auteur qui était travailleur saisonnier dans la restauration. L'équipe de l'expérimentation a tout d'abord cherché à reconstituer l'itinéraire de l'intéressé au cours des années précédentes en recoupant des données essentiellement téléphoniques, bancaires, administratives (Pôle Emploi, URSSAF, etc.) et de police (contrôles de lui-même ou de son véhicule, verbalisations, etc.). La carte ainsi dressée de ses déplacements a ensuite été confrontée à celle des atteintes aux mœurs non résolues commises à proximité de ses lieux de passage ou de séjour, dans un créneau de temps compatible avec sa présence. Pour chacune des concordances obtenues – naturellement plus nombreuses dans des zones à habitat dense – le service s'est fait communiquer les

[236] Windev™ est un logiciel de développement de bases de données fonctionnant sous Windows.

[237] Le STRJD comptant parmi les services de la gendarmerie dotés d'une compétence judiciaire nationale, ses personnels du corps des officiers et sous-officiers de la gendarmerie étaient aptes à exercer leur qualité d'agent ou d'officier de police judiciaire sur toute l'étendue du territoire national, de même qu'au SCRC aujourd'hui.

procédures établies qui ont alors été intégrées à une base de données dédiée, au sein de laquelle des liens ont été établis sur le fondement de la description du suspect et du mode opératoire des agressions (en l'occurrence, principalement les critères de non usage d'une arme, de la nature des menaces et des expressions verbales menaçantes utilisées). Une dizaine d'agressions sexuelles ayant pu être retenues de cette manière, le STRJD a ensuite dressé un procès-verbal de ses investigations et conclusions afin de le transmettre, pour continuation d'enquête, à chacune des unités locales concernées. A ces unités, il était notamment demandé de procéder à la présentation d'un tapissage[238] aux victimes. Au final, l'individu était formellement reconnu et mis en cause pour six agressions sexuelles, notamment dans le nord et l'est de la France ; plusieurs autres faits pour lesquels il n'avait pas été reconnu avec suffisamment d'assurance étant cependant retenus par les enquêteurs sur la foi de la similitude du mode opératoire. Extrait de la maison d'arrêt où il était placé en détention préventive, il avoua alors aux enquêteurs sa participation à ces six viols et tentatives ainsi qu'à certains des autres faits, en partie mais principalement du fait de sa surprise de voir resurgir ainsi des affaires qu'il croyait oubliées depuis des lustres et pour lesquelles il aurait volontiers juré ne plus pouvoir être inquiété. Ce phénomène d'aveux malgré l'absence de preuves est décrit ainsi par Olivier Ribaux dans son livre tout entier consacré à l'exploitation criminalistique des traces : « Un effet de propagation des bénéfices n'est pas exclu. Dans les délits répétitifs, lorsqu'un suspect est confronté avec son profil ADN extrait de traces provenant de plusieurs cas, il aura une propension à admettre d'autres cas pour lesquels aucun élément technique et aucun suspect n'existait (Bradbury et Feist 2005) [239] ». En tout état de cause, après regroupement de l'ensemble des procédures au cabinet du juge de Rhône-Alpes saisi des trois agressions initiales, l'intéressé confirma ses aveux lors de l'instruction.

- Plus complexe (mais c'était précisément l'objet de l'expérimentation), le second processus se proposait d'accomplir la totalité d'une enquête sérielle, en commençant donc par la détection d'une sérialité possible et ceci avant toute identification d'un auteur, c'est à dire en ne travaillant que sur des affaires non élucidées. De plus, il était entendu que ce processus serait testé uniquement sur des faits relevant de la petite et moyenne délinquance, à la fois parce que

---

[238] Le tapissage consiste en la présentation d'une planche de photos représentant le ou les suspects mêlés à des personnes prises au hasard mais présentant des caractéristiques physiques proches.

[239] RIBAUX Olivier, *Police scientifique, le renseignement par la trace*, *op. cit.* p. 80.

c'est justement celle qui connaît les moins bons résultats en élucidation et parce qu'elle se prête plus facilement au phénomène de réitération en raison de sa gravité moindre. Dans l'exemple qui suit, le dévolu des enquêteurs se porta sur des vols d'argent liquide dans les tiroirs-caisses de magasins hyper ou supermarchés, commis par au moins deux individus, l'un d'entre eux se chargeant de distraire la caissière pendant le vol commis par son complice dans le tiroir-caisse. Dans un premier temps, une recherche classique permit de calculer, pour tout le territoire métropolitain, la moyenne départementale et mensuelle de ce type de faits au cours des deux dernières années, de manière à mettre en évidence les zones et périodes ayant connu des pics « d'activité ». De ces premières requêtes ressortit entre autres une recrudescence sensible, depuis plusieurs semaines, de ce type de faits dans le sud et le sud-ouest du pays. Dès lors, cette zone pouvait être retenue pour une recherche de séries possibles dans la base JUDEX (une recherche corrélative dans STIC ayant été écartée en raison du taux d'erreur et des imprécisions notoires de ce fichier) avec comme critères le mode opératoire, assez caractéristique, la pluralité d'individus (au moins deux) et la proximité géographique de faits commis dans un court créneau de temps (pas plus de deux jours entre deux faits dans le cas présent).

Comme les enquêteurs s'y attendaient, le déficit d'information dans la base (s'agissant de petits délits, le champ du mode opératoire était souvent renseigné de façon lapidaire) obligeait à retenir *a priori* des faits sur la foi d'un seul des trois critères, ce qui permit de construire une base vraisemblablement exhaustive mais comportant fatalement beaucoup de bruit et de silence[240]. La plus grande partie du bruit pouvait cependant être éliminé en enrichissant la base après récupération (comme dans le cas précédent) des procédures locales auprès des unités concernées ; contre le silence, en revanche, aucune procédure efficace n'était disponible. Ainsi purent être écartés, après validation « manuelle » systématique, les affaires ne correspondant manifestant pas à l'équipe dont le profil commençait à se dessiner : en réalité non pas deux mais trois auteurs, voire un quatrième attendant à l'extérieur dans un véhicule, agissant par raids combinant de quatre à une dizaine « d'attaques » en quelques jours, accréditant l'idée qu'ils étaient originaires d'une autre région que celle où ils frappaient. Par ailleurs, malgré le soin qu'ils mettaient à déjouer les caméras de surveillance sur les lieux de leurs vols, une photo

[240] Dans le cas de recherches de cette nature, le bruit est un surcroît d'informations non pertinentes – les faux positifs – qui parasite les résultats tirés d'une base de données ; le silence – les faux négatifs – consiste quant à lui à l'incapacité de la base de faire ressortir une information pertinente qu'elle contient.

exploitable de l'un des membres avait été obtenue dans un magasin, permettant alors de combiner une mise en alerte des « cibles » dans le sud et le sud-ouest avec diffusion de cette photo. Ainsi sensibilisés, les agents de surveillance d'une moyenne surface parvinrent quelques semaines plus tard à surprendre l'équipe en pleine action et à la mettre en fuite, non sans interpeller l'un des individus. Son identité rapidement établie de façon certaine à l'aide de ses empreintes digitales présentes dans le FAED permit d'identifier aussitôt l'un de ses complices (celui de la photo diffusée), avec lequel il avait déjà été interpellé par le passé et qui figurait à ce titre avec lui dans STIC et JUDEX. Dans le temps du flagrant délit, c'est-à-dire alors que la garde à vue du premier compère était toujours en cours, les photos des deux individus identifiés étaient adressées aux unités concernés par tous les magasins « victime » enregistrés dans la base sérielle. Les deux hommes ayant été reconnus dans la plupart des cas par leurs victimes sur présentation du tapissage, les charges étaient suffisantes pour justifier le placement en détention provisoire de l'auteur interpellé, désormais soupçonné de plusieurs dizaines de délits et qui n'aurait évidemment pas été écroué pour un seul fait. Dès lors, l'interpellation du complice identifié n'était plus qu'une question de temps, ainsi que celle des troisième et quatrième larrons identifiés les jours suivants lors de l'exploitation des données téléphoniques des deux acolytes déjà connus. Cerise sur le gâteau, l'exploitation des paiements par carte bancaire renseigna l'enquête sur l'habitude de la bande de loger dans des hôtels de type Formule 1 lors de ses raids. Jointe à l'exploitation des bornages de téléphonie mobile, cette information permit de localiser les malfaiteurs sur d'autres vols aux tiroirs-caisses dans la région lyonnaise d'où ils étaient originaires, ainsi qu'en Bourgogne. Au total, plus d'une centaine de vols se trouvèrent élucidés.

A la lecture de ces deux exemples et des processus qu'ils décrivent, on ne peut que manifester un étonnement bien naturel : pourquoi ne sont-ils pas mis en œuvre plus souvent et depuis bien longtemps ? Après tout, quand on les évoque comme cela vient d'être fait, ces processus sont finalement assez simples dans leur principe et promettent des résultats vraisemblablement satisfaisants sans qu'ils réclament de prime abord un investissement démesuré en temps et en personnel. Hélas, cette appréciation est erronée. Il est en effet important de souligner qu'au contraire, le travail de recherches dans JUDEX et STIC était d'une lourdeur toute particulière (lourdeur en outre multipliée par la dualité des bases), l'élaboration et le retour de la moindre requête étant à la fois long (parfois plusieurs heures), complexe et rigide, alors que plusieurs dizaines de ces requêtes étaient nécessaires pour chaque dossier. Par ailleurs, tout le travail annexe (remontée des procédures depuis les unités, saisie de l'information dans la base Windev™, validation des recoupements dans cette base expérimentale, etc.) se faisait de façon manuelle. En réalité, deux dossiers comme ceux qui ont été exposés pouvaient réclamer plusieurs semaines de travail par plusieurs enquêteurs. Le rapport « coût/bénéfice » était en outre altéré par les autres dossiers, ayant précédé ou suivi les deux exemples exposés, où les prémisses d'une série aboutissaient finalement à un échec, soit que la série ne soit en réalité pas valide, soit qu'elle s'interrompe trop tôt pour mériter qu'on y investisse. Tous inconvénients qui rappellent très concrètement que JUDEX et STIC étaient incompatibles avec une méthode de recherche en sérialité à grande ou même moyenne échelle. Rien que pour la sélection initiale des affaires potentiellement intéressantes, la poursuite de la démarche d'analyse sérielle était donc soumise, en toute connaissance de cause, au remplacement des deux bases par leur successeur, TAJ.

Pour le reste, les deux processus testés se sont donc montrés probants pendant l'expérimentation, les importantes difficultés rencontrées résultant soit de la lourdeur de JUDEX et STIC telle qu'elle vient d'être évoquée, soit du logiciel Windev™ lui-même. En effet, raisonnablement adapté chaque fois qu'il était utilisé pour la création d'une base dédiée à une affaire, cet outil de développement s'est montré en revanche sous-dimensionné pour les essais de développement d'une base assurant la surveillance sérielle de certaines catégories de faits, au fil de l'eau et de façon systématique, même sur des zones de dimension volontairement restreinte (de l'ordre de quelques départements ou d'une petite région de l'époque). En réalité, la complexité et le volume de la base dépassait les capacités du logiciel utilisé, mais c'est après tout justement pour cela que n'avait pas été envisagé d'aller plus loin qu'une expérimentation avec ce produit.

Par ailleurs, la mise en œuvre pratique des processus a confirmé l'idée sans doute la plus importante qu'il s'agissait d'expérimenter, à savoir qu'une catégorie de traces se montrait déterminante pour la réussite de l'approche sérielle : en effet, plus encore que le mode opératoire surtout efficient dans la détection des séries (mais pas dans leur élucidation), c'était les traces présentielles qui avaient systématiquement permis d'élucider le plus facilement ces séries. Rien que de logique, d'ailleurs, à cette conclusion : la présence répétée d'une même personne dans le voisinage d'infractions bien différentes dans le temps et l'espace est statistiquement le meilleur indice de sa participation possible à l'ensemble de ces infractions.

Enfin, sur le plan juridique, la solution avait été la saisine d'un magistrat acceptant par avance de se saisir de la totalité des faits que l'enquête de sérialité pourrait mettre en évidence (sous réserve naturellement que les parquets ou juges d'instruction concernés accepteraient de se dessaisir de leurs affaires). La légalité des bases de données constituées ne pouvait en revanche être assurée, aucun cadre juridique ne permettant leur déclaration, même comme bases temporaires et l'expérimentation a été conduite de ce point de vue sans autre couverture légale que, justement, ce caractère expérimental qui n'est cependant pas prévu dans la loi de 78.

Au final, l'expérimentation conduite pendant plus d'un an s'avéra donc une demi-réussite, c'est-à-dire également un demi-échec. Demi-échec, car l'extension vers des conclusions de portée générale telles qu'elles auraient été nécessaire pour tester la robustesse de certaines solutions en vue du programme PERICLES n'avait pas pu être réalisée, faute que l'expérience elle-même ait pu être étendue à une échelle significative. Demi-réussite en revanche, car l'intérêt de l'approche sérielle se trouvait tout de même largement confortée, et également parce que les enseignements tirés de cette expérimentation étaient justement ceux qu'attendait le groupe de travail chargé de définir les fonctionnalités souhaitables de PERICLES.

c/ Le projet PERICLES[241]

Le projet PERICLES, Programme d'Etude et de Rapprochement d'Informations Classées sur des Evénements Sériels – ensuite renommé ANG pour ANACRIM Nouvelle Génération – a pratiquement été envisagé en même temps qu'était démarrée l'expérimentation Windev™, dans les premiers mois de l'année 2006. Au fil du temps et des résultats probants de l'expérimentation, la démarche s'est consolidée et le projet a prospéré, décliné dès le départ en deux sous-projets, l'un fonctionnel et l'autre juridique, étroitement liés.

Sur le plan fonctionnel et dans les documents internes de la gendarmerie, le projet PERICLES était présenté synthétiquement de la façon suivante :

> « *La démarche sérielle d'investigation vise dans un premier temps à établir des liens objectifs permettant, à partir des multiples traces laissées par les auteurs dans l'environnement spatial, temporel ou opératoire des infractions, de relier des faits entre eux et d'isoler les séries possiblement imputables à un même auteur ou groupe d'auteurs.*
>
> *Dans un second temps, ces traces et les procédures dont elles proviennent sont réexaminées en analyse criminelle à la recherche de liens supplémentaires et, idéalement, d'une même personne dans l'environnement des multiples infractions de la série ; en cas de détection de la présence d'une personne, celle-ci est envisagée comme un indice justifiant que des investigations supplémentaires soient initiées sur l'hypothèse de la participation de cette personne aux faits étudiés, mais en*

[241] A l'époque de sa conception, le projet était baptisé PERICLES mais a ensuite pris le nom d'ANG (après une brève période où il a été fugacement et de façon délibérément obscure baptisé Application Judiciaire Dédiée à la Révélation des Crimes et Délits en Série – AJRCDS), dans un mouvement de même nature que celui ayant conduit à débaptiser le projet ARIANE au profit de l'appellation TAJ. Pour faciliter la lecture, il y lieu de considérer comme équivalents les acronymes PERICLES et ANG d'une part, ARIANE et TAJ d'autre part.

aucun cas cette présence n'est suffisante pour justifier une incrimination à ce stade du processus.

Dans un troisième temps, les investigations consistent à regrouper et additionner les éléments d'information disponibles pour chaque fait de la série, puis à les enrichir de données supplémentaires issues de sources externes, jusqu'à atteindre une masse critique d'éléments probatoires permettant de confirmer la sérialité jusqu'à aboutir à la mise en cause policière puis judiciaire d'une ou plusieurs personnes. »

On retrouve donc ici la logique du second procédé testé lors de l'expérimentation Windev™ et c'est sur la base de cette définition fonctionnelle qu'un groupe de travail a été constitué, composé d'informaticiens, de juristes, d'enquêteurs d'unités généralistes ou de police judiciaire et de spécialistes de l'administration et de l'exploitation des fichiers judiciaires. Dès 2007, ce groupe s'attela à l'élaboration d'un cahier des charges, et à partir de septembre 2007 à celle d'un cahier des clauses techniques particulières en vue de la passation d'un marché public, pour le développement externalisé du traitement ANG (ex PERICLES).

La logique fonctionnelle du dispositif d'analyse en gendarmerie se retrouvait ainsi organisée de la façon croissante suivante (voir figure page suivante).

Au premier niveau, l'analyse opérationnelle s'effectue de façon autonome, le double critère de son utilisation étant la complexité d'un dossier relatif à un ou plusieurs faits et l'existence d'une saisine judiciaire regroupant déjà ces faits entre eux. En revanche, le travail de TAJ et d'ANG est étroitement complémentaire, ANG ne pouvant être alimenté que de séries potentielles de faits préalablement détectées dans TAJ. L'enrichissement de données (essentiellement des données de localisation des personnes : téléphonie, images de vidéosurveillance, présence de véhicule, point d'accès à Internet, etc.) était bien entendu lui aussi propre à chaque série de faits enquêtée, sans mélange possible de ces données d'une série à l'autre.

Traitement et niveau	**Périmètre**	**Objectif**
- Analyse opérationnelle ANB (Analyst Notebook™) - Toute unité de PJ disposant d'un analyste et du logiciel ANB	Une procédure complexe, ou quelques procédures déjà rapprochées et regroupées judiciairement - Toutes les catégories d'infractions, mais dans la pratique surtout la catégorie des crimes	- Etablir des liens entre les données. - Schématisation de la complexité pour la rendre plus aisément compréhensible
- TAJ - Toute unité	Sous-ensemble d'affaires contenues dans le traitement Crimes, délits et certaines contraventions de 5ème classe	- Etablir des liens sur la base du mode opératoire et de la description des auteurs des infractions - Détecter des séries possibles - Au mieux, résoudre la série ; au moins, saisir ANG de la série détectée sous réserve que la nature des infractions soit éligible à ce traitement (crimes et certains délits seulement)
- ANG - Environ 1300 enquêteurs ou supérieurs hiérarchiques de ces enquêteurs, répartis entre les unités de PJ et le niveau central au SCRC	Une série présumée de faits, détectée sur la base des informations de TAJ Crimes et délits de plus de 7 ans (atteintes aux biens) ou 5 ans (atteintes aux personnes) d'emprisonnement	- Confirmer la série détectée dans TAJ en étendant la recherche sur la totalité des données, issues des procédures - Enrichir ces données par des données d'autres sources externes et relancer la recherche de liens sur cette base - Identifier les auteurs sur la base de ces liens

Figure 11 : Dispositif d'analyse criminelle et d'analyse sérielle envisagé en gendarmerie dans le cadre du programme ANG.

Il est donc important de noter dès ce stade qu'ANG n'était pas envisagé comme un fichier central agrégeant de façon pérenne toutes les données dont il était alimenté. Au contraire, le traitement était conçu comme réceptacle de regroupements de procédures (regroupements établis dans TAJ sur la base de leur sérialité possible) n'ayant pas vocation à être fusionnés dans la base nationale, celle-ci n'ayant de ce point de vue qu'un rôle d'hébergement. En ce sens, ANG n'était en rien un fichier central comme pouvaient l'être TAJ ou SALVAC, mais seulement un espace d'hébergement et de travail fournissant à un enquêteur déterminé les outils lui permettant d'approfondir une analyse de sérialité déjà détectée. Chaque sérialité enquêtée dans cet espace de travail n'y existait avec ses données que comme sous-espace de travail et de façon totalement étanche par rapport à tous les autres sous-espaces dans le traitement. Enfin, ultime précision mais extrêmement importante pour la partie juridique du projet, le cahier des clauses techniques prévoyait d'entrée que l'analyse dans ANG était « limitée à des faits particulièrement graves (punis de plus de 7 ans et 5 ans d'emprisonnement respectivement pour les atteintes aux biens et aux personnes) [242] ».

Schématiquement, chaque sous-espace de travail était organisé de la façon suivante dans son environnement (cf. figure ci-dessous).

- Le module de l'analyste, complètement cloisonné vis-à-vis de tous les modules d'analystes voisins, est le cœur de l'application et les fonctions « alimenter », « analyser », « enrichir » et « rapprocher » lui sont propres.
- La tâche « superviser » est partagée avec le module d'où le superviseur s'assure du respect des tâches et protocoles d'alimentation et d'analyse.
- La tâche « administrer » est partagée avec le module d'où l'administrateur fonctionnel s'assure du bon fonctionnement technique du système.
- Les tâches « exporter » et « alerter » sont partagées avec les modules du technicien d'identification criminelle (TIC) et de l'analyste comportemental (AC) qui ne sont mis en œuvre qu'en cas de présence dans la série étudiée respectivement de traces physiques éligibles à la police scientifique ou de traces comportementales. Quand ils sont activés, les modules TIC et AC n'ont accès qu'aux données que l'analyste décide d'exporter dans leur direction.
- Le module *Application de traitement des relations transactionnelles* (ATRT) est une application externe ayant la capacité de gérer de très grands volumes de données principalement issues de la téléphonie.

---

242 *ANACRIM-NG Cahier des clauses techniques particulières*, Direction Générale de la Gendarmerie Nationale, Bureau des systèmes d'information, p. 13.

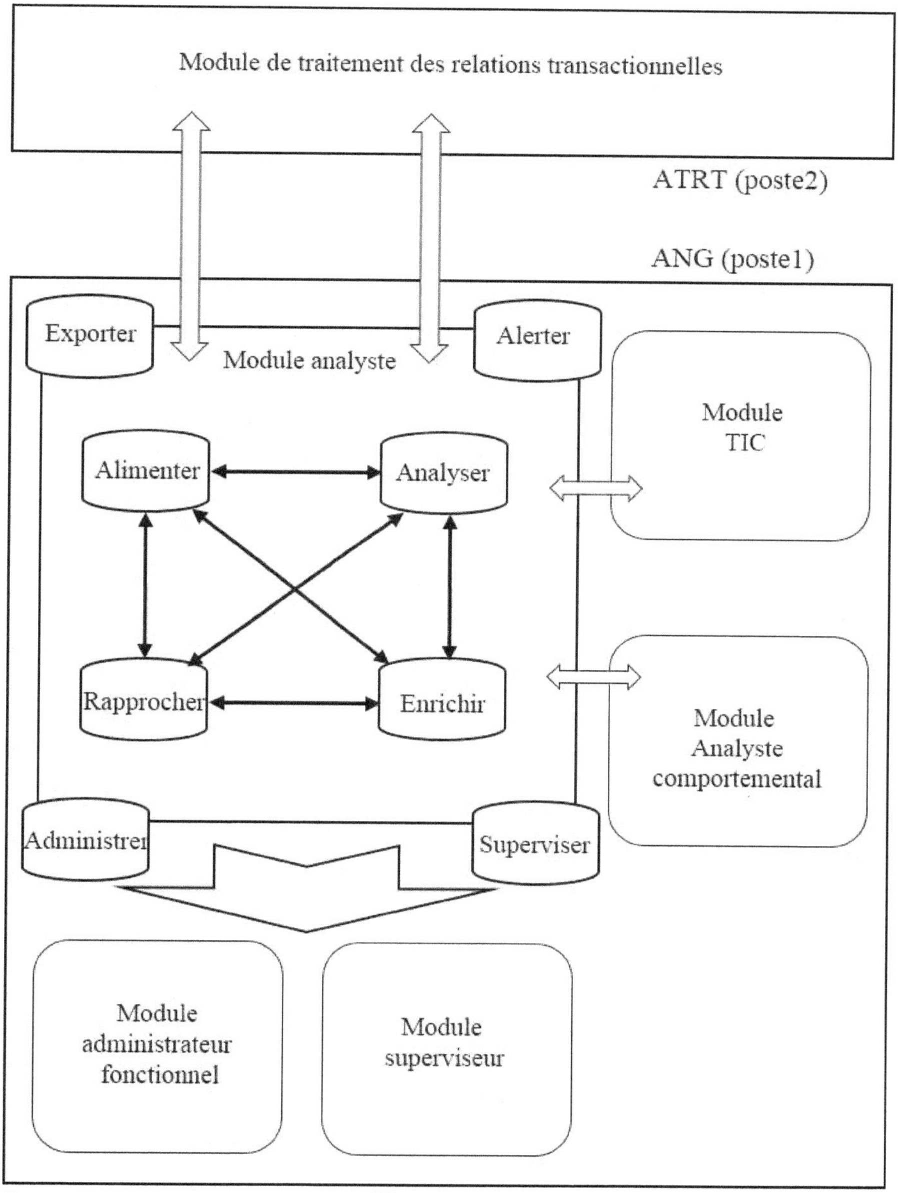

Figure 12 : Schéma fonctionnel d'ANG[243].

Dans ce mode de fonctionnement, un analyste A qui travaille sur une série A(s) ne partage aucune donnée avec les analystes B, C,… Z travaillant sur des séries B(s), C(s)… Z(s). En ce sens, ANG n'était une application centrale que

[243] Schéma établi à partir de *ANACRIM-NG Cahier des clauses techniques particulières*, *Ibid*, p. 16.

dans la mesure où elle était hébergée au niveau central, dans une philosophie parfaitement cohérente de fonctionnement en mode Web ; en revanche, le travail dans cette application s'effectuait, pour chaque série analysée, de façon complètement étanche par rapport aux autres séries étudiées par le même analyste et toutes celles des autres analystes.

Cette étanchéité était évidemment mise en valeur dans le sous-dossier juridique puisqu'elle anticipait de légitimes réticences de la CNIL et du Conseil constitutionnel si on leur avait présenté un traitement fusionnant les données dans une base nationale unique. En plus de cette absence de fusion, le traitement n'était orienté que vers les crimes et les délits les plus graves pour en limiter le champ d'action comme ne pouvaient manquer de l'exiger également la CNIL et le Conseil constitutionnel. Malheureusement, ce sont précisément ces deux points qui n'ont pas été intégrés dans le projet de LOPPSI ficelé par la DGPN en vue de garantir l'arrêt du développement d'ANG par la gendarmerie. De fait, dès le vote de la loi, la DGGN peu pugnace décida l'arrêt du projet qui faisait pourtant déjà l'objet d'un marché public attribué à la société Logica (également en charge du développement d'ARIANE-TAJ). Cet abandon par la DGGN a d'ailleurs été d'autant plus inexplicable que la déclaration d'ANG à la CNIL restait tout à fait possible dans le cadre pourtant étriqué du dispositif instauré par la LOPPSI : ANG pouvait en effet fonctionner, de façon certes dégradée, en tant que fichier d'analyse sérielle de l'article 230-12 du Code de procédure pénale, ou même sous certaines conditions en tant que logiciel de rapprochement de l'article 230-20. L'arrêt du programme n'est donc significative que de la faiblesse d'ailleurs récurrente de la DGGN habituée à faire réédition devant les exigences de la DGPN, quand bien même cette réédition va à l'inverse de l'intérêt général.

En plus des garanties ci-dessus, le sous-dossier juridique avait pourtant choisi d'assurer une sécurité maximale d'ANG en prévoyant :

- l'effacement des données d'un module au terme de l'analyse sérielle ou à l'échéance du délai qu'aurait prévu la loi ou le décret d'application ;
- une traçabilité complète des données ainsi que des opérations effectuées sur elles incluant évidemment l'identité de l'analyste y ayant procédé ;
- la certification ISO du traitement et du STRJD (futur SCRC) dans le cadre d'un dispositif d'assurance qualité complètement innovant dans le domaine des fichiers judiciaires ;
- Bien entendu, fichier de nature pleinement judiciaire, ANG n'avait pas vocation à être ouvert à des consultations administratives ;
- Enfin, la direction de la gendarmerie s'était déclarée favorable à ce qu'un magistrat soit affecté à un poste de contrôle du fonctionnement d'ANG, voire à la direction du traitement, et qu'un rapport annuel de

fonctionnement soit fourni à la CNIL, voire à une commission idoine du Parlement.

- un accès sécurisé au traitement limité à environ 1300 analystes, hors Police nationale, identifiés par conjonction d'une carte à puce et d'un mot de passe ;

L'accès d'ANG était en outre limité à un nombre très restreint de personnels, selon la volumétrie suivante[244] [245].

Profil	Module Analyste	Module TIC	Module analyste comp^al^	Admin^ion^	Nbre
Administrateur	L/E[246]	L/E	L/E	ANG	2 à 5
Propriétaire	L/E	Non	Non	Dossier	900
Délégataire	L/E	Non	Non	Variable	
Collaborateur	L/E	Non	Non	Non	
TIC	L	L/E	Non	Traces	250
Analyste comp^al^	L	L	L/E	DSC	15
Superviseur	L	L	L	L	150

Figure 13 : Volumétrie des personnels ayant accès à ANG.

Le marché public d'ANG comprenait par ailleurs un second traitement qui a, lui, été mené à son terme, c'est à dire jusqu'à son déploiement : ATRT, spécialisé dans le traitement, le recoupement et la schématisation des données issues des téléphonies. Son architecture en fait en outre un produit tout à fait adapté à des données qui seraient issues de l'emploi d'Internet, (au premier rang desquelles les adresses IP) ou de fichiers numériques (photo, vidéos etc.) identifiés par des métadonnées telles qu'un numéro de hash[247].

A l'heure où ces lignes sont écrites, ANG ex-PERICLES reste donc un échec cinglant, non pas en raisons de difficultés techniques ou fonctionnelles mais simplement de l'incapacité de l'Etat à imposer à ses institutions policières une collaboration fructueuse qui devrait être la règle. Au prix d'un dispositif juridique totalement boiteux (rappelons que CORAIL, de fait premier traitement généraliste d'analyse sérielle et de rapprochement déclaré à la CNIL, a dû l'être hors de ce dispositif juridique pourtant tout neuf et prétendument taillé sur

[244] Hors extension de l'application à la Police nationale.

[245] *ANACRIM-NG Cahier des clauses techniques particulières*, *op. cit.*, p. 18.

[246] L : Lecture – E : Ecriture.

[247] Cf. *supra* Ch. 7, § 2, F.

mesure pour l'analyse sérielle et le rapprochement) les détracteurs de l'analyse sérielle ou au moins les tenants de l'immobilisme n'ont rien obtenu de moins que l'élimination d'un outil qui était de nature à révolutionner l'approche classique de la délinquance, et ce d'autant plus que s'ouvrait corrélativement, ainsi que nous allons le voir maintenant, l'ère des données de masse.

B/ Recherche sérielle et données de masse

Dans le domaine des données de masse, les révélations d'Edward Snowden ainsi que la publicité faite, en France, autour de la loi de programmation militaire (décembre 2013, actualisée en juillet 2015) et de la loi dite « du renseignement » (juillet 2015), ont évidemment joué un rôle de détonateur en révélant au grand public l'étendue du champ couvert par ces données. Toutefois, il ne suffit pas de savoir que ce concept embrasse des données multiples et relatives à la vie privée des personnes pour en saisir tout le potentiel… et tous les dangers.

a/ Concept et outils de « Big Data » ou megadonnées

Selon IBM, nous générons journellement 2,5 trillions d'octets de données. Toujours selon IBM, 90% des données numériques stockées dans le monde ont été produites au cours des deux dernières années seulement. Pour bien prendre la mesure de l'importance prise par les données numériques en quelques années, il suffit de comparer leur volume et leur expansion par rapport aux données analogiques qui constituaient :

- la totalité des données de l'humanité depuis la naissance de celle-ci jusqu'à, approximativement, 1993,
- et la majorité de ces données jusqu'en 2002, année qualifiée de « commencement de l'âge numérique ».

Ainsi, les données analogiques, cumulées depuis l'aube de l'humanité, représentaient 2,6 exabytes (1 exabyte = 2^{60} bytes) en 1986. Leur production a ensuite rapidement augmenté, de 1986 à 2007, jusqu'à un volume total de 19 exabytes. 19 exabytes, un chiffre qui semble énorme mais qui n'est pourtant rien face aux 280 exabytes de données numériques produites simplement entre 1993 et 2007 (Cf. figure n° 14). 19 exabytes en plusieurs millénaires, 280 en moins de 15 ans, plus de 40.000 prévus en 2020. La cause est donc entendue : l'avenir est à la donnée numérique.

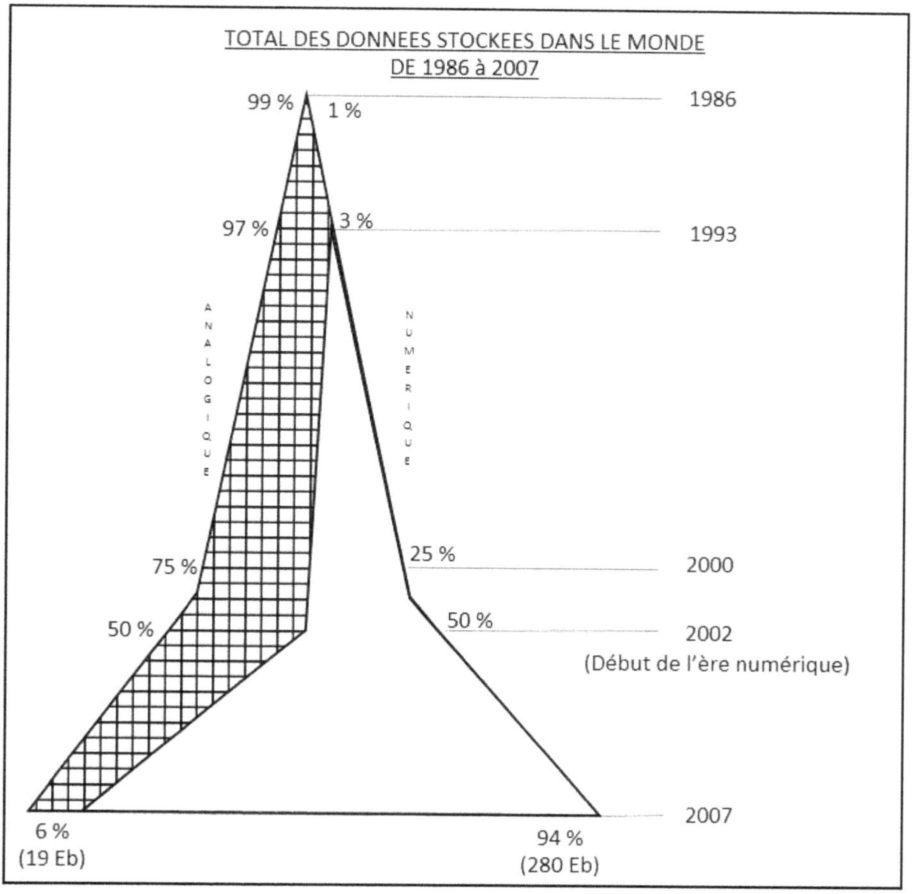

Figure 14 : Augmentation du volume des données analogiques et numériques de 1986 à 2007 (D'après Wikipédia, https://fr.wikipedia.org/wiki/Big_data)(accédé le 27 novembre 2016).

Le Big Data, ou megadonnées en français, désigne donc ces données numériques qui se caractérisent d'abord par leur volume plutôt que par leur nature. Les premiers acteurs confrontés à la nécessité d'exploiter l'explosion de données que leur activité mettait à leur disposition ont naturellement été les grands acteurs d'Internet : Google, Yahoo, Facebook, etc., nonobstant bien entendu les techniques qui pouvaient être déjà en œuvre dans le secret des institutions militaires et des services de renseignement des Etats.

Sous l'angle qui intéresse cet ouvrage, ce sont bien entendu les données utilisées par la police judiciaire qui seront retenues (cf. b/ ci-dessous) mais il n'est pas inutile de se souvenir que les megadonnées relèvent de domaines variés et de plus en plus nombreux : données météorologiques, données médicales et épidémiologiques, données bancaires, financières et de trading, données environnementales, données socio-politiques, données de gestion des réseaux énergétiques, données de l'observation spatiale, données de gestion des risques de l'assurance, données de réseaux sociaux, etc. Dans tous ces domaines, le volume de données recueilli est devenu d'une énormité sans comparaison avec ce que le monde numérique connaissait il y encore une dizaine d'années. A titre de référence, on peut par exemple retenir qu'en matière de megadonnées l'unité de mesure est aujourd'hui le pétaoctets, soit 10^{15} octets (un 1 suivi de 15 zéros) ou 1 million de gigaoctets. Ou bien, on peut souligner qu'une entreprise comme Facebook générait 10 téraoctets (soit 10^{12} octets) de données par jour en janvier 2013. De tels volumes de données ont naturellement généré le besoin de schémas organisationnels de stockage, d'outils logiciels et de protocoles nouveaux pour leur exploitation.

De façon simplifiée, les données en volume ordinaire sont traditionnellement stockées de façon structurée dans des bases de données elles-mêmes hébergées dans des disques durs travaillant à l'unité ou en série et interrogées avec des langages dits SQL (*Structured Query Language*). Rien de tout ce dispositif n'est cependant adapté aux megadonnées dont les bases de données (on parle de *dataset*) sont d'une dimension qui en dépasse les capacités. Ainsi les *datasets* de megadonnées sont aujourd'hui stockés dans des grappes de disques où elles sont organisées en fichiers de données et en fichiers log, ces derniers contenant la clé de répartition des précédents. Chaque fichier de données et fichier log est stocké de façon redondante dans cinq grappes différentes travaillant en parallèle, ce qui assure :

- La robustesse du stockage, car la défaillance d'un disque ou d'une grappe est secourue sans aucune intervention humaine par les quatre autres grappes, le système de gestion de l'ensemble assurant en outre le re-duplication des données concernées dans une nouvelle cinquième grappe afin de revenir à la situation initiale d'un stockage sur cinq grappes.
- L'optimisation des interrogations, car chaque requête est distribuée sur les grappes de façon à ce que soit exploré dans la première grappe le premier cinquième du *dataset*, dans la deuxième grappe le second cinquième et ainsi de suite, technique qui divise par cinq le temps de réponse.

Bien entendu, le langage de requête est lui aussi spécifique aux megadonnées et l'on parle dans leur cas de langages NoSQL pour bien faire la différence avec les bases de données classiques.

Enfin, pour finir de prendre la mesure des megadonnées, mentionnons que le caractère distant des unités de stockage ne diminue en rien leur réalité physique, bien au contraire. Par exemple, selon un article du CNRS, « on estime que Google possède plus d'un million de serveurs comme les trois autres géants du Web que sont Amazon, Microsoft et Facebook[248] ». Le même article avance également que la consommation électrique des trois catégories d'équipements nécessaires aux megadonnées (équipements terminaux, réseaux de transport et centres de stockage) a atteint 120 gigawatts en 2013 (40 gigawatts pour chaque catégorie) soit autant de tranches de centrales nucléaires.

Exabytes, téraoctets, zétaoctets, gigawatts... Tout en donnant le tournis, ces chiffres ouvrent forcément la porte à bien des révolutions, dans tous les domaines. Il serait donc étrange que la police judiciaire ne puisse pas, d'une manière ou d'une autre, faire son miel dans cette immense ruche en perpétuelle expansion. Mais le volume et la variété des megadonnées ne sont pas leur seule caractéristique, loin s'en faut, et parmi celles que nous n'avons pas encore évoquées se trouve la fallacieuse idée que ces gigantesques bases de données seraient, par leur taille et par les précautions dont on les entoure, les meilleures garantes de l'anonymat. Garantes par leur dimension même qui crée la trompeuse impression que l'individu est noyé dans la masse, mais aussi par la démarche volontariste consistant à anonymiser les *datasets* avant de les exploiter.

b/ L'illusion de l'anonymat des mégadonnées

Mieux encore que d'augmenter, les données numériques afférentes à la localisation d'une personne ou à d'autres éléments de sa vie privée n'ont donc jamais été aussi disponibles et bavardes, naturellement à la grande satisfaction de ceux qui peuvent en avoir l'emploi. Corrélativement, en revanche, cette situation ne pouvait que gravement inquiéter en matière de protection de la vie privée. Ainsi a été promue l'anonymisation des *datasets* qui a été considérée pendant longtemps comme une mesure salubre pour éviter le bavardage des données et comme une garantie suffisante offerte aux citoyens et utilisateurs. Hélas, comme on va le voir, cette anonymisation des données est une prétention, ou une chimère, dont il vaudrait mieux considérer qu'elle reste toujours contournable, et pas seulement par des services d'enquête. En réalité, elle est d'ailleurs certainement plus souvent violée par d'autres intérêts, mercantiles, que par ceux de la sécurité publique mais là n'est pas l'objet de notre réflexion. Dans le domaine de la levée d'anonymat par un tiers – on parle de réidentification – les chercheurs nous font en effet aller de surprise en surprise ainsi que l'illustrent les exemples suivants.

Au milieu des années 90, la *Massachusetts Group Insurance Commission* (GIC) a émis le projet de fournir aux chercheurs, à des fins d'études épidémiologiques, un *dataset* contenant des données relatives aux employés de l'Etat ayant consulté dans un hôpital. Les données concernées étaient les

---

[248] PIERSON Jean-Marc et LEFEVRE Laurent, *Le Big Data est-il polluant ? (mis à jour le 29 janvier 2014)*, CNRS le journal, https://lejournal.cnrs.fr/billets/le-big-data-est-il-polluant (accédé le 28/11/16).

dates de consultation, le diagnostic, les examens réalisés, le traitement ordonné, les suites de celui-ci, etc. Bien entendu, avant d'être ouvert aux organismes de recherche, le *dataset* du GIC avait été expurgé de l'identité des personnes, de leur adresse, de leur numéro de sécurité sociale et de tout autre élément permettant de façon évidente une identification directe ou indirecte. A l'inverse, des données non problématiques comme le genre des personnes ou leur numéro de code postal avaient été maintenues en raison de leur intérêt dans toute approche épidémiologique. La procédure d'anonymisation ainsi mise en place paraissait suffisamment sûre pour que le Gouverneur de l'Etat, William Weld, s'engage publiquement auprès de ses administrés sur le fait que la protection de la vie privée était parfaitement assurée dans le cadre de cette opération. Après avoir demandé une copie du *dataset* aux fins de recherche, Latanya Sweeney, étudiante en informatique, allait pourtant apporter un retentissant démenti à son assurance.

Latanya Sweeney savait que le gouverneur Weld habitait à Cambridge, Massachusetts, ville de 54.000 habitants répartis entre 7 secteurs postaux. Elle se procura donc la liste électorale de Cambridge (données publiques et accessibles pour une somme modique) qui contenait les noms, adresse, code postal, date de naissance et genre de chaque électeur. Croisé avec cette liste électorale, le *dataset* révéla aussitôt qu'il ne comptait à Cambridge que 6 personnes nées le même jour que le Gouverneur, dont trois seulement étaient des hommes et dont un seul vivait dans son secteur postal : Latanya Sweeney venait de (très) facilement retrouver le gouverneur Weld dans le *dataset* du GIC et pour preuve de l'efficacité de sa démarche, elle lui adressa postalement à son bureau la copie de toutes ses données médicales telles qu'elles figuraient dans le *dataset* anonymisé et dans son dossier personnel à l'hôpital.[249]

Une telle procédure n'est pas exceptionnelle : la même étudiante montrera quelques années plus tard que 87% de la population américaine pouvait être individuellement identifiée en croisant simplement, la date de naissance, le genre et le numéro de secteur postal des personnes, ce qui ouvrait évidemment de très engageantes perspectives pour les chercheurs entreprenant de montrer la puissance des procédures de réidentification et, *de facto*, les limites de l'anonymisation. D'autres exemples – un *dataset* d'AOL ou un *dataset* de Netflix « réidentifiés », dans le premier cas à partir des recherches effectuées par les utilisateurs, dans le second à partir des notes attribuées à des films – ont montré toutes les limites de l'anonymisation qui ne semble pouvoir devenir effective qu'une fois les données tellement expurgées et brouillées dans le *dataset* que celui-ci perd toute sa pertinence pour une exploitation utile, quelle que soit la démarche entreprise et le but poursuivi : « *data can*

---

[249] ANDERSON Nate, "*Anonymized" data really isn't—and here's why not*, Arstechnica, 8 septembre 2009, http://arstechnica.com/tech-policy/2009/09/your-secrets-live-online-in-databases-of-ruin/ (accédé le 28/11/16).

either be useful or perfectly anonymous but never both[250] ». Mais, comme on s'en doute, les opérateurs ne pourraient jamais monétiser de tels *datasets* inutilisables et il n'est pas difficile de comprendre que ce sont des *datasets* mal anonymisés, parfois délibérément, qui se négocient à prix d'or entre les opérateurs qui les détiennent et les firmes commerciales, les banques, les assurances, etc. qui les achètent pour mieux profiler leurs clients[251].

Last but not least, la réidentification directe n'est pas la seule menace qui pèse sur les données anonymisées. Plus inquiétant encore, un autre travail de recherche a montré non seulement les limites de l'anonymisation mais a également remis en cause la notion même d'anonymat dans un monde numérique. Pour cette étude, quatre chercheurs ont travaillé sur un *dataset* portant sur les données de téléphonie mobile de 1,5 millions de personnes pendant quinze mois. Les données supprimées par le protocole d'anonymisation du *dataset* étaient bien entendu les données d'état-civil et l'adresse des abonnés. Le numéro de téléphone de chaque abonné était quant à lui remplacé par un numéro aléatoire, la table de correspondance entre ce numéro aléatoire et le numéro de téléphone réel n'ayant pas été fournie aux chercheurs. Les données restantes dans le *dataset* étaient ainsi les relais déclenchés par chaque numéro aléatoire et la plage horaire des déclenchements (plage définie par les heures d'entrée et de sortie d'un téléphone dans la zone de couverture de chaque relais), la succession spatio-temporelle des déclenchements de chaque numéro aléatoire constituant une trajectoire. A ce stade, les observateurs savent évidemment que chaque trajectoire d'une durée de quinze mois sera unique et individualisera parfaitement le numéro aléatoire auquel elle correspond mais, bien sûr, là n'est pas le but de leur recherche qui est plutôt de savoir quelle longueur minimum d'une trajectoire permet d'arriver à l'individualisation de celle-ci. Peut-être à la surprise des chercheurs eux-mêmes, il est ainsi apparu qu'une trajectoire définie par… quatre déclenchements de relais, ou si l'on préfère par quatre points géolocalisés, permettait d'individualiser les utilisateurs dans 95% des cas. Avec cinq déclenchements, le pourcentage d'individualisation frôle les 100%. Rappelons que pour qu'une trace digitale soit considérée concordante avec une empreinte, ce sont douze minuties qui sont requises. Ainsi, à 5 points de comparaison contre 12, la trajectoire de leurs téléphones portables individualise les utilisateurs mieux que leurs empreintes digitales. Par exemple, dans la figure en page suivante, on voit par exemple que les trois trajectoires A, B et C se superposent dans les zones de couvertures des relais 3, 6 et 9, et dans ces trois zones seulement :

---

[250] *Ibid.* (les données peuvent être soit utiles, soit parfaitement anonymes, mais jamais les deux).
[251] Pour une vue relativement exhaustive de l'environnement et des failles des techniques d'anonymisation et de réidentification, cf. le rapport du Sénat, du 16 avril 2014 relatif à la protection des données personnelles dans l'open data : http://www.senat.fr/rap/r13-469/r13-469.html (accédé le 27 novembre 2016).

- Trajectoire A : relais 1, **3, 6, 9**, 10.
- Trajectoire B : relais 1, **3, 6, 9**, 8.
- Trajectoire C : relais 4, **3, 6, 9**, 11.

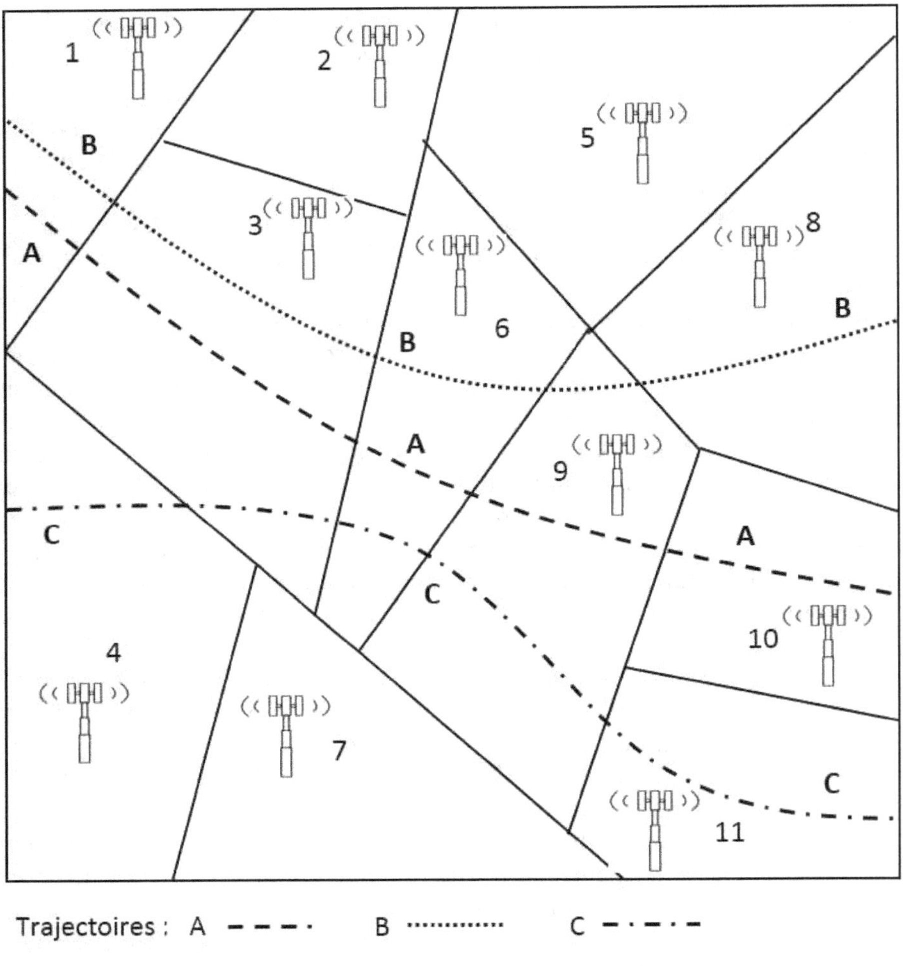

Figure 15 : Individualisation des trajectoires selon les relais déclenchés.

Si l'on ne considère donc que les relais 3, 6 et 9, rien ne permet d'individualiser les trajectoires A, B et C l'une par rapport aux deux autres. Quatre relais suffisent en revanche à individualiser la trajectoire C par rapport aux trajectoires A et B (soit par la succession 4, 3, 6, 9, soit par la succession 3, 6, 9, 11), ce qui illustre donc les 95% des cas d'individualisation par quatre points géolocalisé. Les trajectoires A et B illustrent quant à elles les 5% de cas où il faut plus de quatre relais pour obtenir l'individualisation, les deux trajectoires étant communes sur les relais 1, 3, 6, 9 et divergeant seulement ensuite, respectivement vers les relais 10 et 8.

Conduite sur des données fiables relatives à 1,5 million de personnes suivies pendant 15 mois, l'étude peut naturellement être admise comme crédible (d'autres recherches n'ont d'ailleurs pas eu de résultats différents) et la conclusion des auteurs a été d'une part que les traces de déplacement étaient particulièrement individualisantes, d'autre part qu'il suffisait ensuite d'un tout petit peu d'information supplémentaire pour réidentifier ces traces, notamment à partir de l'activité des personnes sur les réseaux sociaux, les forums, etc. (« *This shows that mobility traces are highly unique, and can therefore be re-identified using little outside information* »[252]).

Non seulement les chercheurs insistent donc sur le caractère très individualisant des traces présentielles issues des *datasets* de téléphonie, mais ils attirent également l'attention sur le fait que les trajectoires ainsi individualisées permettent une réidentification à partir de très peu d'information. En ville, la zone de couverture moyenne d'un relais de l'étude était de 150 m^2, ce qui correspond à la norme moyenne de densité des antennes en milieu urbain et ce qui permet de situer les personnes avec une remarquable précision. D'autres recherches ont ainsi montré que cette précision était suffisante pour établir qu'une personne fréquentait telle église, ou qu'elle s'était rendue dans une clinique pratiquant l'avortement (indication très sensible dans certains Etats américains), qu'elle travaillait dans tel immeuble, puis qu'elle stationnait deux ou trois fois par semaine, en plein après-midi et pendant 1 heure environ, dans un hôtel proche de son lieu de travail, et ceci en même temps qu'une autre personne habituellement également localisée sur le même lieu de travail, la répétition de ces séjours communs à l'hôtel laissant supposer une relation amoureuse entre les deux personnes, etc. Par ailleurs, les lieux de station de nuit permettent facilement de localiser le domicile des personnes alors qu'un lieu de station de jour révèle souvent le lieu de travail et que ces deux informations recoupées avec des données publiques (annuaire, organigramme d'entreprise, etc.) permettent en général à elles seules de retrouver l'identité d'une trajectoire pourtant totalement anonymisée. Pour peu que cette personne soit active sur les réseaux sociaux, la réidentification devient une véritable formalité.

Exit, donc, l'anonymat dont une personne peut croire bénéficier quand elle est noyée dans la foule : la réidentification, qui fait depuis quelques années l'objet de recherches très fines par des mathématiciens et statisticiens, est devenue une technique aboutie dont la précision ne cesse de croitre et qui sonne à bien des égards, dans le monde numérique, le glas d'une certaine conception de la protection de la vie privée. Une perspective qui conduit en

---

[252] *Unique in the Crowd: The privacy bounds of human mobility*, Yves-Alexandre de Montjoye, César A. Hidalgo, Michel Verleysen et Vincent D. Blondel, Nature.com, scientific reports, 25 mars 2013, http://www.nature.com/articles/srep01376 (accédé le 27 novembre 2016).

ce moment même l'Europe vers une redéfinition du concept de donnée personnelle pour tenter d'en étendre le champ en coupant l'herbe sous le pied aux techniques de réidentification.

Dans le domaine de la protection des données personnelles, le cœur de la législation européenne a consisté jusqu'en 2016 en une directive, adoptée en 1995[253], complétée entre autres en 2008[254] par une décision-cadre relative à cette protection des données en matière de coopération policière et judiciaire en matière pénale. Ces instruments ont cependant été transposés et interprétés de façon différente par les Etats. Le Royaume-Uni, par exemple, a une vision si étroite de la donnée personnelle qu'un tribunal a pu estimer que la mention du nom d'une personne ne constitue pas nécessairement une donnée personnelle par le seul fait qu'il [le nom] permet d'identifier cette personne[255]. Rien de tel cependant en France où la notion de donnée nominative initialement mentionnée dans la loi informatique et libertés de 1978 a cédé la place, en 2004, à la notion plus large de donnée personnelle explicitée en ces termes :

> « *Constitue une donnée à caractère personnel toute information relative à une personne physique identifiée ou qui peut être identifiée, directement ou indirectement, par référence à un numéro d'identification ou à un ou plusieurs éléments qui lui sont propres. Pour déterminer si une personne est identifiable, il convient de considérer l'ensemble des moyens en vue de permettre son identification dont dispose ou auxquels peut avoir accès le responsable du traitement ou toute autre personne.* [256] »

On note donc à cette occasion l'apparition d'une définition de la personne identifiable et que cette dernière n'est pas identifiable ou non *stricto sensu* mais selon les moyens dont disposera tel ou tel pour l'identifier. Il ne fait naturellement pas de doute qu'eu égard à l'étendue des moyens et données dont dispose la puissance publique dans l'ensemble de ses fichiers, toute personne entre *a priori* pour elle dans la catégorie « identifiable ».

Assez proche de cette vision, le règlement adopté en avril par le Parlement européen dispose que la notion de donnée à caractère personnel doit être entendue comme

---

[253] Directive 95/46/CE du Parlement européen et du Conseil du 24 octobre 1995 relative à la protection des personnes physiques à l'égard du traitement des données à caractère personnel et à la libre circulation de ces données, JO L 281 du 23.11.1995.

[254] Décision-cadre 2008/977/JAI du Conseil du 27 novembre 2008 relative à la protection des données à caractère personnel traitées dans le cadre de la coopération policière et judiciaire en matière pénale, JO L 350 du 30.12.2008.

[255] Décision Michael John Durant *vs Financial Services Authority*, 2003, EWCA Civ. 1746.

[256] Loi n° 78-17 du 6 janvier 1978 relative à l'informatique, aux fichiers et aux libertés, art. 2.

« Toute information se rapportant à une personne physique identifiée ou identifiable [...étant entendu qu'est] réputée être une "personne physique identifiable" une personne physique qui peut être identifiée, directement ou indirectement, notamment par référence à un identifiant, tel qu'un nom, un numéro d'identification, des données de localisation, un identifiant en ligne, ou à un ou plusieurs éléments spécifiques propres à son identité physique, physiologique, génétique, psychique, économique, culturelle ou sociale. [257] »

Une définition pas si éloignée de celle de la loi de 78 modifiée, mais qui y ajoute d'une part les données de localisation, identifiants en ligne, etc., et d'autre part les éléments spécifiques propres à l'identité physique mais aussi économique, culturelle, sociale, etc. d'une personne, ce qui vise évidemment à la fois l'exploitation des megadonnées « anonymes » et les procédés de réidentification. Il n'est toutefois pas certain que cette définition, voulue plus exhaustive par les parlementaires de Bruxelles, n'ouvre pas la voie à des abus ou à des contentieux pouvant naître de l'utilisation d'éléments d'identification n'entrant pas dans l'énumération retenue par la définition. De ce point de vue, la rédaction française qui a retenu pour sa définition les « éléments qui sont propres » à la personne assurerait sans doute une meilleure protection.

Face aux failles de l'anonymisation des megadonnées, la volonté de protéger les personnes est donc fermement posée mais cette évolution juridique n'est pas de nature à porter ombrage aux techniques policières qui peuvent, par principe, être autorisées à connaître, sous le contrôle de l'autorité judiciaire, tous types de données dans le cadre de la prévention, de la recherche, de la constatation et de la poursuite des infractions pénales. Le terrain paraît donc bien balisé, et particulièrement favorable à la satisfaction des besoins des enquêteurs en matière d'accès aux données numériques. L'optimisme est d'autant plus de mise que dans cet océan de données à leur portée, les enquêteurs pourraient pêcher ce qui les intéresse le plus : des traces présentielles.

c/ Une multitude de traces présentielles : la recherche sérielle à portée de main

De tout ce qui est disponible relatif aux personnes dans le monde numérique, la trace présentielle est incontestablement celle que l'OPJ jugera la plus digne d'un traitement de recherche sérielle. Peu lui importe en effet de connaître à ce stade de recherche les éléments propres à l'identité physique, physiologique, génétique, psychique, économique, culturelle ou sociale d'un individu, pour reprendre les termes du projet de directive européenne. L'objectif, pour lui, c'est plutôt d'établir en priorité la présence des personnes

[257] Règlement (UE) 2016/679 du parlement européen et du conseil du 27 avril 2016 relatif à la protection des personnes physiques à l'égard du traitement des données à caractère personnel et à la libre circulation de ces données, et abrogeant la directive 95/46/CE, art. 4.

immédiatement proches de chaque infraction, avec pour espoir, dans la recherche sérielle, de voir cette présence se répéter sur le lieu d'infractions différentes et indépendantes, pour un ou quelques individus. Peu importe alors que ladite présence soit assortie d'un état-civil, il sera toujours temps d'établir celui-ci dans une phase postérieure des investigations.

La trace, donc, la trace présentielle ou indice présentiel, celle qui trahit la personne en un lieu et un temps donné, ou plus souvent encore dans une zone plus ou moins large et un créneau plus ou moins long. C'est d'ailleurs à cette caractéristique fondamentale d'un simplisme facilitateur, à son contenu sémantique élémentaire, que l'indice présentiel doit son succès : à tel instant la personne se trouvait à tel endroit. Et justement, l'univers numérique est intarissable lorsqu'il s'agit de trahir la présence de ceux qui le fréquentent. Qu'on en juge !

Sans surprise, on découvre dans le rôle de premier traitre le téléphone, et bien plus encore le smartphone devenu le principal point d'entrée des personnes qui en sont équipées dans l'univers numérique. Ainsi un smartphone géolocalise son utilisateur le plus souvent de deux manières distinctes.

- D'une part il révèle la présence d'un utilisateur en « accrochant » constamment les relais téléphoniques dans la zone de couverture desquels se trouve cet utilisateur et renseigne donc de façon toutefois assez large sur sa position géographique, ce qui est également le cas avec un téléphone mobile plus traditionnel.
- D'autre part, de façon géographiquement plus fine, le smartphone est équipé d'une fonction GPS, activée dans la plupart des appareils, y compris par des applications qui n'ont nul besoin de connaître la localisation de l'utilisateur pour fonctionner mais qui la recueillent tout de même, pour la revendre sous forme de megadonnées à des opérateurs qui pourront ainsi cibler une publicité, une proposition, etc.

La géolocalisation traditionnelle a d'ailleurs depuis peu été rejointe par une nouvelle technologie baptisée géolocalisation *indoor*, ou micro-géolocalisation, que l'on décompose habituellement en trois sous-technologies différentes.

- La géolocalisation *indoor* proprement dite, que l'on pourrait comparer à un GPS d'intérieur capable de guider l'utilisateur pas à pas dans un immeuble, un centre commercial, un aéroport, une gare, etc. Cette technologie permet également à l'utilisateur de localiser ses amis ou collègues à proximité de l'endroit où il se trouve.
- La micro-localisation, fondée sur l'utilisation d'une balise particulière qui, en détectant un utilisateur à proximité d'un élément donné, lui permet d'interagir avec cet élément aussi longtemps qu'il ne s'en éloigne pas. Ainsi, sans intervention particulière de sa part, le visiteur d'un musée recevra des informations sur le tableau devant lequel il

vient de s'arrêter, le consommateur dans un magasin sera renseigné sur l'article qu'il regarde dans un rayonnage, etc.

- Le *geofencing*, barrière invisible qui signale la présence de l'utilisateur quand il entre ou sort d'une zone prédéfinie, technique destinée en particulier aux fonctions de géomarketing, à l'alimentation des programmes de fidélisation, etc.

A ce stade, deux remarques méritent toutefois d'être déjà formulées. En premier lieu, il faut noter que les fonctions de géolocalisation ou de géolocalisation *indoor* peuvent être désactivées par l'utilisateur. L'expérience semble prouver que ce n'est pas le choix de la majorité des personnes, d'autant que les constructeurs intègrent de plus en plus profondément ces technologies dans leurs appareils comme c'est le cas avec *iBeacon* intégré à l'iOS 7 d'Apple ou de la technologie *Bluetooth Low Energy* intégrée dans les smartphones *Androïd* de nouvelle génération. En second lieu il est indispensable, policièrement, de se souvenir que la géolocalisation d'un appareil ne géolocalise jamais de façon certaine que cet appareil ; la géolocalisation de la personne nécessite quant à elle d'établir de façon distincte et certaine que cette personne était effectivement en possession physique de l'appareil au moment où celui-ci a été géolocalisé. Cette restriction qui est d'ailleurs valable pour tous les indices présentiels technologiques explique que la géolocalisation ne peut acquérir, sur le plan judiciaire, que valeur d'indice et non de preuve aussi longtemps qu'un lien formel n'a pas été établi entre l'indice enregistré et une personne physique individualisée.

Au-delà des téléphones et smartphones, nombreux sont les équipements et services à trahir leurs utilisateurs : GPS des véhicules, enregistrement en temps réel des données de conduite automobile par les compagnies d'assurance, enregistrements de vidéosurveillance, abonnements traités numériquement comme c'est le cas pour les Vélib, Autolib, pass Navigo, etc., paiements par cartes bancaires ou autres moyens de paiement dématérialisés, connexions à Internet, émission non différées de courriels, activités sur les réseaux sociaux, et cette liste est loin d'être exhaustive. Chacun de ces procédés considéré individuellement est déjà un précieux indicateur pour la police judiciaire, mais en imaginant un dispositif les conjuguant ensemble on obtiendrait un espion redoutable de nos mouvements… et de notre vie privée, ce qui nous ramènera naturellement à l'enjeu juridique de l'emploi des indices présentiels (cf. *infra* § C).

En tout état de cause, la géolocalisation d'une personne à partir des traces numériques qu'elle laisse derrière elle peut déjà être une indication précieuse dans une enquête non sérielle, quand cette personne se voit localisée à proximité immédiate du lieu d'une infraction dans le temps de la commission de celle-ci. Pour de nombreux faits relevant de la petite et moyenne délinquance commis dans un environnement très fréquenté, cette présence ne sera cependant pas suffisante. Prenons l'exemple d'un vol à l'arraché commis en ville à une heure de fréquentation importante ou moyenne : au moment de la commission du forfait, un grand nombre des personnes présentes à proximité des lieux seront géolocalisées et ces personnes seront *stricto sensu* des suspects potentiels sur la base de leur présence établie « numériquement » bien qu'elles soient toutes innocentes, à l'éventuelle exception d'une ou deux. Dans le cas de ce vol à l'arraché enquêté comme fait unique, la discrimination à opérer entre ces personnes innocentes et l'auteur éventuel serait un processus trop long et trop contestable pour qu'il soit mis en œuvre par les policiers, nonobstant que rien n'indiquerait *a priori* que l'auteur fasse partie des personnes effectivement géolocalisées (tout le monde n'a pas un téléphone portable, ou bien les malfaiteurs peuvent prendre la précaution de ne pas l'emporter pour aller commettre leurs forfaits, bien que l'expérience montre que ce ne soit généralement pas le cas).

Les choses changent en revanche si l'on se trouve en présence de plusieurs faits dont le mode opératoire indiquerait qu'ils sont susceptibles de constituer une série criminelle, car en agglomérant tous les indices présentiels recueillis pour chacune des infractions de la série, on pourra rechercher par recoupement de ces indices si une même personne était présente à proximité du lieu de commission de chacune des infractions, ou d'une majorité d'entre elles. Bien entendu, cette présence répétée ne peut pas suffire à incriminer judiciairement la personne, et ce d'autant moins que les infractions de la série se seront produites dans une zone très fréquentée, mais elle sera en revanche une orientation d'enquête, un motif suffisant pour ouvrir une piste aux enquêteurs. Statistiquement, une telle présence renouvelée est en effet un incontestable et significatif indice de possible participation aux faits, la probabilité de cette participation augmentant en outre sous l'effet de deux facteurs, c'est à dire :

- au fur et à mesure qu'augmente le nombre de faits positifs, c'est-à-dire de faits pour lesquels la présence de la personne est enregistrée à proximité géographique et horaire du lieu et moment de commission des infractions ;
- selon la gravité des infractions de la série. La granulométrie des infractions très graves (par exemple le meurtre) étant plus faible que celle des infractions mineures (par exemple le vol), la probabilité d'une présence répétée d'une même personne à proximité des lieux d'un crime s'en trouve corrélativement diminuée[258].

Rappelons sur ce point que cinq emplacements géolocalisés seulement suffisent à individualiser une personne et que donc la présence d'un même individu sur le lieu de cinq infractions sera un indice largement suffisant pour justifier qu'on l'investigue. Ainsi, face à une série potentielle, la recherche

---

[258] Rappelons que c'est sur la foi de sa présence contrôlée par des patrouilles de gendarmerie dans la zone géographique de plusieurs crimes que Francis Heaulmes a été détecté comme possible tueur en série.

d'un maximum d'indices présentiels majorera significativement les chances de désignation d'un suspect, en fait au même rythme qu'augmenteront le nombre de faits, leur gravité et le volume d'indices présentiels exploités. On retrouve là, en enquête sérielle, la phase d'enrichissement d'informations qui doit permettre de dégager l'identité d'une personne présente dans tous les faits de la série, ou un grand nombre d'entre eux. Naturellement, hors considérations d'atteintes aux libertés et à la vie privée, il y a là une incontestable ressource pour améliorer l'efficacité des enquêtes, d'autant plus que le nombre d'indices présentiels ne cesse d'augmenter en même temps que se répandent les technologies numériques.

En revanche, on peut s'interroger sur le potentiel éventuel d'un dispositif qui exploiterait de réels *datasets* de megadonnées au service de la police judiciaire. En effet, le volume et la variété de ces données ne doivent pas créer un effet d'appétence de principe où la fascination du gigantisme tiendrait lieu d'évaluation de l'utilité. Les deux principales applications des traitements de megadonnées, à savoir le profilage des utilisateurs pour d'une part cibler leurs goûts et leurs attentes, d'autre part évaluer le risque (bancaire, assuranciel, médical, etc.) qu'ils présentent, sont très éloignées, voire complètement étrangères aux nécessités d'une enquête sérielle. Or, ce sont bien entendu des megadonnées répondant à ces objectifs de ciblage et d'évaluation qui sont majoritairement disponibles sur le marché. Bien sûr, la puissance publique pourrait toujours requérir tel propriétaire de données pour obtenir un *dataset* répondant sur mesure à ses besoins d'enquête, mais quel besoin ? En réalité, une investigation de police judiciaire classique est effectivement amenée à rassembler des éléments très diversifiés mais ils sont étroitement délimités dans le temps et dans l'espace à partir du point d'origine qu'est l'infraction. Le volume de ces données policièrement utiles est donc très loin de les élire au domaine des megadonnées. Dans l'immense majorité des cas, même les données présentielles seront d'un volume qui restera largement à la portée des bases de données traditionnelles : quelles qu'elles soient, les circonstances de l'infraction seront en effet exceptionnellement génératrices d'un besoin portant sur des centaines de milliers ou millions de traces de paiement bancaire, de passage de véhicules, de connexion à un spot wifi, etc. Seules les données de téléphonie sont en fait susceptibles d'atteindre des volumes vraiment significatifs, mais ces volumes seront toujours très loin de la barre qui les qualifierait en tant que megadonnées. Même une enquête sérielle portant sur plusieurs infractions, donc générant un volume de données multiplié à l'avenant, ne produira qu'exceptionnellement des données susceptibles de toucher aux limites des bases de données classiques. C'est tout l'avantage, notamment par rapport à l'action préventive des services de renseignement, que d'agir à partir d'un fait objectif et clairement délimité dans le temps et l'espace : l'infraction. Ainsi, restant dans des limites mesurées en terme de quantité de données traitées – sans commune mesure, répétons-le, avec ce que requièrent, dans la sphère publique les actions des services de renseignement ou dans la sphère privée le profilage des consommateurs – l'enquête sérielle ne peut sérieusement alimenter le fantasme d'une surveillance tous azimuts. Le spectre des megadonnées et de la surveillance orwellienne n'appartient donc définitivement pas au registre de l'analyse sérielle, ce qui doit naturellement favoriser son acceptabilité juridique et sociale.

A priori, le terrain semble donc bien dégagé pour la mise en œuvre de traitements de recherche sérielle dans un cadre judiciaire : les données nécessaires sont disponibles, les protocoles de base de la recherche sérielle ont été énoncés et ils ont été éprouvés dans le cadre d'une expérimentation, un cahier des charges détaillé a été rédigé sur cette base. Et pourtant... la recherche sérielle du type PERICLES-ANG a bien été enterrée. Le moment est donc venu de faire le point sur les obstacles, réels ou prétendus, au déploiement de cette technique d'enquête.

C/ La recherche sérielle face à un mur

Rappelons d'abord brièvement l'état de l'art en matière de recherche sérielle en France, telle qu'on l'a évoqué précédemment :

- SALVAC : limité aux meurtres et crimes violents, mal alimenté par les unités de terrain en raison de la lourdeur de la procédure requise, ce traitement fonctionne en outre selon un protocole de rapprochement fondé sur le mode opératoire et la description de l'auteur, certes détaillés mais qui reste une technique datée du début des années 90 et qui ne prend donc absolument pas en compte les possibilités ouvertes par l'avènement de l'ère numérique.
- CORAIL : embrassant une plus large partie de la délinquance, le logiciel est plutôt fondé sur un principe d'enrichissement d'affaires les unes par les autres, en s'alimentant là aussi essentiellement des données relatives au mode opératoire et à la description de l'auteur mais de façon artisanale et en outre moins détaillée – mais peut-être mieux alimentée ? – que SALVAC.
- Anacrim-ANB : fonctionnant à l'aide du logiciel Analyst Notebook™, l'analyse criminelle opérationnelle prend en compte tous types d'information, bien au-delà du mode opératoire c'est-à-dire y compris les indices présentiels, comportementaux, etc. La lourdeur du processus de son alimentation réserve toutefois cette analyse opérationnelle à des affaires importantes mais isolées ou à des affaires dans lesquelles l'existence d'une série a été préalablement établie solidement par d'autres moyens, c'est-à-dire dans un volume insignifiant de cas.
- TAJ : inapte à enquêter une série dans la profondeur puisque ne peuvent y figurer que les mis en cause et les victimes, TAJ permet

toutefois de rechercher ces séries par des requêtes ergonomiques permettant de faire varier souplement les critères d'espace et de temps ; s'il est lui aussi limité à des recherches sur les critères du mode opératoire et de la description des auteurs, ce traitement a cependant l'avantage de travailler sur l'ensemble des crimes et délits constatés en France par la police et la gendarmerie.

On retrouve donc le constat dressé précédemment : en matière d'analyse sérielle, les seuls outils déployés actuellement sont tous fondés, au mieux, sur une recherche de similitude des modes opératoires et des descriptions de l'auteur, c'est-à-dire un concept vieux de plus d'une génération. En effet, c'est selon ce même principe que fonctionnait déjà JUDEX, mis en œuvre à partir de 1985/86, il y a trente ans. C'est donc bien par nécessité qu'il faut s'interroger aujourd'hui, comme la gendarmerie l'a fait il y a une dizaine d'années, sur les bénéfices qui pourraient être retirés, et terme de police judiciaire et de sécurité, d'une approche sérielle de la délinquance. Faute d'autre piste sur ce sujet négligé par le ministère de l'Intérieur et pas franchement populaire au sein de la PJ, la meilleure solution pour débloquer la situation serait sans aucun doute être obtenue en déployant les capacités d'Anacrim Nouvelle Génération (ANG) tel qu'il a été développé à la fin de la décennie précédente. Ce qui permettrait d'obtenir une première approche de l'efficacité de cette application, et en toute légalité, bien que de façon fonctionnellement légèrement dégradée, en respectant le cadre normatif des articles 230-20 et suivants du Code de procédure pénale, relatifs aux logiciels[259] de rapprochement judiciaire. En même temps que l'on s'attardera sur le fonctionnement d'ANG, les aspects juridiques et les difficultés que ceux-ci pourraient soulever seront donc évoqués ci-dessous.

a/ Traitement général ou traitement spécial ?

En premier lieu, il convient de rappeler qu'ANG utilise comme base de son travail des séries déjà détectées (dans TAJ) et que c'est par les procès-verbaux afférents aux infractions de ces séries qu'il serait alimenté au moment de sa saisine. Or, TAJ et son prédécesseur JUDEX, ainsi que l'expérimentation Windev™, ont déjà largement démontré que la détection des séries est une technique difficile à maîtriser et qui ne fonctionne pas de façon automatique et systématique mais au contraire selon des recherches ponctuelles et orientées. Par ailleurs, il serait tout à fait déraisonnable de penser que cette détection de séries pourrait concerner plus qu'une fraction de la délinquance. S'il est évidemment complètement impossible d'estimer cette fraction à l'heure actuelle, elle serait en tout état de cause forcément largement inférieure à l'ensemble des crimes et délits enregistrés par la police et la gendarmerie.

---

[259] ANG devrait être considéré comme un traitement automatisé plutôt que comme un simple logiciel, mais on a vu que le mot logiciel était utilisé par le législateur et par la CNIL de façon indifférenciée avec les mots traitements ou fichiers.

En ce sens, ANG n'est donc en aucune manière un traitement général au sens où s'en inquiétait le Conseil constitutionnel dans sa décision de 2011 : « les dispositions des articles 230-20 et suivants n'ont pas pour objet et ne sauraient avoir pour effet de permettre la mise en œuvre d'un traitement général des données recueillies à l'occasion des diverses enquêtes mentionnées à l'article 230-20[260] ». La réserve d'interprétation du Conseil est ainsi respectée, ANG ne portant que sur une fraction des enquêtes mentionnées à l'article 230-20.

En second lieu, on peut opportunément rappeler que pendant la phase de définition d'ANG, ses concepteurs avaient fixé que le traitement serait dédié aux crimes ainsi qu'aux délits punis respectivement de 7 et 5 ans d'emprisonnement selon que l'infraction aurait porté sur des personnes ou sur des biens. Bien entendu, ce choix n'était pas gratuit et la limitation voulue par les concepteurs l'était pour des raisons pratiques (les affaires les moins graves offrent en général une information trop pauvre pour faire l'objet d'une analyse sérielle) et juridiques (afin de proportionner la gravité des affaires traitées à l'atteinte faite à la vie privée pour leur analyse sérielle). Une position qui est clairement à rapprocher de la position du Conseil constitutionnel qui a fondé sa réserve d'interprétation sur le fait que l'article 230-20 vise les « enquêtes judiciaires ouvertes pour toutes catégories d'infractions quelle que soit leur gravité » et que la nécessaire « conciliation entre, d'une part la sauvegarde de l'ordre public et la recherche des auteurs d'infractions [...] et d'autre part, le respect de la vie privée »[261] conduisait à exclure toute idée de traitement général des données recueillies à l'occasion des enquêtes. Ainsi, non seulement les concepteurs d'ANG ne visaient pas à mettre en œuvre un traitement général mais ils avaient en quelque sorte anticipé la position du Conseil, ce qui n'est d'ailleurs pas très difficile quand on connaît la position de celui-ci sur ces questions. Pour clore cette question, précisons qu'ANG s'il devait un jour être déployé resterait sur sa position – crimes et délits punis de 7 et 5 ans d'emprisonnement – qui pourrait donc figurer à son décret de déclaration. Le champ étendu de compétence délimité par l'article 230-20 n'interdit en effet en rien d'opter pour un champ plus étroit selon les capacités techniques et fonctionnelles du logiciel déclaré.

Enfin, en troisième lieu, il est nécessaire de souligner qu'ANG est un traitement établi au niveau central mais ceci du seul point de vue technico-fonctionnel. D'une certaine manière, on pourrait dire que le moteur est installé au niveau central, ce qui est d'ailleurs parfaitement naturel pour une application déployée sur toute l'étendue du territoire et fonctionnant en mode Web, mais que le réservoir est quant à lui constitué d'autant de compartiments étanches qu'il y a de séries en cours d'analyse, tel que cela a été expliqué précédemment. Rappelons en effet qu'ANG est fonctionnellement conçu pour fournir un espace de travail et des outils logiciels puissants à un analyste,

---

[260] Décision du Conseil constitutionnel n° 2011-625 DC du 10 mars 2011.
[261] *Ibid.*

espace de travail dans lequel il ne peut intégrer qu'une unique série isolée de toutes les autres séries à l'œuvre dans tous les autres espaces de travail ouverts, fut-ce par le même analyste. Bien sûr, pour un fonctionnement optimal du traitement, des alertes sont cependant émises automatiquement par le système en cas de certains évènements, comme par exemple la redondance d'une affaire ou d'une personne étudiée dans le cadre de deux séries différentes. Mais cette fonction a pour seul objet d'alerter deux analystes travaillant possiblement sur le même suspect, voire sur les mêmes affaires. Cette redondance n'est ni un défaut de conception, ni un moyen d'amplifier le volume des données traitées. Elle est au contraire inévitable, et en quelque sorte le prix à payer pour l'étanchéité de chaque espace de travail à l'égard de tous ceux qui l'entoure. Elle n'ouvre en revanche aux analystes concernés par la redondance aucune possibilité supplémentaire d'analyse ni, bien entendu, aucun accès à l'espace de travail de l'autre. L'alerte n'a donc pas d'autre fonction que de permettre aux deux analystes d'entrer en contact pour étudier la nature de la redondance et, sauf exception, pour la faire cesser. Dans ce cas, la fusion totale ou partielle des deux analyses pourra être envisagée, si elle semble pertinente aux deux analystes, et elle constituera alors un acte de procédure :

- soit de clôture d'enquête du côté de la série fusionnée dont les affaires seront reversées dans la série bénéficiaire de la fusion ;
- soit de dessaisissement partiel de l'un des analystes qui « cèderait » certains dossiers sur lesquels il travaillait parce qu'il semblerait finalement qu'ils se rattacheraient plutôt à l'autre série.

Dans les deux cas, l'accord des magistrats concernés sera naturellement recherché, mais il n'y a là rien de différent avec la conduite de toute enquête de police judiciaire. Enfin, si la fusion totale ou partielle des séries ne paraît pas judicieuse aux analystes, l'alerte est désactivée au niveau du superviseur qui est également l'autorité qui trancherait en cas de litige entre les analystes. Ainsi, la redondance ayant été traitée, on en revient à un traitement de données où chaque série est étudiée dans un environnement dédié et étanche. A nouveau, le fonctionnement du traitement satisfait à la réserve d'interprétation du Conseil constitutionnel : loin d'être un traitement général, ANG est au contraire un traitement spécial ne travaillant pas de façon globale sur S séries mais de façon strictement individualisée sur des séries S^1, S^2, S^3… S^x traitées simultanément mais indépendamment les unes des autres.

b/ Etape initiale de l'analyse par ANG

L'objectif général recherché étant de mettre en place un dispositif cohérent d'enquêtes fondées sur l'idée de sérialité de la délinquance, la toute première phase de fonctionnement de ce dispositif sera évidemment celle de la détection de possibles faits commis en série. L'espace de travail ANG de l'analyste étant à ce moment-là encore vide de toute donnée, c'est dans TAJ qu'il partira à la recherche d'affaires pouvant répondre à ce critère de sérialité sur le fondement de leur mode opératoire ou de la description des auteurs succinctement décrits dans le traitement. Outre que cette phase initiale ne concerne donc pas ANG, elle recourt à la seconde fonctionnalité principale de TAJ : effectuer des rapprochements sur la base du mode opératoire et de la description des individus (l'autre fonction principale étant celle de fichier d'antécédents). Il n'y a donc dans cette étape rien qui pose question et elle consiste au contraire à optimiser les bénéfices retirés de TAJ.

Dès lors qu'une série est détectée – ce qui ne signifie pas qu'elle est constituée mais seulement présumée, ou même simplement soupçonnée – l'analyste importe au sein d'ANG, dans un espace de travail vierge et individualisé, la totalité des procédures établies pour les faits de la série. Toutes les opérations qu'il effectuera désormais sont naturellement soumises à un protocole de traçabilité et à une supervision par un échelon hiérarchique supérieur. C'est bien entendu tout l'intérêt d'ANG de permettre un tel travail de recoupement sur la totalité des procédures mises en rapprochement, là où SALVAC ou CORAIL ne travaillent que sur la description d'un mode opératoire et d'un auteur (s'il a été aperçu). Le saut qualitatif à toute son importance puisque le traitement va pouvoir recouper entre elles toutes les données de toute nature contenues dans ces procédures (totalité du mode opératoire détaillé, déclaration et caractéristiques détaillées de la victime, identité et déclaration des témoins, données de téléphonie, traces de PTS, etc.). Sur le plan juridique, si l'on se réfère à l'article 230-21 du CPP, cette opération n'est absolument pas problématique puisque c'est précisément celle qui est explicitement décrite à l'alinéa premier de l'article : « Les données exploitées par les logiciels faisant l'objet du présent chapitre ne peuvent provenir que des pièces et documents de procédure judiciaire déjà détenus ». En outre, l'idée de séries de plusieurs centaines de faits est évidemment hautement improbable, voire illusoire, et l'analyste travaillera généralement à ce stade sur une fourchette allant de quelques à vingt ou trente affaires, ce qui élimine complètement l'écueil du traitement général visé par la réserve d'interprétation du Conseil constitutionnel. Soulignons pourtant qu'à l'heure actuelle, une telle mise en correspondance de la totalité des procès-verbaux établis pour des infractions que l'on peut rapprocher les unes des autres n'existe pas, sauf dans une poignée de cas chaque année et elle est alors traitée en analyse criminelle opérationnelle sous Analyst Notebook™ qui est loin d'offrir toutes les ressources d'analyse prévues dans ANG. Le changement d'échelle est donc réel, et même considérable puisqu'on ouvre la porte à une recherche méthodique et systématisée des infractions commises en série.

A la fin de cette étape de recoupement entre la totalité des procédures, trois cas de figure peuvent se présenter.

- Les recoupements opérés ne permettent pas de valider la série et établissent au contraire l'improbabilité de celle-ci. L'analyste dresse un procès-verbal de rapprochements infructueux qu'il adresse, comme tout OPJ, au procureur du ressort dans lequel il opère.

- Les recoupements opérés permettent de valider la série criminelle en tant que telle et ils donnent en outre des indications précises sur l'identité possible du ou des auteurs. L'analyste clôture alors son procès-verbal qui est adressé en copie, via leur parquet, aux différentes unités ayant constaté les faits initiaux. Ce sont ces unités qui organiseront d'une part avec leur parquet (ou juridiction d'instruction) les éventuels dessaisissements et regroupement de procédures, d'autre part la poursuite des investigations. L'analyste quant à lui tient bien entendu informé le parquet de son ressort à qui il adresse l'original de son procès-verbal conformément au CPP.
- Enfin, les recoupements alimentent la suspicion d'une série criminelle, ou même la confirment par des éléments distincts de ceux mis en évidence dans TAJ, mais ces éléments sont insuffisants pour orienter définitivement les investigations et il est donc nécessaire de poursuivre l'analyse sérielle après avis au parquet dans le ressort duquel opère l'analyste. L'analyste passe alors à l'étape suivante de l'analyse sérielle.

Précisons enfin qu'au cours de cette première étape de l'analyse, comme d'ailleurs de la suivante, l'OPJ peut être renforcé à sa demande soit par un technicien d'identification criminelle, soit par un analyste comportemental, chacun pour les traces ou déclarations figurant dans les procédures et relevant de sa compétence. Dans le cas où il est recouru à eux, ces spécialistes œuvrent, au sein d'ANG, dans un module qui leur est propre, rattaché à l'espace de travail de l'analyste qui leur délivre les droits nécessaires pour accéder aux données qui les concernent, et seulement à ces données. L'étanchéité de ces deux modules est naturellement totale.

c/ Seconde étape de l'analyse dans ANG

A ce stade, la série est complètement validée, ou au moins confirmée, par des liens objectifs et elle a alors tout à gagner à une investigation qui lui soit propre. Dans le meilleur des cas, les différentes procédures seront regroupées entre les mains d'un magistrat unique, procureur ou juge d'instruction. Toutefois, si ce regroupement n'a pas été jugé pertinent par les différents magistrats concernés, le travail d'analyse se poursuivra dans les mêmes conditions procédurales que lors de l'étape précédente. En tout état de cause, l'analyste opère toujours sous le contrôle de l'autorité judiciaire comme tout autre OPJ instrumentant en police judiciaire ; on ne voit d'ailleurs pas pour quelle raison il pourrait en aller autrement.

Par ailleurs, si le travail d'analyse – comme l'enquête ou les enquêtes qui en sont l'objet – en est rendu à cette seconde étape, c'est qu'elle n'est pas parvenue à identifier l'auteur avec les éléments dont elle disposait. La seconde étape de l'analyse va donc commencer, nécessairement, par une phase d'enrichissement des données. La matière de cet enrichissement sera naturellement propre à chaque enquête mais on peut penser sans risque de se tromper que les traces présentielles, du fait de leur potentiel élevé d'identification, seront souvent parmi les premières à être retenues. L'acquisition des données se fera très classiquement par réquisition adressée à leur détenteur mais on bute alors sur un surprenant écueil qui révèle, à tout le moins, l'incohérence ou l'amateurisme dont a été empreinte la rédaction de la LOPPSI pour cette partie concernant les fichiers judiciaires. L'article 230-21 alinéa 1er, rappelons-le, énonce en effet la disposition suivante : « Les données exploitées par les logiciels faisant l'objet du présent chapitre ne peuvent provenir que des pièces et documents de procédure judiciaire déjà détenus par les services mentionnés à l'article 230-20 ». C'est bien le mot « déjà », que nous avons souligné, qui engendre toute la difficulté en créant une sorte de balise temporelle dans l'alimentation des logiciels de rapprochement judiciaire : les données sur lesquelles va porter l'analyse doivent être déjà en possession des enquêteurs quand l'analyste les entre dans son logiciel, ce qui semble pouvoir s'interpréter de deux façons différentes selon que l'on se réfère à la lettre ou à l'esprit de la loi, et la plus évidente de ces deux interprétations n'est heureusement pas la plus extravagante.

- Dans cette première interprétation, on considérerait que les données alimentant le processus d'analyse devraient nécessairement être détenues antérieurement au démarrage de ce processus. C'est d'ailleurs cette interprétation que semble avoir retenue la CNIL, peut-être un peu rapidement, dans la délibération qu'elle a rendue au sujet du projet de décret qui lui était soumis relatif à la mise en œuvre des logiciels de rapprochement des articles 230-20 et suivants. La commission a en effet indiqué dans cette délibération que « l'utilisation de logiciels de rapprochement judiciaire ne donne pas lieu à la collecte de nouvelles données[262] ». Mais si on applique l'article 230-21 et cet avis à la lettre, cela semble indiquer qu'à l'instant même où elle est mise en œuvre, l'opération de rapprochement et d'analyse gèle les investigations : par exemple, l'analyste découvre que le meurtrier avait garé son véhicule dans un parking payant, mais les enquêteurs ont interdiction d'aller chercher les images de vidéosurveillance et les traces de paiement dans ce parking puisque cela revient à collecter de nouvelles données dont l'analyse a besoin pour poursuivre son cheminement. L'analyste et les enquêteurs seraient donc condamnés à tourner en rond avec les seules données qui étaient initialement à leur disposition ? Mais, c'est

[262] Délibération CNIL n° 2011-418 du 15 décembre 2011 portant avis sur un projet de décret relatif à la mise en œuvre des logiciels de rapprochement judiciaire à des fins d'analyse criminelle (demande d'avis n° 1523917).

justement parce que ces données se sont montrées insuffisantes pour résoudre l'affaire qu'on est passé à cette seconde phase d'analyse sérielle, et c'est justement sur l'analyse que l'on compte pour sortir l'enquête de l'impasse où elle se trouve. C'est précisément le rôle de l'analyse sérielle – et de toute forme d'analyse criminelle – de trouver de nouvelles orientations et de soumettre aux enquêteurs de nouvelles pistes d'investigation qui produiront de nouvelles données à analyser. Alors, quoi ? Les enquêteurs de terrain qui continuent à enquêter recueilleraient des éléments mais avec interdiction légale de les porter à la connaissance de l'analyste ? Bien sûr que non ! Les investigations nouvelles doivent évidemment se poursuivre pour produire de nouvelles données qui viendront enrichir la recherche sérielle. Mais alors les OPJ agiront en contradiction avec l'article 230-21 et avec l'avis de la CNIL puisque ces investigations, quelles qu'elles soient, vont forcément collecter de nouvelles données : nouveau témoignage, téléphonie qui n'aurait pas été demandée dans l'enquête initiale, interrogatoire d'un suspect, etc. Autant d'actes et autant de données produites par ces actes qui intéressent au plus haut point l'analyse. On le voit, cette lecture de l'article 230-21 à la lettre semble réellement illogique mais elle relève alors d'une coupable légèreté des rédacteurs qui ont laissé là matière à bien des polémiques.

- Dans une seconde interprétation, on se tournerait plutôt vers l'esprit du texte qui semble nettement plus en cohérence avec les processus classiques d'enquête judiciaire et d'analyse criminelle. Dans cette interprétation, on considérera qu'une donnée doit obligatoirement et préalablement figurer dans la procédure(que ce soit avant ou après la saisine de l'analyste) pour que l'on puisse s'en servir dans un processus d'analyse, et ceci à quelque moment de l'enquête et de l'analyse qu'on se place. L'alinéa premier de l'article 230-21 aurait donc pour objet d'interdire que dans le cadre de l'analyse on procède à une collecte de données en dehors de celles qui sont recueillies par un acte judiciaire exécuté dans le cadre de l'enquête : procès-verbal, réquisition, etc. *De facto*, ce que le texte prohiberait, ce serait l'importation de données ouvertes obtenues par l'analyste agissant vers la source de ces données sans passer par un cadre judiciaire, par exemple en exploitant les ressources de données publiques disponibles sur Internet mais sans dresser procès-verbal de ses opérations. Dans ce cas, il y aurait en effet trahison de l'esprit du texte autant que de sa lettre. En revanche, rien n'interdirait d'enrichir l'analyse de nouvelles données dès lors que celles-ci proviendraient de la procédure, ce qui est d'ailleurs empreint d'une parfaite logique judiciaire. Ainsi, le texte « ne peuvent provenir que des pièces et documents [...] déjà détenus par les services » signifierait qu'avant toute opération pour les intégrer à l'analyse, les données doivent avoir été intégrées dans la procédure par une pièce ou un document dûment établi par un agent ou officier de police judiciaire. Sans doute est-ce la logique qui a guidé la CNIL quand elle a précisé au sujet de l'alinéa premier de l'article 230-21 que « seules sont utilisées les informations contenues dans les dossiers de procédures, qui ont donc été obtenues dans les conditions prévues par le Code de procédure pénale (procès-verbaux d'audition, réquisitions judiciaires, etc.)[263] ». C'est d'ailleurs dans ces conditions, et dans ces conditions seulement, qu'enquête et analyse peuvent prospérer, se nourrissant l'une de l'autre pour avancer jusqu'à l'identification de l'auteur. Dans tout autre cas, on resterait à longtemps se demander pourquoi diable le législateur aurait autorisé la mise en œuvre des logiciels de rapprochement mais interdit le principal processus nécessaire à leur fonctionnement.

Un second écueil apparaît ensuite, mais cette fois-ci sans que la rédaction de la LOPPSI soit en cause. C'est en effet seulement dans l'avis de la CNIL qu'on relève l'interprétation suivante : « Elle [la CNIL] relève également que cette disposition [la nécessité que les données soient déjà détenues] exclut l'utilisation de certaines données à caractère personnel, telles que celles enregistrées dans les autres traitements mis en œuvre par les services de police et de Gendarmerie nationales[264] ». A nouveau, on se trouve confronté à une certaine irréalité. Dans le cas, par exemple, où l'analyste travaillant sur une série de viols relèverait dans une audition qu'un certain X aurait des antécédents d'agressions sexuelles, il ne pourrait plus consulter TAJ pour valider cette information et faire figurer dans son analyse le mode opératoire habituel de X dans les affaires antérieures pour lesquelles il est connu. On reste une nouvelle fois stupéfait face à une disposition qui autorise un moyen d'enquête mais seulement en en supprimant d'autres. Une nouvelle fois, on trouvera logique que les données issues d'autres fichiers de police soient intégrées dans l'enquête par un acte de procédure, et on cherche en vain la justification d'une interdiction qui ne figure d'ailleurs nulle part dans la loi.

Enfin, il n'est pas inutile de s'attarder brièvement sur le second alinéa de l'article 230-21 qui décrit un processus d'indentification progressive des personnes : « Lorsque sont exploitées des données pouvant faire indirectement apparaître l'identité des personnes, celle-ci ne peut apparaître qu'une fois les opérations de rapprochement effectuées et uniquement pour celles de ces données qui sont effectivement entrées en concordance entre elles ou avec d'autres informations exploitées par le logiciel ». Une disposition qui semble protectrice, mais en l'occurrence le mieux est peut-être l'ennemi du bien. Cette disposition n'imagine en effet que le cas de figure idéal où les informations non directement nominatives « matchent » entre

---

[263] *Ibid.*
[264] *Ibid.*

elles mais elle semble avoir oublié l'hypothèse moins favorable où l'exploitation de ces données non directement nominatives ne débouche sur rien. Or, pour matcher, les données doivent être de même nature, structurées de la même manière : par exemple, un numéro de téléphone peut matcher avec un autre numéro de téléphone mais évidemment pas avec un numéro d'immatriculation. Dans le cas où une enquête se trouve vraiment dans une impasse, il arrivera donc que les enquêteurs et l'analyste souhaitent ne recouper entre elles que des données nominatives, de façon à ne pas passer à côté d'un match possible. En effet, pour reprendre l'exemple précédent, en transformant en données nominatives les numéros de téléphone et les numéros d'immatriculation, l'enquête se donne une chance de découvrir qu'un numéro de téléphone et le certificat d'immatriculation d'une voiture qui figurent tous deux dans la base ont un même monsieur X pour titulaire. A ne pas pouvoir disposer du recours à cette « nominativisation » des données, on risque simplement d'inciter les enquêteurs à n'entrer dans la base de données de l'analyse que des données directement nominatives, et une disposition qui se voulait protectrice de la vie privée du plus grand nombre se retourne en une disposition contraire. Par exemple, pour contourner la restriction posée par la loi, les enquêteurs pourront avoir la tentation de demander par réquisition, dès le début de leur procédure, des listings de données avec indication de l'identité des personnes. Dans le cas présent, il aurait donc semblé plus rationnel de prescrire l'identification progressive mais de ménager, en cas d'échec de cette identification progressive, la possibilité d'une « nominativisation » de toutes les données indirectement nominatives le temps de les confronter entre elles. Une telle solution ne serait d'ailleurs pas souvent retenue, seulement pour les séries les plus graves, et elle semble alors parfaitement appropriée. Imaginons donc un tueur en série figurant dans une base d'analyse, une fois sous forme d'un numéro de téléphone, une fois sous la forme d'une immatriculation et une fois sous la forme d'un retrait bancaire. Naturellement ces données non directement nominatives n'entreraient pas en concordance et on imagine le scandale légitime qui éclaterait le jour où l'opinion publique apprendrait que ce tueur était en liberté faute que les analystes aient pu recouper entre elles, après les avoir « nominativisées », des données indirectement nominatives qu'ils détenaient et qui aurait permis l'arrestation de ce criminel.

En revanche, on se satisfait que la loi n'ait pas limité l'utilisation des données à celles qui sont indirectement nominatives. L'article 230-21 est en effet clair sur ce point : « Lorsque sont exploitées des données pouvant faire indirectement apparaître… ». Cette rédaction, dans laquelle le mot « lorsque » établit une alternative, ne prête cette fois pas à confusion et laisse les enquêteurs libres de collecter des données faisant directement ou pas apparaître l'identité des personnes.

A toutes ces difficultés d'interprétation près, l'analyse sérielle peut donc reprendre son cours quelque peu agité juridiquement, même si elle gagnerait largement à un toilettage des dispositions les plus fumeuses de la LOPPSI. En lien avec les enquêteurs, l'analyste procède à un enrichissement progressif de sa base en sélectionnant les données sur le triple critère de leur efficacité habituelle et de leur accessibilité mais aussi de leur adéquation au type d'infractions. Sur ce dernier point, ainsi qu'il a été dit, il n'est pas possible d'établir un protocole unique d'alimentation au niveau de l'enrichissement des données et celui-ci dépendra en réalité des spécificités des séries traitées. En revanche, il ne semble pas illusoire d'imaginer des protocoles de base adaptés selon la nature des infractions des séries habituellement rencontrées. Une série de meurtres, une série de vols à main armée, une série de viols n'appelleront pas forcément le même type de données qu'une série de vols à l'arraché ou de cambriolages. Par ailleurs, les séries atteignant cette seconde étape d'analyse ont toutes les chances d'avoir généré des traces éligibles à la police technique et scientifique et le technicien d'investigations criminelles pourra poursuivre la tâche commencée lors de la première étape dans le module qui lui est imparti. De même, dans des cas plus rares, l'analyste comportemental procèdera à l'exploitation des données qui sont propres à son analyse dans le module qui lui est réservé. Enfin, les données structurées et importantes en volume, au premier rang desquelles les données de téléphonies, seront traitées dans ATRT (Application de traitement des relations transactionnelles), application totalement indépendante mais dont l'interfaçage avec ANG a été prévu dès la phase de leur conception.

Ainsi, PERICLES-ANG avait-il défriché techniquement et juridiquement, il y a bientôt dix ans, le terrain d'une mise en œuvre de l'analyse sérielle qui promette à la fois d'être efficace et de ne pas être outrageusement attentatoire aux libertés individuelles et à la vie privée. Le leadership de la gendarmerie sur ce dossier était par ailleurs si peu contesté que la LOPPSI, cette même loi qui cherchera en sous-main à « interdire » l'analyse sérielle dans les conditions où ANG devait la pratiquer, cette loi impartira à « la gendarmerie [de renforcer] ses outils permettant une élucidation des infractions à partir de l'analyse des phénomènes sériels et d'une analyse des phénomènes de flux de délinquance[265] ». Vœu pieux puisqu'une poignée de paragraphes plus haut étaient votées les dispositions propres à émasculer toute approche sérielle de la délinquance.

2/ Perspectives : de gros enjeux et un avenir indécis

Arrivant au terme du raisonnement qui a été le fil conducteur de notre ouvrage, il ne reste pour le conclure qu'à essayer d'imaginer l'avenir qui pourrait être celui de l'analyse sérielle dans le paysage judiciaire de la France d'aujourd'hui.

---

[265] Loi n° 2011-267 du 14 mars 2011 *op. cit.* Rapport en annexe sur les objectifs et les moyens de la sécurité intérieure à horizon 2013, III, 2.

- D'un côté, une délinquance bien réelle, largement sous-estimée par des statistiques officielles falsifiées depuis des années et instrumentalisée par le discours de responsables politiques qui ont fait le choix de l'affirmation péremptoire pour seule analyse et de l'incantation en guise d'action. Une délinquance qui se banalise comme mode de vie habituel et comme alternative au chômage ou à la pauvreté, produisant des délinquants professionnels sévissant sur toute la gamme des infractions du Code pénal. Une délinquance, enfin, dont les auteurs sont d'autant moins enclins à s'amender et à s'approprier les règles du « vivre ensemble » que leurs forfaits répétés leur assurent non seulement leur subsistance mais aussi, dans bien des cas, une considération qui leur est refusée, quoi qu'ils fassent, dans les cités où les politiques publiques les ont ghettoïsés. En un mot, une délinquance qui s'affirme dans les faits comme modèle de vie socio-culturel valide face à une norme d'intégration sociale devenue inaccessible à des pans entiers de la population en même temps que s'estompaient dans l'esprit de ces personnes les normes morales qui auraient pu les maintenir du bon côté de la légalité.
- De l'autre côté une police écrasée par la culture distillée sans nuance par une PJ toute puissante, monolithique, imbue de sa supériorité auto-proclamée, mais qui en est restée à une pratique policière d'une autre époque dont elle impose pourtant le modèle à toute la machinerie de l'Intérieur : « faire des coups [des flags] pour faire des crânes [des arrestations de grosses pointures] ». Une police quasiment maintenue dans le carcan de méthodes d'enquête vieillies et dépassées où la recherche du flagrant délit et le recours à la police technique (exploitation des traces mais aussi écoutes téléphoniques) sont devenus l'alpha et l'oméga pour des enquêteurs résignés et déconsidérés dans leur tâche pourtant essentielle d'investigation de terrain. Une police, enfin, qui faute d'outils adaptés peine à prendre en compte la délinquance dans sa dimension massive, professionnelle et sérielle dans des secteurs tendant à devenir zones de non-droit et où l'enquête judiciaire cède le pas, au quotidien, à une forme de guérilla entre bandes et police d'intervention.

Face à ce tableau peu réjouissant qui interpelle l'action régalienne de l'Etat, ou plutôt sa torpeur, l'analyse sérielle pourrait assurément constituer une réponse. Non pas LA solution, mais une solution, une façon raisonnablement originale et différente d'engager le fer avec la délinquance répétitive. Mais de ce point de vue, l'analyse sérielle se situe malheureusement au point de tension de trois antagonismes qui conditionnent son éventuelle adoption par le dispositif policier : antagonisme juridique entre atteinte et protection des libertés et de la vie privée ; antagonisme politique entre simulacre d'action et discours bravache ; antagonisme sociétal entre intérêt général et lobby (pseudo-)sécuritaire.

A/ Enjeu juridique

Pour s'être déjà longuement attardé sur le terrain juridique, notre étude n'en a pourtant pas nécessairement fini avec celui-ci. Derrière les luttes de pouvoir internes au ministère de l'Intérieur, qui ont accouché de la LOPPSI dont nous avons montré les aberrations en matière de fichiers, se jouait en effet un combat dans lequel le ministère de la Justice a été un protagoniste, certes éloigné et marginalisé par les circonstances[266], mais qui détient pourtant les clés de notre liberté présente et future. Le juge judiciaire, est-il nécessaire de le rappeler, est en effet le garant indépendant des libertés fondamentales et il doit être à ce titre un intervenant bienvenu par principe dans la résolution des problématiques de fichiers judiciaires. Aux termes des articles 230-9, 230-14 et 230-24, un magistrat référent désigné par le ministère de la Justice est d'ailleurs chargé de contrôler la mise en œuvre et la mise à jour des données des trois catégories nouvelles de traitements insérées dans le Code de procédure pénale, contrôle qui s'ajoute à celui du procureur territorialement compétent et de la CNIL. Pour autant, il serait bien naïf de penser que tout risque de débordement a été ainsi confiné et que l'ordre juridique est parvenu à obtenir l'innocuité des traitements de police judiciaire à l'égard des libertés et de la vie privée.

a/ Le risque de l'utilisation de données de masse

On se souvient des termes utilisés par le Conseil constitutionnel dans sa décision de 2011 pour ce qui concernait les logiciels d'analyse sérielle qui « ne sauraient avoir pour effet de permettre la mise en œuvre d'un traitement général de données recueillies à l'occasion des diverses enquêtes mentionnées à l'article 230-20[267] ». Ainsi pourrait-on croire écarté le spectre d'un traitement général utilisant notamment des données de masse mais ce serait à tout le moins faire preuve d'un optimisme bien aveugle. Ce serait en effet oublier notamment qu'à la suite des attentats terroristes de janvier 2015, la France a largement ouvert les possibilités d'une surveillance de masse sur son sol par les lois relatives au renseignement et aux mesures de surveillance des communications électroniques internationales[268]. Visant des techniques déjà mises en œuvre par la communauté du renseignement, ces lois ont en réalité d'une part légalisé des interceptions massives alimentant en megadonnées

---

[266] Rappelons que la LOPPSI a été votée en 2011, sous la présidence de Nicolas Sarkozy dont le mépris et la détestation pour les magistrats s'est illustrée d'innombrables manières durant ses dix années de pouvoir, de 2002 à 2012.

[267] Décision n° 2011-625 du 10 mars 2011 *op. cit.*

[268] Respectivement lois n° 2015-912 du 24 juillet 2015 relative au renseignement et 2015-1556 du 30 novembre 2015 relative aux mesures de surveillance des communications électroniques internationales.

cette communauté, d'autre part écarté le juge judiciaire des processus de contrôle de ces techniques et des recours éventuellement engagés contre elles. Or, rattachés dans l'esprit de tous à la lutte anti-terroriste, ces deux textes visent également des infractions de droit commun, à savoir « la criminalité et la délinquance organisées » mais aussi les « violences de nature à porter gravement atteinte à la paix publique » mentionnées à l'article L 811-3 du code de la sécurité intérieure,.

Ainsi, en matière de prévention de la criminalité et de la délinquance organisées – ce qui recouvre un champ infractionnel déjà très large – la possibilité est bel et bien offerte de procéder légalement à du recueil de mégadonnées et au traitement de celles-ci. On pourra naturellement objecter qu'il ne s'agit que de prévention et que des dispositions particulières ont été simultanément prises relatives au contrôle de cette activité du renseignement, mais elles ont été plus que largement dénoncées pour leur insuffisance criante (notamment la très cosmétique transformation de la Commission nationale de contrôle des interceptions de sécurité, CNCIS, en Commission nationale de contrôle des techniques de renseignement, CNCTR). Par ailleurs, s'agissant de prévention et au nom de l'étanchéité entre les pouvoirs administratif et judiciaire, les traitements potentiellement mis en œuvre échapperont complètement à la compétence du juge judiciaire – pourtant garant constitutionnel des libertés et de la vie privée – qui n'aura éventuellement à connaître que de leurs résultats, mais sans qu'il soit affranchi de l'origine de ces résultats : en effet, la judiciarisation discrète d'informations recueillies dans un cadre administratif est une technique que les services de police maîtrisent parfaitement, la pratiquant largement depuis des décennies dans le cadre d'écoutes téléphoniques administratives dont la finalité véritable mais cachée est judiciaire. Il y a donc tout à craindre que la police judiciaire, ou plutôt les services de police judiciaire habitués à traiter avec la communauté du renseignement, s'alimentent en direct auprès de cette communauté, voire lui passent commande pour la surveillance de certaines personnes et de leur entourage. Pour avoir voulu se prémunir de l'utilisation de données massives dans la lutte judiciaire contre la délinquance, l'État de droit a donc toutes les chances de voir une telle utilisation se développer en dehors finalement de tout cadre juridique, par débordement des dispositions de la loi renseignement, et ceci avec la connivence silencieuse des pouvoirs exécutifs et législatifs qui ne sauraient évidemment être dupes d'un tel état de fait. Cette vision très extensible des dispositions de la loi renseignement contiennent donc en germe toute une gamme de dérives assez coutumière de la police judiciaire : celles consistant à détourner la finalité d'un dispositif pour acquérir de façon dissimulée des capacités que la loi ne lui accorde pas, et ceci pour la plus grande gloire des services triés sur le volet qui en bénéficieront.

Et si encore ces dérives étaient les seules qu'il y aurait des raisons de craindre… Mais on a vu précédemment comment la galaxie de la police judiciaire se montre peu soucieuse du respect de la législation en matière de traitements automatisés. L'habitude ayant été prise de développer des traitements soit carrément occultes, soit semi-connus au titre d'un temps de développement et d'expérimentation pouvant durer plusieurs années, voire plusieurs décennies, il n'est pas irréaliste de penser que ces deux techniques de contournement puissent être employées pour un traitement de données massives non déclaré. Bien entendu, il ne pourrait s'agir d'un dispositif de la taille de ceux détenus par les services de renseignement, mais tous les traitements de megadonnées n'ont pas une dimension propre à faire de leurs bataillons d'ordinateurs des auxiliaires des compagnies de chauffage urbain. La délinquance du niveau d'un département pourrait valablement se satisfaire d'un traitement de megadonnées de taille plutôt modeste, et tout indique que de tels traitements seront de plus en plus abordables, exactement de la même manière que la démocratisation des ordinateurs PC a permis il y a quelques vingt ans le développement au niveau local de fichiers illégaux totalement inconnus des hiérarchies parisiennes. Il serait donc bien inconséquent de ne pas vouloir voir la possibilité qui va s'ouvrir dans les prochaines années de traitements de megadonnées accessibles aux échelons déconcentrés : d'une part, leur coût technique deviendra abordable pour des achats échappant à la surveillance budgétaire des directions générales, d'autre part le marché des *datasets* de données indirectement nominatives et plus ou moins bien anonymisées ne fera que prospérer. Or, au niveau d'un département, la surveillance de masse de la population ira nécessairement dans le sens d'un meilleur contrôle de cette population, et donc d'une meilleure aptitude à mettre au jour les comportements les plus atypiques, possiblement infractionnels. En un mot de multiples traitements généraux de données risquent bien de voir le jour, pour une efficacité qui sera d'ailleurs parfois plus fantasmée que réelle, et la CNIL dont les pouvoirs d'investigation sont très limités sera bien en peine de déceler ces traitements. De même, le procureur territorialement compétent, aveugle sur ce terrain, ne pourra exercer le moindre pouvoir de contrôle : dans ce cas de figure comme dans le précédent, on peut en effet faire toute confiance aux services d'enquête pour judiciariser de façon apparemment transparente des éléments d'information qui auront été découverts par recoupement de données invisibles. A vouloir préserver la vie privée et les libertés fondamentales, une fois de plus, le mieux aura alors été l'ennemi de bien.

b/ La menace d'une législation prise dans l'urgence

Le cas de figure qui vient d'être présenté est donc celui d'un usage de megadonnées par la police judiciaire malgré qu'un tel usage soit exclu de son champ d'action par le périmètre juridique tracé autour des traitements automatisés de PJ. Mais une alternative possible à ce recours à l'illégalité existe, qui serait tout simplement la légalisation d'un dispositif de surveillance à grande échelle non plus dans le but de prévenir des infractions mais de les réprimer. De longue date, la surveillance active de criminels et de leur environnement a en effet été un procédé de police utilisé aussi bien pour localiser d'autres criminels que dans l'objectif de les surprendre, « en flag », pendant la commission de leur forfait. Or, on l'a maintenant bien compris, la surveillance de masse promet de ce point de vue des résultats qui seraient d'autant meilleurs qu'elle requière des moyens humains beaucoup moins importants que ceux nécessités par une surveillance physique, tout en diminuant de façon conséquente le risque d'être repéré par les cibles surveillées. Dès lors, il n'est peut-être pas inutile de s'interroger sur les forces qui se manifesteraient en défaveur ou en faveur d'une telle évolution.

Tout d'abord, une telle hypothèse d'une surveillance de masse judiciaire soulèverait bien des réticences dans le pays, mais à cet égard il n'est pas inutile de rappeler l'opposition qui s'était manifestée, en vain, contre les aspects liberticides de la loi « renseignement ». Une opposition dans laquelle on trouvait pêle-mêle des représentants anonymes de la société civile et des ONG, des associations et des hommes politiques dont certains parlementaires frondeurs, des pétitionnaires sur Internet et des magistrats, Jean-Marie Delarue, futur ex-président de la CNCIS ou le bâtonnier du barreau de Paris parlant d'un mensonge d'État en évoquant le projet de loi, etc. Qu'on se souvienne : malgré une mobilisation aussi éclectique, la loi a pourtant été votée sans férir par un Parlement très suiviste de l'action gouvernementale, c'est-à-dire parfaitement dans le rôle que lui impartit le mécanisme des institutions de la Vème république. Et, comble de l'ironie, le vote de dispositions de surveillance de masse sur le terrain judiciaire bénéficierait d'une certaine manière de cette opposition qui s'était manifestée : le gouvernement pourrait en effet arguer d'une avancée en termes de protection des libertés puisqu'un tel dispositif de masse serait précisément sous le contrôle de l'autorité judiciaire, comme le réclamaient les opposants lors du vote de la loi « renseignement ».

Par ailleurs, il ne fait pas de doute qu'une loi allant dans le sens d'une surveillance de masse judiciaire serait déférée au Conseil Constitutionnel, mais celui-ci ne pourrait que se prononcer sur la proportionnalité entre l'atteinte faite aux libertés d'une part et les nécessités de l'ordre public et de la recherche des auteurs d'infractions d'autre part. Or, sur ce terrain, on peut se tourner vers la décision du Conseil relative aux logiciels d'analyse criminelle de l'article 230-20 du CPP. En effet, si les sages ont émis une réserve de constitutionnalité au sujet de ces logiciels, c'était justement pour l'insuffisance de proportionnalité entre l'atteinte qu'ils faisaient à la vie privée et la généralité de l'application des logiciels. En d'autres termes, le Conseil a très naturellement jugé que l'absence d'un seuil infractionnel pour la mise en œuvre des logiciels ne permettait pas de leur autoriser une portée au-delà de quelques procédures pénales. Il y a donc fort à parier qu'une loi qui prévoirait une surveillance de masse judiciaire, c'est-à-dire une surveillance plus générale qu'actuellement, sous le contrôle de l'autorité judiciaire auprès de laquelle pourraient être exercées des voies de recours, et assortie d'un seuil infractionnel (par exemples les crimes et les délits punis d'au moins 5 ans d'emprisonnement en matière d'atteintes aux personnes, 7 ans en matière d'atteintes aux biens), et bien cette loi n'encourrait pas forcément l'inconstitutionnalité.

Un texte qui aurait de réelles chances de passer son grand oral devant le Conseil Constitutionnel, un texte offrant moins de prise à une opposition de la société civile que lors du vote de la loi « renseignement » : le terrain ne paraît pas si défavorable à une éventuelle surveillance de masse judiciaire, mais encore faudrait-il que celle-ci fasse la démonstration anticipée de son utilité virtuelle. Or, dans ce domaine, l'utilité est toujours soumise à la double obligation d'être jugée profitable par le gouvernement mais aussi par l'opinion publique.

- S'agissant du gouvernement, l'utilité d'une surveillance de masse judiciaire pourrait être mesurée à l'aune de ce qui pourrait en être attendu en termes de résultats dans la lutte contre la délinquance mais, comme nous le verrons un peu plus tard, l'efficacité de cette lutte est rarement un sujet de préoccupation pour le ministère de l'Intérieur et pour les pouvoirs politiques qui se succèdent à la tête du pays. En revanche, le bénéfice pouvant être retiré en termes d'image de l'action gouvernementale aurait toutes les chances d'être pris en considération, surtout s'il s'agissait de jouer les fiers-à-bras devant l'opinion à l'occasion d'un ou plusieurs évènements qui ramèneraient le thème de la sécurité publique sur le devant de la scène où il a cédé la place au terrorisme depuis début 2015. L'effet d'annonce dans un premier temps, puis l'inscription d'une telle mesure au bilan gouvernemental dans un second temps (bilan forcément positif, évidemment, par principe c'est-à-dire sans qu'on se donne la peine de vérifier si la mesure a fait ses preuves ou pas) serait ainsi une motivation suffisante pour que le gouvernement aille dans le sens d'une telle surveillance de masse.
- S'agissant de l'opinion publique, il y a fort à parier qu'elle pourrait entendre les messages d'alerte lancés par des personnalités ou des associations et qu'elle se mobiliserait alors contre l'atteinte faite aux libertés et à la vie privée, sous réserve cependant qu'elle ne soit pas en état de choc émotionnel collectif comme cela arrive lors de la survenance de crimes particulièrement atroces. L'habitude a en effet été prise et bien prise, dans le domaine de la sécurité, de voter des lois de circonstance, toujours plus répressives, à chaque affaire sordide qui émeut l'opinion. En la matière, toute horreur qui surviendrait sur le terrain du droit commun pourrait être mise à profit pour « vendre » à l'opinion des mesures que cette opinion aurait pu être tentée de refuser

dans un contexte ordinaire. Dans une telle démarche finalement proche de l'esprit de la stratégie du choc, on assisterait à la mise en place d'une législation sous le coup de l'urgence pour répondre ponctuellement à une demande collective de sécurité, « pour que *cela* ne puisse plus se produire », cette législation perdurant ensuite, une fois le calme revenu dans des esprits qui se souviendraient à peine de l'abandon qu'ils auraient fait d'une parcelle de leur liberté.

Bien entendu, la possibilité ainsi décrite d'une législation prise dans l'urgence pour instaurer des possibilités de surveillance de masse sur le terrain judiciaire ne va pas forcément se matérialiser. Mais si l'on doutait de l'imagination législative sur ce terrain, il existe bien des exemples propres à déciller les sceptiques. Lors de l'examen de la loi dite « république numérique » en janvier 2016, Mme Kosciusko-Morizet n'a-t-elle pas trouvé 17 députés pour proposer avec elle un amendement prévoyant que « Les constructeurs de matériel [devaient] prendre en compte dans leurs constructions la nécessité de donner aux forces de l'ordre, dans le cadre d'une enquête judiciaire et après autorisation d'un juge, l'accès aux matériels »[269]. En un mot, les constructeurs de matériel électronique, ordinateurs, téléphones, tablettes, etc. devaient intégrer à leurs produits une porte dérobée (*backdoor*) à l'usage des forces de police pour que celles-ci puissent accéder en toute discrétion aux données privées des utilisateurs. Cet amendement orwellien a certes été retiré mais il montre tout de même que l'idée d'un espionnage des citoyens par leurs gouvernants n'est pas une chimère dans la tête de ces derniers. En outre, une telle surveillance serait un recours, voire une surenchère inexorablement tentante pour faire la preuve prétendue de la détermination gouvernementale si elle se trouvait confrontée à certaines circonstances particulières. La découverte d'atrocités pédophiles sur Internet pourrait par exemple être le motif d'une surveillance massive de l'activité sur Internet, pour détecter les profils pédophiles exactement de la même manière que l'on tente actuellement d'y déceler les profils terroristes ou les profils de personnes en train de se radicaliser. Ensuite, l'expérience montre largement que des dispositions prises pour contrer certains agissements criminels spécifiques sont graduellement étendues à d'autres crimes et délits, les années suivantes, comme à la sauvette, jusqu'à ce que la législation d'exception de départ devienne une règle commune. En la matière, l'urgence avance toujours en avant-garde pour créer une faille dans l'opinion et la protection des droits, mais le gros des troupes de droit commun ne manque jamais de suivre pour s'engouffrer dans cette faille.

---

[269] Projet de loi pour une république numérique (n° 3318), amendement n° CL92. Encore l'amendement plaçait-il au moins la possibilité offerte à la police sous le contrôle d'un juge, même si l'on imagine toutes les perspectives de détournement à laquelle elle se serait prêtée.

c/ La nécessité d'élaborer un dispositif de contrôle efficient plutôt qu'un régime d'interdiction illusoire

Ainsi le risque d'une extension de la surveillance de masse et d'un traitement automatisé de megadonnées dans le domaine judiciaire existe-t-il autant dans une configuration d'illégalité que de conformité à une éventuelle loi de circonstance. Mais dans les deux cas, il s'agirait de répondre à un besoin estimé plutôt que mesuré, de façon cachée donc artisanale ou de façon ouverte mais précipitée, et ces à-peu-près ne sont tout simplement pas concevables sur un terrain touchant des intérêts juridiques aussi sensibles que ceux qui ont été décrits. La disponibilité croissante de megadonnées de toute nature d'une part, les possibilités que celles-ci sembleront promettre en matière de police judiciaire d'autre part, interdisent en réalité d'ignorer que la conjonction de ces deux facteurs conduira vraisemblablement à une situation où se posera la question de cette utilisation des megadonnées en police judiciaire. Dès lors, plutôt qu'il l'attende au risque de la subir, l'Etat doit absolument anticiper cette possibilité de façon à l'étudier de façon froide et méthodique plutôt qu'en catimini ou dans la précipitation et l'emballement médiatique.

Au demeurant, la police judiciaire n'est pas le renseignement, si tant est que le choix qui a été fait pour le renseignement d'une surveillance massive, à l'américaine, tienne tous les espoirs placés en elle. En tout état de cause, même une approche sérielle de la délinquance ne réclame *a priori* pas de tels moyens qui sont disproportionnés en termes non seulement juridiques mais également techniques. Simplement, cette approche sérielle réclame mieux que le texte bancal qu'on a prétendument écrit pour elle et qui, au contraire, offre à peine les conditions minimum de son fonctionnement. Tout plaide en réalité pour qu'il soit enfin réfléchi, avec tous les acteurs concernés, aux traitements automatisés qui demain pourraient permettre de remporter des points contre la délinquance plutôt que de s'en tenir aux traitements automatisés d'hier, uniquement pour satisfaire l'égocentrisme de quelques « grands » responsables de la PJ trop soucieux de leurs titres de gloire obtenus à l'ancienne. Avec tous les acteurs concernés, disons-nous, car l'occasion serait ainsi résolument belle de remettre l'église au milieu du village des fichiers, c'est-à-dire la Justice au centre du paysage.

Car, bien sûr, la LOPPSI a été en son temps co-signée par le garde des Sceaux, mais le projet était principalement porté par l'Intérieur et s'agissant des articles relatifs aux traitements automatisés de police judiciaire, les représentants de la place Vendôme ont d'autant moins fait de vagues que le texte était suivi de près par le président et le premier ministre, gage d'arbitrages en faveur du ministère de l'Intérieur si la nécessité s'en était faite jour. Pourtant, s'agissant d'un dispositif juridique à vocation de police judiciaire, cette position de retrait était tout aussi anormale que de voir le sujet traité de façon quasi-monopolistique par le ministère de l'Intérieur au titre que ses forces exécutent les missions de police judiciaire. Anormal car sans considération pour la place de l'autorité judiciaire qui est non seulement garante de la protection des libertés mais également en charge de la direction, de la surveillance et du contrôle de la police judiciaire.

Après cette LOPPSI aux dispositions approximatives que l'on a vues, il n'y aurait donc que de l'intérêt à promouvoir l'idée d'une retouche des textes applicables dans laquelle la Chancellerie occuperait toute la place qui lui est due et qu'elle n'a pas toujours défendu avec l'opiniâtreté qu'il aurait fallu. Le point pourrait être ainsi fait sur l'anomalie consistant à avoir deux catégories de traitements de la sérialité, l'une relevant des articles 230-12 et suivants (fichiers d'analyse sérielle), l'autre des articles 230-20 et suivants (logiciels de rapprochement judiciaire) alors qu'en réalité aucune de ces catégories n'est juridiquement optimisée pour effectivement traiter la sérialité : dans la première, on trouve en effet un champ d'application adéquat (crimes et certains délits) mais pas la totalité souhaitable de personnes éligibles (seulement les témoins dont l'identité est citée dans la procédure) ; dans la seconde, au contraire, les personnes éligibles sont correctement désignées (toute personne figurant dans une procédure) mais c'est le champ infractionnel d'une largeur complètement inutile (toutes les infractions) qui rend trop rigide les procédures d'alimentation en données.

Associer pleinement les magistrats à la définition de l'analyse sérielle aurait par ailleurs bien des avantages car il est inutile de se leurrer : cette technique fait appel à plus de données, notamment présentielles, que ne l'ont fait les traitements des générations précédentes. Il s'agit là d'un état de fait logique en ce qu'il correspond à une disponibilité d'un volume de données sans commune mesure avec ce que connaissaient ces traitements anciens. Une interdiction pure et dure de l'usage de ces données nouvelles serait une aberration logique (pourquoi empêcher la police judiciaire de profiter des progrès techniques et de travailler avec des outils de son temps ?), une erreur stratégique (par découplage de la police judiciaire et de la délinquance qui sait bien, quant à elle, mettre à profit toutes les innovations technologiques qui lui sont accessibles) et une faute politique (comment expliquer aux victimes de l'insécurité que l'on impose aux enquêteurs d'investiguer avec des moyens d'un autre siècle ?).

Mais la nécessité évidente d'ouvrir plus largement le robinet des données au bénéfice de la police judiciaire n'exige pas non plus que celle-ci ait accès à toutes les données de toute nature, sans limitation ni dans l'espace ni dans le temps. Et c'est précisément là que l'autorité judiciaire retrouverait la plénitude de son rôle :

- en aidant, au besoin en provoquant des arbitrages, à la définition souhaitable de l'analyse sérielle ;
- en énumérant corrélativement les données propres à conduire cette analyse ;

- en élaborant les modalités de la direction, de la surveillance et du contrôle de cette analyse sérielle par l'autorité judiciaire ;
- enfin en définissant les autres modalités de contrôle souhaitables de cette activité.

Bien entendu, comme la gendarmerie l'avait fait en 2008, la CNIL pourrait utilement être consultée, en amont du développement du projet, afin de recueillir ses observations dès cette phase en lui présentant les caractéristiques du traitement et les modalités de contrôle envisagées. Car, au-delà du rôle de l'autorité judiciaire proprement dite, il y aurait en effet lieu d'explorer d'autres mesures de contrôle qui garantiraient contre tout excès dans l'utilisation de traitements assurément plus puissants et plus intrusifs qu'auparavant. Dans ce domaine également la gendarmerie avait d'ailleurs évoqué des pistes intéressantes et novatrices dans son projet PERICLES-ANG.

- La direction effective du traitement par un magistrat détaché à cette fin.
- L'obligation pour les administrateurs du traitement d'inscrire celui-ci dans le cadre d'un dispositif d'assurance qualité garantissant que l'exploitation des données ne porte que sur la recherche des auteurs d'infractions.
- La recherche de la certification ISO du traitement et de la structure l'hébergeant.
- La contexture d'un rapport à adresser annuellement à la CNIL et à une commission parlementaire, toutes deux étant incitées à auditionner les responsables du traitement après exploitation de ce rapport.

L'esprit d'un tel dispositif parle de lui-même : à traitement nouveau, mesures nouvelles pour en faciliter l'admissibilité sociale et en conjurer les possibles débordements. Là où la loi « renseignement » a instauré pour lutter contre la criminalité et la délinquance organisées un dispositif littéralement tentaculaire assorti de mesures de contrôles anémiques, l'analyse sérielle proposerait donc, exactement à l'inverse, un dispositif mesuré (chaque série d'infractions étant enquêtée dans une bulle étanche, totalement indépendante des autres analyses conduites dans d'autres bulles tout aussi étanches) assorti de mesures de contrôle draconiennes.

B/ Enjeu politique

a/ Le tempo politique incompatible avec les mesures de long ou moyen terme

Le tempo politique, là est sans doute le principal obstacle aux évolutions appelées ci-dessus en matière de fichiers de police judiciaire, comme à bien d'autres projets. Bien qu'il s'agisse d'un lieu commun parmi les plus visités, il faut en effet rappeler que l'horloge interne de l'homme politique est exactement réglée sur le rythme des échéances électorales, et il s'agit malheureusement d'un rythme élevé. A l'inverse, les rythmes administratifs sont peu réactifs et cela se ressent pour simplement décider du démarrage de projets quels qu'ils soient ; les rythmes techniques quant à eux sont soumis à des délais de « fabrication » d'autant plus lents qu'ils sont souvent plombés par un contexte budgétaire défavorable. On connaît bien le résultat de cette équation à trois facteurs : le politique écarte toute mesure qui ne peut lui être favorable dans le temps de son mandat, ou pire encore dans le temps de son portefeuille ministériel encore plus court et incertain que celui d'un mandat électif.

On a pu ironiser précédemment sur la propension des structures de police judiciaire à développer et déployer leurs fichiers dans leur coin et cela tient certainement à une culture fondée sur l'adage « pour vivre heureux vivons cachés ». Mais il faut reconnaître à la décharge de ces structures qu'un même projet peut facilement nécessiter du quitte au quadruple ou quintuple de temps selon qu'il est conduit de façon semi-occulte ou au contraire au grand jour et dans le respect de la très lente cadence politico-administrative.

Par chance, ce décalage entre rythme politique et rythme opérationnel n'affecte pas tous les dossiers. Bien des décisions qui ne sont ni stratégiques ni médiatiquement sensibles, ne remontent pas jusqu'aux décideurs politiques et sont traitées par la technostructure administrative. Instruites au niveau des directions, les mesures sont arrêtées par les directeurs, éventuellement selon leur importance après aval du cabinet du ministre. Rares sont donc les dossiers dont le ministre a à connaître de façon autre que superficielle. Mais bien entendu, les questions relatives aux fichiers entrent dans la catégorie des décisions médiatiquement sensibles. Le virage vers l'analyse sérielle cumule quant à lui cette sensibilité médiatique, car il sera étudié à la loupe par les commentateurs et les associations de défense des droits, et une dimension stratégique car il s'agit de la première tentative pour enquêter d'une part de façon méthodique sur la criminalité et la moyenne délinquance, d'autre part en abordant le délinquant sous l'angle de sa délinquance réellement commise plutôt que sous l'angle d'un fait unique.

Dès lors, toute initiative du gouvernement pour retoucher aux dispositions de 2011 et pour s'engager sur la voie d'une analyse sérielle réelle va se heurter à la crainte d'essuyer un vent de critiques alors que cette crainte ne pourra même pas être atténuée par la perspective de recueillir rapidement sur le terrain politique les fruits de la décision prise – en l'occurrence une amélioration des résultats obtenus contre la délinquance. Dès lors, l'analyse risque/bénéfice est vite faite, et le sort de l'analyse sérielle joué, d'autant plus que le projet d'une véritable analyse sérielle continuera vraisemblablement d'être combattu par au moins la DCPJ, avec donc cet inconvénient supplémentaire que le ministre n'entendra même pas à son sujet un discours harmonieux.

Tableau décidément lugubre ? Certes, mais tout tableau a ses zones de lumière, et en l'occurrence ces zones tiennent à la personnalité des responsables politiques et à l'idée qu'ils se font de leur action. Grand ministère régalien, l'Intérieur a eu sa part de ministres opportunistes, ou médiocres, voire cumulant les deux tares, mais il a également connu de grands ministres faisant l'unanimité autour d'eux. L'objet n'est évidemment pas de les citer mais simplement de se réjouir à l'idée que la dictature du tempo politique ne soit pas universelle et que l'on puisse espérer certaines décisions quand bien même elles ne manifesteraient leurs effets que plusieurs années plus tard. Puisse un jour le dossier de l'analyse sérielle remonter jusqu'aux oreilles d'un tel ministre.

b/ Le dévoiement du discours politique ou l'Intérieur, agence de communication

Des ministres opportunistes ou médiocres, oui, l'Intérieur en a connu plus que sa part, et on leur doit au premier chef d'avoir converti leur ministère en tremplin vers de plus hautes fonctions, fantasmées ou effectivement à leur portée. Dans une telle démarche, deux points de passage obligé : tout d'abord des apparitions médiatiques aussi nombreuses que possible – les occasions ne manquent pas à l'Intérieur – et ensuite l'obligation de n'afficher toujours qu'une inaltérable détermination ainsi que de bons résultats, aussi faux puissent-ils être. Pour de seules raisons de stratégie dans la conquête ou la conservation d'un pouvoir personnel, l'insécurité s'est peu à peu retrouvée instrumentalisée dans le discours officiel comme vecteur de la réussite des ministres successifs.

Une telle instrumentalisation était toutefois conditionnée par certaines obligations. Par exemple, il n'était pas concevable qu'un dispositif de mesure de la sécurité, ou plutôt de la délinquance, puisse venir contredire le discours officiel. Ainsi la France n'a-t-elle jamais été dotée dans ce domaine d'un appareil statistique très performant. A partir de 2002, pour servir l'ascension de Nicolas Sarkozy, les statistiques ont même été carrément falsifiées à grande échelle avec la complicité active de l'Observatoire de la délinquance et des réponses pénales, alors présidé par M. Alain Bauer. A partir de 2012, d'autres faux-fuyants ont été utilisés pour échapper à l'éclairage des chiffres. De toute façon, faute de statistiques fiables depuis bientôt quinze ans, toute comparaison est devenue vouée à l'échec et il s'écoulera bien des années avant que l'on puisse aborder dans notre pays le débat de la sécurité sur des bases statistiques solides. Ainsi, aucun bilan raisonnablement pertinent ne peut être dressé de l'évolution de la délinquance ou de l'insécurité en France, celle-ci n'étant plus chez les citoyens qu'un ressenti angoissant fondé sur la vision retenue de leur voisinage immédiat, sur l'irrationnel et sur les images véhiculées dans des médias qui privilégient généralement les évènements propres à leur assurer les meilleurs taux d'audience. Entretemps, le ministre peut néanmoins régulièrement s'agiter dans tous les sens, mâchoire crispée et discours guerrier bien affûtés, brandissant des poignées de chiffres impressionnants mais pourtant vides du moindre sens, affirmant que la lutte contre l'insécurité est en train d'être gagnée quand bien même il serait bien en peine de le prouver sans qu'on puisse aussitôt le contredire de façon argumentée. Mais qui, sur ce terrain technique, pour prendre la parole et démentir le discours ministériel ?

Dans un autre genre, c'est la parole des victimes qui a été instrumentalisée, pour dénoncer le sort qui leur était fait avant – comprendre par le pouvoir précédent – et montrer que le système ne les prenait pas en considération, mais que les choses allaient changer. Autre registre encore à l'occasion de faits divers sordides, le discours de ces ministres se faisant alors plus martial encore et plus inflexible : les coupables seront très sévèrement punis (sans s'attarder, répétons-le, sur le fait que le jugement de ces coupables relève de la Justice et non de l'Intérieur), une nouvelle loi – la cinquième ou la sixième sur un même sujet en quelques années – sera votée dans les délais les plus brefs, plus ciblée, plus répressive (sans s'attarder sur la fait que la nécessité soudaine et impérieuse de cette nouvelle loi signe l'inefficacité des précédentes), de nouveaux effectifs vont être déployés (mais moins nombreux que ceux que l'on vient de supprimer quelques temps auparavant), etc. Même ton belliqueux lors de la survenance de faits divers embarrassants, souvent en se défaussant de toute responsabilité sur quelqu'un d'autre. Et dans le rôle du quelqu'un d'autre, les magistrats et le ministère de la Justice sont souvent en haut de l'affiche, incontournables boucs émissaires, coupables toujours de tous les laxismes et de tous les abandons, identiques petits pois sous tous les pouvoirs qu'ils soient de droite ou de gauche. En d'autres termes, sous la direction incertaine de ces ministres, Beauvau est surtout devenu un ministère de la parole et de la « matamore-attitude » avec pour seul credo du ministre l'occupation du terrain médiatique en qualité de super-héros de la protection des français.

On imagine sans peine que quand le ministère fonctionne dans une telle configuration, les chances sont bien minces de voir émerger une quelconque décision qui ne soit pas de simple circonstance. Mais cet inconvénient n'est finalement qu'une autre facette du positionnement des ministres donnant priorité à leurs aspirations de carrière. Malheureusement, l'omniprésence et la primauté de ce discours officiel de l'évitement mensonger, outrageusement rodomont, cette primauté ne peut pas être sans effet délétère sur le fonctionnement de toute la mécanique ministérielle. En interne, un tel positionnement du chef valorise en effet des subordonnés serviles plutôt que libres de paroles (et à ce niveau, les subordonnées ne sont pas des seconds couteaux mais des conseillers de cabinet, directeurs généraux, directeurs centraux, etc.). Il incite à la flatterie plutôt qu'à la critique utile. Il invite au mensonge plutôt qu'à la vérité. En un mot, il engage le ministère à œuvrer de la même manière que son ministre : priorité est alors donnée à l'éclat et au retentissement du message plutôt qu'à son objet, à la forme plutôt qu'au fond, à l'éphémère clinquant plutôt qu'aux discrètes mais utiles mesures de fond. En soute, les travailleurs de l'ombre, ou plus loin ceux du terrain, peuvent avoir les meilleures idées pour les meilleures réformes de la terre : elles n'ont strictement aucune chance de passer le barrage des zélateurs du ministre dont la carrière se joue sur leur souplesse d'échine et leur capacité à nourrir leur patron des mêmes nourritures illusoires qu'il souhaite servir à l'opinion.

Inutile de rêver, dans pareilles conditions, à la mise en œuvre d'une réflexion à la fois profonde, prospective et d'envergure, et c'est bien l'une des raisons pour lesquelles le ministère de l'Intérieur n'a en effet qu'une vision extrêmement étroite dans son domaine d'attribution, rabâchant des mesures qui ont déjà fait cent fois la preuve de leurs limites et se convainquant à grand renfort de méthode Coué que c'est là la meilleure solution pour remédier aux faiblesses de la police. Là où il devrait conduire des analyses fines mettant à contribution l'univers du terrain autant que celui de la recherche, là où il devrait se montrer un laboratoire d'idées proactif et grand ouvert sur le monde, là où il devrait promouvoir l'innovation, l'appareil ministériel décourage toute initiative et se replie frileusement à l'intérieur des murs de Beauvau où il fonctionne en circuit fermé, seulement préoccupé de satisfaire les besoins du ministre en éléments de communication et d'agitation médiatique. Hélas, le courage politique, au sens noble du terme, n'est certes pas la qualité la plus partagée lorsque l'on tutoie les sommets du pouvoir. Avec pour résultat un appareil policier autiste dont l'action souvent mal ciblée, parfois contreproductive, n'est sans doute pas pour rien dans le constat dressé en 2012 par Christian Mouhanna, sociologue spécialiste des problématiques de sécurité, de police et de politiques pénales, quand il déclare que « La France est le pays d'Europe où les relations entre la police et la population se dégradent le plus vite[270] ». On comprend aisément que dans un tel contexte, les chances de l'approche sérielle de la délinquance sont minces, comme celles d'ailleurs de tout projet innovant. Encore qu'en un domaine au moins l'imagination sait être à l'œuvre, bien qu'il ne s'agisse pas forcément de celui où l'on aurait souhaité voir l'Etat s'activer.

c/ La sécurisation des gouvernants plutôt que la sécurité des gouvernés

Nous avons déjà vu précédemment, en évoquant le dispositif de recueil et d'exploitation de megadonnées par la nébuleuse du renseignement, que le ministère de l'Intérieur et celui de la Défense n'ont pas négligé l'innovation quand elle a eu pour double objet d'aider à la lutte contre le terrorisme et d'assurer un meilleur contrôle de la population. C'est tout le paradoxe des mesures adoptées après les attentats de janvier 2015, puis ceux de novembre de la même année : elles mêlent un objectif particulièrement salubre, ou en

---

[270] Atlantico, 28 avril 2012, http://www.atlantico.fr/decryptage/france-pays-europe-relations-police-population-degradent-plus-vite-christian-mouhanna-344093.html (accédé le 28/11/16).

tout cas contre lequel il est difficile de s'élever, et des possibilités qui dépassent de loin la poursuite de cet objectif salubre. Le phénomène, c'est-à-dire l'utilisation d'un séisme sécuritaire et sociétal pour adopter des mesures de contrôle social, n'est pas nouveau. Il a en particulier été mise en œuvre aux Etats-Unis après les attentats du 11 septembre 2001, quand les moyens alloués à la NSA et aux autres agences de renseignement[271] électronique ont été financièrement abondées dans de très importantes proportions.

Pour Noam Chomsky, qui compte parmi les plus grands penseurs contemporains et dont l'activisme libertaire est un poil à gratter permanent pour le pouvoir américain depuis des décennies, « l'ennemi principal de tout gouvernement est son propre peuple[272] ». Sonnant comme un avertissement, cette idée n'est assurément pas à prendre à la légère. On ne peut d'ailleurs que se la remémorer en écoutant Edward Snowden, grand connaisseur d'un dispositif de surveillance auquel il a contribué durant des années, déclarer que : « la NSA [...] a bâti une formidable infrastructure qui lui permet d'intercepter pratiquement tout type de communication. De telle sorte que cette agence parvient à stocker la grande majorité des communications humaines[273] ». Glen Greewald, chroniqueur du *Guardian* renchérit : « Le gouvernement des Etats Unis a créé un système dont le but vise l'élimination totale de la vie privée électronique dans le monde[274] ». Le panoptique[275] cher à Foucault a ainsi trouvé sa forme la plus parfaite dans le monde dématérialisé et le gouvernement français, sans viser sans doute à un espionnage aussi global, s'est donné les moyens d'intercepter les données ou les métadonnées de tous ceux qui peuvent interférer avec son action, au premier rang de qui sa propre population. Sans revenir sur les modalités de cette surveillance qui ont été brièvement présentées précédemment, on constate que la population française vit aujourd'hui sous un régime d'étroite surveillance sans que soit prouvé l'efficience de ce régime, ni même son efficacité. Et même s'il était le plus adapté pour lutter contre le terrorisme, on remarque d'une part qu'il a pour dommage collatéral d'attenter potentiellement à la vie privée de tous les citoyens, d'autre part que le Gouvernement et le Parlement ont pris soin d'exclure du dispositif le juge judiciaire, pourtant protecteur de la vie privée.

---

[271] Le nombre précis d'agences de renseignement américaines se livrant à de l'interception massive n'est pas connu mais pourrait être d'environ une vingtaine d'après les spécialistes, dont un peu moins d'une dizaine totalement anonymes.

[272] Noam CHOMSKY, cité par RAMONET Ignacio, *L'Empire de la surveillance*, Paris, Editions Galilée, 2015, p. 163.

[273] *Ibid* p.72

[274] *Ibid*

[275] D'un point de vue concret, le panoptique s'applique à une forme d'architecture carcérale caractérisée par un point central donnant aux gardiens vue sur tous les prisonniers sans que ceux-ci puissent savoir s'ils sont ou non observés – cf. BENTHAM Jeremy, *Le Panoptique*, Paris, Édition Mille et une nuits, 2002. De façon abstraite, le panoptique symbolise chez Michel Foucault le modèle d'une société disciplinaire mettant en œuvre des méthodes de contrôle social.

Il y a là tous les ingrédients pour comprendre qu'il ne faut pas se leurrer : la lutte contre le terrorisme a permis l'adoption de mesures à double usage : lutter contre le terrorisme mais aussi (et surtout ?) accroitre le contrôle de l'Etat sur la population.

Or, une telle analyse n'est pas sans lien avec l'approche sérielle de la délinquance. C'est un fait qui a été reconnu que, par rapport aux traitements de police judiciaire existants, le déploiement d'ANG avec la totalité de ses capacités marquerait le franchissement d'un pas dans les atteintes qui peuvent être faites à la vie privée dans un cadre judiciaire. Nous avons cependant montré la modestie de ce pas puisqu'à la fois les processus d'analyse seraient conduits de façon indépendante par les analystes pour chaque série enquêtée et qu'ils seraient assortis de modalités de contrôle draconiennes, notamment sous l'égide du juge judiciaire. Il y a donc, entre le dispositif consenti par notre liberté à la lutte contre le terrorisme et celui consenti à la lutte contre la criminalité un écart significatif sur la raison duquel on peut s'interroger.

- Tout d'abord, on pourrait arguer que les objectifs poursuivis par l'analyse sérielle et la surveillance généralisée de type « services de renseignement » ne sont pas les mêmes ? C'est assurément vrai. Le terrorisme tue, non pas gratuitement mais pour des raisons idéologiques ou religieuses et il a un coût sociétal[276] qui doit évidemment et impérativement être combattu avec détermination. Mais la criminalité et la moyenne délinquance visées par l'analyse sérielle, soit plusieurs millions de crimes et délits chaque année, ont également un coût humain et sociétal qui est très loin d'être neutre, qui est même à vrai dire bien plus important que celui du terrorisme et qui mérite donc tout autant qu'on mobilise des forces contre elles. La différence justifiant les régimes juridiques respectivement consentis à la lutte anti-terroriste et à la lutte contre la délinquance ne tient donc pas spécialement à leur différence d'objectif.
- On serait ensuite tenté de penser au danger potentiel que l'analyse sérielle ferait courir aux libertés individuelles, mais quand on compare ce danger très modeste à celui qui peut résulter de la surveillance généralisée par le monde du renseignement, à peine encadrée et contrôlée, on ne peut retenir cet argument. Si l'un des deux dispositifs est susceptible de débordements, c'est bien celui du renseignement. Les différentes erreurs – pour ne pas dire bavures – qui ont été commises dans le cadre de l'état d'urgence durant la fin d'année 2015 montrent d'ailleurs clairement combien des pouvoirs traditionnellement judiciaires sont utilisés de façon expéditive dès qu'on les met entre les mains de l'autorité administrative. Ce n'est

[276] Il ne s'agit évidemment pas du coût financier des actes de terrorisme mais de leur coût en vies humaines et également en termes de négation des valeurs qui unissent la plus grande part de la communauté nationale.

donc pas non plus dans ce danger envers nos libertés que doit être recherché la motivation d'un éventuel blocage pérenne de l'analyse sérielle.

- Finalement, on s'aperçoit donc qu'au-delà de l'importance des atteintes qu'ils portent à la vie privée, ce qui distinguerait le mieux le dispositif anti-terroriste et un dispositif d'analyse sérielle, c'est que le premier n'est soumis qu'à un contrôle lâche par l'autorité administrative et que le second serait étroitement contrôlé par le juge judiciaire. Ainsi, ce qui suffirait à priver l'analyse sérielle de tout intérêt aux yeux du pouvoir politique, c'est qu'elle ne pourrait être détournée de son objet et ne serait donc d'aucune utilité pour le contrôle social de la population, ce qui n'est évidemment pas le cas pour la surveillance opérée dans un cadre purement administratif.

Ainsi la lutte contre la délinquance se trouve-t-elle vertement remise à sa place : pour les hommes politiques, elle n'est qu'un sujet secondaire parce qu'elle n'est pas susceptible d'asseoir leur pouvoir et de perpétuer les rentes que leur procure leur position dans la hiérarchie sociale. Indépendamment de la gravité bien réelle du terrorisme – mais l'on ne peut pas dire que la criminalité et la délinquance ne sont pas elles aussi d'une réelle gravité – la lutte contre le terrorisme fournit un alibi confortable pour mieux surveiller les français, ces premiers ennemis de leur gouvernement comme le dit Noam Chomsky. Dès lors, on glisse inéluctablement de l'enjeu politique à un enjeu plus large qui l'englobe, un enjeu véritablement sociétal.

C/ Enjeu sociétal

L'indifférence officielle à l'égard d'un outil nouveau et prometteur de lutte contre la délinquance trouverait donc à s'expliquer de bien des manières dont la plus pernicieuse serait l'inutilité de cet outil quand on tente de l'inscrire au sein d'un schéma résolument politique où les gouvernants ne poursuivraient d'autre but que la perpétuation de leur pouvoir. Une telle lecture, dans le droit fil de la pensée des Foucault, Bourdieu, Laborit, etc. se heurte cependant à un obstacle de taille : la délinquance, ses millions d'actes transgressifs qui agressent le modèle social, pèsent d'un poids trop lourd pour qu'on puisse vraiment croire qu'ils ne susciteraient aucun intérêt du côté des gouvernants, même si cet intérêt n'est pas nécessairement de combattre effectivement cette délinquance (auquel cas ils consentiraient autrement d'attention aux modes d'actions policiers et un autre budget à la Justice que celui, miséreux, qui lui est alloué). En ce sens, parce qu'elle appelle forcément des réponses sur un autre terrain que politique, la délinquance et le combat qu'on peut mener contre elle sont effectivement, nécessairement, des enjeux sociétaux.

a/ La délinquance, complice de la gouvernance ?

L'analyse sérielle, c'est notre conviction, ferait incontestablement gagner en efficacité au sein des unités de police judiciaire. L'approche que nous avons faite de ce procédé, en définissant la sérialité, puis l'information judiciaire, en explorant le domaine de la trace, en dégageant l'intérêt d'aborder la délinquance par série d'actes plutôt que par actes individuels, toute cette réflexion promet un gain théorique d'efficacité dont la possibilité pratique a été confirmée par une expérimentation. Certes, cette technique nouvelle d'enquête a soulevé une ferme opposition au sein de la direction de la police elle-même, mais nous avons vu également que la raison de cette divergence est plus à rechercher du côté des archaïsmes auxquels s'accroche un cercle étroit de caciques qu'à une faiblesse du dossier « analyse sérielle ». On peut dès lors penser que l'approche sérielle aurait dû trouver en haut lieu de plus ardents défenseurs si elle n'avait pas contredit d'autres intérêts que ceux, finalement plutôt mesquins, de quelques carrières bureaucratiques. Mais alors, quels peuvent être ces autres intérêts ?

Pour les dénicher, il suffit peut-être de revenir à la vision habituelle que l'on a des rapports entre politique publique et délinquance, celle qui vient le plus naturellement à l'esprit, et c'est évidemment que l'action publique cherche à faire diminuer la délinquance, sinon à l'éradiquer. Mais dans une pareille optique, un dispositif d'analyse sérielle aurait dû retenir l'attention des responsables politiques, ce qui n'a pas été le cas. Il y a donc là un paradoxe mais celui-ci n'est en réalité qu'apparent et il suffit d'inverser le paradigme du rapport gouvernance/délinquance pour s'en rendre compte : la délinquance n'a pas à être forcément combattue par les gouvernants[277] si elle ne va pas contre leur intérêts particuliers. Sur cette question, il est en effet habituellement et naturellement postulé que la délinquance est néfaste sur le plan collectif autant que sur le plan individuel, mais ce postulat résulte d'une double appréciation :

- le délinquant transgresse une règle et agresse donc l'ordre social qui est établi pour le bien de tous ;
- l'acte de délinquance a un coût qui peut être physique, humain, psychologique et bien entendu financier, et ce coût est supporté au premier rang par la victime, puis éventuellement par la collectivité (par le jeu de l'assurance maladie, des assurances, des fonds de secours, etc. ainsi que par le coût de fonctionnement du système judiciaire pénal).

---

277 Les gouvernants sont ici entendus comme ceux qui gouvernent effectivement le fonctionnement politique mais également économique, social et culturel, tous entretenant entre eux une étroite connivence : hommes politiques de haut niveau, détenteurs de grandes fortunes, banquiers, propriétaires de multinationales, de chaînes de télévision, etc.

Sur ce second point, on peut cependant estimer immédiatement que le postulat est faux si les gouvernants ne se sentent pas, comme presque tout le monde, individuellement concernés par les actes de délinquance. Or, justement, leur mode de vie, à des années-lumière de celui des gouvernés, les garantit radicalement d'être un jour les victimes de tels actes. Les vols à l'arraché ou autres délits sont rares quand on habite les palais de la République ou dans un pâté de maison transformé en forteresse où ne cohabitent que des milliardaires, quand on ne se déplace qu'en véhicule éventuellement blindé avec chauffeur et escorte ou au moins garde du corps, quand on ne côtoie que des personnes du même standing stratosphérique que le sien, quand on ne fréquente que des lieux luxueux et protégés où 99% de la population ne met jamais les pieds, n'en connaissant d'ailleurs même pas l'existence précise, etc. Ainsi, la délinquance ne choque-t-elle pas cette classe de dirigeants puisqu'elle ne les agresse jamais dans leur individualité et dans leur quotidien personnel.

Il en va d'ailleurs de même sur le premier point évoqué : l'ordre social récent issu de la prise du pouvoir par le capitalisme puis par le libéralisme, puis par l'ultra-libéralisme est prétendument au service du bien commun mais on sait qu'en réalité il accroît la pauvreté et que cet accroissement du nombre des plus pauvres s'accompagne d'une concentration de la richesse dans des mains de moins en moins nombreuses[278]. Le modèle qui est celui des sociétés démocratiques modernes fonctionnerait donc en réalité au bénéfice des gouvernants (au sens large, qui classe d'ailleurs l'élite de l'économie et de la finance au premier rang des gouvernants) tout en assurant l'apathie d'une classe moyenne qui se satisfait suffisamment de son mode de vie consumériste pour ne pas se retourner contre ceux qui la domine et pour ne pas non plus prendre la défense de ceux que ce modèle opprime dans des conditions qui sont à proprement parler des conditions d'asservissement et d'esclavage.

On le voit, l'inversion du paradigme conduit à un changement radical de perspective, si radical même qu'il en devient vertigineux : si l'ordre social – qui est une norme de laquelle se déduit, en creux, le champ pénal – ne fonctionne qu'au bénéfice premier des gouvernants, c'est que la délinquance elle-même « fonctionne » dans l'intérêt de ces gouvernants, ce qui semble *a priori* tout de même aussi étonnant que contradictoire. Et si c'était pourtant le cas ?

Comme on l'a déjà dit, depuis de nombreuses années la classe politique a choisi vis-à-vis de la délinquance un mode d'(in)action où le discours incantatoire tient quasiment lieu à lui tout seul de stratégie sécuritaire. Par discours, il faut entendre ici non seulement le discours oral, ferme et martial,

---

[278] Au rythme d'évolution actuel et au niveau mondial, les 1% de personnes les plus riches détiendront 50% de la richesse mondiale en 2017, https://www.oxfam.org/sites/www.oxfam.org/files/file_attachments/ib-wealth-having-all-wanting-more-190115-fr.pdf (accédé 28/11/16).

émis à l'attention des citoyens pour endormir leurs craintes, mais aussi cette forme particulière de discours écrit qu'est la rédaction de la loi. Or, dans l'un comme dans l'autre cas ne se joue pratiquement plus depuis longtemps sur la scène publique que la dramaturgie de la surenchère répressive. Et cet ersatz de politique pénale qui a la couleur de la responsabilité politique, qui a la texture de la responsabilité politique, n'en a absolument pas le goût car elle est sans effet sur le traitement de la délinquance. Son seul goût, en fait, c'est celui de l'échec. Mais cette surenchère répressive est pourtant la seule à être jouée, et à grand spectacle, ce qui n'est pas sans raison mais là aussi il est nécessaire de renverser le paradigme « intention/résultat » pour le comprendre. Classiquement, on a en effet tendance à penser que la volonté politique est bien présente – elle se donne suffisamment de mal pour le faire croire – et que les résultats obtenus sont plus ou moins bons (en l'absence de baromètre pour mesurer l'efficacité sécuritaire, chacun se fait une opinion sur ce sujet comme il le peut) mais qu'ils sont en tout cas le fruit des décisions prises au nom de cette volonté politique. Mais l'on vient justement de montrer que les gouvernants n'ont aucun intérêt à combattre la délinquance, ni comme menace individuelle, ni comme menace sur la collectivité, et qu'ils ne peuvent de ce fait en avoir réellement l'intention. En réalité, le seul résultat que produit la délinquance d'un point de vue digne de l'intérêt des gouvernants, c'est qu'elle alimente le débat sécuritaire, et qu'elle l'alimente inexorablement dans le sens d'une plus grande répression. Pourquoi, quelle intention se cache derrière ce résultat ? Pour le savoir, ne suffit-il pas de se souvenir que cette rhétorique répressive génère mécaniquement et complète presque à elle seule une rhétorique de la peur. Or, quoi de mieux pour un gouvernant qu'une population qui a peur et qui se tournera de façon presque pavlovienne vers lui pour soulager son effroi ?

Peur du chômage, peur de la délinquance, peur du déclassement et peur de la pauvreté. Depuis des années, les élections se jouent en France sur ce quarté où la délinquance ne tient pas la dernière place. 2002 est encore dans toutes les mémoires, souvenir cuisant pour les uns, pas décisif vers une future victoire pour les autres, mais depuis cette date le discours sécuritaire n'a cessé de se radicaliser, chaque mouvement d'un parti dans le sens de la répression amenant les autres à une surenchère punitive. Pour le pouvoir, celui qui est détenu ou celui qui est brigué, la délinquance et le traitement à lui appliquer ne sont plus que cela, le sujet d'un débat coupé de toute réalité, le domaine où le politicien doit affirmer sa stature guerrière, plus guerrière que celle de ses concurrents, mais tout cela par des mots et seulement des mots que ne suivront, une fois élu, que des effets de manche et de pauvres actes, toujours les mêmes, vides d'effet et au bout du compte vides de sens.

Dans le même ordre d'idées, on en vient à comprendre très facilement pourquoi la Justice, qui devrait être à la pointe de la lutte contre la délinquance, dispose d'aussi peu de moyens pour y parvenir. Mais à ce stade, le système a été suffisamment décortiqué pour qu'il ne soit pas besoin de beaucoup s'attarder et une autre voix, plus éminente, parlera encore mieux que la nôtre sur ce point. Ecoutons donc Antoine Garapon, haut magistrat et juriste de renom, pilier de l'Institut des hautes études sur la Justice, en conclusion d'un livre où il évoque les rapports entre la Justice et le Mal : « Devenu affairiste, incapable de se projeter sur le long terme, le politique se discrédite aux yeux de nos contemporains, dont l'engouement se déplace alors vers le juge [qui] prétend alors appliquer toutes les lois et exercer la plénitude de [son] rôle, y compris à l'égard du politique[279] ». Or, quelle meilleure arme pour le politique ainsi mis en danger par des juges trop intègres à son goût que de les discréditer à leur tour ? Et on entend ainsi depuis de nombreuses années le discours d'hommes politiques, y compris et même surtout aux affaires (*sic* !), qui fustigent les magistrats prétendument laxistes (quand le taux de peines de prison ferme n'a jamais été plus haut qu'aujourd'hui et quand les prisons n'ont jamais été aussi pleines) et qui moquent les « petits pois » et « la lâcheté du monde judiciaire ». Qui veut noyer son chien…

Alors, dans de telles conditions où il n'a pas plus à faire de la délinquance que des juges : approche sérielle ou approche individuelle, quelle importance pour l'homme politique ? Déjà étanche par nature aux solutions de moyen ou de long termes qui ne peuvent trouver d'écho dans le tempo politique, le candidat moderne ne se soucie pas de sécurité mais surfe sur elle, affirmant sa compétence avec autant d'habileté qu'il en mettra, une fois au pouvoir, à travestir ou à dissimuler son échec – on se souvient de la geste sarkozienne, mélange de déclarations fracassantes et d'échecs dissimulés, on a vu la geste valsienne reprenant les méthodes de ce prédécesseur et on ne doute pas que la geste fillonienne, marinienne ou celle de n'importe quel autre serait exactement la même.

En a-t-on à ce stade assez dit ? On aimerait répondre que oui mais hélas la coupe est encore loin d'être vide. Payante pour ses effets en stratégie électorale, la rhétorique de la peur a encore bien d'autres « vertus ». Qu'on en juge.

b/ La privatisation de la sécurité : les marchands de peur

D'un bon retour électoral sur investissement dès lors qu'un candidat parvient à rendre crédible aux yeux de l'opinion sa capacité à lutter contre la délinquance, la rhétorique de la peur ne manque cependant pas de se montrer encombrante une fois l'élection gagnée. Non pas qu'elle perde ses qualités – un peuple apeuré est disposé à de telles compromissions sur ses libertés pour conserver son niveau de confort ! – mais elle se montre parfois une alliée bien exigeante, voire fantasque : quelques faits-divers odieux, une abomination quelconque succédant à une monstruosité de mauvais goût et l'opinion dont

---

[279] GARAPON Antoine, *Droit et morale dans une démocratie d'opinion*, in *La Justice et le mal*, GARAPON Antoine et SALAS Denis (dirs.), Paris, Editions Odile Jacob, 1997, p. 204.

on connaît la versatilité se retourne aussitôt contre celui qu'hier elle adorait. Il faut alors réendosser le costume du super-héros – « la peur doit changer de camp[280] » – ré-enfourcher le cheval blanc, gonfler la poitrine, pointer le menton en avant et repartir à l'assaut des plateaux de télévision, des stations de radio, inspirer ici un éditorial, là une chronique, bref il faut (re)faire le job éculé du pourfendeur de criminalité qui ne s'en laissera pas compter. A tout prendre, confortablement installé à l'Elysée, à Matignon ou à Beauvau, notre ex-candidat se passerait bien des services de celle qui l'a fait roi. Mais voilà, l'affaire n'est pas si simple car la peur a d'autres amants que le pouvoir politique. Bien au-delà des calculs électoraux, elle a séduit par une autre de ses qualités, peut-être plus importante encore que la précédente : elle fait vendre.

Arrivé là, on s'attend bien entendu à devoir se livrer à une nouvelle exploration, à une nouvelle analyse truffée d'hypothèses à vérifier mais... non. Une seule citation et l'affaire est déjà pratiquement réglée : « Le crime n'est pas en récession. C'est un secteur extrêmement porteur. Il faut investir dedans. La crise est un accélérateur du crime. Elle lui ouvre des perspectives en lui donnant, couplé aux nouvelles technologies, de nouvelles perspectives[281] ». Les mots sont simples, l'idée qu'ils émettent est claire : le crime est un marché en expansion dans lequel beaucoup d'argent est à gagner. Mais de qui sont ces phrases qui sonnent bon l'investissement et les bénéfices à venir ? D'Alain Bauer – on est tenté de dire d'Alain Bauer en personne – LE même Alain Bauer qui, au même moment qu'il assure ainsi que « le crime n'est pas en récession » préside aux destinées de l'Observatoire de la délinquance qui affirme exactement le contraire depuis des années. Mais l'Observatoire de la délinquance n'a jamais été entre ses mains qu'un gadget, la caisse de résonnance des succès imaginaires de son maître du moment, Nicolas Sarkozy. Un marché à investir, c'est tout autre chose, un sujet sérieux sur lequel il n'est pas question de mentir ou d'être approximatif, et le marché de la peur qui rime pour lui avec marché de la sécurité est l'une des spécialités d'Alain Bauer. Homme de réseaux qui s'est bâti sur une vision très néoconservatrice de l'abandon de la sécurité (au sens le plus large) par la puissance publique au profit d'intérêts privés, il œuvre depuis des décennies pour ouvrir à ceux-ci les différents marchés sécuritaires français. En 1997, il est par exemple le grand ordonnateur du colloque de Villepinte intitulé « Des villes sûres pour des citoyens libres » qui marque le virage du parti socialiste vers des politiques sécuritaires jusque-là apanages des partis de droite. Idéologue mercantile, il aide à l'adoption du concept des contrats locaux de

280 Déclaration de Daniel Vaillant, ministre de l'Intérieur du dernier gouvernement Jospin, reprise pratiquement mot pour mot quelques années plus tard par Nicolas Sarkozy, ministre de l'Intérieur du gouvernement de Villepin.

281 PLASSART Philippe, *Alain Bauer, criminologue*, Le Nouvel Economiste, 21 janvier 2010, p. 12, cité par RIGOUSTE Mathieu, *Les marchands de peur, La bande à Bauer et l'idéologie sécuritaire*, Paris, Editions Libertalia, 2011-2013, p. 97.

sécurité, étant entendu que la signature de ces contrats doit être précédée d'un diagnostic de sécurité à faire réaliser par L'IHESI (pour 35.000 F) ou par des sociétés d'audit parmi lesquelles AB Associates, propriété d'Alain Bauer, se taille la part du lion avec des audits facturés de 100.000 à 900.000 F. Au milieu des années 90, « il a par exemple conseillé la mairie de Vitrolles en matière d'acquisition de système de vidéosurveillance et d'armes de guerre (pistolets Glock 17)[282] » a confié l'ancien maire de la ville, Jean-Jacques Anglade. La vidéosurveillance est d'ailleurs l'un des dadas d'Alain Bauer qui fait une promotion active et juteuse de cette technologie dont aucune étude au monde n'a pourtant jamais pu montrer qu'elle avait une influence positive pour endiguer la délinquance[283] [284].

En vérité, la veine est intarissable, et si Alain Bauer y tient le haut du pavé ce sont tous ses réseaux qu'il faudrait mettre à l'honneur pour la façon dont ils ont organisé la promotion de la peur de la délinquance afin de mieux la monétiser à travers des matériels et prestations de sécurité. Sur ces questions d'affairisme, on renverra le lecteur à l'excellent livre de Mathieu Rigouste qui détaille non seulement l'histoire de « la bande à Bauer »[285] mais qui montre également de la façon la plus précise combien la frontière est devenue poreuse entre les partis politiques sur les questions sécuritaires. Ce que l'on retient de ce voyage en eaux troubles, c'est que les marchands de peur alimentent en étroite connivence avec les responsables politiques de presque tous les bords une idéologie sécuritaire dont le credo est de déléguer à des sociétés privées la mission régalienne de surveillance et de sécurité. On imagine ce marché immense ? Il est en fait colossal. Les plus gros acheteurs sont l'Etat et les collectivités locales, mais de grandes sociétés font presque jeu égal avec elles,

---

[282] *Alain Bauer, de la SAIC au GOdF*, note d'information du Réseau Voltaire, 1er octobre 2000, http://www.voltairenet.org/article413.html (accédé le 28/11/16).

[283] Mike Neville, responsable du bureau des images de Scotland Yard (Viido), a estimé lors d'une conférence de presse que les 65.000 caméras déployées à Londres étaient un « fiasco » et qu'elles n'avaient pas contribué à élucider plus de 3% des vols commis dans la capitale, *L'Express/L'Expansion*, 6 mai 2008, http://lexpansion.lexpress.fr/high-tech/la-videosurveillance-est-un-veritable-fiasco_1414045.html
Une méta-analyse réalisée au Royaume-Uni, où le taux « caméras par habitant » est le plus élevé du monde (4,2 millions de caméras, soit 1 pour 14 habitants), a par ailleurs montré que « ces systèmes [de vidéosurveillance] ne sont généralement pas parvenus à atteindre l'objectif de baisse des statistiques de la criminalité » http://webarchive.nationalarchives.gov.uk/20110314171826/http://rds.homeoffice.gov.uk/rds/cctv2.html (accédé le 28/11/16).

[284] Dans une ironique contradiction, le même lobby sécuritaire qui ne jurait, il y a peu, que par la vidéosurveillance souligne aujourd'hui sa médiocre efficacité dans un argumentaire destiné aux collectivités locales pour inciter celles-ci à l'achat… de drones de surveillance. En matière de délinquance, technologie inopérante après technologie inopérante, les caisses des communes, départements, etc. se vident au même rythme que se remplissent celles des sociétés de sécurité.

[285] RIGOUSTE Mathieu, *Les marchands de peur, La bande à Bauer et l'idéologie sécuritaire*, *op.cit.*

et les personnes privées ont des besoins financièrement plus modestes mais elles sont infiniment plus nombreuses : équipement et armement de la Police nationale et des polices municipales ou de sociétés de vigiles, installateurs de vidéosurveillance et de systèmes d'alarme, dispositifs de filtrage et de détection, matériels d'identification biométrique, sociétés de protection, services de sécurité, etc. la liste est interminable de ce qui est à vendre sur le marché de la sécurité. Et on comprend ainsi mieux qu'il n'est pas dans l'intérêt de ces marchands de voir baisser la délinquance, donc la peur. Selon une étude commandée par le secrétariat général de la défense et de la sécurité nationale en 2015, le marché de la sécurité pesait déjà 30 milliards d'euros en France en 2013 et il lui est promis une hausse de plus de 5% par an d'ici à 2020[286].

Est-il utile d'en dire plus ? Des profits si significatifs sont en jeu sur le terrain de la peur que génère la délinquance que les bénéficiaires de ces profits n'ont aucun intérêt à voir diminuer cette peur, donc aucun intérêt à voir baisser la délinquance. En outre, les liens tissés entre les acteurs de la sécurité privée et le pouvoir politique, dont Alain Bauer est un exemple presque caricatural, sont tels que le second y a depuis longtemps perdu son indépendance et qu'il agit autant qu'il le peut dans l'intérêt des premiers. Ainsi en vient-on à se demander qui, en dehors des victimes – qui se comptent évidemment parmi les plus faibles, une majorité qui n'a pas les moyens d'une sécurité privée et qui se voit donc obligée de s'en remettre à la sécurité lacunaire offerte par l'Etat – qui donc voudrait voir diminuer la délinquance :

- Pas la classe politique qui joue sur ce terrain balisé pour les destins « d'hommes providentiels » une partie de ses succès électoraux.
- Pas les hommes politiques au pouvoir parce que les solutions à mettre en œuvre pour obtenir cette diminution sont de trop longue haleine pour qu'ils puissent espérer en recueillir les fruits avant la fin de leur mandat.
- Pas les hommes politiques au pouvoir parce que la diminution de la délinquance passerait par la reconnaissance de causes sociales de cette délinquance dont le traitement va à l'encontre d'un système de pensée tourné vers la défense des intérêts des gouvernants au détriment du plus grand nombre.
- Pas la classe politique car elle ne peut ni ne veut déplaire aux acteurs de la sécurité privée avec lesquels elle entretient des liens contre nature.
- Pas ces acteurs de la sécurité privée qui trouvent dans un taux de délinquance élevé l'assurance de leurs gains et pour qui chaque fait

---

286 CABIROL Michel, *Terrorisme, espionnage... La sécurité, un marché qui va exploser en France*, Paris, La Tribune, 20 novembre 2015 http://www.latribune.fr/entreprises-finance/industrie/aeronautique-defense/la-securite-un-marche-qui-va-exploser-en-france-523822.html (accédé le 28/11/16).

divers abominable est salué comme une promesse de hausse du chiffre d'affaires : « le crime [...] est un secteur extrêmement porteur » répéterait Alain Bauer.

- Pas la Justice non plus, d'une certaine manière, incapable qu'elle serait de traiter une diminution de la délinquance, donc une augmentation du contentieux pénal, tant ses prisons sont déjà trop pleines et tant elle est déjà incapable de gérer le flux du contentieux actuel.
- Pas la police non plus dont la culture de l'action et les modes de fonctionnement devraient être révolutionnés pour s'aligner sur un modèle traitant le crime à la racine plutôt que dans ses manifestations les plus facilement préhensibles.

En un mot, devenue ressource de voix dans les urnes et d'argent dans des caisses privées, une délinquance à un niveau élevé est une donnée aujourd'hui nécessaire au fonctionnement perverti des instances qui devraient la combattre. On s'étonne donc moins, dans de telles conditions, de l'inertie politique sur le terrain sécuritaire et de son recours permanent à de vieilles recettes éculées et inefficaces, à des discours et des lois frelatés et impuissants. La convergence contre nature du pouvoir politique avec une idéologie sécuritaire qui recherche l'abandon de son pouvoir régalien par l'Etat, au profit d'intérêts privés, n'est ainsi que le ver dans un fruit déjà bien flétri par de multiples enjeux. Dans un tel contexte, est-il alors vraiment utile d'évoquer des moyens de faire baisser la délinquance ? Où donc ces moyens, parmi lesquels l'analyse sérielle, trouveraient-ils leur place ? Au sujet du projet PERICLES-ANG en faveur duquel il n'a certes pas milité, Alain Bauer a pu dire un jour que son échec était programmé car il s'agissait « d'un marteau pour tuer une mouche »[287]. Excusez du peu, la mouche n'est rien moins que quelques millions de crimes et délits, mais avec le recul on comprend mieux la position du lobbyiste : contre toute évidence, ce n'est pas la disproportion entre le marteau et la mouche qui le gênait mais plutôt le risque que soit réellement mise hors d'état de nuire un insecte qui avait d'évidence dans sa bouche tous les attraits d'une mouche aux œufs d'or.

c/ La possibilité d'un moyen terme ?

Arrivant au terme de cette longue exploration, on ne peut que rester dubitatif sur les chances de voir un jour une approche sérielle de la délinquance mise en œuvre dans notre pays. Les obstacles, tout simplement, sont trop nombreux. On en vient à ne même plus reprocher à la gendarmerie d'avoir si mal défendu son projet PERICLES face à sa grande sœur et rivale : le combat était totalement inégal. Techniquement, l'analyse sérielle ne souffre

[287] Echange vif tenu en public entre l'auteur et Alain Bauer lors de la session 2013 de formation de l'Ecole nationale de la magistrature « Preuve pénale : évolutions, controverses et perspectives ».

pourtant que de maux relativement mineurs qui pourraient être des obstacles surmontables.

- Elle n'a pas les faveurs de l'état-major de la Police nationale qui craint de ne pas savoir l'adopter et de voir se creuser de ce fait le différentiel d'efficacité entre elle et la gendarmerie. Mais cette défaveur ne tient qu'aussi longtemps qu'un ministre à poigne ou des syndicats éclairés n'imposeront pas leur volonté à la DGPN sur ce point.
- Elle s'articule fonctionnellement avec un enjeu de libertés publiques qui peut inspirer la crainte *a priori*, mais une juste pédagogie doit parvenir à rassurer cette crainte, comme nous avons tenté de le faire, en expliquant le mode de fonctionnement auto-limité dont peut se satisfaire l'analyse sérielle et le dispositif draconien de contrôle dont on peut l'entourer.
- Elle n'offre rien aux gouvernants qui puisse les séduire, et elle offre au contraire tout ce qui peut aller contre leurs intérêts ou leurs amitiés contre nature. Mais nous avons suffisamment écorché la classe politique pour ne pas être soupçonné de complaisance si nous reconnaissons qu'elle compte tout de même dans ses rangs des personnalités intègres pour qui priment le service de l'Etat et la défense des intérêts de la collectivité.
- Elle semble être condamnée, comme toute la police judiciaire, à vider un océan à la petite cuillère, et c'est en partie vrai. Mais un enquêteur ne s'attaque jamais à l'océan de la délinquance : il est seulement redevable de traiter les affaires les unes après les autres, et trouve dans leur résolution régulière une satisfaction quotidienne suffisante pour avoir envie de poursuivre sa tâche.
- Enfin, et c'est sans doute là l'obstacle le plus difficile, elle se confronte à des intérêts privés dont la puissance ne doit pas être négligée dans une économie toute entière tournée vers l'intérêt privé. Mais il n'est pas interdit de croire, comme nous l'avons dit plus haut, qu'une autorité publique digne de ce nom puisse un jour renvoyer les Bauer au placard et imposer sa volonté aux intérêts juteux, privés et personnels qu'ils défendent.

En tout état de cause, le sort de l'approche sérielle de la délinquance que nous avons tenté de regarder sous la moindre de ses facettes dépend donc de facteurs qui ne lui sont qu'indirectement liés. Aussi prometteuse que puisse sembler cette technique – en tout cas si on lui reconnaît d'être prometteuse – elle ne peut être, même à l'idéal, qu'un moyen parmi d'autres et pas le plus important. Car elle ne s'attaque, comme toute la police judiciaire, qu'à la manifestation concrète du phénomène criminel et non pas à ses causes. Outil répressif, elle ne peut offrir à la collectivité qu'un apaisement partiel et momentané, le temps de respiration que la politique publique pourrait mettre à profit pour désengager la spirale vénéneuse qui gangrène des zones entières du territoire national. Là est sans doute l'intérêt principal de l'approche sérielle de la délinquance : elle est un procédé policier nouveau qui peut offrir à l'Etat un temps de répit, celui nécessaire à la réaffirmation de son autorité et à la mise en œuvre d'une politique d'apaisement, capable d'offrir enfin des perspectives à ceux qui n'en ont d'autres aujourd'hui que dans l'illégalité. La recette n'est cependant pas miraculeuse et le temps de répit ne sera donc pas indéfini : comme face à toute autre technique policière, les délinquants s'adapteront à l'investigation sérielle et prendront, au moins les plus chevronnés d'entre eux, les mesures pour ne pas tomber dans ses filets. Mais comme nous venons de le dire, c'est dans l'action quotidienne que la police judiciaire trouver à espérer et non pas dans la vision souvent décourageante d'un avenir qu'il appartient à nos dirigeants, et non aux policiers, d'embellir.

Remerciements

Ecrit en presque autant d'années qu'il en avait auparavant fallu pour le réfléchir, ce livre a été de longue haleine et aura été fort longtemps une préoccupation en même temps qu'un désir d'accomplissement. Mais, quelque détermination qu'il ait suscitée, il n'aurait pas abouti sans le concours des personnes suivantes que je souhaite remercier particulièrement.

François Dieu, directeur de collection, pour m'avoir donné l'occasion que ce travail soit publié, et L'Harmattan qui en a assuré la fabrication.

Laurent Mucchielli, pour la bienveillante contribution qu'il y a apportée par ses observations et conseils.

Ainsi que les chercheurs, en particulier du CESDIP, dont les travaux enrichissent ma réflexion depuis des années.

Les camarades d'active ou retraités qui ont visité telle ou telle partie de mon texte et contribué à l'amender par leurs remarques.

D'une manière plus personnelle,

Le général Métais, pour son soutien toujours assuré, surtout dans les temps difficiles, et sa volonté de ne jamais sacrifier l'humain à l'ambition.

Jean-Hugues Matelly pour m'avoir à sa manière montré la voie.

Le docteur Marion pour avoir relancé quand il le fallait la machine.

Et pour leur présence à mes côtés,

Maryline, alors que l'idée de ce livre était tout juste naissante.

Catherine, tout au long des hauts et bas durant lesquels il a prospéré.

Glossaire

ALFA : Association de lutte contre la fraude à l'assurance
APJ : Agent de police judiciaire
CESDIP : Centre de recherche sociologique sur le droit et les institutions pénales
CIRJ : Cellule d'information et de rapprochements judiciaires (GN)
CNAM : Conservatoire national des arts et métiers
CNCIS : Commission nationale de contrôle des interceptions de sécurité
CNCTR : Commission nationale de contrôle des techniques de renseignement
CNIL : Commission nationale de l'informatique et des libertés
COCRIM : Coordinateur des opérations de criminalistique
CORAIL : Cellule opérationnelle de rapprochements et d'analyse des infractions
CORTEX : Collectif de recherche transdisciplinaire esprit critique & sciences
CP : Code pénal
CPP : Code de procédure pénale
CNRJ : Centre national de renseignements judiciaires (GN)
CRRJ : Centre régional de renseignements judiciaires (GN)
CSP : Circonscription de sécurité publique (PN)
DACG : Direction des affaires criminelles et des grâces
DAJ : Direction des affaires juridiques
DCI : Direction de la coopération internationale (PN)
DCPAF : Direction centrale de la police aux frontières (PN)
DCPJ : Direction centrale de la police judiciaire (PN)
DCRI : Direction centrale du renseignement intérieur (PN)
DCSP : Direction centrale de la sécurité publique (PN)
DGGN : Direction générale de la gendarmerie nationale
DGPN : Direction générale de la police nationale
DGSI : Direction générale de la sécurité intérieure (PN)
DIPJ : Direction interrégionale de police judiciaire (PN)
DSC : Département des sciences du comportement (GN)
DLPAJ : Direction des libertés publiques et des affaires juridiques
FAED : Fichier automatisé des empreintes digitales
FAR : Fichier alphabétique de renseignements
FIJAIS : Fichier judiciaire automatisé des auteurs d'infractions sexuelles
FNAEG : Fichier national automatisé des empreintes génétiques
FPNE : Fichier des personnes nées à l'étranger
FPR : Fichier des personnes recherchées

FVV	: Fichier des véhicules volés
GIR	: Groupe d'intervention régional
INPS	: Institut national de police scientifique
INSEE	: Institut national de la statistique et des études économiques
IRCGN	: Institut de recherche criminelle de la gendarmerie nationale
JRS	: Juridictions régionales spécialisées
JIRS	: Juridictions interrégionales spécialisées
JUDEX	: (fichier) Judiciaire exploitation
LPS	: Laboratoire de police scientifique
LSI	: Loi n° 2003-239 du 18 mars 2003 sur la sécurité intérieure
LUPIN	: Logiciel d'uniformisation des procédures d'identification
NPDL	: Nom, prénom, date et lieu de naissance
OCDIP	: Office central des disparitions inquiétantes de personnes
OCRVP	: Office central de répression des violences aux personnes
OCLCO	: Office central de lutte contre la criminalité organisée
OND	: Observatoire national de la délinquance
ONDRP	: Observatoire national de la délinquance et des réponses pénales
OPJ	: Officier de police judiciaire
PJPP	: Police judiciaire de la préfecture de police
PP	: Préfecture de police (de Paris)
PTS	: Police technique et scientifique
SALVAC	: Système d'analyse des liens de la violence associée aux crimes
SCDC	: Service central de documentation criminelle (PN)
SCRC	: Service central de renseignement criminel (GN)
SDPJ	: Sous-direction de la police judiciaire (GN)
SR	: Section de recherches (GN)
SRPJ	: Service régional de police judiciaire (PN)
SSMSI	: Service statistique ministériel de la sécurité intérieure
STIC	: Système de traitement des infractions constatées
STRJD	: Service techniques de recherches judiciaires et de documentation (GN)
TGI	: Tribunal de grande instance
TIC	: Technicien en investigations criminelles
VICLAS	: Violent crime linkage analysis system (cf. SALVAC)

Bibliographie

AEBI Marcelo, *Enquêtes de délinquance auto-reportée en Europe*, Vandoeuvre-lès-Nancy, *Crimprev* (Action de coordination européenne), *brochure n° 2, 1er mars 2009.*

BATHO Delphine et BENISTI J. Alain, *Rapport d'information sur la mise en œuvre des conclusions de la mission d'information sur les fichiers de police*, Paris, Assemblée Nationale, n° 4113 du 21 décembre 2011.

BENSLIMANE Ismaël, *Predpol : prédire des crimes ou des banalités ?,* CorteX, ressource Internet, 10 décembre 2014.

BENGHAM Jeremy, *Le Panoptique*, Paris, Édition Mille et une nuits, 2002

BESSOLES Philippe *La récidive criminelle au carrefour des épistémologies cliniques, juridiques et médico-légales*, in *Criminalité et récidive : évaluation, clinique, thérapeutique, interculturel* Hors collection Psychologie, Grenoble, Presses universitaires de Grenoble, 2007, p.16.

BIRRER Stéphane, *Analyse systématique et permanente de la délinquance sérielle : places statistiques criminelles ; apport des approches situationnelles pour un système de classification ; perspectives en matière de coopération*, Institut de police scientifique, Université de Lausanne, Série criminalistique XLIX, mai 2010.

BOULOC Bernard, *Procédure pénale (*23ème édition), Paris, Dalloz, 2012.

BUQUET Alain, *Manuel de criminalistique moderne et de police scientifique*, 5ème édition, Paris, PUF, 2011.

CARRASCO Valérie, TIMBART Odile, *Les condamnés de 2007 en état de récidive ou de réitération*, Bulletin d'information statistique Infostat Justice, n° 108, septembre 2010.

CARTUYELS Yves, *La criminologie et ses objets paradoxaux : retour sur un débat plus actuel que jamais,* in revue Déviance et Société, Vol. 31, n° 4, 2007, pp. 445-464.

CHOMSKY Noam et HERMAN Edward S. *La Fabrique de l'opinion publique*, Paris, Le Serpent à plumes, 2003.

CRISPINO Franck, *Le principe de Locard est-il scientifique ? Ou analyse de la scientificité des principes fondamentaux de la criminalistique* (thèse de doctorat), Lausanne, Université de Lausanne, 2006.

CUSSON Maurice, *La criminologie (6ème édition)*, Paris, Hachette, 2014.

CUSSON Maurice, *Criminologie actuelle*, Paris, PUF, 1998.

DE BRUYN Florence et KENSEY Annie, *Durées de détention plus longues, personnes détenues en plus grand nombre (2007-2013)*, Cahiers d'études pénitentiaires et criminologiques n° 40, septembre 2014.

DIEU Erwan et SOREL Olivier, *La Délinquance sérielle : une recherche inadaptée de lien social*, in Revue internationale de sciences sociales Esprit Critique, vol. 18, 2014, pp. 100-106.

DIEU François, Politiques publiques de sécurité, Paris, L'Harmattan, 1999.

DYJAK Aurélien, *Tueurs en série, l'invention d'une catégorie criminelle*, Rennes, Presses universitaires de Rennes, 2016.

EVERAERT-DESMEDT Nicole, *Le processus interprétatif: Introduction à la sémiotique de Ch.S. Peirce*, Ixelles (Belgique), Pierre Margada éditeur, 1995.

FOUCAULT Michel, *La société punitive : Cours au Collège de France (1972-1973)*, Paris, Editions du Seuil, 2013.

FOUCAULT Michel, *Surveiller et punir : naissance de la prison*, Paris, Gallimard, 1975.

GARAPON Antoine, *Droit et morale dans une démocratie d'opinion*, in *La Justice et le mal*, GARAPON Antoine et SALAS Denis (dirs.), Paris, Editions Odile Jacob, 1997

GARAPON Antoine et SALAS Denis (dirs.), *La Justice et le mal*, Paris, Editions Odile Jacob, 1997

GASSIN Raymond, BONFILS Raymond et CIMAMONTI Sylvie, *Criminologie (7ème édition)*, Paris, Dalloz, 2011.

GASSIN Raymond, *Criminologie, (5ème édition)*, Paris, Dalloz, 2003.

GIROD Alexandre, CHAMPOD Christophe, RIBAUX Olivier, *Traces de souliers*, Lausanne, PPUR Presses Polytechniques, 2008.

GOREY Kevin et LESLIE Donald, *The prevalence of child sexual abuse: Integrative review adjustment for potential response and measurement biases*, in *Child Abuse & Neglect*, volume 21 (4), 1997, pp. 391-398.

GUENIAT Olivier et BENOIT Fabio, *Les secrets des interrogatoires et des auditions de police, traité de tactiques, techniques et stratégies*, Lausanne, Presses polytechniques et universitaires romandes, 2012.

GUIDICELLI-DELAGE Geneviève et MATSOPULOU Haritini et Association de recherches pénales européennes, *Les transformations de la preuve pénale : perspectives comparées*, Mission de recherche Droit et Justice, Synthèse 107, décembre 2003.

HANSON R. Karl et MORTON-BOURGON Kelly, *L'exactitude de l'évaluation du risque : une méta-analyse,* Rapport pour spécialistes (N° de cat. : PS4-36/2007F), Sécurité publique Canada, Ottawa, 2007.

HANSON R. Karl et BUSSIERE, Monique. *Predicting relapse : a meta-analysis of sexual offender recidivism studies* in *Journal of Consulting and Clinical Psychology,* vol. 66, n° 2, 1998, pp. 348-362.

HARRATI Sonia, VAVASSORI David, VILLERBU Loïck, *Délinquance et violence : clinique, psychopathologie et psycho-criminologie,* Paris, Armand Colin, 2009.

IMPINI Jean-François, *Un Mensonge d'État, l'imposture sécuritaire*, Paris, Michalon, 2013.

JOBARD Fabien et DE MAILLARD Jacques, *Sociologie de la police. Politiques, organisations, réformes*, Paris, Armand Colin, 2015.

JOSNIN Rémi, *Une approche statistique de la récidive des personnes condamnées*, Bulletin d'information statistique Infostat Justice, n° 127, avril 2014.

KENSEY Annie, *Aménagements de peine et moindre récidive*, in *L'aménagement des peines privatives de liberté : l'exécution de la peine autrement*, Direction de l'Administration Pénitentiaire, Collection "Travaux et Documents" n° 79, 2013, pp.57-66.

KENSEY Annie, *Prison et récidive, Des peines de plus en plus longues : la société est-elle vraiment mieux protégée ?* Paris, Armand Colin, 2007.

KENSEY Annie, TOURNIER Pierre-Victor, *Prisonniers du passé ? Cohorte des personnes condamnées, libérées en 1996-1997 : examen de leur casier judiciaire 5 ans après la levée d'écrou*, Paris, ministère de la Justice, DAP, coll. Travaux & Documents, n° 68, 2005.

KENSEY Annie, TOURNIER Pierre-Victor, *Libération sans retour ? Devenir judiciaire de la cohorte des sortants de 1982 condamnés à trois ans ou plus*, Paris, CESDIP, coll. Études & Données pénales, n° 69, Sceri, Coll. Travaux & Documents, n° 47, 1994.

KLEIN Naomie, *La stratégie du choc : La montée d'un capitalisme du désastre,* Leméac/Actes Sud, 2013.

LABORIT Henri, *Eloge de la fuite*, Paris, Robert Laffont, 1976.

LE GOAZIOU Véronique, *Le viol, aspects sociologiques d'un crime*, Paris, La documentation Française, 2011.

LOCARD Edmond, *L'enquête criminelle et les méthodes scientifiques,* Flammarion, Paris, 1920.

LOPEZ Gérard et TZITZIS Stamatios (dir.), *Dictionnaire des sciences criminelles*, Paris, Dalloz, 2004.

MATELLY Jean-Hugues et MOUHANNA Christian, *Police : des chiffres et des doutes*, Paris, Michalon, 2007.

MONTANDON Cléopâtre *La dangerosité, revue de la littérature anglo-saxonne*, rapport des travaux de MONAHAN John, in revue *Déviance et société*, vol. 3, n° 1, 1979, pp. 89-104.

MORMONT Christian et al. *Étude comparative dans les 15 pays de l'Union Européenne : les méthodes d'évaluation de la dangerosité et du risque de récidive des personnes présumées ou avérées délinquants sexuels*, Université de Liège, 2000.

MOUHANNA Christian, *La Police contre les citoyens ?* Nîmes, Éditions Champ Social, Collection "Questions de Société", 2011.

MOURRAL Isabelle et MILLET Louis, *Petite encyclopédie philosophique*, Paris, Editions universitaires, 1995.

MUCCHIELLI Laurent, *Sociologie de la délinquance*, Paris, Armand Colin, 2014.

MUCCHIELLI Laurent et RAQUET Emilie, *Les comparutions immédiates au TGI de Nice,* Revue de science criminelle et de droit comparé, Paris, Dalloz, janvier-mars 2014.

MUCCHIELLI Laurent, *Criminologie et lobby sécuritaire. Une controverse française*, Paris, La Dispute, 2014.

MUCCHIELLI Laurent *Des homicides : de l'enchantement technologique à l'analyse des compétences des enquêteurs*, Guyancourt, CESDIP, Etudes et données pénales n° 98, 2005.

MUCCHIELLI Laurent, *Crime et sécurité, l'état des savoirs*, Paris, La Découverte, 2002.

MUCCHIELLI Laurent (dir.), *Histoire de la criminologie française,* Paris, L'Harmattan, 1994.

PELLISSIER-TANON Arnaud, *L'induction, au cœur du dilemme des savoirs en sciences de gestion* in *Stratégies, actualité et futurs de la recherche*, Paris, Vuibert, FNEGE, août 2001.

PIRES Alvaro, *La criminologie d'hier et d'aujourd'hui*, in *Histoire des savoirs sur le crime et la peine, T.1. Des savoirs diffus à la notion de criminel-né*, DEBUYST Christian, DIGNEFFE Françoise, LABADIE Jean-Marie, PIRES Alvaro, Bruxelles, Ottawa, Montréal, DeBoeck-Université, PUO, PUM, p. 16.

PIRES Alvaro *La criminologie et ses objets paradoxaux: réflexions épistémologiques sur un nouveau paradigme*, in revue Déviance et société, 1993, volume 17, n° 2 pp. 129-161.

POINCARE Henri, *La Science et l'hypothèse*, Paris, Flammarion, 2014.

RAMONET Ignacio, *L'Empire de la surveillance*, Paris, Editions Galilée, 2015

RATCLIFFE Jerry, *Intelligence-Led Policing*, Willan Publishing, Cullompton, Devon, UK, 2008.

RIBAUX Olivier, *Police scientifique, le renseignement par la trace*, Lausanne, Presses polytechniques et universitaires romandes, 2015.

RIBAUX Olivier et CUSSON Maurice, *Vers une méthode commune à la police scientifique et à la criminologie*, Genève Revue Internationale de criminologie et de police technique et scientifique, septembre 2015.

RIGOUSTE Mathieu, *Les marchands de peur. La bande à Bauer et l'idéologie sécuritaire,* Paris, Editions Libertalia, 2011-2013.

ROBERT Philippe, *La sociologie entre une criminologie du passage à l'acte et une criminologie de la réaction sociale* in revue L'Année Sociologique, 1973, pp. 441-504.

TOURNIER Pierre-Victor, *Prévention de la récidive des infractions pénales : connaître pour agir,* Paris, Université Paris 1, Centre d'histoire sociale du XXème siècle, août 2012.

TOURNIER Pierre-Victor, *Dictionnaire de démographie pénale. Des outils pour arpenter le champ pénal*, Paris, L'Harmattan, 2010.

TOURON Patrick, *Les forces et les faiblesses de la preuve technique et scientifique*, Paris, Revue de la Gendarmerie nationale, n° 216, sept. 2005.

TURSZ Anne *(entretien avec), Infanticides : l'expertise médicale et médico-légale en questions*, Ressource Internet, Inserm, 24 mai 2011.

TURSZ Anne, *La Maltraitance envers les enfants*, in. Bulletin trimestriel *Questions de santé publique*, n°14, Institut de recherche en santé publique, septembre 2011.

TURSZ Anne, *Les oubliés. Enfants maltraités en France et par la France*, Paris, Éditions du Seuil, 2010.

ZAGURY Daniel, *Le tueur en série*, in GARAPON Antoine et SALAS Denis (dir.), *La Justice et le mal*, Paris, O. Jacob, 1997, pp. 17-49.

Ressources Internet

Ressources accédées du 26 au 28/11/2016.

ANDERSON Nate, *"Anonymized" data really isn't—and here's why not*, Arstechnica, 8 septembre 2009, http://arstechnica.com/tech-policy/2009/09/your-secrets-live-online-in-databases-of-ruin/

BENBOUZID Bilel, *À qui profite le crime ? Le marché de la prédiction du crime aux États-Unis*, La Vie des idées, 13 septembre 2016, http://www.laviedesidees.fr/A-qui-profite-le-crime.html

BENSLIMANE Ismaël, *Predpol : prédire des crimes ou des banalités ?*, CorteX, 10 décembre 2014, https://cortecs.org/mathematiques/predpol-predire-des-crimes-ou-des-banalites/

CABIROL Michel, *Terrorisme, espionnage... La sécurité, un marché qui va exploser en France*, Paris, La Tribune, 20 novembre 2015 http://www.latribune.fr/entreprises-finance/industrie/aeronautique-defense/la-securite-un-marche-qui-va-exploser-en-france-523822.html

Commission européenne, Direction générale « Justice et consommateurs » http://ec.europa.eu/justice/index_en.htm

Conférence de consensus sur la prévention de la récidive, 2013, http://conference-consensus.justice.gouv.fr/

Crimprev (Action de coordination européenne) http://lodel.irevues.inist.fr/crimprev/index.php

Données officielles en open data relatives à la sécurité, http://www.data.gouv.fr/fr/topics/societe/

GUILLAUD Hubert, *PredPol : la prédiction des banalités*, Internet Actu.net, 23 juin 2015, http://www.internetactu.net/2015/06/23/predpol-la-prediction-des-banalites/

Infostats Justice : bulletins d'information statistique publiés par la sous-direction de la statistique et des études du ministère de la Justice, Paris, http://www.justice.gouv.fr/budget-et-statistiques-10054/infostats-justice-10057/

Interstats : statistiques publiques sur l'insécurité et la délinquance publiées par le ministère de l'Intérieur, http://www.interieur.gouv.fr/Interstats/Actualites

Mission de recherche « droit et justice », ministère de la Justice, Paris, http://www.gip-recherche-justice.fr/

NICK Christophe, *Note méthodologique, 1ère partie, Immigration et délinquance, l'enquête qui dérange*, au sujet de *Immigration et délinquance : les chiffres*, reportage diffusé le 25 novembre 2014 sur France 2, https://passeursdhospitalites.wordpress.com/2014/12/14/immigration-et-delinquance/

Observatoire nationale de la délinquance et des réponses pénale (sur le site de l'INHESJ) https://www.inhesj.fr/fr/ondrp/presentation

PIERSON Jean-Marc et LEFEVRE Laurent, *Le Big Data est-il polluant ? (mis à jour le 29 janvier 2014)*, CNRS le journal, https://lejournal.cnrs.fr/billets/le-big-data-est-il-polluant

Rapport du groupe de travail interministériel « Analyse criminelle et analyse comportementale », Direction des affaires criminelles et des grâces, juin 2003. http://www.ladocumentationfrancaise.fr/rapports-publics/034000501/index.shtml

Rapport du groupe de travail sur « Le traitement des crimes en série », Direction des affaires criminelles et des grâces, juillet 2007, http://www.ladocumentationfrancaise.fr/rapports-publics/074000471/

Règlement (UE) 2016/679 du parlement européen et du conseil du 27 avril 2016 relatif à la protection des personnes physiques à l'égard du traitement des données à caractère personnel et à la libre circulation de ces données, http://eur-lex.europa.eu/legal-content/FR/TXT/?uri=CELEX%3A32016R0679

TURSZ Anne *(entretien avec), Infanticides : l'expertise médicale et médico-légale en questions*, http://www.inserm.fr/actualites/rubriques/actualites-societe/infanticides-l-expertise-medicale-et-medico-legale-en-questions - Inserm, 24 mai 2011

Washington Post, *The Black Budget: Explore top secret U.S. intelligence funding*, http://apps.washingtonpost.com/g/page/national/inside-the-2013-us-intelligence-black-budget/420/

Table des illustrations

Table des matières

Défense et sécurité aux éditions L'Harmattan

Dernières parutions

LE SABRE ET LA POUSSIÈRE
Essais sur le postmodernisme et la guerre
Messager Alain - Préface d'Henri Hude
Face à un individualisme qui semble désormais ancré dans la société, le soldat perd ses repères. La spécificité de son engagement au profit du collectif peut sembler, de l'extérieur, sinon incongrue, pour le moins singulière. À travers un recueil de neuf essais, *Le Sabre et la poussière* tente de comprendre comment, dans un univers qui tend à faire de la collectivité un simple agrégat de poussières individuelles, le sabre du soldat pourrait encore faire sens.
(Coll. Questions contemporaines, 31.00 euros, 306 p.)
ISBN : 978-2-343-05778-1, ISBN EBOOK : 978-2-336-37577-9

L'ÉVOLUTION DE LA DOCTRINE D'UTILISATION DES FORCES SPÉCIALES FRANÇAISES
Hernault Thomas
L'objectif de ce livre est de traiter de la mutation et de l'évolution des Forces spéciales françaises à travers la stratégie politico-militaire de l'État français. Nées d'un concept nouveau qui atteint sa maturité au début des années 2000, elles ont prouvé leur utilité pour l'institution politique et militaire. Indispensables à la France et au chef des armées, les Forces françaises symbolisent la puissance d'un État aux ambitions internationales ainsi qu'une vision de la guerre propre au XXIe siècle.
(19.00 euros, 188 p.)
ISBN : 978-2-343-04883-3, ISBN EBOOK : 978-2-336-36970-9

LES POLITIQUES PUBLIQUES LOCALES DE SÉCURITÉ INTÉRIEURE
Sous la direction de Nadine Dantonel-Cor ; préface de Gérard Marcou
Les politiques publiques locales de sécurité intérieure prennent de l'ampleur et les questions de sécurité deviennent de véritables enjeux politiques, économiques et sociaux, tant au niveau national que territorial. Ces contributions analysent les évolutions transversales dans la mise en oeuvre de ces politiques locales de sécurité et les nombreux partenariats qui se nouent, soit entre l'État et les collectivités territoriales, soit entre les collectivités publiques et les partenaires privés.
(Coll. Grale, 32.00 euros, 314 p.)
ISBN : 978-2-343-05386-8, ISBN EBOOK : 978-2-336-36911-2

DICTIONNAIRE ENCYCLOPÉDIQUE INTERNATIONAL DES ABRÉVIATIONS, SIGLES ET ACRONYMES
Armée et armement, gendarmerie, police, services de renseignement et services secrets français et étrangers, espionnage, contre-espionnage, services de secours, organisations révolutionnaires et terroristes
Thiébaud Jean-Marie
Dans un univers où de nouvelles abréviations et des acronymes naissent chaque jour, seuls des professionnels très spécialisés peuvent encore se comprendre. Ce dictionnaire passe en revue les abréviations, les sigles et les acronymes en usage dans les pays les plus actifs et les plus innovants dans les domaines de l'armée et de la police (États-Unis, Grande-Bretagne, France, Israël, Chine,

Pays arabes et Russie, l'ouvrage contenant notamment environ un millier de termes en cyrillique, avec leurs traductions).
(49.00 euros, 830 p.)
ISBN : 978-2-343-04635-8, ISBN EBOOK : 978-2-336-36900-6

«DÉFENSE DEUXIÈME CHANCE» ET LA SOCIALISATION DES JEUNES EN DIFFICULTÉ
Tobangui Alexis
Le ministère de la Défense français a lancé en 2005 le dispositif «Défense deuxième chance» pour que des jeunes qui ont vécu des problèmes familiaux complexes, et quelquefois fait de la prison, réussissent leur insertion professionnelle. Pendant trois ans, l'auteur les a suivis et interrogés dans cette préparation militaire «trop dure» pour certains et raison d'espérer pour d'autres. Il souhaite ainsi montrer que le dispositif «Défense deuxième chance» est un vaste et ambitieux projet social.
(26.00 euros, 262 p.)
ISBN : 978-2-343-02488-2, ISBN EBOOK : 978-2-336-35368-5

GUIDE PRATIQUE DE SURVIE EN ZONE URBAINE ET CAMPAGNE
Carter Raymond H.A. – Préface d'Emmanuel Caulier
La survie permet à la fois de mieux connaître la Nature et de mieux affronter des catastrophes ou accidents dont nous pouvons être victimes. Une bonne connaissance des stratégies, tactiques et techniques de survie favorisent un affrontement mesuré et efficace face aux circonstances qui peuvent affecter notre physique, notre mental et notre vie. Voici une démarche originale et pragmatique qui amène le lecteur à mieux se connaître tout en se familiarisant avec le monde de la survie.
(Coll. Diplomatie et stratégie, 26.00 euros, 256 p.)
ISBN : 978-2-343-02064-8, ISBN EBOOK : 978-2-336-35420-0

PENSER LES RÉSEAUX. UNE APPROCHE STRATÉGIQUE
Sous la direction d'Olivier Kempf
Cet ouvrage s'articule autour de trois thèmes : «perspectives théoriques» : les réseaux emportent-ils une stratégie particulière ? La stratégie doit-elle intégrer les réseaux ? Ne l'a-t-elle pas déjà fait dans le passé ? ; «perspectives militaires et géopolitiques» et «les points de vue techno-économique» : celui du cyberespace proprement dit, mais aussi celui d'autres réseaux, comme les réseaux électriques ou les réseaux d'énergie.
(Coll. Défense, 29.00 euros, 296 p.)
ISBN : 978-2-343-03293-1, ISBN EBOOK : 978-2-336-35484-2

DICTIONNAIRE DES MENACES CONTEMPORAINES
De leur prévention et de leur traitement
Tome 1 : français/anglais
Laloire Jean-Claude – Préface du Général de Division Aérienne (2S) Jean-Marc Journot, ancien directeur de l'École de Guerre
Ce dictionnaire bilingue consacré aux menaces contemporaines inclut toutes les formes de menaces, qu'il s'agisse de menaces à l'intérieur du territoire et de menaces à l'extérieur du territoire. Il renferme aussi la terminologie nécessaire à leur prévention et à leur traitement. Cette terminologie inclut à la fois ce qui est utile pour opérer dans un cadre national et dans un cadre international. Cet ouvrage contient plus de 17 000 mots et expressions en français et en anglais.
(65.00 euros, 806 p.)
ISBN : 978-2-343-02944-3, ISBN EBOOK : 978-2-336-35189-6

DICTIONARY OF CURENT THREATS
Of the ways to prevent them and of the ways to deal with them – Part 2: English/French
Laloire Jean-Claude – Foreword by Air Force Major General Jean-Marc Journot, former Director of the French Joint Services Command and Staff College / Joint War College
This bilingual dictionary devoted to current threats includes all kinds of threats, either inside the home country or outside of it. It also includes all the vocabulary necessary to prevent them

and to deal with them. This terminology is useful both to operate within a national framework and within an international framework . This dictionary includes more than 17,000 words and phrases in English and in French. It also includes about 9,000 English acronyms and 2,400 French ones.
(65.00 euros, 806 p.)
ISBN : 978-2-343-03402-7, ISBN EBOOK : 978-2-336-35190-2

FEMMES OFFICIERS DE COMMUNICATIONS DANS L'ARMÉE DE TERRE
Le parcours des combattantes
Guillemin Marianne - Préface de Jacques Perriault
L'auteur livre les témoignages forts et personnels de ces jeunes femmes qui ont signé un contrat auprès de l'armée de Terre afin d'exercer le travail méconnu d'officiers de communication. L'armée est aujourd'hui professionnelle, la communication aussi. Reste à changer les mentalités. Ces officiers de communication (OCI), par leur engagement, y participent.
(Coll. Inter-National, 24.00 euros, 234 p.)
ISBN : 978-2-296-99834-6, ISBN EBOOK : 978-2-296-51583-3

PROTECTION RAPPROCHÉE ET SÉCURITÉ ENTREPRISE
Des nouvelles normes à l'international
Etienne Jacob
En raison des craintes que suscitent les menaces asymétriques au niveau international, les gardes du corps sont de plus en plus sollicités dans les zones sensibles, non seulement par des entreprises privées, mais également par des représentants des médias, des instances diplomatiques, des milieux d'affaires et des particuliers. Leurs missions requièrent de nouvelles compétences. D'où l'émergence d'une nouvelle typologie de gardes du corps qui opèrent au profit des entreprises dans les zones critiques.
(Coll. Questions contemporaines, 24.00 euros, 228 p.)
ISBN : 978-2-296-99764-6, ISBN EBOOK : 978-2-296-52998-4

DÉTECTIVES PRIVÉS : DES AGENTS TRÈS DISCRETS
Derny Jean-Emmanuel – Préface d'Alain Juillet
Ce livre lève le voile sur les arcanes du passionnant métier de détective. On découvre que devenir détective n'est pas simple, car la profession est drastiquement encadrée et réglementée afin d'assurer le respect des droits des personnes privées. Les détectives sont à la fois des professionnels du droit et de l'entreprise, mais aussi des spécialistes de la filature et de la surveillance, de la photographie et d'Internet...
(28.50 euros, 278 p.)
ISBN : 978-2-336-00343-6, ISBN EBOOK : 978-2-296-50563-6

ESPACE ET OPÉRATIONS
Enseignements et perspective
Sous la direction du général Pascal Valentin – Préface du général Didier Castres
L'espace, ce milieu si particulier, pourrait constituer le quatrième champ de bataille. Le spatial constitue un véritable outil de souveraineté nationale et de puissance, un «pourvoyeur d'efficacité militaire». Notre perception de la dimension stratégique du spatial, qu'il soit militaire ou civil, se renforce chaque jour. Voici les actes d'un atelier de l'École de guerre qui s'est tenu à l'École militaire de Paris, en juin 2012.
(17.00 euros, 170 p.)
ISBN : 978-2-336-00411-2, ISBN EBOOK : 978-2-296-50585-8

L'HARMATTAN ITALIA
Via Degli Artisti 15; 10124 Torino
harmattan.italia@gmail.com

L'HARMATTAN HONGRIE
Könyvesbolt ; Kossuth L. u. 14-16
1053 Budapest

L'HARMATTAN KINSHASA
185, avenue Nyangwe
Commune de Lingwala
Kinshasa, R.D. Congo
(00243) 998697603 ou (00243) 999229662

L'HARMATTAN CONGO
67, av. E. P. Lumumba
Bât. – Congo Pharmacie (Bib. Nat.)
BP2874 Brazzaville
harmattan.congo@yahoo.fr

L'HARMATTAN GUINÉE
Almamya Rue KA 028, en face
du restaurant Le Cèdre
OKB agency BP 3470 Conakry
(00224) 657 20 85 08 / 664 28 91 96
harmattanguinee@yahoo.fr

L'HARMATTAN MALI
Rue 73, Porte 536, Niamakoro,
Cité Unicef, Bamako
Tél. 00 (223) 20205724 / +(223) 76378082
poudiougopaul@yahoo.fr
pp.harmattan@gmail.com

L'HARMATTAN CAMEROUN
TSINGA/FECAFOOT
BP 11486 Yaoundé
699198028/675441949
harmattancam@yahoo.com

L'HARMATTAN CÔTE D'IVOIRE
Résidence Karl / cité des arts
Abidjan-Cocody 03 BP 1588 Abidjan 03
(00225) 05 77 87 31
etien_nda@yahoo.fr

L'HARMATTAN BURKINA
Penou Achille Some
Ouagadougou
(+226) 70 26 88 27

L'HARMATTAN SÉNÉGAL
10 VDN en face Mermoz, après le pont de Fann
BP 45034 Dakar Fann
33 825 98 58 / 33 860 9858
senharmattan@gmail.com / senlibraire@gmail.com
www.harmattansenegal.com

Achevé d'imprimer par Corlet Numérique - 14110 Condé-sur-Noireau
N° d'Imprimeur : 135238 - Dépôt légal : janvier 2017 - *Imprimé en France*

www.ingramcontent.com/pod-product-compliance
Lightning Source LLC
LaVergne TN
LVHW011147061026
849535LV00003B/633
9782343111476